**Tourismus in Afrika**

# Tourismus in Afrika

Chancen und Herausforderungen
einer nachhaltigen Entwicklung

Herausgegeben von
Rainer Hartmann

**DE GRUYTER**
OLDENBOURG

ISBN 978-3-11-062222-5
e-ISBN (PDF) 978-3-11-062603-2
e-ISBN (EPUB) 978-3-11-062234-8

**Library of Congress Control Number: 2020933702**

**Bibliografische Information der Deutschen Nationalbibliothek**
Die Deutsche Nationalbibliothek verzeichnet diese Publikation in der Deutschen
Nationalbibliografie; detaillierte bibliografische Daten sind im Internet über
http://dnb.dnb.de abrufbar.

© 2020 Walter de Gruyter GmbH, Berlin/Boston
Umschlaggestaltung: © Rainer Hartmann. Aregash Lodge, Yirga Alem, Äthiopien
Satz: le-tex publishing services GmbH, Leipzig
Druck und Bindung: CPI books GmbH, Leck

www.degruyter.com

# Vorwort

Der globale Tourismus ist einer der am schnellsten wachsenden Wirtschaftsbereiche. Auch wenn die Verteilung von Tourist(inn)en weltweit sehr uneinheitlich ist, haben viele Länder die Chance davon zu profitieren. Das gilt auch für den Kontinent Afrika, der bislang nur etwa 5 % der Tourismusankünfte weltweit zu verzeichnen hat und dessen Anteil an den Einnahmen aus dem Tourismus sogar nur bei ca. 3 % liegt. In Anbetracht des afrikanischen Wirtschaftswachstums der letzten Jahrzehnte und dessen Prognosen für die Zukunft, ist für den Tourismus in Afrika ein enormes Wachstum zu erwarten. Dieses speist sich nicht nur aus Ankünften aus Übersee, sondern es wird vor allem ein Boom des panafrikanischen, regionalen und Binnentourismus erwartet. Doch der Tourismus ist nicht nur ein Wirtschaftsfaktor, sondern ein soziales Phänomen, das ebenso Auswirkungen auf die Umwelt hat. Angesichts der Wachstumsprognosen bedarf es demnach einer ganzheitlichen und kritisch abwägenden Herangehensweise an die Entwicklung des Tourismus in Afrika.

Auch die African Union (AU) betrachtet den Tourismus als einen der vielversprechendsten Wirtschaftssektoren in Afrika und spricht ihm eine entscheidende Rolle bei der Erreichung der Hauptziele der Agenda 2063 für kontinentale Integration, Wohlstand und Frieden zu. Sie setzt sich explizit für die Entwicklung eines nachhaltigen Tourismus ein. Doch dafür sind zunächst grundlegende Fragen zu beantworten: Wie ist der gegenwärtige Stand der Entwicklung in den verschiedenen Regionen des Kontinents und was bedeutet es, einen nachhaltigen Tourismus in Afrika umzusetzen? Diese Fragen zu beantworten ist nicht ganz einfach und vor allem in der deutschsprachigen Literatur kommt man dabei schnell an seine Grenzen. Daher ist es die Idee und gleichzeitig das Ziel dieses Buches, den Tourismus in Afrika unter besonderer Berücksichtigung der Chancen und Herausforderungen einer nachhaltigen Entwicklung zu beleuchten. Das Augenmerk liegt dabei auf Afrika südlich der Sahara, das in verschiedenen Fallstudien näher betrachtet wird. Die Strukturen und Entwicklungsstände des Tourismus in Nordafrika, der sehr stark auf den klassischen mediterranen Strand- und Badeurlaub ausgerichtet ist, bedürften einer gesonderten Betrachtungsweise, der im Rahmen dieses Buches nicht nachgegangen wird. Trotzdem beschäftigen sich die beiden ersten, überblickenden Kapitel mit dem Kontinent Afrika als Ganzem. Erst in den weiteren Kapiteln liegt der regionale Fokus der Beiträge auf dem südlichen und dem östlichen Afrika sowie den Seychellen als Inselstaat im Indischen Ozean. Auschlaggebend für die Auswahl der Beiträge war ihr expliziter Bezug zum nachhaltigen Tourismus, d. h. einer Abwägung ökonomischer, sozialer und ökologischer Aspekte. Die Bezugsebene variiert dabei von internationalen über nationale bis zu regionalen bzw. lokalen Ansätzen und Projekten, die in vielen Fällen als Best Practice bezeichnet werden können.

Die Motivation für das Schreiben bzw. die Herausgabe dieses Buches schlummerte in mir, seitdem ich 1994–1998 an meiner Dissertation über Eritrea arbeitete und mich

https://doi.org/10.1515/9783110626032-201

intensiv mit dem Land, seinem Nachbarn Äthiopien und dem gesamten Kontinent be-schäftigt hatte. Doch erst eine weitere Forschungsreise durch den Osten und Süden des Kontinents 2018 hat den endgültigen Ausschlag gegeben, an einem deutschspra-chigen Überblickswerk über den Tourismus in Afrika zu arbeiten. Bei der Suche nach möglichen Mitautor(inn)en wurde schnell klar, dass dieses Thema in der aktuellen deutschsprachigen Literatur sehr unterbelichtet ist. Umsomehr freue ich mich, eini-ge Kolleg(inn)en aus der Wissenschaft sowie eine Reihe von Praktiker(inne)n, die sich im Rahmen der Entwicklungszusammenarbeit mit Tourismus in Afrika beschäftigt ha-ben – oder dies gegenwärtig noch tun –, für das Projekt gewinnen zu können. An die-ser Stelle ein herzliches Dankeschön an alle Autor(inn)en!

Ganz besonders danken möchte ich Julia Rosdorff, die nicht nur einen eigenen Beitrag für das Buch verfasst hat, sondern mich in der gesamten Zeit der Manuskript-erstellung als wissenschaftliche Mitarbeiterin dabei unterstützt hat, die Beiträge der Autor(inn)en sowohl formal als auch inhaltlich zu bearbeiten. Ein Dank gilt auch Fran-ziska Knopp, die einige Karten für das Buch grafisch realisiert hat. Außerdem möchte ich mich beim Verlag De Gruyter, insbesondere Kathleen Herfurth und Lucy Jarman, für die gute Betreuung bedanken.[1]

Bremen, Oktober 2019
Prof. Dr. Rainer Hartmann

---

1 Aus Gründen der leichteren Lesbarkeit wird in dem vorliegendem Buch nur die männliche Sprach-form verwendet. Dies impliziert keine Benachteiligung anderer Geschlechter, sondern soll im Sinne der sprachlichen Vereinfachung als geschlechtsneutral zu verstehen sein.

# Inhalt

Vorwort —— V

Abbildungsverzeichnis —— IX

Tabellenverzeichnis —— XI

Rainer Hartmann
1 Tourismus und nachhaltige Entwicklung in Afrika – Rahmenbedingungen,
Strukturen und Entwicklungen —— 1

Julia Rosdorff
2 Der Einfluss des Afrika-Images auf die Reiseentscheidung der Deutschen:
Probleme und Herausforderungen für das Tourismusmarketing afrikanischer
Staaten —— 50

Diana Körner
3 Strategische Tourismusentwicklung auf den Seychellen —— 86

Rainer Hartmann
4 Fragile Staatlichkeit und Tourismus – das Beispiel Eritrea —— 101

Malte Steinbrink und Ina Voshage
5 Ambivalente Repräsentationen – Betrachtungsweisen des Townshiptourismus
in Windhoek, Namibia —— 122

Janine Bäker
6 Kapazitätsaufbau durch Community Based Tourism in Durban, Südafrika —— 154

Kerstin Heuwinkel, Julie Cheetham, Ruth Crichton und Sean Privett
7 Von Fynbos bis Fußball – Verantwortung als Grundlage für einen nachhaltigen
Tourismus am Beispiel des Grootbos Private Nature Reserve und der Grootbos
Foundation in Südafrika —— 166

Rainer Hartmann
8 Kolonialerbe und Tourismus in den ehemaligen deutschen Kolonien Namibia
und Tansania —— 186

Florian Carius

9   Der Beitrag des Tourismus zum Erreichen der UN-Nachhaltigkeitsziele –
Erkenntnisse aus dem Nationalpark und UNESCO-Biosphärenreservat
Jozani-Chwaka Bay in Sansibar, Tansania —— 213

Kirsten Focken und Reinhard Woytek

10  Naturtourismus im südlichen und östlichen Afrika – Anspruch
und Wirklichkeit —— 228

Manuel Bollmann

11  Afrikatourismus: Ein Grenzfall für die Entwicklungszusammenarbeit? —— 245

Burghard Rauschelbach

12  Die Rolle des Afrika-Tourismus in der deutschen Entwicklungspolitik –
eine kritische Analyse —— 262

Rainer Hartmann

13  Blick nach vorn – Herausforderungen für eine nachhaltige Entwicklung
des Tourismus in Afrika —— 272

Autorinnen und Autoren —— 283

Stichwortverzeichnis —— 285

# Abbildungsverzeichnis

Abb. 1.1 Politische Gliederung Afrikas 2019 —— **3**
Abb. 1.2 Victoria Falls in Simbabwe/Sambia —— **6**
Abb. 1.3 Koloniale Aufteilung Afrikas im Jahr 1884 —— **9**
Abb. 1.4 Bewertungskategorien des Ibrahim Index of African Governance —— **14**
Abb. 1.5 Das Hexagon der Entwicklung —— **21**
Abb. 1.6 Die Sustainable Development Goals (SDG) der Vereinten Nationen —— **23**
Abb. 1.7 Internationale Ankünfte in Afrika (1990–2018) —— **28**

Abb. 2.1 Internationale Tourismusankünfte nach Kontinenten 2017 —— **51**
Abb. 2.2 Resultierendes Reise-Interesse aus den generellen Afrika-Assoziationen —— **71**
Abb. 2.3 Resultierendes Reise-Interesse aus den touristischen Afrika-Assoziationen —— **72**

Abb. 3.1 Geografische Lage der Seychellen —— **87**
Abb. 3.2 Korallenbleichen auf den Seychellen —— **89**
Abb. 3.3 „Don't Waste, Eat!" – Lebensmittelspende —— **97**

Abb. 4.1 Regionale Lage Eritreas —— **105**
Abb. 4.2 Historische Eckdaten Eritreas —— **108**
Abb. 4.3 Internationale Ankünfte in Eritrea (1966–2016) —— **109**
Abb. 4.4 Kino aus der italienischen Kolonialzeit in Asmara —— **112**
Abb. 4.5 Zielbereiche des integrativen Konzepts —— **113**
Abb. 4.6 Räumliche Entwicklung des Tourismus in Eritrea —— **116**

Abb. 5.1 Semantischer Hof von Wisemans „Slum" —— **123**
Abb. 5.2 Merkmale der Townshiptouristen. —— **135**
Abb. 5.3 Erwartungen an die Townshiptour —— **136**
Abb. 5.4 Township-Assoziationen vor der Tour —— **137**
Abb. 5.5 Semantisches Differenzial: Vorstellungen der Touristen vor der Tour —— **139**
Abb. 5.6 Routenverläufe und „Big Six" der Townshiptouren —— **141**
Abb. 5.7 Township-Eindrücke nach der Tour —— **146**
Abb. 5.8 Semantisches Differenzial: Vorstellungen vor vs. Eindrücke nach der Tour —— **147**

Abb. 6.1 Kunsthandwerk-Workshop —— **160**

Abb. 7.1 Zusammenspiel von Grootbos und Grootbos Foundation —— **174**
Abb. 7.2 Masakhane Community Farm —— **175**

Abb. 8.1 Relikt deutscher Kolonialherrschaft: Bahnhof von Windhoek —— **197**
Abb. 8.2 Relikt deutscher Kolonialherrschaft: Felsenkirche und Wohnhaus in Lüderitz —— **197**
Abb. 8.3 Relikt deutscher Kolonialherrschaft: Die Boma in Bagamoyo —— **204**
Abb. 8.4 Relikt deutscher Kolonialherrschaft: Das Postamt von Lushoto —— **204**

Abb. 9.1 Karte des Nationalparks und Biosphärenreservats Jozani-Chwaka Bay —— **216**
Abb. 9.2 Sansibar-Stummelaffe —— **217**

https://doi.org/10.1515/9783110626032-202

Abb. 9.3    Besucheranzahl und Einnahmen in tansanischen Schilling (TZS) für den Nationalpark
            Jozani-Chwaka Bay über die vergangenen 20 Jahre —— **219**
Abb. 9.4    Aufteilung der Besucher-Einnahmen aus dem Nationalpark Jozani-Chwaka
            Bay —— **219**

Abb. 10.1   Geografische Lage der Mitgliedsstaaten der EAC und SADC —— **230**
Abb. 10.2   Szene am Chobe River nahe der Chobe Lodge —— **237**
Abb. 10.3   Tarangire Nationalpark in Tansania —— **240**

Abb. 11.1   Geografische Lage der TFCA Großschutzgebiete —— **252**
Abb. 11.2   Resilienz im Tourist Area Cycle of Evolution —— **256**

# Tabellenverzeichnis

Tab. 1.1    Auswahl des UNESCO-Weltnaturerbes in Afrika —— 7
Tab. 1.2    Ländertypologie Afrika —— 12
Tab. 1.3    Ranking des Ibrahim Index of African Governance —— 14
Tab. 1.4    Easy of Doing Business Ranking 2018 —— 17
Tab. 1.5    The Composite Africa Infrastructure Development Index 2018 —— 19
Tab. 1.6    Human Development Index – Top und Last Ten afrikanischer Staaten —— 22
Tab. 1.7    Wirkungen und Effekte des Tourismus auf die Zielgebiete —— 25
Tab. 1.8    Afrikas Anteile am globalen Tourismus (1985–2018) —— 29
Tab. 1.9    Afrika-Tourismus in Zahlen —— 30
Tab. 1.10   Quellregionen des internationalen Tourismus in Afrika —— 31
Tab. 1.11   Afrika südlich der Sahara: Entwicklungsstand des Tourismus
            und Einkommensniveau —— 42

Tab. 2.1    Nennungshäufigkeit der generellen Assoziationen mit Bezug zu Afrika —— 66
Tab. 2.2    Nennungshäufigkeit der touristischen Assoziationen mit Bezug zu Afrika —— 68
Tab. 2.3    Handlungsorientierung auf Basis des Fremdimages und des Status Quo —— 78

Tab. 4.1    Prinzipien für fragile Staaten in Bezug zum Tourismus in Eritrea —— 117

Tab. 7.1    Produkte der Grootbos Foundation —— 173
Tab. 7.2    Partner der Grootbos Foundation —— 179

Tab. 8.1    Tourismus-Ankünfte in Namibia (1988–2015) —— 193
Tab. 8.2    Orte mit Kolonialerbe in Namibia —— 196
Tab. 8.3    Orte mit Kolonialerbe in Tansania —— 203

Tab. 9.1    Ausgewählte tourismusinduzierte Beiträge durch Naturschutz und Entwicklung im
            Biosphärenreservat Jozani-Chwaka Bay zu den UN-Nachhaltigkeitszielen —— 222

Tab. 12.1   Gütezeichen für nachhaltigen Tourismus in Afrika —— 269

Tab. 13.1   Übersicht der führenden Staaten Afrikas bei verschiedenen Indizes —— 274

https://doi.org/10.1515/9783110626032-203

Rainer Hartmann

# 1 Tourismus und nachhaltige Entwicklung in Afrika – Rahmenbedingungen, Strukturen und Entwicklungen

**Zusammenfassung:** Dieses einführende Kapitel beschäftigt sich mit den Rahmenbedingungen des Tourismus in Afrika, von den natürlichen Gegebenheiten über die Geschichte, Politik, Soziales und Kultur bis zu den wirtschaftlichen und infrastrukturellen Voraussetzungen für die Tourismusentwicklung. Zudem werden Begrifflichkeiten, die für das Verständnis der weiteren Texte von Bedeutung sind (Entwicklung, Nachhaltigkeit, nachhaltige Entwicklung), grundlegend eingeführt. Die Strukturen und Entwicklungen des Tourismus in Afrika werden anhand von Zahlen und vergleichenden Betrachtungen aufgearbeitet, um schließlich Chancen und Potenziale des Tourismus aufzuzeigen bzw. die Herausforderungen und Risiken für dessen zukünftige Entwicklung zu skizzieren.

**Schlagwörter:** Ursprüngliches und abgeleitetes Angebot, Wirtschaftsentwicklung Afrikas, Entwicklungsbegriff, nachhaltige Entwicklung (des Tourismus), Afrika-Tourismus in Zahlen, Chancen und Potenziale des Tourismus, Herausforderungen der Tourismusentwicklung in Afrika.

## 1.1 Einleitung

Im Mittelpunkt der Betrachtungen dieses Buches steht der Tourismus in Afrika. Mit der Ortsveränderung von Personen entsteht nicht nur Verkehr und werden wirtschaftliche Prozesse in Gang gesetzt, sondern wir haben es beim Tourismus mit einem sehr komplexen sozialen System zu tun, das zudem Einfluss auf die natürliche Umgebung nimmt. Im Systemmodell des Tourismus von Bieger (2010, S. 83 f.) werden daher sowohl die Teilsysteme des Tourismus (Destination, Verkehr, Reisemittler und Nachfrage) als auch deren Vernetzung, Wechselwirkungen und Abhängigkeiten von bzw. mit entsprechenden Umweltsphären (Wirtschaft, Gesellschaft, Politik, Ökologie und Technologie) berücksichtigt. Um diesem vielfältigen Wirkungssystem gerecht zu werden, soll sich die Betrachtung des Tourismus auf dem afrikanischen Kontinent – im Sinne einer touristischen Umfeldanalyse – auf die Entwicklung verschiedenster Faktoren beziehen (vgl. Bieger 2010, S. 153 f.; Hartmann 2018, S. 38 f.):

(1) Das ursprüngliche Angebot ist an einem Ort/in einer Region unabhängig vom Tourismus vorhanden. Es beinhaltet die natürlichen Gegebenheiten (geografische Lage, Klima, Landschaftsbild, Vegetation, Tierwelt), die soziokulturellen Verhältnisse (gebautes und gelebtes Kulturerbe) sowie die allgemeine Infrastruktur (Ver- und Entsorgung, Verkehr, Kommunikation etc.).

https://doi.org/10.1515/9783110626032-001

(2) Das abgeleitete Angebot wird explizit für die touristische Nutzung erbaut oder bereitgestellt (spezielle Verkehrsträger, Unterkünfte, Erholungs-, Sport- und Freizeiteinrichtungen, Informations- und Vermittlungsangebote).

(3) Der Stand der touristischen Entwicklung im kontinentalen Vergleich sowie die Strukturen und Entwicklungen der touristischen Nachfrage.

In diesem einleitenden Kapitel sollen diese drei Faktoren zumindest kurz beleuchtet werden, um eine gute Grundlage für die Lektüre der weiteren themen- und länderspezifischen Beiträge dieses Buches bereitzustellen.

Der Kontinent Afrika mit seinen 54 Staaten kann regional in die beiden Gebiete **Nordafrika** und **Afrika südlich der Sahara** (engl.: Sub-Saharan-Africa) gegliedert werden. Letztgenanntes ist in vier weitere Regionen unterteilbar: West-, Ost-, Zentral- und südliches Afrika (vgl. UN 2019). Diese Gebiete bzw. Regionen sind durch eine sehr große kulturelle und auch naturräumliche Heterogenität gekennzeichnet. Die Zuordnung entlang politischer Staatsgrenzen kann daher nur als Hilfsmittel verstanden werden, um ggf. Daten und Informationen besser erheben und vergleichen zu können. Trotzdem werden sie im Folgenden kurz umrissen (vgl. dazu Abb. 1.1):

- **Nordafrika** wird im Norden vom Mittelmeer und im Süden von der Sahara gesäumt und umfasst die sechs Staaten Marokko, Algerien, Tunesien, Libyen, Ägypten und Sudan.[1] Diese Region, die zum Großteil von der Sahara bedeckt ist, prägten die Araber kulturell und sprachlich über Jahrhunderte. Die westlich von Ägypten gelegenen Staaten werden unter dem Begriff „Maghreb" (arab.: Westen) zusammengefasst.

- Zu **Westafrika** gehören die Wüstenlandschaften der südlichen Sahara und des westlichen Sahel, die vorwiegend muslimisch geprägt sind, sowie die tropischen Regenwälder und flachen Küstenabschnitte mit einer Vielzahl lokaler Kulturen südlich davon. Es umfasst die 16 Staaten Benin, Burkina Faso, Kap Verde, Elfenbeinküste, Gambia, Ghana, Guinea, Guinea-Bissau, Liberia, Mali, Mauretanien, Niger, Nigeria, Senegal, Sierra Leone und Togo.

- **Ostafrika** lässt sich mehreren Kulturregionen zuordnen und umfasst 18 Staaten: Das Horn von Afrika liegt eher im Einflussbereich des Nahen Ostens (v. a. Dschibuti, Eritrea, Somalia), die südlichen Länder stehen – abgesehen von arabischen und persischen Einflüssen an den Küsten – den übrigen Staaten südlich der Sahara kulturell näher (Südsudan, Burundi, Ruanda, Uganda, Kenia, Tansania, Sambia, Malawi, Simbabwe, Mosambik). Die Inseln im Indischen Ozean (Madagaskar, Mauritius, Seychellen, Komoren) sind über Jahrhunderte von unterschiedlichs-

---

1 Aufgrund der nicht geklärten völkerrechtlichen Situation der West-Sahara (Demokratische Arabische Republik Sahara) wird diese hier nicht als eigener Staat angeführt. Sie wird seit 1975 von Marokko beansprucht.

**Abb. 1.1:** Politische Gliederung Afrikas 2019 (Quelle: eigene Darstellung, Grafik: Franziska Knopp).

ten Kulturen geprägt worden. Im Hochland von Äthiopien ist seit dem 4. Jh. eine christliche Prägung vorzufinden.

– **Zentralafrika** mit neun Staaten wird vor allem vom Kongobecken mit seinen Regenwäldern geprägt (Demokratische Republik Kongo[2], Republik Kongo und Zentralafrikanische Republik[3]), reicht aber im Tschad auch bis in die südliche Sahara und in Angola, Äquatorialguinea, Gabun, Kamerun, São Tomé und Príncipe an die Atlantikküste heran.

– Das **südliche Afrika** ist von einem Hochplateau mit aufragenden Randschwellen gekennzeichnet. Schon seit dem 11. Jh. rangen verschiedenste Völker hier um

---

2 Ab hier abgekürzt: DR Kongo.
3 Ab hier abgekürzt: ZAR.

die Vormachtstellung. Der besondere Reichtum an Mineralien war schließlich die Basis für eine regionalökonomische Vormachtstellung dieser Region, die heute von den fünf Staaten Südafrika, Botsuana, Namibia, Lesotho und Eswatini (ehemals Swasiland) gebildet wird. In Südafrika und Namibia, das als „Südwestafrika" bis 1990 von Südafrika besetzt war, führte die Apartheid (1948–1994) zu einer besonderen politischen und gesellschaftlichen Situation, deren Nachwirkungen bis heute deutlich spürbar sind. Sie war durch eine staatlich organisierte strikte „Rassentrennung" (Zwangsumsiedlung in sog. Townships) und massive Diskriminierung schwarzer und farbiger Bevölkerungsgruppen gekennzeichnet (vgl. UN 2019; Wiese 1997, S. 100 ff.).

## 1.2 Rahmenbedingungen für den Tourismus in Afrika

„Afrika gibt es nur im Plural, und deshalb sind Pauschalurteile über Afrika – etwa als der ‚Krisenkontinent', als der ‚verlorene Kontinent', als das ‚Armenhaus der Welt' oder aber, im Gegenteil, als der ‚Kontinent der Zukunft' – wenig hilfreich." (Tetzlaff 2018, S. 2) Kulturhistorisch gilt Afrika als die Wiege der Menschheit und ist geografisch mit der Sahara als größter Wüste der Welt und dem Nil als längstem Fluss ein Kontinent der Superlative. Der zweitgrößte Kontinent der Erde (ca. 30 Mio. km$^2$) ist ein politisch, wirtschaftlich und kulturell höchst heterogenes Gebilde mit enormen Gegensätzen zwischen den Klimazonen und unterschiedlichsten Entwicklungspfaden der 54 Staaten. Die ca. 1,3 Mrd. Afrikaner sind auf über 3.000 verschiedene Bevölkerungsgruppen verteilt und sprechen mehr als 2.000 Sprachen. Abgesehen von Äthiopien und Liberia waren alle heutigen Staaten Afrikas längerfristig Kolonien oder Protektorate europäischer Mächte und sind von diesen jeweils unterschiedlich kulturell und sprachlich geprägt worden (vgl. Tetzlaff 2018, S. 2 f.; Badini und Reikat 2005).

Bis zum 19. Jh. war das Wissen der Europäer und anderer Nicht-Afrikaner über den Kontinent Afrika weitgehend auf die Küstengebiete beschränkt. Erst die Forschungsreisenden und Missionare im 19. Jh. – wie z. B. David Livingstone, Henry Morton Stanley, Heinrich Barth, John Hanning Speke, Richard Francis Burton –, die ins Innere des Kontinents vordrangen, schufen durch ihre Berichte ein umfassenderes Bild von Afrika. Nach der ersten Welle der „Entdecker" folgten Naturwissenschaftler, Geografen und Anthropologen, die Länder und Menschen detaillierter beschrieben. Mit dem Beginn der flächendeckenden Kolonisierung Afrikas seit den 1880er Jahren trafen dann die ersten Touristen, im Sinne von Urlaubsreisenden, auf dem Kontinent ein. Das massive Vorkommen exotischer, wilder Tiere im östlichen und südlichen Afrika zog zunächst Aristokraten und reiche Unternehmer aus Nordamerika und Europa magisch an. Nur hier war es möglich die „Big Five" zu sehen – ein Jagdbegriff, der die fünf gefährlichsten afrikanischen Tiere bezeichnete (Löwe, Leopard, Nashorn, Elefant und Büffel). Auch wenn manche nur zum Fotografieren kamen, waren die meisten auf diesen Luxusreisen doch auf der Jagd nach Trophäen. Der vormalige U.S.-Präsident Theodore Roosevelt hat mit seiner medial aufsehenerregenden Reise 1909 die Tier-Safari maßgeblich zum Stereotyp einer Afrika-Reise stilisiert. Und diese Vorstellung wirkt in unseren Köpfen bis heute nach[4] (vgl. Stock 2013, S. 32 f.).

### 1.2.1 Natürliche Gegebenheiten (physische Geografie)

Entsprechend seiner enormen Größe und differenzierten klimatischen Bedingungen bietet Afrika eine unvergleichliche naturräumliche Vielfalt, die auch als wesentliche Attraktion des Kontinents für den internationalen Tourismus aus Übersee gilt. Die heutige Struktur des Kontinents wurde erdgeschichtlich durch den Zerfall des Urkontinents Gondwana und einer Reihe weiterer tektonischer Verschiebungen geprägt, deren Fortdauern teilweise heute noch spürbar und auch für den Tourismus interessant ist. Dazu zählen diverse aktive Vulkane entlang des ostafrikanischen Grabensystems. Westlich dieses seenreichen Hochlandgebietes erstrecken sich ausgedehnte Plateaus und tiefe Beckenlandschaften. Im äußersten Norden und Süden des Kontinents wurde das Sedimentgestein bei Faltungsvorgängen zum Atlas-Gebirge bzw. dem Great Karoo aufgeworfen. Das Ruwenzori-Gebirge (DR Kongo/Uganda) und das Hochland von Äthiopien sind die höchsten zusammenhängenden Gebirge des Kontinents und werden nur noch von den Vulkanmassiven des Kilimandscharo in Tansania (5.895 m ü. N. N.) und Mount Kenia (5.199 m ü. N. N.) überragt. Die Hochländer des östlichen und südlichen Afrika, mit einer mittleren Höhenlage von 1.200 m ü. N. N., werden geografisch auch als „Hochafrika" bezeichnet, der Norden (mit Ausnahme des Atlas-Gebirges), Westen und das Zentrum des Kontinents dagegen als „Niederafrika". Hier beträgt die mittlere Höhenlage nur 300 m ü. N. N. Das Spektrum der Klimazonen reicht auf dem afrikanischen Kontinent von subtropisch-wechselfeucht (Mittelmeerküste und Kap-Region in Südafrika) über semiarid (Übergangsregionen v. a. im südlichen und östlichen Afrika) und arid (Sahara, Südwest-Afrika, Horn von Afrika) bis hin zu äquatorial-humidem Klima im zentralen Kongobecken.

Die Herausbildung der unterschiedlichen Landschaftsformen Afrikas basiert auf diesen Strukturen und z. T. extremen Klimabedingungen. Trockenheit, Wind und heftige Starkregen führten im Norden und Westen zur Aufhäufung und Wanderung von Sanddünen oder zu skurrilen Verwitterungsformen. Im Osten hat das Grabenbruchsystem eine Vulkan- und Seenlandschaft entstehen lassen und Flüsse haben sich an Bruchstellen tief eingearbeitet oder bilden spektakuläre Wasserfälle wie die Victoria Falls in Simbabwe/Sambia (vgl. Abb. 1.2). Weitere Landschaftselemente, die in vielen Ländern als touristische Attraktionen in Wert gesetzt werden, sind Canyons

---

**4** Vgl. Kapitel 2 zum Afrika-Image und 8 zum Kolonialerbe.

**Abb. 1.2:** Victoria Falls in Simbabwe/Sambia (© Rainer Hartmann).

(z. B. am Fish River in Namibia), zahllose Inselberge, Wadis (Trockentäler, die nur selten, dann aber massiv Wasser führen), schroff erodierte Küstenlinien oder traumhafte Sandstrände. Neben Wüsten sowie Regen- und Bergwaldgebieten sind v. a. die Savannen charakteristische Landschaftsform auf dem afrikanischen Kontinent. Je nach Niederschlagsmenge können sie als Feucht-, Trocken- oder Dornstrauchsavanne in Form von offenen Graslandschaften mit vereinzeltem Baumbewuchs auftreten. Bedingt durch die für die Tropen charakteristischen jahreszeitlichen Niederschlagsschwankungen müssen die Tiere dem Regen folgen und die Pflanzen entsprechende Überlebenstechniken entwickeln (vgl. Wiese 1997, S. 24 ff.; Dumont Weltatlas 1997, S. 70 ff.).

Die Savanne gilt vielen als Inbegriff einer afrikanischen Landschaft, belebt von wilden und exotischen Tieren. Für den Tourismus stellt sie bis heute das zentrale Motiv zur Vermarktung eines Großteils der Länder des östlichen und südlichen Afrikas dar. Doch die natürliche Vielfalt Afrikas bietet viel mehr Potenziale. Auf der Liste des UNESCO-Welterbes in Afrika finden sich unter der Rubrik „Naturerbe" 41 afrikanische Naturlandschaften, von denen hier einige exemplarisch aufgeführt werden. Die meisten davon gelten auch als touristische Attraktionen und werden von den jeweiligen Ländern entsprechend beworben (vgl. Tab. 1.1).

Auf der 2003 von den United Nations (UN) herausgegebenen Liste der Schutzgebiete der Erde sind 311 Nationalparks in Afrika südlich der Sahara verzeichnet, die eine Fläche von 872.446 km$^2$ einnehmen. In Nordafrika und dem Nahen Osten sind

**Tab. 1.1:** Auswahl des UNESCO-Weltnaturerbes in Afrika (Quelle: UNESCO 2019).

| Name | Landschaftsform | Staat(en) |
| --- | --- | --- |
| Simien-Nationalpark | Spektakuläre vulkanische Gebirgslandschaft | Äthiopien |
| Okavangodelta | Binnenflussdelta mit permanentem und temporärem Schwemmkegel | Botsuana |
| Schutzgebiet am Sangha-Fluss | Humider tropischer Regenwald | Kamerun, Republik Kongo, ZAR |
| Nationalpark und Naturwald Mount Kenya | Vergletschertes Vulkanmassiv | Kenia |
| Nationalpark Virunga | Vulkanisches Gebirge mit Berggorillas | DR Kongo |
| Regenwälder von Atsinanana | Tropischer Regenwald | Madagaskar |
| Malawisee-Nationalpark | Biodiversität | Malawi |
| Namib-Sandmeer | Küstenwüste mit Dünenfeldern | Namibia |
| Mosi-oa-Tunya/Victoria-Falls | Spektakulärer Wasserfall | Sambia, Simbabwe |
| Nationalpark Serengeti | Savanne mit Tiermigration | Tansania |
| Nationalpark Ruwenzori-Gebirge | Alpines Gebirgsmassiv | Uganda |
| Aldabra-Atoll | Korallenriff mit Lagune und Schildkröten | Seychellen |
| ISimangaliso-Wetland-Park | Vielfältige Wasser- und Sumpflandschaft | Südafrika |

es 72 Nationalparks auf einer Fläche von $215.852\,km^2$. Nach der Schutzgebietskategorisierung der IUCN (International Union for Conservation of Nature) hat ein Schutzgebiet der Kategorie II „Nationalpark" den „Schutz der natürlichen biologischen Vielfalt zusammen mit der ihr zugrundeliegenden ökologischen Struktur und den unterstützenden ökologischen Prozessen sowie Förderung von Bildung und Erholung" als vorrangiges Ziel (vgl. Europarc Deutschland 2019).

## 1.2.2 Geschichte, Politik, Kultur und Soziales

Afrika ist über Jahrtausende von verschiedenen Großreichen und diversen regionalen Ethnien geprägt worden. Seit über 6.000 Jahren leben Menschen in unterschiedlichen Gruppen oder „Zivilisationen" zusammen und deren Ursprung liegt, wie die Menschheitsgeschichte als solche, in Afrika. Die erste „große Zivilisation des modernen Menschen" (Dijk 2005, S. 41) bildete sich an den fruchtbaren Ufern des Nils aus und mündete in die ägyptischen Pharaonen-Dynastien (ca. 3.000–300 v. Chr.). Aus dieser Zeit gibt es auch erste Berichte über Sklaverei. Diese kamen aus dem angrenzenden Reich von Nubien (heutiger Sudan) und auch Zentralafrika. Dort zählen die Pygmäen zu den ältesten Kulturen und zusammen mit den San, den Khoikhoi im südlichen Afrika sowie den Hadza im heutigen Tansania zu den ältesten Völkern des Kontinents. Im zentralafrikanischen Kongobecken brachen 800–500 v. Chr. die Bantu-Völker in verschiedene Richtungen auf und verbreiten ihre Kultur und Sprache. Heute stellen die Völker der Bantu-Sprachfamilie die Mehrheiten in den meisten Staaten südlich der Sahara dar (Suaheli sprechende Völker in Ostafrika, Kikuyu in Kenia, Shona in Simbabwe, Herero in Namibia, Zulus und Xhosa in Südafrika).

Im Norden Afrikas ereignete sich mit der Machtübernahme der Griechen und später der Römer ein grundlegender Wandel. Der Name der römischen Provinz *Africa proconsularis* blieb dem Kontinent bis heute erhalten. Nachdem sich das Christentum im Mittelmeerraum und am Roten Meer bereits früh ausbreitete, wurde im 4. Jh. das Hochland von Abessinien als „Sonderweg" christianisiert (Königreich von Aksum). Die nächste Welle einer von außen stammenden Religion erreichte den Kontinent im 7. Jh. als sich Nordafrika dem Islam zuwandte und damit von der europäischen Welt, deren integraler Bestandteil es seit der Antike gewesen war, distanzierte. Arabische Geografen und Abenteurer erkundeten das Afrika jenseits der Sahara und berichteten von den soziopolitischen und ökonomischen Errungenschaften der dortigen Gesellschaften. Fortan brachte der Transsahara-Handel einen Austausch der Kulturen mit sich, von dem besonders die Region Westafrika profitierte.

Am südlichen Ende einer der Handelsrouten entstand im 7. Jh. das erste westafrikanische Königreich Ghana (heutiges Senegal, Mauretanien und Mali). Erst im 13. Jh. wurde es vom Reich Mali abgelöst, das sich bis zum 15 Jh. zu einem der größten Handelszentren der Welt entwickeln sollte. Auch kulturell erlangte das Reich mit seinen Schulen und Universitäten (u. a. in Timbuktu) Ruhm. Daneben bzw. danach existierten weitere größere Reiche wie die Königreiche Benin und Kongo sowie die Haussa-Staaten. Bemerkenswert ist im Süden Afrikas das Reich von Simbabwe, das zwischen dem 12. und späten 15. Jh. große Bedeutung erfuhr.

Im 15. Jh. errichteten schließlich die ersten Europäer ihre Handelsstützpunkte an den Küsten Afrikas, von wo sie Millionen von Sklaven nach Amerika verschiffen sollten. Gleichzeitig drangen Missionare in den Kontinent vor und brachten das Christentum ins übrige Afrika. Damit nahm eine Fremdherrschaft ihren Lauf, die mit der Kolonialisierung des Kontinents im 19. und 20. Jh. ihren absoluten Höhepunkt erlebte. Die Vielfalt Afrikas wurde im Kolonialismus – neben anderen europäischen Mächten – vor allem durch die französische und britische Kolonialherrschaft überlagert, die zur gängigen Unterscheidung zwischen dem anglophonen und dem frankophonen Afrika führte (vgl. Abb. 1.3). Postkolonial wurden die Volksgruppen Afrikas in bis heute 54 Staaten gezwungen, deren Grenzziehung wenig Rücksichten auf gewachsene soziale oder ethnische Zusammenhänge nahm. Trotz der oben beschriebenen Annäherung hat sich die Kluft zwischen Nordafrika und Afrika südlich der Sahara durch die islamische Prägung und das regionale Selbstverständnis, auch bedingt durch eine engere Anbindung an Europa nach der Kolonialzeit, vergrößert (vgl. Tetzlaff 2018, S. 61 ff.; Mair und Werenfels 2009; Badini und Reikat 2005; Dijk 2005, S. 43 ff.).

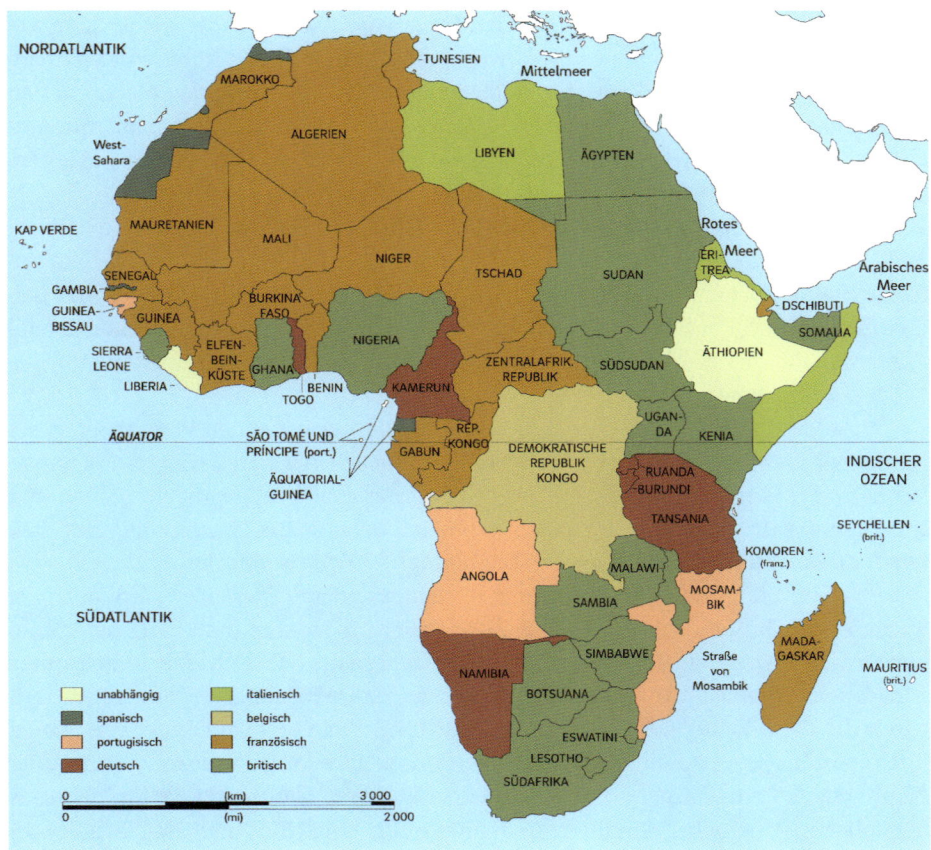

**Abb. 1.3:** Koloniale Aufteilung Afrikas im Jahr 1884 (Quelle: eigene Darstellung, Grafik: Franziska Knopp).

Die UNESCO (2019) listet für Afrika insgesamt 96 Welterbestätten auf (9 %-Anteil weltweit). Davon sind 53 dem Kulturerbe und 38 dem Naturerbe zugeordnet sowie fünf beiden Kategorien. Die Stätten verteilen sich über 35 Staaten und repräsentieren einen großen Teil der oben genannten Kulturen und Zivilisationen über alle historischen Epochen des Kontinents.

Die **jüngere afrikanische Geschichte** hat Tetzlaff (2018, S. 61 ff.) in fünf Phasen untergliedert:

Phase 1: Der atlantische Sklavenhandel auf die karibischen Inseln, mit seinem Höhepunkt zwischen der Mitte des 17. Jh. und dem Ende des 18. Jh. Die Phase endete mit der Bewegung in Europa zur Abschaffung der Sklaverei und dem Bürgerkrieg in den USA 1861–1865. Während Westafrika von der „transatlantischen Exportsklaverei" heimgesucht wurde, grassierte in Ostafrika der „orientalische Sklavenhandel" bereits seit Jahrhunderten.

Phase 2: Das 19. Jh. als eine Zeit großer Umbrüche, ausgelöst durch Reformen von afrikanischen Gesellschaften selbst sowie geprägt durch die Frühphase der allmählichen Inbesitznahme afrikanischer Gebiete durch Kaufleute, Handelsgesellschaften und Militärexpeditionen aus Europa (v. a. in Ägypten, Algerien, Senegal und Südafrika). In allen Regionen Afrikas kam es zur Erweiterung politischer Systeme zu Flächenstaaten und neuen Formen der gesellschaftlichen Organisation.

Phase 3: Die Zeit der formellen Kolonisation. Imperialistische Rivalitäten in Europa lösten ein „Kolonialfieber" aus, das seit den 1880er Jahren zu einem Wettlauf um Afrika, seine Rohstoffe und Märkte führte (v. a. England, Frankreich, Portugal, Belgien, Italien und Deutschland). Diplomatischer Höhepunkt war die Berliner Kongo-Konferenz 1884/85, bei der sich die Europäer den afrikanischen Kontinent in Einflusssphären aufteilten (vgl. Abb. 1.3).[5]

Phase 4: Die Dekolonisation. Diese begann nach dem Zweiten Weltkrieg mit der Erlangung der staatlichen Unabhängigkeit von Libyen (1951), Tunesien (1956), Sudan (1956) und Ghana (1957). Auf dem Höhepunkt erlangten 17 ehemalige Kolonien ihre Unabhängigkeit, darunter fast alle frankophonen Gebiete. Die Phase endete erst 1990 mit der Dekolonisation von Namibia (Unabhängigkeit von Südafrika).

Phase 5: Die postkoloniale Zeit, die bis heute andauert. Die Wege afrikanischer Staaten verliefen hier sehr unterschiedlich. Vielerorts wurden freie Parlamentswahlen zur Unabhängigkeit abgehalten. Woanders wurde die politische Macht im Namen von *Nation-Building* und *State-Building* durch autoritäre Präsidialregime zentralisiert, gegen die dann häufig das eigene Militär putschte. Viele befreite Länder versuchten ihre rückständigen Ökonomien durch Entwicklungshilfe-Projekte zu entwickeln. „Der Begriff post-kolonial bringt die noch nicht überwundene Kontinuität der Einflüsse aus der Zeit der kolonialen Fremdherrschaft auf Kultur, Wirtschaft und Gesellschaft afrikanischer Länder zum Ausdruck." (Tetzlaff 2018, S. 63) Ansprenger (1997) differenziert die postkoloniale Zeit in Afrika in Bezug auf die einzelnen Staaten in Einpartei-Regime, Militär-Regime, sozialistische Optionen und schließlich, nach dem Rückzug der Sowjetunion aus Afrika Anfang der 1990er Jahre, Demokratie oder Staatszerfall.

Bis heute ist Afrika ein Kontinent, der sich in einem steten und raschen Wandel befindet. Die einzelnen Länder haben sehr unterschiedliche Entwicklungen genommen, auf die an dieser Stelle nicht im Detail eingegangen werden kann. Um einige Gemeinsamkeiten herauszuarbeiten erarbeitete Tetzlaff (2018, S. 313 ff.) ein „zentrifugales Ensemble von sieben regionalen Länder-Welten mit jeweils unterschiedlichen Entwicklungsperspektiven":

(1) Die Gruppe der nordafrikanischen Länder, die noch mit den Folgen des Arabischen Frühlings zu kämpfen haben (Ausnahme Marokko).

---

5 Vgl. Kapitel 8 zu Kolonialerbe und Tourismus.

(2) Die kleine Gruppe der neun relativ erfolgreichen Länder mit demokratischer Transition und gelenkter Marktwirtschaft: Benin, Botsuana, Ghana, Kap Verde, Mauritius, Namibia, Senegal, Seychellen und Südafrika.

(3) Die große Gruppe der defekten Demokratien mit autoritären Patronage-Regimen, in denen der Staat nicht Teil der Lösung, sondern eher Teil des Problems darstellt. In Burkina Faso, der Elfenbeinküste, Guinea, Kamerun, Kenia, Mali, Malawi und Tansania könnte es zivilgesellschaftlichen Kräften gelingen, demokratische Reformen gegen staatlichen Widerstand durchzusetzen. Als Märkte mit spekulativen Gewinnchancen werden Äthiopien, Angola, die Elfenbeinküste, Gabun, Ghana, Kamerun, Kenia, Mosambik, Nigeria, Sambia, Senegal und Tansania eingestuft.

(4) Die Gruppe der Staatszerfallsländer oder *Failing States*: Somalia, Südsudan, ZAR, Tschad, DR Kongo, Libyen, Sudan, Burundi, Simbabwe und Mali. Derzeit zählen 19 Länder in Afrika südlich der Sahara zu den fragilen Staaten, das sind 40 % aller Länder der Region mit einem Viertel von Afrikas Gesamtbevölkerung.[6]

(5) Die Sondergruppe der fünf territorial großen erdölexportierenden Länder: Algerien, Angola, DR Kongo, Nigeria und Sudan.[7] Ihre Regierungen investieren die beträchtlichen Rohstoffrenten bisher nicht zum Wohle ihrer jeweiligen Bevölkerung, tätigen aber hohe Rüstungsausgaben.

(6) Die Gruppe der autoritär regierten Länder mit entwicklungspolitisch orientierter Staatsführung, die dem Ideal des *Developmental State* nahe kommen: Äthiopien, Kenia, Ruanda und Uganda. Das Ziel des wirtschaftlichen Fortschritts wird dort über das Gebot des Respekts vor Demokratie und Menschenrechten gesetzt.

(7) Die Gruppe der Länder mit besonderen strukturellen Nachteilen aufgrund geringer Binnenmarktgröße (Lesotho und Eswatini) oder geografisch ungünstiger Lage (*Landlocked Countries* der Sahel-Zone), zu denen auch die kleinen Inseln (Sao Tomé und Principe sowie Komoren) gehören. Länder mit einer Spezialisierung auf den Tourismus, wie z. B. die Seychellen, haben hier begründete Chancen auf ein Wirtschaftswachstum und einen relativen Wohlstand.

In einer komplementären Gliederung aus der ökonomischen Perspektive unterscheidet Tetzlaff (2018, S. 60) ordnungspolitisch vier Typen von Entwicklungsländern: (1) gelenkte Marktwirtschaften als *Newly Industrializing Countries* (NICs) oder auch „Schwellenländer"; (2) Renten-Ökonomien, denen es um die Maximierung von Exporterlösen (Renten) geht, die aus der staatlichen Kontrolle über wirtschaftliche Ressourcen erzielt werden, deren Wert auf Weltmärkten realisiert wird; (3) klassische Rohstoff-Ökonomien, die vom Export von zwei oder drei Rohstoffen abhängig sind und über keine wettbewerbsfähigen Industrien verfügen; (4) Gewaltökonomien, die sich

---

6 Zum Thema fragile Staaten vgl. Kapitel 4.

7 Daneben zählen Libyen, Ägypten, Gabun, Äquatorialguinea, Südsudan und Tschad zu den bedeutenderen erdölexportierenden Ländern (vgl. BP 2019, S. 16).

durch illegale und/oder kriminelle Aktivitäten wie Piraterie, Diamanten- und Drogen-
schmuggel, Menschenhandel und Plünderung reproduzieren. Aus der Kombination
der vier Typen wirtschaftlicher Systeme mit denen der politischen Systeme ergibt sich
eine Ländertypologie mit 13 Staaten-Gruppen, die gegenwärtig sehr unterschiedliche
Ausgangslagen für ihre jeweilige Entwicklung aufweisen (vgl. Tab. 1.2). Vor allem die
politische Ausgangslage hat auch einen wesentlichen Einfluss darauf, welche Chancen ein Land auf die Entwicklung eines funktionierenden und nachhaltigen Tourismus hat.

**Tab. 1.2:** Ländertypologie Afrika (Quelle: Tetzlaff 2018, S. 316).

| Ökonomisches System | Demokratischer Rechtstaat | Patronagestaat | Diktatur | Staatszerfall |
|---|---|---|---|---|
| Gelenkte Marktwirtschaft | Profit und Entwicklung (z. B. Mauritius) | Profit und Entwicklung (z. B. Südafrika) | Profit und Renten (z. B. Ägypten) | – |
| Rentenökonomie | Rente: Diamanten (z. B. Botsuana) | Rente: Bergbau (z. B. Angola) | Rente: Rohöl und Baumwolle (z. B. Sudan) | Rente: Rohöl und Metalle (z. B. DR Kongo) |
| Postkoloniale Rohstoff-ökonomie | Export von Mineralien und Nahrungsmitteln + Entwicklungs-hilfe (z. B. Namibia) | Export von Rohstoffen und Nahrungsmitteln + Entwicklungs-hilfe (z. B. Kamerun) | Export von Rohstoffen und Nahrungsmitteln + Entwicklungs-hilfe (z. B. Ruanda) | Export von Rohstoffen und Nahrungsmitteln + Entwicklungs-hilfe (z. B. ZAR) |
| Gewaltökonomie | – | – | Subsistenz; Nahrungsmittel-Export; Migrationssteuer (z. B. Eritrea) | Subsistenz; Schutzgeld; Ka-tastrophenhilfe (z. B. Somalia) |

Die Betrachtung einiger **demografischer Daten** zeigt, welche sozialen Verände-
rungsprozesse dem Kontinent bevorstehen: Das Bevölkerungswachstum in Afrika ist
enorm. Von 2018 bis 2050 wird eine Verdoppelung der Bevölkerung von ca. 1,3 Mrd.
(2018) auf 2,6 Mrd. (2050) prognostiziert. Gleichzeitig steigt der Anteil der jungen
Bevölkerung. 2018 waren 41 % der Bewohner Afrikas jünger als 15 Jahre (vgl. DSW
2019).

Während heute 55 % der Weltbevölkerung (7,62 Mrd.) Stadtbewohner sind, werden
es im Jahr 2050 voraussichtlich zwei Drittel sein. Die *World Urbanization Prospects* der
UN zeigen, dass die Urbanisierung in Entwicklungs- und Schwellenländern besonders
stark zunimmt. Die Zahl der Stadtbewohner wird bis zum Jahr 2050 um 2,5 Mrd. Menschen zunehmen, fast ausschließlich in Asien und Afrika. Bereits in den letzten drei

Jahrzehnten nahm der Urbanisierungsgrad in Afrika von 31 % (1990) auf 42 % (2018) zu. Für 2050 wird ein Wert von 59 % erwartet (vgl. DSW 2018).

Aufgrund einer insgesamt verbesserten Versorgungslage ist die durchschnittliche Lebenserwartung bei Geburt in Afrika inzwischen auf 61 Jahre (männlich) bzw. 64 Jahre (weiblich) gestiegen. Allerdings sind die Werte im Norden und Süden des Kontinents deutlich höher als in Zentral- und Ostafrika (vgl. DSW 2019). Die Unterernährungsrate in Afrika südlich der Sahara ist auf längere Sicht deutlich gesunken, von 28,2 % (2000) auf 22,7 % (2016), zeigt jedoch seit 2013 eine wieder leicht steigende Tendenz. Am höchsten ist die Mangelernährung in Ostafrika (34 % der Bevölkerung), am niedrigsten im südlichen Afrika (8 %) (vgl. FAO 2017).

Die jüngsten Schätzungen der Weltbank zu extremer **Armut** ergeben, dass Afrika hinter dem Rest der Welt zurückbleibt. Im Jahr 1990 lebten 36 % der Weltbevölkerung in Armut (Einkommen von weniger als 1,90 US-$ pro Tag). Bis 2015 war dieser Anteil auf 10 % gesunken. Die enormen Fortschritte bei der Armutsbekämpfung beruhen vor allem auf der Entwicklung in Ost- und Südasien. Sie stehen jedoch in starkem Kontrast zu dem viel langsameren Tempo der Armutsbekämpfung in Afrika südlich der Sahara. Das geringere Niveau des Wirtschaftswachstums, Konflikte und schwache Institutionen verursachen Probleme, die eine Kanalisierung des Wachstums in die Armutsbekämpfung verhindern. In Afrika leben die meisten Armen der Welt und im Gegensatz zu anderen Teilen der Welt nimmt die Gesamtmenge der Armen dort zu. Die Zahl der in Armut lebenden Menschen auf dem Kontinent ist von geschätzten 278 Mio. im Jahr 1990 auf 413 Mio. im Jahr 2015 gestiegen. Während die durchschnittliche Armutsquote in anderen Regionen im Jahr 2015 unter 13 % lag, betrug sie in Afrika südlich der Sahara rund 41 %. Von den 28 ärmsten Ländern der Welt befinden sich dort 27, alle mit einer Armutsquote von über 30 %. Damit wird extreme Armut zunehmend zu einem Problem in Afrika südlich der Sahara. Viele afrikanische Länder haben aufgrund ihrer hohen Abhängigkeit vom Rohstoffexport, der eine schwächere Auswirkung auf die Einkommen der Armen hat, der Häufigkeit von Konflikten und ihrer Anfälligkeit für Naturkatastrophen (v. a. Dürren) enorme Probleme (vgl. World Bank 2018, S. 3 f.).

Der „Ibrahim Index of African Governance" untersucht seit 2007 regelmäßig 88 verschiedene Indikatoren in vier Kategorien, um die **Regierungsführung** auf dem Kontinent zu beurteilen (vgl. Abb. 1.4). Dabei ist insgesamt eine Verbesserung zu beobachten: Drei von vier afrikanischen Bürgern leben in einem Land, in dem sich die Lage in den letzten zehn Jahren verbessert hat. Jedoch haben es die afrikanischen Regierungen in den letzten Jahren versäumt, das Wirtschaftswachstum in verbesserte und nachhaltige wirtschaftliche Möglichkeiten für ihre Bürger umzusetzen (vgl. Mo Ibrahim Foundation 2018).

Bei der Betrachtung des Rankings fallen deutliche Parallelen zur Ländertypologie von Tetzlaff (2018) sowie den noch folgenden Rankings bezüglich ökonomischer Parameter auf (vgl. Tab. 1.3). Das verdeutlicht die extrem unterschiedliche Ausgangslage der afrikanischen Staaten auch bezüglich der Entwicklung des Tourismus.

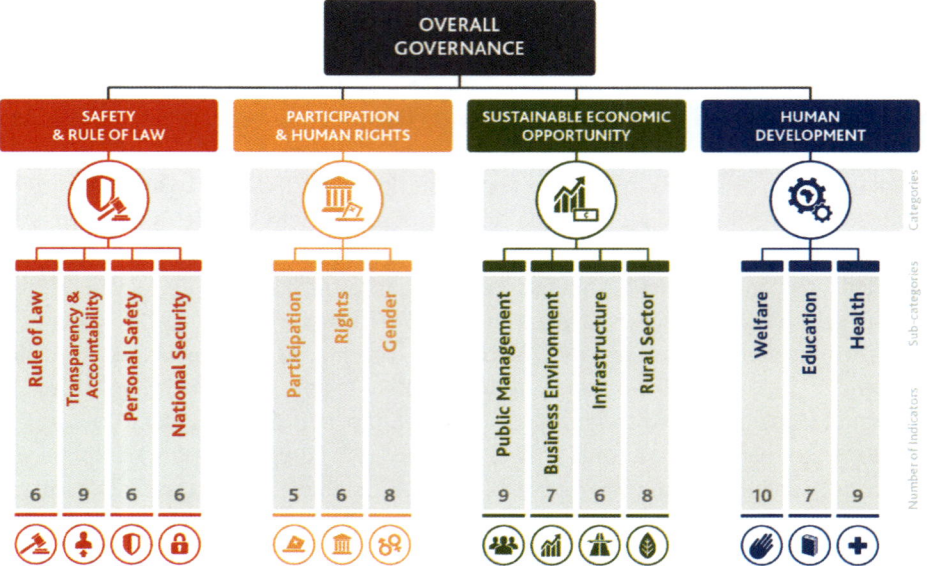

**Abb. 1.4:** Bewertungskategorien des Ibrahim Index of African Governance (Quelle: Mo Ibrahim Foundation 2018).

**Tab. 1.3:** Ranking des Ibrahim Index of African Governance (Quelle: Mo Ibrahim Foundation 2018).

| Top Ten-Staaten | Last Ten-Staaten |
|---|---|
| 1 Mauritius | 45 Angola |
| 2 Seychellen | 46 Tschad |
| 3 Kap Verde | 47 DR Kongo |
| 4 Namibia | 48 Äquatorialguinea |
| 5 Botsuana | 49 Sudan |
| 6 Ghana | 50 ZAR |
| 7 Südafrika | 51 Eritrea |
| 8 Ruanda | 52 Libyen |
| 9 Tunesien | 53 Südsudan |
| 10 Senegal | 54 Somalia |

In den letzten Jahrzehnten sind in Afrika 16 **Regionalorganisationen** entstanden, die dabei helfen sollen, wirtschaftliche, politische und sicherheitsrelevante Probleme zu lösen sowie die sehr unterschiedlich entwickelten Staaten näher zusammen zu bringen. Dabei konnten viele Fortschritte gemacht werden, jedoch mit sehr unterschiedlichem Erfolg.

Die größte und umfassendste internationale Organisation ist die **African Union (AU)**. Sie setzt sich aus 55 Mitgliedsstaaten des afrikanischen Kontinents zusammen und nahm 2002 als Nachfolgeorganisation der Organisation für Afrikanische Einheit

(OAU, 1963–1999) offiziell ihre Arbeit auf. Ihre Vision ist „an integrated, prosperous and peaceful Africa, driven by its own citizens and representing a dynamic force in the global arena." (AU 2019)

Von den sieben regionalen Organisationen, die von der AU anerkannt werden, haben für Afrika südlich der Sahara vor allem folgende die besten Perspektiven auf Erfolg (vgl. Elischer und Erdmann 2012, S. 3):[8]
- COMESA (Common Market for Eastern and Southern Africa) mit 21 Mitgliedern,
- EAC (East African Community) mit 6 Mitgliedern,
- ECCAS (The Economic Community of Central African States) mit 11 Mitgliedern,
- ECOWAS (Economic Community of West African States) mit 15 Mitgliedern,
- SADC (Southern African Development Community) mit 16 Mitgliedern.

Elischer und Erdmann (2012, S. 6 f.) stellen fest, dass sich das Integrationsniveau der einzelnen Regionalorganisationen erheblich voneinander unterscheidet. Dabei heben sie das für Afrika vergleichsweise hohe Integrationsniveau in der EAC, der ECOWAS und der SADC hervor. Diese hätten allerdings ganz unterschiedliche Schwerpunkte im wirtschaftlichen, sicherheitspolitischen oder politisch-institutionellen Bereich der Zusammenarbeit gesetzt. Im Vergleich mit der Europäischen Union bedürfe es in Afrika jedoch nicht zwingend einer wirtschaftlichen Integration, um gemeinsame Sicherheits- und politische Institutionen aufzubauen.

## 1.2.3 Wirtschaftsentwicklung und -strukturen

Während sich die Welt im Zuge der Globalisierung in den letzten Jahrzehnten im Eiltempo verändert hat, bleiben die meisten afrikanischen Staaten ökonomisch auf einem niedrigen Niveau und werden zunehmend von der übrigen Welt abgehängt. In den Staaten Afrikas, die von der Globalisierung profitieren, basiert der Erfolg zumeist auf dem Export von Agrarprodukten, Mineralien oder Erdöl. Insgesamt spielt der Kontinent nach wie vor eine absolut untergeordnete Rolle in der Weltwirtschaft. Das Welt-Bruttoinlandsprodukt (BIP) ist sehr ungleich verteilt. Auf die fünf Staaten mit dem höchsten BIP entfällt allein gut die Hälfte des gesamten Welt-BIP. Europa und Nordamerika beherbergen zusammen zwar nur ca. 12 % der Weltbevölkerung, haben aber einen Anteil von etwa 50 % am Welt-BIP. Der Anteil Afrikas, das 16 % der Weltbevölkerung beherbergt, am Welt-BIP lag 2018 bei lediglich 2,75 % (Afrika südlich der Sahara: 2 %) (vgl. UNCTAD 2019).

Ein Problem bei Berichten über das Wirtschaftswachstum in Afrika ist allerdings die Datengenauigkeit. In vielen afrikanischen Ländern gelten vorhandene Wirt-

---

**8** Vgl. auch Kapitel 10 und 11 mit Fallbeispielen aus den Regionalorganisationen und Abb. 10.1 (Karte mit EAC- und SADC-Staaten).

schaftsdaten als ungenau und unzuverlässig. Diese Situation wird auch als „statistische Tragödie Afrikas" bezeichnet (vgl. Devarajan 2011 zitiert in Zamfir 2016, S. 4).

Afrikas Rolle als Lieferant von Rohstoffen und Importeur von zumeist einfachen Industrieprodukten wurde bereits in der vorkolonialen Phase angelegt und in der Hochphase der Kolonisation manifestiert. Abgesehen von der ersten Verarbeitungsstufe von lokalen Rohstoffen wurden in den meisten Ländern, v. a. südlich der Sahara, keine nennenswerten Industrien entwickelt. „Der geografische Fingerabdruck der Kolonialwirtschaft ist bis heute sichtbar." (Harneit-Sievers 2005) Die Kolonien blieben ökonomisch vollständig abhängig von ihren jeweiligen Kolonisatoren (vgl. Stock 2013, S. 283 ff.). „Nahezu alle Länder Afrikas stehen bis zum heutigen Tage vor ähnlichen (markt)wirtschaftlichen Herausforderungen: einer notwendigen Industrialisierung und dem Aufbau einer international wettbewerbsfähigen Produktion bei gleichzeitiger Ausbildung von Fachkräften." (BpB 2005)

Zwei Drittel der Exporte aus Afrika bestehen aus Metallen und anderen Mineralien, Erdöl und Erdgas sowie verschiedenen nicht oder wenig verarbeiteten Agrarprodukten. Der Reichtum an Ressourcen und die gleichzeitige Abhängigkeit von deren Exporten sind Fluch und Segen zugleich. Nur wenigen Staaten, wie z. B. Südafrika, gelang es eine diversifizierte Industrie- und Dienstleistungswirtschaft zu entwickeln. Der Export von mineralischen Rohstoffen generiert im Vergleich zum Agrarsektor nur wenige Arbeitsplätze und führt zudem häufig zu Verteilungskämpfen um die Einnahmen bzw. zu Korruption. Teilweise werden dadurch auch Bürgerkriege verursacht. Um breitere Bevölkerungsschichten anstatt kleiner Eliten von den Einnahmen aus den Rohstoffen profitieren zu lassen, bedarf es einer größeren Transparenz der entsprechenden Staatsgeschäfte. Botsuana hat diesbezüglich eine bemerkenswerte Erfolgsgeschichte geschrieben. Auf der Basis von funktionierenden Institutionen, einer Transparenz bei den Einnahmen, einer geringen Korruption und einer funktionierenden Demokratie haben die Regierungen dort den Reichtum aus dem Diamantenexport seit der Unabhängigkeit genutzt und eine langfristige Entwicklungspolitik betrieben (vgl. Harneit-Sievers 2005).

Afrika spielt dementsprechend nur eine marginale Rolle im Welthandel. Sein Anteil an den Weltexporten liegt bei 2,4 %, der von Afrika südlich der Sahara bei 1,7 %. Klarer Exportmeister Afrikas ist Südafrika, gefolgt von Nigeria, Angola und Algerien (vgl. WTO 2019). Die wirtschaftliche Entwicklung in Afrika südlich der Sahara ist sehr ungleich verteilt. Vier der fünf exportstärksten Länder sind Erdölproduzenten und Südafrika, Nigeria und Angola erbringen dort zusammen allein ca. 60 % der Exporterlöse. Einem BIP pro Kopf von ca. 16.000 US-$ auf den Seychellen oder 10.000 US-$ in Äquatorialguinea steht eines von 300 US-$ in Burundi oder dem Südsudan entgegen (vgl. IMF 2019a und 2019b). Die stärksten Volkswirtschaften Afrikas haben entweder eine ausdifferenzierte Wirtschaftsstruktur oder sehr reiche Rohstoffvorkommen. Auf den vorderen Rängen lagen 2017 Ägypten (BIP: 1,2 Mrd. US-$), Nigeria (1,1 Mrd. US-$), Südafrika (757 Mio. US-$), Algerien (629 Mio. US-$) und Marokko (300 Mio. US-$) (vgl. CIA 2019).

Für **potenzielle Investoren** sind die wirtschaftlichen Rahmenbedingungen in Afrika insgesamt schwierig. Unsicherheit und mangelnde Stabilität im politischen und wirtschaftlichen Bereich gehören zu den größten Hindernissen für wirtschaftliche Aktivitäten dort. Auch die staatliche Effizienz ist in den meisten afrikanischen Ländern auf niedrigem Niveau. Folgende Aspekte („Doing-Business-Indikatoren") erschweren z. B. die Gründung von Unternehmen in den meisten Ländern Afrikas: zu viele Verwaltungsschritte bei der Unternehmensgründung, hohe Gründungskosten relativ zum Jahreseinkommen und sehr lange Dauer für die Unternehmensgründung. Hinzu kommt der schwierige Zugang zu Finanzmitteln, der stark eingeschränkt ist und ein ernstes Hindernis für afrikanisches Unternehmertum darstellt. Bei einer differenzierten Betrachtung wird jedoch auch die Heterogenität bei den Voraussetzungen für Unternehmertum auf dem Kontinent deutlich (vgl. Carlowitz 2017, S. 2 ff.) (vgl. Tab. 1.4).

**Tab. 1.4:** Easy of Doing Business Ranking 2018 (Quelle: World Bank 2019).

| Top Ten afrikanischer Staaten (Rang von 190) | Last Ten afrikanischer Staaten (Rang von 190) |
|---|---|
| Mauritius (20) | Liberia (174) |
| Ruanda (29) | Guinea-Bissau (175) |
| Marokko (60) | Äquatorialguinea (177) |
| Kenia (61) | Republik Kongo (180) |
| Tunesien (80) | ZAR (183) |
| Südafrika (82) | DR Kongo (184) |
| Botsuana (86) | Südsudan (185) |
| Sambia (87) | Libyen (186) |
| Seychellen (96) | Eritrea (189) |
| Lesotho (106) | Somalia (190) |

Doch in Afrika werden auch **Erfolgsgeschichten** geschrieben. In den letzten 15 Jahren haben die meisten Länder in Afrika ein anhaltendes Wirtschaftswachstum verzeichnet. So befinden sich unter den Ländern mit der weltweit höchsten Zuwachsrate des realen BIP acht afrikanische Staaten, allen voran Äthiopien und Ruanda, gefolgt von der Elfenbeinküste, Ghana, Guinea, Burkina Faso, Tansania und Senegal. Sie erreichten seit 2016 ein Wirtschaftswachstum von 6–8 % und nähren die Hoffnung, dass Afrika der nächste große Wachstumsmotor der Welt sein wird. So wird Ruanda bisweilen als „das Singapur Afrikas" bezeichnet. Allerdings müssen die hohen Wachstumsraten immer relativ gesehen werden, denn in den meisten Staaten Afrikas ist die absolute Wirtschaftsleistung sehr schwach: Zusammen genommen ist das BIP aller 54 afrikanischen Volkswirtschaften geringer als die Wirtschaftsleistung Frankreichs. Das reale und um Kaufkraftunterschiede bereinigte BIP pro Kopf in Afrika erreichte 2017 lediglich 1.900 US-$, das sind weniger als 20 % des weltweiten Durchschnittswerts. Allerdings verlangsamte sich der wirtschaftliche Aufschwung Afrikas, der seit dem Beginn der 2000er Jahre einsetzte, aufgrund der sinkenden Weltmarktpreise für Rohstoffe, der fehlenden Diversifizierung vieler Volkswirtschaften, steigender Inflationsraten und politischer Instabilität in den letzten Jahren wieder – zumindest bekamen das die primär rohstoffexportierenden Länder zu spüren (vgl. Petersen 2019; IMF 2018).

Eine wachsende Binnennachfrage führte dazu, dass der Dienstleistungssektor der am schnellsten wachsende Sektor afrikanischer Volkswirtschaften war. Er machte 2018 45 % des gesamten BIP in ganz Afrika aus (29 % Bergbau/Energie/Rohstoffe, 9 % herstellende Industrie, 17 % Landwirtschaft). Getragen war der Aufschwung von der Telekommunikation, v. a. der rasanten Zunahme von Mobiltelefonen und der Verbreitung des Internets. Zudem haben sich Finanzdienstleistungen und die Informations- und Kommunikationstechnologie schnell entwickelt. Die industrielle Entwicklung hat dagegen vor allem in Afrika südlich der Sahara kaum Fortschritte gemacht. Insgesamt können die afrikanischen Länder jedoch nicht mit der Wachstumsgeschwindigkeit anderer Entwicklungsländer mithalten. Das BIP-Wachstum pro Kopf bleibt immer noch erheblich geringer als z. B. in Asien (vgl. Zamfir 2016, S. 14 ff.).

Der Ausbau der schlechten **Transport-Infrastruktur** ist eine der zentralen Herausforderungen des afrikanischen Kontinents. Sie ist das größte Hindernis für den innerafrikanischen Handel, den Handel Afrikas mit der übrigen Welt und erhöht die Transportkosten vor allem der Binnenstaaten dramatisch. Prinzipiell hat sich an diesem Problem seit dem Ende der Kolonialzeit nicht viel geändert. Die Infrastruktur vieler afrikanischer Staaten orientiert sich bis heute primär an den Erfordernissen der Exportwirtschaft. Straßen- und Eisenbahnnetze verbinden vor allem das Hinterland mit großen Hafenstädten, während Querverbindungen innerhalb des Landes bzw. interregional wenig vorhanden sind. Große Teile des ländlichen Afrika sind von den maßgeblichen Transportrouten isoliert und damit ist vielen Ländern auch die Chance zur Modernisierung ihrer Wirtschaft und der Ausbau des Handels verbaut. Es mangelt an schiffbaren Wasserwegen, Straßen und Eisenbahnstrecken, um auch die dünn besiedelten Regionen anzuschließen. Und auch der Flugverkehr nutzt sein Potenzial nicht aus. Viele Airlines sind in einem schlechten Zustand, es gibt viel zu wenig Direktverbindungen innerhalb Afrikas – zum Teil geht es schneller über Europa oder die arabischen „Hubs" zu fliegen – und die Politik behindert den Ausbau (vgl. Freytag 2017, S. 37). Zugleich befinden sich in Afrika derzeit einige der weltweit größten Infrastrukturprojekte in der Umsetzung oder Planung. Die AU hat das *Programme for Infrastructure Development in Africa* (PIDA) initiiert, das den Ausbau der Infrastruktur in drei Phasen vorsieht und von 2010–2030 ein Volumen von insgesamt 380 Mrd. US-$ umfasst. Zudem engagiert sich allen voran China sehr stark im afrikanischen Infrastrukturbereich. Unter anderem wird der Ausbau von Transportkorridoren, wie z. B. dem Walvis Bay-Corridor zwischen Namibia und Botsuana, vorangetrieben, um den Binnenländern einen schnelleren Hafenzugang zu verschaffen. Insgesamt konnte das bislang schlecht ausgebaute Straßennetz damit in den letzten 15 Jahren um über 20 % erweitert werden (vgl. Freytag 2017, S. 37).

Der „Africa Infrastructure Development Index" (AIDI) zeigt auf, dass es starke Differenzen in Bezug auf die Qualität und Quantität der Infrastruktur in Afrika gibt (vgl. Tab. 1.5). Dem Index liegen Daten zu Luftverkehr, Telekommunikation, Häfen, Elektrizität, Schienenverkehr, Straßen, Sanitäranlagen, Transport, Wasserressourcen und Wasserzugang zugrunde (vgl. AFDB 2019).

**Tab. 1.5:** The Composite Africa Infrastructure Development Index 2018 (Quelle: AFDB 2019).

| Top Ten-Staaten | Last Ten-Staaten |
|---|---|
| 1 Seychellen | 45 Sierra Leone |
| 2 Ägypten | 46 Guinea-Bissau |
| 3 Libyen | 47 Madagaskar |
| 4 Südafrika | 48 Äthiopien |
| 5 Mauritius | 49 Eritrea |
| 6 Tunesien | 50 DR Kongo |
| 7 Marokko | 51 Tschad |
| 8 Algerien | 52 Niger |
| 9 Kap Verde | 53 Südsudan |
| 10 Botsuana | 54 Somalia |

In der Rangfolge der fünf Regionen Afrikas steht Nordafrika an erster Stelle, gefolgt vom südlichen Afrika, Westafrika, Ostafrika und Zentralafrika. Der Informations- und Kommunikationstechnik-Sektor hat in den letzten zehn Jahren im Vergleich zu allen anderen Sektoren die meisten Verbesserungen bei den AIDI-Ratings erzielt. Transport und Energie verzeichneten ein langsameres Wachstum, Wasserversorgung und Abwasserentsorgung dagegen kaum Fortschritte. Überraschenderweise mangelt es einigen Ländern, die nach den AIDI-Werten unter den Top Ten landen, immer noch an verbesserten sanitären Einrichtungen, insbesondere in ländlichen Gebieten. In der Hälfte der afrikanischen Länder haben weniger als 35 % der Bevölkerung Zugang zu adäquaten sanitären Einrichtungen und weniger als 76 % haben Zugang zu sauberem Wasser (vgl. AFDB 2018).

Der größte Engpass des afrikanischen Kontinents ist die **Strom- und Wasserversorgung**. Er hat nicht nur auf die wirtschaftliche Entwicklung negative Auswirkungen, sondern ruft auch soziale Probleme hervor. Permanente Stromausfälle sorgen u. a. dafür, dass ausländische Investoren zurückhaltend bleiben. Deshalb umfasst das PIDA neben dem Ausbau von Häfen, Flughäfen, Schienen und Straßen auch Investitionen in den Energiesektor, wie z. B. des INGA-Staudamms in der DR Kongo. Positiv ist die Entwicklung der mobilen Telefonie. In vielen Regionen wurde damit der Schritt zur analogen Telefonie übersprungen. Von 2000 bis 2012 wuchs die Anzahl der Mobiltelefone in Afrika von 16,5 Mio. auf 650 Mio., über die Hälfte davon waren auch internetfähige Telefone. Und diese Entwicklung setzt sich im Eiltempo fort. Die Zahl der Internetanschlüsse ist noch viel schneller gewachsen, um knapp 2.600 % in den Jahren 2004 bis 2013. Dadurch steigt auch die Anbindung der Menschen an die globalen Märkte rasant. Der wachsende Internetzugang hat auch Auswirkungen auf die Governance-Strukturen, denn die Verfügbarkeit von Informationen steigt und damit werden die Regierungen unter Druck gesetzt (vgl. Freytag 2017, S. 37).

## 1.3 Nachhaltige Entwicklung und Tourismus

„Der Begriff Entwicklung ist zwar seit vielen Jahrzehnten in aller Munde, was aber unter dem Begriff zu verstehen ist, darüber gibt es keinen Konsens, weder unter Experten, noch unter Entwicklungspolitikern und schon gar nicht in der interessierten Öffentlichkeit." (Menzel 2016, S. 13) Als Annäherung schlägt Tetzlaff (2018, S. 20) einen normativen Entwicklungsbegriff vor: „Entwicklung liegt dann vor, wenn erstens Gewalt zwischen Menschen, Gruppen und dem jeweiligen Gesellschaftssystem abnimmt, wenn zweitens sozioökonomische Gerechtigkeit zwischen ihnen zunimmt und wenn drittens Männer und Frauen dadurch ihre Wahlmöglichkeiten für ein selbstbestimmtes Leben optimieren können."

Das Verständnis von Entwicklung – im Zusammenhang mit entwicklungspolitischen Fragestellungen – unterliegt einem ständigen Wandel. Im Verlauf der vergangenen 60 Jahre sind etwa zwei Dutzend Theorien, Theoreme, Paradigmen oder Modelle der Entwicklung vorgestellt und diskutiert worden (vgl. Tetzlaff 2018, S. 24 ff.; Menzel 2016, S. 14):

- Theorien des wirtschaftlichen Wachstums und der Modernisierung,
- Dependenz-Theorien und die Theorie der autozentrierten Entwicklung,
- Sozialistische Theorien der nachholenden Entwicklung,
- Good Governance (entwicklungskonforme Regierungsführung),
- Theorie der nachhaltigen Entwicklung,
- Theorie des *Developmental State* bzw. Theorie des bürokratischen Entwicklungsstaates,
- *Empowerment*, *Self-Efficacy* (Selbstwirksamkeit),
- Postkoloniale Ansätze und *Post Development*-Ansätze (Ablehnung von Entwicklung).

Da es kein allgemein akzeptiertes Verständnis von Entwicklung gibt und oft alte Verständnisse wieder aufleben und neben anderen, z. T. widersprüchlichen Theorien existieren, bietet Menzel (2016, S. 15) eine „analytische Klärung des Entwicklungsbegriffs" an. Er stellt dabei die Befriedigung menschlicher Bedürfnisse und damit die Akteure ins Zentrum seiner Überlegungen. Die dafür erforderlichen gesellschaftlichen und naturräumlichen Rahmenbedingungen auf der Systemebene werden im „Hexagon der Entwicklung" aus den Faktoren politische Stabilität, wirtschaftliche

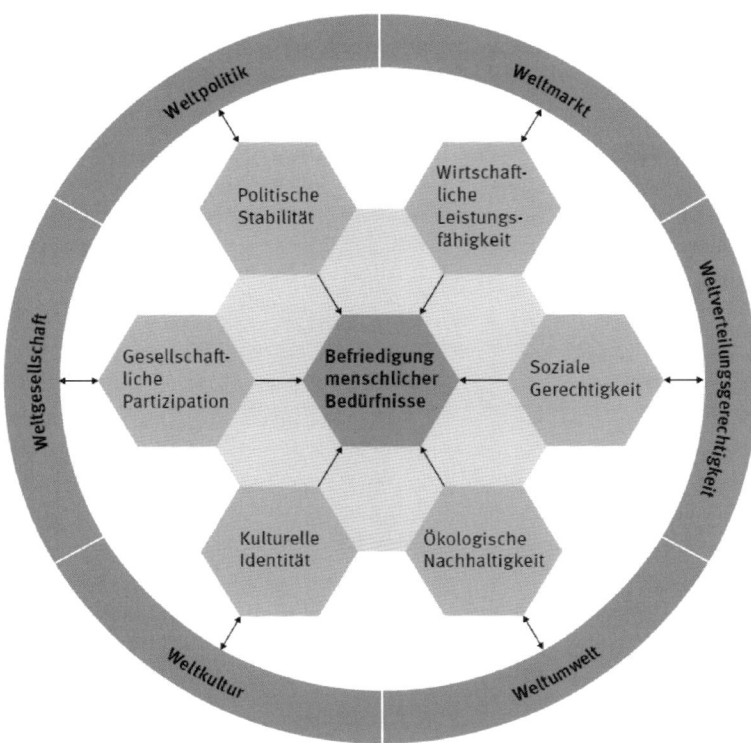

**Abb. 1.5:** Das Hexagon der Entwicklung (Quelle: Menzel 2016, S. 16).

Leistungsfähigkeit, soziale Gerechtigkeit, gesellschaftliche Partizipation, ökologische Nachhaltigkeit und kulturelle Identität gebildet (vgl. Abb. 1.5).

Die Eckpunkte des Hexagons versteht Menzel als gleichrangig. Sie wirken aufeinander ein und stehen gleichzeitig in einem Spannungsverhältnis zum jeweiligen globalen Kontext. „Damit findet Entwicklung auf drei Ebenen, der des Individuums, seinem gesellschaftlichen Kontext und im globalen Rahmen, statt. Zwischen den drei Ebenen besteht eine spannungsgeladene Wechselwirkung von Chancen und Herausforderungen, die im positiven Sinne genutzt oder im negativen Sinne zu Entwicklungsblockaden und Fehlentwicklungen führen kann." (Menzel 2016, S. 15)

Das Entwicklungsprogramm der Vereinten Nationen (UNDP) publiziert seit 1990 jährlich den sog. Index der menschlichen Entwicklung (HDI = Human Development Index). Er versteht sich als Indikator für Wohlstand und berücksichtigt nicht nur ökonomische Kriterien (BSP pro Kopf), sondern auch die Gesundheit (Lebenserwartung bei Geburt) und Bildung (Dauer der Schulausbildung). Die entsprechende Rangliste der Staaten ist in solche mit sehr hoher, hoher, mittlerer und geringer menschlicher Entwicklung klassifiziert. Demnach sind die Seychellen und Mauritius von allen afrikanischen Staaten am weitesten entwickelt. Wenigen weiteren Ländern in Afrika wird

**Tab. 1.6:** Human Development Index – Top und Last Ten afrikanischer Staaten (Quelle: UNDP 2019).[9]

| Top Ten afrikanischer Staaten (Rang) | Last Ten afrikanischer Staaten (Rang) |
|---|---|
| Seychellen (62 von 189) – hohe Entwicklung | Mosambik (180) – geringe Entwicklung |
| Mauritius (65) – hohe Entwicklung | Liberia (181) – geringe Entwicklung |
| Algerien (85) – hohe Entwicklung | Mali (182) – geringe Entwicklung |
| Tunesien (95) – hohe Entwicklung | Burkina Faso (183) – geringe Entwicklung |
| Botsuana (101) – hohe Entwicklung | Sierra Leone (184) – geringe Entwicklung |
| Libyen (108) – hohe Entwicklung | Burundi (185) – geringe Entwicklung |
| Gabun (110) – hohe Entwicklung | Tschad (186) – geringe Entwicklung |
| Südafrika (113) – mittlere Entwicklung | Südsudan (187) – geringe Entwicklung |
| Ägypten (115) – mittlere Entwicklung | ZAR (188) – geringe Entwicklung |
| Marokko (123) – mittlere Entwicklung | Niger (189) – geringe Entwicklung |

laut HDI eine hohe Entwicklung attestiert (vgl. Tab. 1.6). Auffällig ist dabei, dass sich neben den relativ stark industrialisierten Staaten auch die wichtigsten erdölfördernden bzw. rohstoffreichsten Staaten Afrikas in diesen Kategorien befinden. Der Großteil aller afrikanischen Staaten rangiert allerdings am Ende der Liste: 32 der 35 am wenigsten entwickelten Länder liegen in Afrika südlich der Sahara, nur noch ergänzt durch den Jemen, Haiti und Afghanistan (vgl. UNDP 2019).

Mit der Diskussion um **Nachhaltigkeit** bekam der Entwicklungsdiskurs in den 1990er Jahren auch eine ökologische Dimension. Basierend auf dem bereits 1972 erschienen Buch „Die Grenzen des Wachstums. Bericht des Club of Rome zur Lage der Menschheit" von Dennis und Margret Meadows wurde immer klarer, dass die natürlichen Ressourcen nur begrenzt zur Verfügung stehen und der von Menschen gemachte Klimawandel kaum noch aufzuhalten ist. Es setzte sich die Erkenntnis durch, dass wir hier und heute nicht auf Kosten der Menschen in anderen Regionen der Erde und auf Kosten zukünftiger Generationen leben dürfen. Doch es dauerte fast 20 Jahre bis das Thema auf der Ebene der Vereinten Nationen ganz oben auf der Tagesordnung stand.

Die Grundlage für den Begriff bzw. das Leitbild einer nachhaltigen Entwicklung lieferte 1987 der sog. Brundtland-Bericht „Unsere gemeinsame Zukunft" der Weltkommission für Umwelt und Entwicklung (WCED). Demnach entspricht nachhaltige Entwicklung den Bedürfnissen der heutigen Generation, ohne die Möglichkeiten künftiger Generationen zu gefährden, ihre eigenen Bedürfnisse zu befriedigen. Sie stellt somit einen Generationenvertrag dar. Entscheidend ist die gegenseitige Abhängigkeit der drei Dimensionen der Nachhaltigkeit, d. h. gleichzeitig und gleichberechtigt nebeneinander wirtschaftlichen Wohlstand zu ermöglichen, für sozialen Ausgleich zu sorgen und die natürlichen Lebensgrundlagen für zukünftige Generationen zu erhal-

---

9 Somalia wird im HDI von 2019 aufgrund fehlender Datengrundlagen nicht gelistet, wäre aber erfahrungsgemäß auf einem der letzten Ränge zu finden.

ten. Damit werden die planetaren Grenzen der Erde, neben dem Leben in Würde für alle, im Nachhaltigkeitskonzept zu Leitplanken des politischen Handelns.

Auf der UN-Konferenz für Umwelt und Entwicklung 1992 in Rio de Janeiro bekannte sich die internationale Staatengemeinschaft schließlich erstmals zum Leitbild der Nachhaltigen Entwicklung. Man verpflichtete sich damit u. a., die wachsende soziale Kluft zwischen globalem Norden und Süden zu begrenzen sowie die natürlichen Lebensgrundlagen besser zu schützen und verabschiedete die *Agenda 21*, das Aktionsprogramm für das 21. Jahrhundert (vgl. Tetzlaff 2018, S. 37; BMU 2017).

Im Jahr 2015, zwei Dekaden später, führten die UN mit der *Agenda 2030* den sog. Rio-Prozess und den Prozess der Millenniumentwicklungsziele (MDG) unter dem Begriff „Transformation zu nachhaltiger Entwicklung" zusammen. Mit den 17 Nachhaltigkeitszielen, den *Sustainable Development Goals* (SDG) (vgl. Abb. 1.6), hat sich die Weltgemeinschaft erstmals auf einen universalen und alle drei Nachhaltigkeitsdimensionen einschließenden Katalog von Zielen geeinigt, der maßgeblich für die globale Umsetzung von Nachhaltigkeit sein soll (vgl. BMU 2017).

**Abb. 1.6:** Die Sustainable Development Goals (SDG) der Vereinten Nationen (Quelle: Presse- und Informationsamt der Bundesregierung 2019).

Seit 1992 wurde der Begriff Nachhaltigkeit als entwicklungspolitischer Leitbegriff international akzeptiert. Doch für Sachs (2002, S. 88) enthält der Nachhaltigkeitsansatz in Bezug auf Entwicklungsländer ein Gerechtigkeits-Dilemma: „Jeder Versuch, die Naturkrise zu mildern, droht die Gerechtigkeitskrise zu verschärfen und umgekehrt: Jeder Versuch, die Gerechtigkeitskrise zu mildern, droht die Naturkrise zu verschärfen". Er hält es für widersprüchlich, gleichzeitig den Lebensstandard der armen Menschen im globalen Süden anzuheben und die natürlichen Ressourcen dort zu schützen.

## Nachhaltige Entwicklung im Tourismus

Nachdem auch der Tourismus seit den 1950er Jahren alle Phasen der entwicklungs-
theoretischen Diskussion zumeist implizit durchlief (vgl. Novelli 2015, S. 5 ff.), hat sich
analog zur allgemeinen Akzeptanz der nachhaltigen Entwicklung seit 1992 auch das
Konzept der nachhaltigen Tourismusentwicklung als global gültiges Leitbild für eine verantwortungsvolle Planung und Umsetzung in diesem Bereich nach und nach
durchgesetzt. Es basiert auf der systematischen Betrachtung der drei Dimensionen
Ökologie, Ökonomie und Soziales in Bezug auf den Tourismus.[10] Alle Dimensionen
müssen gleichrangig bedacht und aufkommende Konflikte zwischen ihnen überwunden werden (vgl. Stecker 2010, S. 250; Rein und Strasdas 2017, S. 21 ff.). Die UNWTO
definiert nachhaltigen Tourismus wie folgt:

> Tourism that takes full account of its current and future economic, social and environmental im-
> pacts, addressing the needs of visitors, the industry, the environment and host communities. (…)
> Thus, sustainable tourism should: (1) Make optimal use of environmental resources that constitu-
> te a key element in tourism development, maintaining essential ecological processes and helping
> to conserve natural heritage and biodiversity. (2) Respect the socio-cultural authenticity of host
> communities, conserve their built and living cultural heritage and traditional values and contri-
> bute to inter-cultural understanding and tolerance. (3) Ensure viable, long-term economic opera-
> tions, providing socio-economic benefits to all stakeholders that are fairly distributed, including
> stable employment and income-earning opportunities and social services to host communities
> and contributing to poverty alleviation. (UNWTO und UNEP 2005, S. 11 f.)

Besonders in Entwicklungsländern muss bei der Entwicklung des Tourismus auf ten-
denziell negative Wirkungen und Effekte desselben geachtet werden, um frühzeitig
Fehlentwicklungen zu vermeiden und die tendenziell positiven Effekte stärker zur
Wirkung zu bringen (vgl. Tab. 1.7).

Das grundsätzliche Problem der nachhaltigen Tourismusentwicklung besteht allerdings in der Umsetzung. Es gibt zwar einen internationalen Konsens über die zu
beachtenden Kriterien, um das Ziel der Nachhaltigkeit zu erreichen (vgl. GSTC 2019),
aber bei der weiteren Konkretisierung fehlt es noch an wissenschaftlich gesicherten
Grundlagenstudien. Das gilt vor allem bei den Fragen nach verlässlichen und allgemein akzeptierten Normen zur Bewertung der Indikatoren sowie nach geeigneten Indikatoren, um die Kriterien vor Ort qualitativ oder quantitativ nach ihrem Erfüllungs-
grad zu überprüfen. Die komplexen Zusammenhänge und Wirkungskreisläufe, die
jede Destination ausmachen, sind kaum mit einem allgemeingültigen System von Indikatoren abzudecken. Zudem bedarf es für jede Destination aufgrund ihrer Indivi-
dualität einer spezifischen Herangehensweise (vgl. Hartmann 2018, S. 41 f.; Stecker
und Hartmann 2019, S. 380).

---

**10** Inzwischen werden diese drei Dimensionen durch die Management-Dimension ergänzt, die sich
auf die institutionelle Nachhaltigkeit bezieht. Deren übergeordnetes Ziel lautet, ein wirkungsvolles
Nachhaltigkeitsmanagement nachzuweisen (vgl. Stecker und Hartmann 2019, S. 374; GSTC 2019).

**Tab. 1.7:** Wirkungen und Effekte des Tourismus auf die Zielgebiete (Quellen: Hartmann 2018, S. 40; Stecker 2016, S. 300).

| Dimension | Tendenz positiv | Tendenz negativ |
|---|---|---|
| **Ökonomie** | + Einkommenseffekte<br>+ Beschäftigungseffekte<br>+ Deviseneinnahmen<br>+ Multiplikatoreffekte auf vor- und nachgelagerte Wirtschaftssektoren (z. B. Handwerk, Baugewerbe, Landwirtschaft)<br>+ Regionaler Ausgleichseffekt und Entwicklungsimpuls – Ausbau der Infrastruktur (z. B. Verkehrswege, Kommunikation, Energieversorgung) | − Preissteigerungen für die lokale Bevölkerung<br>− Sickerrate (Abfluss von Deviseneinnahmen)<br>− Verdrängung anderer Wirtschaftsbereiche, inkl. Abzug von Arbeitskräften<br>− Verknappung von Gütern für Einheimische<br>− Abhängigkeit vom Tourismus (Monostrukturen)<br>− Saisonalität der Arbeitsplätze; häufig nur unqualifizierte, schlecht bezahlte Jobs<br>− Sogwirkungen, Migration<br>− Hohe Investitionskosten (Verschuldung) für den Ausbau von touristischer Infrastruktur |
| **Ökologie** | + Erhaltung der Biodiversität: Einrichtung oder Erhalt von Reservaten, Naturparks, Landschaftsschutzgebieten<br>+ Sensibilisierung für Umweltfragen<br>+ Tourismus finanziert Naturschutz<br>+ Anreize zum Einsatz regenerativer Energiequellen<br><br>+ Wertschätzung/Identifikation der Lokalbevölkerung mit ihren natürlichen Ressourcen<br>+ Umweltsensibilisierung von Touristen | − Beeinträchtigung/Verlust von Biodiversität durch Landschaftszerstörung<br>− Beeinträchtigung des Landschaftsbildes (Zersiedelung, Versiegelung)<br>− Belastung von Gewässern (Wasserverbrauch und -verschmutzung)<br>− Verschmutzung der Luft<br>− Energieverbrauch → Emissionen → Treibhauseffekt → Beitrag zum Klimawandel<br>− Lärmbelastungen<br>− Zerschneidung von lokalen Lebensräumen<br>− Bodenverdichtung/-erosion, Trittbelastung<br>− Abfall, ungeregelte Müllentsorgung |

**Tab. 1.7:** (Fortsetzung)

| Dimension | Tendenz positiv | Tendenz negativ |
|---|---|---|
| Soziales | + Förderung interkultureller Kompetenz (Völkerverständigung) <br> + Erhalt und Schutz von kulturellem Erbe <br> + Stärkung bzw. Wiederbelebung regionaler Kunst, Kultur und Identität <br> + Positive Demonstrationseffekte (Vorbildfunktion der Quell- für die Zielregion) <br> + Horizonterweiterung für Reisende und Bereiste; Qualifizierung, Aus- und Fortbildung im Tourismussektor <br> + Erhöhung der Lebensqualität der lokalen Bevölkerung | − Nutzungskonflikte zwischen dem Tourismus und anderen Nutzungsmöglichkeiten <br> − Anstieg von Kriminalität und Prostitution <br> − Soziokulturelle Wirkungen auf die Einheimischen (Akkulturation); Zerstörung traditioneller Lebensformen <br> − Kommerzialisierung von Gastfreundschaft und Traditionen (Souvenirkitsch) <br> − Verfestigung von Vorurteilen durch Oberflächlichkeit der Begegnungen <br> − Soziokulturelle Belastungen für die Touristen („Kulturschock") |

Der Ansatz des nachhaltigen Tourismus erstreckt sich prinzipiell über alle Ebenen des integrierten Managements von Destinationen und touristischen Unternehmen. Das beginnt mit der Erstellung eines Leitbildes/einer Vision (normativ), setzt sich über das Konzept fort (strategisch) und mündet schließlich in der konkreten Umsetzung von Maßnahmen (operativ). Auf allen Ebenen des Angebots gibt es inzwischen entsprechende Leistungen, um den Ansprüchen der Reisenden nach ökologisch und sozial verträglichen Reisen gerecht zu werden (vgl. Hartmann 2018, S. 70 ff.).

Wenn es im globalen Süden um Nachhaltigkeit im Tourismus geht, steht angesichts des außerordentlichen Potenzials an naturnahen und artenreichen Lebensräumen der ökologische Aspekt häufig im Vordergrund. Doch die einseitige Betonung des Naturschutzes birgt die Gefahr, in ein „Gerechtigkeits-Dilemma" (Sachs 2002) zu geraten. Auf der anderen Seite bergen Nachhaltigkeitskonzepte, die vornehmlich soziale Aspekte betonen, wie der gemeindebasierte Tourismus, der Pro-Poor-Tourismus oder der Fair-Trade-Tourismus, das Risiko, aufgrund mangelnder Investitionen, unzureichendem Marketing und zu kleinteiliger Strukturen an der notwendigen ökonomischen Nachhaltigkeit zu scheitern.

Generell gestaltet sich die Umsetzung nachhaltiger Tourismuskonzepte als sehr kompliziert, da sie mit zwei grundsätzlichen Problemen konfrontiert sind:

Erstens ist die Dienstleistungs- bzw. Wertschöpfungskette im Tourismus sehr lang (An- und Abreise, Verkehr vor Ort, Beherbergung und Gastronomie, Freizeitaktivitäten). Dabei alle Leistungen in allen Teilsegmenten nachhaltig zu gestalten, stellt eine der größten Herausforderungen des Tourismus dar, denn dazu muss eine Vielzahl von Akteuren (Reiseveranstalter und -vermittler, Transportunternehmen, Beherbergungs- und Gastronomiebetriebe, Anbieter von Freizeitaktivitäten, lokale Behörden usw.) einbezogen und deren oft divergierende Interessen ausgeglichen werden.

Zweitens verfolgt die nachhaltige Tourismusentwicklung einen ganzheitlichen Ansatz und dabei müssen zahlreiche Rahmenbedingungen, Einflussfaktoren und Wechselwirkungen auf lokaler als auch globaler Ebene berücksichtigt werden. Zur Umsetzung derselben bedarf es sowohl „weicher" Instrumente, wie zum Beispiel Selbstverpflichtungen oder Gütesiegel, als auch „harter" Instrumente, wie zum Beispiel Ge- und Verbote oder fiskalische Eingriffe, um das Verursacherprinzip durchzusetzen (vgl. Stecker 2016, S. 303).

> Tourismus ist auf Nachhaltigkeit angewiesen, um auch in Zukunft die Qualität dieses Sektors zu sichern und zu verbessern. Eine umfassende Strategie für einen globalen nachhaltigen Tourismus kann jedoch nicht mehr nur in Nischen stattfinden, sondern muss verstärkt Lösungsansätze für den Volumenmarkt anbieten. Dazu ist die Kooperation aller relevanten Akteure erforderlich. Nachhaltiger Tourismus ist in sich nicht harmonisch, sondern ein Kompromiss konkurrierender Zielsysteme. (Stecker 2016, S. 303)

## 1.4 Strukturen und Entwicklungen des Tourismus

Afrika ist und bleibt eine der am schnellsten wachsenden Regionen für den Tourismus weltweit. Die Weltbank und die UNWTO prognostizieren, dass der Tourismus in den kommenden zehn Jahren einer der Haupttreiber des Wirtschaftswachstums in Afrika sein wird. Eine zunehmende Zahl von Ländern hat den Tourismus zu einer zentralen Säule ihrer wirtschaftlichen Entwicklungs- und Reformprogramme gemacht. Auch die AU hat den Tourismus an die Spitze ihrer Agenda gestellt und den Tourismusaktionsplan (TAP) des Kontinents verabschiedet (siehe weiter unten). Zwischen 1998 und 2015 sind Dienstleistungsexporte (inkl. Tourismus) in Afrika sechsmal schneller gewachsen als Warenexporte. Abgesehen von einigen wenigen Ländern wie Mauritius und den Seychellen, in denen der Anteil des Tourismussektors an der Wirtschaft besonders hoch ist, befindet sich der Tourismus in Afrika jedoch noch in einem frühen Entwicklungsstadium und ist eng mit allgemeineren Herausforderungen der Entwicklung verbunden (vgl. Signé 2018, S. 1).

### 1.4.1 Afrikas Tourismus in Zahlen

Seit den 1950er Jahren weist der weltweite Tourismus ein kontinuierliches Wachstum auf. Nach dem Ende des Kalten Krieges wuchs der Sektor schneller als die Weltwirtschaft, mit einer durchschnittlichen jährlichen Wachstumsrate von 4,1 % zwischen 1995 und 2010. In dieser Zeit erlebte Afrika seinen ersten Tourismusboom. Die Einnahmen aus dem afrikanischen Tourismus stiegen in den 1990er Jahren um mehr als 50 %,

## Afrika: Internationale Ankünfte 1990-2018 (nach Regionen, in Mio.)

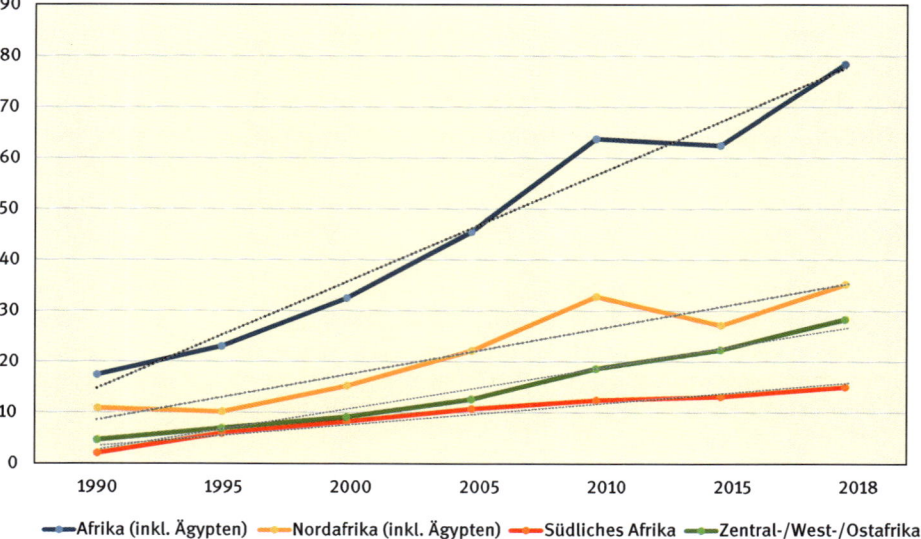

**Abb. 1.7:** Internationale Ankünfte in Afrika (1990–2018) (Quelle: eigene Darstellung nach UNWTO 2019, 2017, 2012, 2006, 2001).

während die Gesamtzahl der internationalen Ankünfte auf dem Kontinent um rund 300 % anstieg. Diese Trends haben sich bis ins 21. Jh. fortgesetzt und wurden durch ein stetiges Wirtschaftswachstum und Verbesserungen der politischen Stabilität und Offenheit auf dem gesamten Kontinent gestützt. Während der globalen Finanzkrise 2007/08 war Afrika die einzige Region der Welt, in der das Wachstum der Tourismusbranche fortgesetzt wurde. Während die internationalen Touristenankünfte auf dem gesamten Kontinent zwischen 2000 und 2017 um fast 36 Mio. angestiegen sind, hat die Region südlich der Sahara den Löwenanteil dieses Wachstums verzeichnet (24,7 Mio.). Vor der Jahrhundertwende hatte Nordafrika bereits eine relativ gut entwickelte Tourismuswirtschaft. 1995 verzeichneten die fünf nördlichen Länder Algerien, Ägypten, Libyen, Marokko und Tunesien fast so viele internationale Besucher wie die 48 Länder südlich der Sahara zusammen. Die Wahrnehmung politischer Instabilität und Unsicherheit im Zusammenhang mit dem Arabischen Frühling und dem Terrorismus hat Nordafrika seit 2011 zu einem weniger beliebten Reiseziel gemacht. Dagegen hat der Tourismus in Afrika südlich der Sahara weiter zugenommen (vgl. Signé 2018, S. 1) (vgl. Abb. 1.7).

Wenn sich die aktuellen Trends nicht abschwächen, wird die Zahl der Ankünfte auf dem Kontinent bis 2030 voraussichtlich 134 Mio. erreichen. Viele afrikanische Länder, die bisher aufgrund politischer Instabilität, Gewalt oder Gesundheitskrisen als unattraktive Touristenziele galten, haben es bereits geschafft, durch erfolgreiche

Tourismuskampagnen ihr Image zu verändern (z. B. Ruanda, Mosambik und Äthiopien). Es bleibt abzuwarten, ob diese Länder den erwarteten wirtschaftlichen Segen des Tourismus erfahren werden (vgl. Signé 2018, S. 2 ff.). Der touristische Aufschwung Mosambiks wurde Anfang 2019 nach den verheerenden Zerstörungen durch zwei Wirbelstürme unterbrochen.

Im **internationalen Vergleich** steht der Kontinent Afrika bezüglich Ankunftszahlen und Deviseneinnahmen weit hinter den WTO-Region Europa, Amerika sowie Asien und Pazifik zurück. Mit 78,5 Mio. Ankünften (inklusive Ägypten) im Jahr 2018 lag Afrika nur noch vor der WTO-Region Mittlerer Osten. Das waren 5,6 % aller weltweiten internationalen Ankünfte. Allerdings stabilisiert sich dieser Anteil immer weiter. Seit Mitte der 1990er Jahre hatte Afrika einen kontinuierlichen Anstieg der Ankünfte zu verzeichnen. Das langfristige Wachstum des Tourismus nach Afrika lag 2008–2018 bei 4,3 % und damit an zweiter Stelle hinter der WTO-Region Asien und Pazifik. Getragen wird dieser Wert maßgeblich von den Jahren 2016–18, nachdem sich zwischen 2008 und 2015 die weltweite Finanzkrise, der Arabische Frühling und der Ausbruch von Ebola negativ auf die Entwicklung des Tourismus in Afrika als Ganzes ausgewirkt haben (vgl. UNWTO 2019, S. 4).

Die Heterogenität in der Relevanz des Tourismus ist in den verschiedenen Regionen und Ländern in Afrika sehr groß (vgl. Tab. 1.8 und 1.9). Die Region Nordafrika ist das wichtigste Reiseziel des Kontinents. Es erhielt bei weitem die höchste Anzahl von Ankünften, gefolgt vom südlichen Afrika und Ostafrika. Zusammen generieren diese Regionen 90 % aller internationalen Ankünfte des Kontinents. Der Gesamtbeitrag des Tourismus zum BIP liegt in diesen Regionen bei 10–11 %, in West- und Zentralafrika dagegen nur bei 4–5 %. Das spiegelt u. a. wider, dass die Volkswirtschaften in Zentral-

**Tab. 1.8:** Afrikas Anteile am globalen Tourismus (1985–2018) – ohne Ägypten[11] (Quellen: UNWTO 1995, 1997, 2001, 2006, 2019).

| Jahr | Ankünfte (Mio.) | Anteil am Weltmarkt | Brutto-Devisen-einnahmen (Mio. US-$) | Anteil am Weltmarkt |
|------|-----------------|---------------------|--------------------------------------|---------------------|
| 1985 | 9,7 | 3,0 % | 2.601 | 2,2 % |
| 1990 | 15,1 | 3,3 % | 5.300 | 2,0 % |
| 1995 | 19,2 | 3,4 % | 7.000 | 1,8 % |
| 2000 | 26,5 | 3,9 % | 10.700 | 2,2 % |
| 2005 | 34,8 | 4,3 % | 21.500 | 3,2 % |
| 2010 | 50,4 | 5,9 % | 30.447 | 4,1 % |
| 2015 | 53,5 | 4,9 % | 31.534 | 2,9 % |
| 2018 | 67,1 | 4,8 % | 38.518 | 3,1 % |

---

**11** In den Statistiken der UNWTO wird Ägypten der Region Mittlerer Osten „Middle East" zugerechnet.

**Tab. 1.9:** Afrika-Tourismus in Zahlen (nach Ankünften, in Millionen) (Quellen: UNWTO 2019, S. 4 und Annex 16; WTTC 2019).

| Region | 2010 | 2018 | Veränderung | Anteil am BIP |
|---|---|---|---|---|
| Welt | 952 | 1.403 | +47 % | 10,4 % |
| Entwicklungs- und Schwellenländer | 437 | 637 | +46 % | |
| **Afrika gesamt** | **50,4** | **67,1** | **+33 %** | **8,5 %** |
| Nordafrika (ohne Ägypten) | 19,7 | 23,9 | +21 % | 11,2 % |
| Afrika südlich der Sahara | 30,7 | 43,2 | +41 % | 7,4 % |
| **Länder-Ranking Afrika:** | **2010** | **2018** *(2017)* | **Veränderung** | **Anteil am BIP** (UNCTAD 2017) |
| (1) Marokko | 9,288 | 12,289 | +32 % | **18 %** |
| (2) Ägypten | 14,731 | 11,346 | −23 % | 13 % |
| (3) Südafrika | 8,074 | 10,472 | +30 % | 9 % |
| (4) Tunesien | 7,828 | 8,299 | +6 % | **15 %** |
| (5) Algerien | 2,070 | 2,451 | +18 % | 7 % |
| (6) Simbabwe | 2,239 | 2,423 | +8 % | 11 % |
| (7) Nigeria | 1,555 | 1,889 | +21 % | 4 % |
| (7) Uganda | 946 | 1,850 | +96 % | 9 % |
| (8) Elfenbeinküste | 252 | 1,800 | [a] | 5 % |
| (9) Botsuana | 1,973 | 1,623 | −18 % | 11 % |
| (10) Namibia | 984 | 1,499 | +52 % | **15 %** |
| (11) Kenia | 1,470 | 1,475 | 0 % | 11 % |
| (12) Mosambik | 1,718 | 1,447 | −16 % | 7 % |
| (13) Mauritius | 935 | 1,399 | +50 % | **27 %** |
| (14) Senegal | 900 | 1,365 | +52 % | 11 % |
| (15) Tansania | 754 | 1,275 | +69 % | 11 % |

[a] Einbruch des Tourismus 2010 aufgrund einer politischen Krise.

afrika hauptsächlich vom Bergbau abhängen und die Dienstleistungen eine viel geringere Rolle als in allen anderen Regionen Afrikas spielen (vgl. UNCTAD 2017, S. 13 ff.).

Die größte Abhängigkeit vom Tourismus weisen die kleinen Inselstaaten im Indischen Ozean und im Atlantik auf. Bei den Seychellen kann mit einem 62 %-Anteil am BIP und 66 % der Beschäftigten (direkt, indirekt und induziert) bereits von einer Monostruktur des Tourismus gesprochen werden. Kap Verde liegt mit einem Anteil von 43 % bzw. 39 % zwar weit dahinter zurück, ist jedoch ähnlich abhängig vom Tourismus. Es folgt Mauritius mit 27 % bzw. 23 % (vgl. UNCTAD 2017, S. 2; AFDB 2018, S. 9).

Die internationalen **Quellmärkte** für den Tourismus unterscheiden sich im Norden und Süden des Kontinents deutlich. Insgesamt kommen etwa 50 % der internationalen Tourismusankünfte Afrikas aus anderen afrikanischen Ländern, 25 % stammen aus Europa und 13 % aus Asien (vgl. UNWTO 2019). Während in Nordafrika Frankreich (9 %-Anteil 2018), Algerien (8 %), Libyen (6 %), Deutschland (5 %) und die Russische Föderation (5 %) dominieren sind es in Afrika südlich der Sahara Südafrika (9 %),

**Tab. 1.10:** Quellregionen des internationalen Tourismus in Afrika in %[12] (Quelle: Rosdorff 2019, S. 46 nach UNWTO 2019).

|  | Afrika | Europa | Asien/Pazifik | Amerika |
|---|---|---|---|---|
| Nordafrika | 26 | 22 | 31 | 3 |
| Westafrika | 47 | 30 | 9 | 6 |
| Ostafrika | 42 | 29 | 14 | 7 |
| Zentralafrika | 49 | 25 | 17 | 8 |
| Südliches Afrika | 70 | 19 | 7 | 4 |
| **Afrika gesamt** | **51** | **25** | **13** | **6** |

Simbabwe (9 %), Frankreich (6 %), Großbritannien (5 %) und Mosambik (5 %). Entsprechend ist der Süden etwas stärker durch den intraregionalen Tourismus geprägt als der Norden (vgl. WTTC 2019). Tabelle 1.10 zeigt die Verteilung über die einzelnen Teilregionen Afrikas.

Auch wenn die traditionellen Quellmärkte Europas weiterhin wichtig bleiben werden, da sie die größte Anzahl nicht regionaler Ankünfte ausmachen, verlagert Afrika südlich der Sahara seinen touristischen Schwerpunkt ganz langsam von ihnen weg. Regionale Ankünfte und Besucher aus den BRIC-Staaten verzeichnen ein deutliches Wachstum und werden von Tourismusvertretern aktiv angesprochen. China entwickelt sich zu einem wichtigen touristischen Quellmarkt. Zusammen mit Indien war es schon 2012 der am schnellsten wachsende internationale Quellmarkt mit Zuwächsen bei den Ankünften von 45 % (Indien 36 %) gegenüber dem Vorjahr. Auch Reisen aus Ländern des Nahen Ostens nehmen zu. Darüber hinaus wird Osteuropa zu einer neuen Quelle von Reisenden, da Touristen aus Russland über die wachsende Anzahl von Flugverbindungen aus dem Nahen Osten anreisen. Infolge der engen Zusammenarbeit und der Geschäftsbeziehungen mit China haben Tourismusvertreter in vielen afrikanischen Ländern Marketingstrategien entwickelt, die speziell auf den chinesischen Markt zugeschnitten sind. Einige Länder, wie z. B. Mauritius, haben sogar die Visabestimmungen für chinesische Reisende gestrichen. Die Verbesserung der Flugverbindungen hat die Region für die zunehmend reisefreudige chinesische Mittelklasse geöffnet. Die Drehkreuze Nairobi und Addis Abeba waren als Erste durch tägliche Flüge mit Hongkong, Peking und Guangzhou verbunden (vgl. Euromonitor International 2019).

### 1.4.2 Strategische Planung des Tourismus in Afrika

Der Tourismus ist laut AU einer der vielversprechendsten Wirtschaftssektoren in Afrika. Die Wertschöpfung der Branche belief sich 2017 auf über 165 Mrd. US-$, was etwa

---

12 Die fehlenden %-Anteile sind in den Statistiken keiner Region zugeordnet.

8 % des panafrikanischen Bruttoinlandsprodukts (BIP) entspricht und den Beitrag des verarbeitenden Gewerbes und den des Bankensektors übersteigt. Auf den Tourismus entfallen mehr als 6,2 % der Gesamtinvestitionen in Höhe von 28,5 Mrd. US-$. Der Sektor beschäftigt über 20 Mio. Menschen und macht damit 6,5 % aller Beschäftigen auf dem Kontinent aus. Es wird weiterhin prognostiziert, dass die Tourismusbranche in den nächsten zehn Jahren mit 5 % schneller wachsen wird als die prognostizierten 4,8 % des gesamten Wirtschaftswachstums des Kontinents (vgl. AU 2018).

Entsprechend dieser Aussichten und Potenziale bekräftigten die für den Tourismus zuständigen Minister der AU im Oktober 2018 die entscheidende Rolle des Tourismussektors bei der Erreichung der Hauptziele der *Agenda 2063* für kontinentale Integration, Wohlstand und Frieden (vgl. Textbox unten). Sie setzten sich explizit für die Entwicklung eines nachhaltigen Tourismus als Strategie für den kontinentalen Tourismus ein, um dessen Wettbewerbsfähigkeit zu verbessern und eine „afrikanische Marke" zu etablieren. Umgesetzt wird diese Strategie im Rahmen des NEPAD[13]-Tourismusaktionsplans (*Tourism Action Plan*) (vgl. AU 2018).

---

Mit der **Agenda 2063** für Afrika haben die AU-Mitgliedsstaaten 2013 eine gemeinsame Vision für die Entwicklung Afrikas in den nächsten 50 Jahren verabschiedet. Sie haben darin die folgenden Ziele vereinbart (vgl. NEPAD 2018):

– Ein erfolgreiches Afrika, basierend auf inklusivem Wachstum und nachhaltiger Entwicklung.
– Ein integrierter Kontinent, politisch vereint, basierend auf den Idealen des Panafrikanismus und der Vision der Afrikanischen Renaissance.
– Ein Afrika der guten Regierungsführung, der Demokratie, der Menschenrechte, der Gerechtigkeit und der Rechtsstaatlichkeit.
– Ein friedliches und sicheres Afrika.
– Ein Afrika mit einer starken kulturellen Identität, einem gemeinsamen Erbe und gemeinsamen Werten.
– Ein Afrika, dessen Entwicklung von den Menschen ausgeht, aufbauend auf ihrem Potenzial, insbesondere dem der Frauen und der Jugend.
– Ein Afrika als starker, vereinter und einflussreicher Akteur und Partner in der Weltpolitik.

---

Die *Agenda 2063* der AU und die *Agenda 2030* der UN für nachhaltige Entwicklung erkennen den Tourismus als einen der Motoren für integratives Wachstum und Entwicklung an, insbesondere seine positiven Auswirkungen auf die Schaffung von Arbeitsplätzen, die Erhaltung der Umwelt und ein wirksames Ressourcenmanagement. Trotz aller Widrigkeiten, wie den globalen Terrorismus, politische Instabilität, Pandemien oder Naturkatastrophen, nimmt der Tourismus in Afrika stetig zu. Der Kontinent verfügt über ein vielfältiges kulturelles Erbe sowie enorme natürliche Ressourcen in Bezug auf seine Landschaften und die spezifische Flora und Fauna. Es gilt, diese Po-

---

**13** New Partnership for Africa's Development (NEPAD) ist eine Entwicklungsagentur der AU, die vorrangige regionale und kontinentale Entwicklungsprojekte koordiniert und durchführt, um die regionale Integration zur beschleunigten Umsetzung der Agenda 2063 zu fördern (vgl. www.nepad.org, abgerufen am 29.07.2019).

tenziale nachhaltig zu nutzen und afrikanische Destinationen damit als einzigartige Tourismusziele zu positionieren (vgl. NEPAD 2018).

Um die Potenziale des Tourismussektors für integratives Wachstum, Strukturwandel und die Erreichung der Ziele für nachhaltige Entwicklung besser zu nutzen, müssen in Afrika neben den Kontinent weiten auch regionale und nationale Strategien entwickelt werden. Damit können die Sektor übergreifenden Verbindungen des Tourismus gestärkt und dessen Bedeutung für die Unterstützung der sozioökonomischen Entwicklung gefördert werden. Auf der regionalen Ebene sind hier besonders das Tourismusprotokoll der Southern African Development Community (SADC) von 2012[14], die Strategie für eine nachhaltige Tourismusentwicklung des Common Market for Eastern and Southern Africa (COMESA) und der Masterplan für nachhaltigen Tourismus 2013–2023 der Intergovernmental Authority on Development (IGAD)[15] hervorzuheben (vgl. UNCTAD 2017, S. 1 ff.). Ein Paradebeispiel stellt die Peace Parks Foundation dar, die sich zum Ziel gesetzt hat, gefährdete Ökosysteme zu schützen und wiederherzustellen: „The Peace Parks dream is to re-establish, renew and preserve large functional ecosystems that transcend man-made boundaries – thereby protecting and regenerating natural and cultural heritage vital to enabling and sustaining a harmonious future for man and the natural world." (Peace Parks Foundation 2019) Zu diesem Zweck wurden bereits acht grenzüberschreitende Schutzgebiete (Transfrontier Conservation Area, TFCA) eingerichtet und vier weitere sind in der Entstehung.[16]

## 1.5 Chancen und Potenziale des Tourismus als Beitrag zur Entwicklung

Angesichts der kontinuierlich steigenden touristischen Ankünfte auf dem afrikanischen Kontinent kann der Tourismus dort einen wichtigen Beitrag zur wirtschaftlichen Entwicklung leisten. Das bezieht sich auf seinen Beitrag zum BIP, den Beschäftigungseffekt sowie Exporterlöse. Tourismus ist ein arbeitsintensiver Sektor und beschäftigt vergleichsweise hohe Anteile an Frauen und Jugendlichen. Weltweit arbeiten 60–70 % an Frauen im Tourismus und die Hälfte der Beschäftigten ist 25 Jahre alt oder jünger. Der Sektor hat somit das Potenzial, ein integratives Wachstum zu fördern, Einkommen zu generieren und hat damit starke Auswirkungen auf die Armutsbekämpfung. Die Verknüpfungen des Tourismus mit anderen Wirtschaftsbereichen erzeugen Multiplikatoreffekte, die sich auf nationaler Ebene sowie insbesondere den touristisch relevanten Regionen und Orten bemerkbar machen können. Sie führen unter anderem zu mehr Arbeitsplätzen für die am stärksten von Armut gefährdeten

---

**14** https://www.sadc.int/themes/infrastructure/tourism/ (abgerufen am 04.08.2017).
**15** https://www.uneca.org/sites/default/files/PublicationFiles/uneca_stmp2013.pdf (abgerufen am 04.08.2017).
**16** Vgl. Kapitel 10 und 11 zum grenzüberschreitenden Tourismus und Abb. 11.1.

Bevölkerungsgruppen in der Gesellschaft, Frauen und Jugendliche (vgl. Signé 2018, S. 6 ff.; UNCTAD 2017, S. 4 f.; Novelli 2015, S. 11 ff.).

Der wichtigste komparative Vorteil des Tourismus gegenüber anderen Sektoren besteht darin, dass die Ausgaben der Besucher in Bezug auf Produktion und Schaffung von Arbeitsplätzen **Multiplikatoreffekte** auf die gesamte Wirtschaft haben. Während der Bauphase von Beherbergungs- und Dienstleistungsbetrieben schafft der Tourismus Arbeitsplätze in diesem Sektor. Wenn die Industrie des Landes ausreichend entwickelt ist, kann die Investition vor Ort Nachfrage nach Möbeln, anderen Einrichtungsgegenständen und sogar nach Investitionsgütern erzeugen. Zudem erzeugt der Tourismus eine Nachfrage nach Transport-, Telekommunikations- und Finanzdienstleistungen. Durch den Konsum lokaler Produkte in Beherbergungsbetrieben und Restaurants sowie durch zusätzliche Ausgaben stimulieren Touristen die Nachfrage nach Produkten aus der Landwirtschaft, Fischerei, Lebensmittelverarbeitung, Bekleidungsindustrie sowie nach Kunsthandwerk und Waren bzw. Dienstleistungen des informellen Sektors. Die Schätzungen für solche Ausgaben variieren je nach den örtlichen Gegebenheiten, können sich jedoch auf die Hälfte bis fast das Doppelte der Ausgaben für Touristenunterkünfte belaufen. Ebenso kann der Tourismus als Katalysator für die Entwicklung kleiner und mittelständischer Unternehmen (KMU) in verwandten Produktions- und Dienstleistungssektoren fungieren. Damit ist er in der Lage, die wirtschaftliche Basis für Regionen zu bilden, deren einzige Entwicklungsoptionen auf den kulturellen und/oder natürlichen Ressourcen (i. S. v. Flora, Fauna, Naturlandschaft) beruht. Doch der Erfolg des Tourismus ist von zahlreichen nationalen und internationalen Akteuren abhängig, die sehr unterschiedliche Interessen haben (vgl. Christie et al. 2014, S. 2).

In vielen afrikanischen Ländern bleiben die regionalwirtschaftlichen Effekte jedoch schwach und werden nicht ausreichend forciert. Infolgedessen wird ein Großteil der Wertschöpfung im Tourismussektor von ausländischen Investoren, internationalen Reiseveranstaltern und ausländischen Fluggesellschaften erzielt, während oft nur begrenzte Erlöse im Zielland verbleiben. Weltweit betrachtet finden die meisten internationalen Reisen innerhalb der eigenen Region statt. Das könnte, angesichts einer wachsenden Mittelschicht in Afrika, auch eine Chance für afrikanische Destinationen sein, verstärkt auf kontinentale und intraregionale Reisende zu setzen. Gleichzeitig würde der ökologische Fußabdruck, den interkontinentale Reisen nach Afrika verursachen, deutlich vermindert werden. Gegenwärtig machen Binnentouristen zwei Drittel aller internationalen Ankünfte in Afrika aus (vgl. UNCTAD 2017, S. 4 f.).

In Bezug auf die möglichen wirtschaftlichen und gesellschaftlichen Übertragungseffekte, die der Tourismus auf die Länder Afrikas haben könnte, kommt die UNCTAD (2017, S. 6) zu folgenden Kernaussagen:

– Der Tourismus kann die **wirtschaftliche Diversifizierung und den Strukturwandel** in Afrika fördern. Dabei spielen die Verbindungen zwischen dem Tourismus und anderen Wirtschaftssektoren eine grundlegende Rolle. Um das Potenzial Sektor übergreifender Verflechtungen als Beitrag zum Strukturwandel zu erschließen, müssen entsprechende Themen mit den politischen Rahmenbedingungen auf nationaler, regionaler und kontinentaler Ebene in Einklang gebracht und der Tourismus dort integriert werden.

– Der Tourismus ist für das integrative Wachstum des Kontinents von entscheidender Bedeutung und kann eine wichtige Rolle im Kampf zur **Armutsbekämpfung** und zur Erreichung der Ziele der nachhaltigen Entwicklung spielen. Neben der Generierung wirtschaftlicher Vorteile und der Steigerung der Produktionskapazitäten hat der Tourismus das Potenzial, die soziale Integration zu fördern, indem er Beschäftigungsmöglichkeiten für gefährdete Gruppen wie die Armen, Frauen und Jugendliche schafft.

– Der kontinentale und intraregionale Tourismus nimmt in Afrika zu und bietet Möglichkeiten zur **wirtschaftlichen und exportorientierten Diversifizierung**, wenn sein Potenzial auf nationaler und regionaler Ebene genutzt wird. Afrikanische Länder könnten davon profitieren, wenn sie weitere Fortschritte in den Bereichen Reisefreiheit, Währungskonvertibilität und Liberalisierung des Luftverkehrs machten. Dies würde eine bessere Erreichbarkeit touristischer Ziele gewährleisten und die Wettbewerbsfähigkeit der Reiseziele erhöhen.

– **Frieden** ist für den Tourismus unerlässlich, und die Entwicklung des Tourismus kann den Frieden fördern. Afrikanische Länder mit entsprechendem Potenzial sollten Maßnahmen zur Stärkung des Tourismus durchführen, da diese sowohl zu Frieden als auch zur Entwicklung beitragen können. Es besteht ein gegenseitiger kausaler Zusammenhang zwischen Frieden und Tourismus, wobei die Auswirkungen des Friedens auf den Tourismus viel größer sind als die Auswirkungen des Tourismus auf den Frieden.

– Um den Tourismus als ein wirksames Entwicklungsinstrument einzusetzen, muss er **nachhaltig geplant** und umgesetzt werden. Dafür ist eine ganze Reihe von Stakeholdern verantwortlich. Von entscheidender Bedeutung ist die **politische Unterstützung** für den Tourismus auf höchster Ebene. Die Aufgabe der Regierungen besteht darin, die Formulierung einer Strategie für den Tourismus zu initiieren und dann die entscheidende Koordinierungsfunktion zwischen den verschiedenen beteiligten Behörden des öffentlichen Sektors, den privaten Unternehmen und den relevanten gemeinnützigen Organisationen sowie den lokalen Gemeinschaften zu übernehmen. Die Regierungen müssen auch Marktversagen auffangen, die sich auf den Tourismussektor auswirken, ein günstiges Umfeld für private Investitionen schaffen und vor allem für politische und soziale Stabilität sorgen. Zudem müssen die Regierungen die Basisinfrastruktur bereitstellen und bei der Förderung für Marketing und Investitionen behilflich sein.

– Ohne die Investitionen des **Privatsektors** in Unterkünfte, Attraktionen sowie touristische Dienstleistungen und Einrichtungen sowie den Wissenstransfer kann sich der Tourismussektor nicht umfassend entwickeln. **Lokale Gemeinschaften** müssen den Tourismus befürworten und um dies zu erreichen, an dessen Vorteilen teilhaben. Externe Geber (private, staatliche oder Nichtregierungsorganisationen) können das entscheidende Kapital und die technische Hilfe bereitstellen, um den Sektor zu unterstützen. Erst wenn sich alle Stakeholder an der Entwicklung des Tourismus beteiligen, kann dieser sein volles Potenzial entfalten.

Insbesondere in Afrika südlich der Sahara sind die Chancen für ein Wachstum des Tourismus sehr groß. Die Region verfügt über ein reichhaltiges Angebot von weitläufigen Stränden, zahlreichen Wildtieren sowie umfangreichen natürlichen und kulturellen Attraktionen. Das betrifft auch Destinationen, die bislang noch nicht wesentlich vom Tourismus profitiert haben. Die politische Ökonomie der einzelnen Staaten schafft die Rahmenbedingungen für die Entwicklung des Tourismus. Wenn diese stimmen, können durch den Tourismus substanzielle ökonomische Gewinne erzielt werden. Länder mit einer gut ausgebauten Tourismusinfrastruktur, einer relativ offenen Visapolitik und einem attraktiven Umfeld für die Gründung von Tourismusunternehmen sind die aussichtsreichsten Kandidaten für Investitionen, das haben z. B. Mauritius, Tansania, Ruanda, Kap Verde und die Seychellen gezeigt. Doch in vielen anderen Staaten konnte bislang kein positives Geschäftsumfeld geschaffen werden, um die Tourismusentwicklung zu stimulieren. Entsprechende Rahmenbedingungen müssen insbesondere für eine nachhaltige Entwicklung des Tourismus geschaffen werden. Dabei haben sich besonders Ruanda, Namibia und Kenia hervorgetan, die u. a. durch eine strikte Umweltpolitik für eine auf die Zukunft gerichtete Entwicklung ihres Tourismus gesorgt haben (vgl. Christie et al. 2014, S. 3 f.; Novelli 2015, S. 10 ff.; Signé 2018, S. 16).

Die **Marktsegmente für den Tourismus in Afrika** setzen sich aus bereits etablierten Produkten und weiteren noch zu entwickelnden Nischenmärkten zusammen (vgl. Novelli 2015, S. 16 ff.):
- Die klassische Safari ist das Kernprodukt für Afrika südlich der Sahara. Im Fokus liegen dabei vor allem Kenia, Tansania, Botsuana, Namibia, Südafrika, Zimbabwe und Sambia. Hinzu kommen andere sich entwickelnde Safari-Typen wie die Besuche der Berggorillas in Ruanda und Uganda.
- Der Strand- und Badeurlaub dominiert vor allem in Nordafrika, entwickelt sich aber auch in Ost- und Westafrika, häufig als Ergänzungsprodukt zur Safari.
- Natur- und Abenteuertourismus wird als Wachstumsmarkt für Afrika gesehen. Die vielfältigen Naturlandschaften und abgelegenen Regionen sind für Wandern, Trekking und Abenteuersport attraktiv.
- Der Kulturtourismus ist weltweit das Segment mit dem größten Wachstum. Das kulturelle Erbe Afrikas ist reichhaltig und bietet unendlich viele Anknüpfungspunkte (vgl. Kapitel 1.2).
- Ökotourismus, ländlicher Tourismus und Community Based Tourism (CBT) sind alternative Märkte für den afrikanischen Markt, die sich auf spezielle Zielgruppen fokussieren. Diese suchen bewusst nach Öko-Resorts, Homestays oder wollen auf Gästefarmen arbeiten, um einen engen Kontakt zur lokalen Bevölkerung aufzubauen.

- Volunteer-Tourismus ist in Afrika bereits sehr verbreitet als philanthropische Art des Reisens. Vor allem beliebt bei jüngeren Menschen aus Europa und Nordamerika, beinhaltet es die Teilnahme oder auch unentgeltliche Mitarbeit an Projekten in lokalen Gemeinschaften.
- Berufliche Reisen (*Business Travel*) sind einer der großen Hoffnungsmärkte für ein sich ökonomisch entwickelndes Afrika. In vielen Ländern mit starken Ökonomien ist dieser Markt bereits sehr ausgeprägt, andere sehen hierin noch eine enormes grundständiges Potenzial.
- Diaspora-Tourismus generiert sich aus den „nach Hause" reisenden Mitgliedern der Migranten-Gemeinschaften afrikanischer Länder, die über den gesamten Globus verstreut sind. Hierin wird ein sehr großes Potenzial gesehen, verfügt doch jedes Land Afrikas über solche Gemeinschaften, die entweder selbst emigriert sind oder deren Vorfahren. Sie werden vor allem als Zielgruppen für den Kulturtourismus angesehen, inkl. den Kulturerbestätten mit Bezug zum transatlantischen Sklavenhandel.
- Nicht zuletzt wird der intraregionale und der Binnentourismus als ein „schlafender Riese" vor allem für den Tourismus in Afrika südlich der Sahara gesehen. Deren Volumen wächst stetig, im Gleichschritt mit dem ökonomischen Wachstum und einer daraus resultierenden wachsenden Mittelschicht. Hauptmotive sind Shopping, medizinische Behandlungen, Sport, Religion, berufliche Reisen und der Besuch von Freunden und Verwandten.

## 1.6 Herausforderungen bei der Entwicklung des Tourismus

Insbesondere die Länder in Afrika südlich der Sahara müssen sich mit einer Reihe bestehender Einschränkungen befassen, um ihr touristisches Potenzial auszuschöpfen: Verfügbarkeit von Land, Zugang von Investoren zu Finanzmitteln, Steuern auf touristische Investitionen, geringe Tourismuskenntnisse, mangelnde Sicherheit und hohe Kriminalität, öffentliche Gesundheit, Visabestimmungen und Bürokratie. Viele dieser Aspekte hängen vom politischen Willen der jeweiligen Regierungen ab (vgl. Christie et al. 2014, S. 4 f.).

### 1.6.1 Touristische Infrastruktur

Mängel im Bereich der Verkehrsinfrastruktur und der Unterkünfte gelten als zentrale Herausforderungen für den Tourismus in Afrika. Für den internationalen Tourismus sind vor allem fehlende Flugverbindungen und vergleichsweise hohe Reisekosten von Bedeutung.

Aufgrund der Entfernung zu den überseeischen Quellmärkten besteht in den meisten Ländern ein akuter Bedarf an einem **wettbewerbsfähigeren Luftverkehr**.

Trotz eines Anteils von 15 % der Weltbevölkerung wird der Kontinent nur von 4 % der Flugkapazitäten der Welt bedient. Wenige ausländische und vereinzelt auch afrikanische Fluggesellschaften dominieren die Langstreckenverbindungen (vgl. Christie et al. 2014, S. 4 f.). Nur die Länder, die aktivere bilaterale Abkommen unterzeichnet haben – Äthiopien, Kenia und Südafrika –, konnten starke staatliche Luftfahrtunternehmen schaffen. Einige westafrikanische Länder bauen auf Unternehmen in Privatbesitz, während die meisten anderen afrikanischen Länder weiterhin unrentable, ineffiziente und unsichere staatliche Fluggesellschaften unterhalten (vgl. WEF 2017, S. 19).

Die Flugpreise in die Region sind deutlich teurer als für vergleichbare Ziele in anderen Ländern. Flugreisen in Afrika sind doppelt so teuer wie vergleichbare Strecken in Lateinamerika und viermal so teuer wie in den USA. Aufgrund der hohen Kosten für die Anreise und Versorgung sowie der starken Abhängigkeit von importierten Gütern und Dienstleistungen kosten Reisen in Afrika südlich der Sahara schätzungsweise 25–35 % mehr als in anderen Teilen der Welt (vgl. Signé 2018, S. 12).

Die Unregelmäßigkeit oder Nichtverfügbarkeit von intraregionalen Flugverbindungen und des internen Luftverkehrs schränkt die Erreichbarkeit vieler Destinationen deutlich ein und verhindert damit auch Fortschritte bei der Tourismusentwicklung. Die Liberalisierung des Luftverkehrs in Afrika südlich der Sahara hat sich langsamer vollzogen als in anderen Wirtschaftsbereichen. Sie müsste zudem mit erheblichen Investitionen in Infrastruktur, Ausbildung und Sicherheit einhergehen (vgl. Christie et al. 2014, S. 4 f.).

Im Januar 2015 wurde die Erklärung zur Schaffung eines einheitlichen afrikanischen Luftverkehrsmarktes als Vorzeigeprojekt der AU-*Agenda 2063* von der Versammlung der AU verabschiedet. Unmittelbar danach erklärten elf AU-Mitgliedstaaten ihr feste Verpflichtung zur Schaffung eines einheitlichen afrikanischen Luftverkehrsmarktes durch die Umsetzung des Yamoussoukro-Beschlusses von 1999. Er sieht eine vollständige Liberalisierung des Marktzugangs zwischen afrikanischen Staaten, die freie Ausübung von Verkehrsrechten, die Beseitigung von Eigentumsbeschränkungen (staatliche vs. private Carrier) und die Liberalisierung von Frequenzen, Tarifen und Kapazitäten vor. Der einheitliche afrikanische Luftverkehrsmarkt wurde am 29. Januar 2018 eingeführt und im Mai 2018 ein *Memorandum of Implementation* verabschiedet und unterzeichnet – konkrete Ergebnisse stehen allerdings noch aus (vgl. IATA 2018). So bleibt der Flugverkehr aus politischen und bürokratischen Gründen bis heute ineffizient mit wenig Wettbewerb und Konnektivität (vgl. WEF 2017, S. 18).

Wie schon in Kapitel 1.2 beschrieben ist auch die Infrastruktur für den **Straßenverkehr** in weiten Teilen Afrikas notorisch schlecht ausgebaut, so dass er in den meisten Ländern die Unzulänglichkeit des Luftverkehrs nicht ausgleichen kann. Einzige Ausnahmen sind Namibia und Südafrika, die durch konsequente Investitionen in die Infrastruktur auch für den Tourismus gut gewappnet sind (vgl. Christie et al. 2014, S. 4 f.).

Der **Schienenverkehr** in Afrika ist sehr eingeschränkt und das Zugfahren ist – wenn überhaupt möglich – eine sehr komplizierte und zeitintensive Angelegenheit. Es gibt nur wenige, zumeist nicht miteinander vernetzte Bahnstrecken und sowohl der Service als auch die Zuverlässigkeit der Fahrpläne lassen sehr zu wünschen übrig. Bahnreisen bleiben damit eine Option für Abenteuerreisende. Eine Ausnahme bilden einige wenige klassische Zugverbindungen, deren Infrastruktur erneuert wurde und auf denen häufig Luxuszüge verkehren (z. B. Blue Train, Rovos Rail oder Shongololo Express im südlichen Afrika), oder die mit einfachen Mitteln rekonstruierte Bahnlinie zwischen Asmara und Massawa in Eritrea (vgl. Novelli 2015, S. 15).

Auch die **Mängel im Unterkunftsbereich** sind ein wesentlicher Limitierungsfaktor für den Tourismus in Afrika. Nur 10 % der Hotelzimmer in Afrika südlich der Sahara entsprechen Schätzungen zufolge internationalen Standards. Zudem konzentriert sich etwa die Hälfte dieses Bestands allein in Südafrika. Darüber hinaus haben lediglich Kenia, Mauritius und die Seychellen nennenswerte Märkte für Hotelinvestitionen geschaffen. Den größten Teil der Unterkünfte machen kleine, private Gästehäuser und Lodges aus. Die hohen Zimmerpreise in den großen Hotels sind vor allem auf vergleichsweise hohe Entwicklungskosten zurückzuführen. Die Belegungsraten und die Rentabilität der Hotels weisen große Unterschiede auf. Trotz dieser Bedenken sind 23 internationale Hotelkonzerne in Afrika südlich der Sahara tätig und der Beherbergungssektor wächst u. a. aufgrund mehrerer großer Projekte großer Hotelketten rasant (vgl. Christie et al. 2014, S. 4 f.). Die größten Hotelketten in Afrika waren 2018 (vgl. Africa Business Communities 2019):

- AccorHotels: 123 Hotels (22.451 Zimmer)
- Marriott International: 100 Hotels (13.708 Zimmer)
- Hilton: 40 Hotels (11.346 Zimmer)
- Radisson Hotel Group: 45 Hotels (9.868 Zimmer)
- InterContinental Hotels Group: 26 Hotels (6.429 Zimmer)
- Louvre Hotels Group: 36 Hotels (6.161 Zimmer).

Die Top-Hotelketten, die 2018 in Afrika investierten, waren Hilton (24 Hotels), Radisson Blue (24), Hilton Garden Inn (17), Marriott (16), Four Points (13), Sheraton und Golden Tulip (je 9).

Insgesamt sind in Afrika für die Entwicklung des Tourismus erhebliche ausländische Direktinvestitionen erforderlich, um die erforderlichen Infrastrukturen aufzubauen. In Südafrika z. B. kommen ausländische Direktinvestoren hauptsächlich aus europäischen Ländern wie Großbritannien, Deutschland, den Niederlanden, den USA und Frankreich. Diese Länder sind gleichzeitig die Hauptmärkte für internationale Besucher. Die Präferenzen der Investoren für verschiedene Teilbereiche des Tourismus variieren dabei je nach Herkunft: Französische Unternehmen konzentrieren sich in der Regel auf Weingüter, britische und US-amerikanische Investoren setzen auf Safari- und Abenteuertourismus und deutsche Käufer bevorzugen Ferienhäuser (vgl. Signé 2018, S. 14 f.).

Neben den Investitionen im Hotelgewerbe und den wachsenden Märkten bei Hostels und Homestays hat auch die **Buchungsplattform Airbnb** in den letzten Jahren ein rasantes Wachstum in Afrika vollzogen: von 6.000 Einträgen (2013) über 29.000 (2015) zu 100.000 Einträgen (2017) – eine jährliche Steigerung von etwa 100 % – und 1,2 Mio. Gästen im Jahr 2017. Die Gäste kamen zu 46 % aus Europa (davon 13 % Frankreich, 10 % Großbritannien, 8 % Deutschland), zu 29 % aus Afrika (davon 25 % Südafrika) und zu 15 % aus Nordamerika (davon 12 % USA). Die Angebote im Jahr 2017 fanden sich zum Großteil in den touristisch bereits weit entwickelten Ländern, allen voran Südafrika mit mehr als 43.400 Anbietern oder Marokko mit 21.000 Anbietern. Auch Kenia (5.900 Einträge) und Tansania (2.300) entwickeln sich stark (vgl. Airbnb 2017). Dagegen weisen Länder, die noch vor einer eigentlichen Tourismusentwicklung stehen, nur sehr wenige Einträge auf: ZAR (6), Eritrea (9), Südsudan (11), Tschad (18), Guinea-Bissau (25), Komoren (34), Somalia (58) oder Sudan (62).[17]

### 1.6.2 Wettbewerbsfähigkeit des Tourismus

Auf einem globalisierten Markt steht jedes Tourismusangebot auch in einem globalen Wettbewerb. Das gilt zumindest für den internationalen Tourismus, der damit auch risikobehafteter ist, als der nationale und intraregionale Tourismus. Die Nachfrage wird maßgeblich von Reiseveranstaltern, Reisebüros und Transportdienstleistern in den Herkunftsländern beeinflusst. Reiseziele können diese externen Stakeholder durch effektives und kontinuierliches Marketing beeinflussen, sind jedoch nur dann erfolgreich, wenn es ein qualitativ hochwertiges und damit wettbewerbsfähiges Produkt zu verkaufen gibt. Wichtige Kriterien für die Aufrechterhaltung der Wettbewerbsfähigkeit sind (vgl. Christie et al. 2014, S. 4 f.):
- Qualität der Hardware (Immobilien),
- hohe Standards bei der Unterbringung (Dienstleistungsqualität),
- Effizienz und Sicherheit bei der An- und Abreise sowie Reisen innerhalb des Landes,
- adäquate allgemeine Infrastruktur (v. a. Wasser- und Stromversorgung, Kommunikation),
- Gastfreundschaft der lokalen Bevölkerung und der touristischen Dienstleister,
- hohe Sicherheit.

Der Travel & Tourism Competitiveness Index des World Economic Forum (WEF) bewertet die Wettbewerbsfähigkeit des Tourismus von 136 Ländern im globalen Vergleich. Bewertungskriterien sind das wirtschaftliche Umfeld, die Sicherheit, gesundheitliche und hygienische Bedingungen, das Arbeitskräftepotential und der Arbeitsmarkt so-

---

**17** Eigene Recherche am 18.09.2019 auf https://www.airbnb.de

wie der Stand der Informations- und Kommunikationstechnik. In der Gesamtbetrachtung liegt die Region „Subsahara-Afrika" abgeschlagen auf dem hintersten Rang, der „Nahe Osten und Nordafrika" ist die vorletzte Region. Trotz des anhaltenden Wirtschaftswachstums in Afrika bleibt der Tourismus laut WEF weitgehend ungenutzt. Die fehlenden Flugverbindungen und die vergleichsweise hohen Reisekosten seien Herausforderungen, ebenso wie die hinderliche Visapolitik und die mangelnde Infrastruktur. Während der Tourismus in Afrika südlich der Sahara hauptsächlich vom Naturtourismus bestimmt werde, bestehe erhebliches Verbesserungspotenzial beim Schutz, der Bewertung und der Vermittlung des kulturellen Erbes. Eine der größten Hürden bliebe die Wahrnehmung der Sicherheit.

Bei der Betrachtung der einzelnen Länder Afrikas sind die drei wettbewerbsfähigsten Volkswirtschaften im Bereich des Tourismus Südafrika (Rang 53), Seychellen[18], Mauritius (55) und Marokko (65). Mit Abstand, aber deutlich in der zweiten Hälfte des Vergleichssamples rangieren Ägypten (Rang 74), Kenia (80), Namibia (82), Kap Verde (83), Botsuana (85), Tunesien (87) und Tansania (91). Insgesamt ist Afrika nach wie vor die Region, in der die Wettbewerbsfähigkeit im Tourismussektor am geringsten entwickelt ist – im Ranking des WEF nehmen afrikanische Länder 16 der letzten 20 Ränge ein. Das gilt insbesondere für die Länder Afrikas südlich der Sahara. Nordafrika und das südliche Afrika bleiben die stärksten Regionen, gefolgt von Ostafrika und dann Westafrika. In Anbetracht der Größe und der reichen kulturellen und natürlichen Ressourcen seien die 67 Mio. Touristen, die den Kontinent im Jahr 2018 besuchten, gering.

Trotz des anhaltenden Wirtschaftswachstums in den letzten zehn Jahren verzeichneten die afrikanischen Haushalte nicht die gleichen Einkommenssteigerungen wie anderswo auf der Welt. Infolgedessen kann sich nur ein Bruchteil der afrikanischen Bevölkerung das Reisen leisten. Während der Tourismus in Europa und in jüngerer Zeit in Asien durch interregionale Reisen beflügelt wurde, gaben afrikanische Touristen im Durchschnitt nur ein Zehntel dessen aus, was ein ausländischer Tourist ausgeben würde. Die weitere Entwicklung einer Mittelschicht gilt daher als wichtiges Potenzial für die Tourismusentwicklung in Afrika (vgl. WEF 2017, S. 16 ff.).

### 1.6.3 Touristische Leistungsfähigkeit in Afrika südlich der Sahara

Auf Initiative der Weltbank wurde eine Typologie erarbeitet, um besser zu verstehen, welche Destinationen auf unterschiedlichen Niveaus die besten Leistungen erbringen. Die Analyse umfasste die aktuelle Situation und die Zukunftsperspektiven des Tourismussektors sowie seines makroökonomischen Umfelds unter Verwendung von fünf

---

**18** Die Seychellen wurden 2017 aufgrund von Datenmangel nicht gelistet, lagen aber im Ranking 2015 auf Platz 54 zwischen Südafrika und Mauritius (vgl. WEF 2015, S. 5).

Schlüsselindikatoren. Die Typologie ergab vier verschiedene Ländergruppen auf drei unterschiedlichen Einkommensniveaus (vgl. Christie et al. 2014, S. 5 f.) (vgl. Tab. 1.11):

- *Pre-Emerging* (Stufe 0 – vor einer Entwicklung): Diese Länder haben ihre Tourismuswirtschaft noch nicht entwickelt. Hier ist es zu einem nahezu vollständigen Marktversagen gekommen. Sie bieten wenig Regierungskontrolle und Sicherheit, ein geringes Interesse am Tourismus und schlechte kurz- bis mittelfristige Wachstumsaussichten für den Tourismus.
- *Potential/Initiating* (Stufe 1 – beginnende Initialphase): Diese Länder haben den Tourismus initiiert und damit ein gewisses Interesse gezeigt, verfügen jedoch nicht über eine angemessene Steuerung desselben. Eine gewisse Grundinfrastruktur für den Tourismus ist vorhanden.
- *Emerging/Scaling up* (Stufe 2 – aufsteigend): Diese Länder bauen den Tourismus aus. Sie haben solide Institutionen, setzen auf Tourismus und schneiden in Bezug auf Qualität und Wettbewerbsfähigkeit einigermaßen gut ab.
- *Consolidating/Maintaining and deepening success* (Stufe 3 – konsolidierend): Diese Länder arbeiten daran, den Tourismuserfolg zu vertiefen und aufrechtzuerhalten, haben relativ ausgereifte Tourismusstrukturen, engagieren sich für den Tourismus und weisen die höchsten wirtschaftlichen und touristischen Leistungen in Afrika südlich der Sahara auf.

**Tab. 1.11:** Afrika südlich der Sahara: Entwicklungsstand des Tourismus und Einkommensniveau (Quelle: Christie et al. 2014, S. 6).

| Entwicklungsstand des Tourismus | Niedriges Einkommen | Niedrigeres mittleres Einkommen | Höheres mittleres Einkommen |
|---|---|---|---|
| Stufe 0 | ZAR, Tschad, Komoren, DR Kongo, Eritrea, Guinea, Guinea-Bissau, Liberia, Niger, Somalia, Togo | Republik Kongo, Äquatorialguinea, Sudan | – |
| Stufe 1 | Benin, Burundi, Äthiopien, Madagaskar, Mali, Mauretanien, Sao Tomè und Principe, Sierra Leone | Angola, Kamerun, Elfenbeinküste, Lesotho, Nigeria, Eswanati | Gabun |
| Stufe 2 | Burkina Faso, Gambia, Malawi, Mosambik, Ruanda, Senegal, Uganda, Sambia, Simbabwe | – | Seychellen |
| Stufe 3 | Kenia, Tansania | Kap Verde, Ghana | Botsuana, Mauritius, Namibia, Südafrika |

Die Tabelle 1.11 zeigt, dass der Erfolg im Tourismus nicht ausschließlich vom Einkommensniveau abhängt: Zwei einkommensschwache Länder gehören zu der Gruppe mit den höchsten touristischen Leistungen (Stufe 3) und neun davon zur aufsteigenden Gruppe (Stufe 2). Insgesamt spiegeln sich allerdings Faktoren wie Regierungsführung, wirtschaftliche Rahmenbedingungen, Entwicklung der Infrastruktur sowie der HDI in der Zuordnung wider und verdeutlichen die großen Ungleichgewichte in der Verteilung des Tourismus.

Seit der Überwindung der globalen Wirtschaftskrise 2010 scheint vor allem in Afrika südlich der Sahara die Zeit gekommen zu sein, um den Tourismus als eine dynamische Entwicklungsoption zu verfolgen. Der afrikanische Privatsektor zieht zunehmend Investitionen aus den Vereinigten Staaten, Europa, China, Indien und anderen Ländern an. Private Kapitalflüsse sind inzwischen höher als die öffentliche Entwicklungshilfe. Die Renditen für Investitionen in Afrika gehören zu den höchsten der Welt. Der öffentliche Sektor hat in vielen Ländern die Voraussetzungen für ein exponentielles Wachstum der Informations- und Kommunikationstechnologie geschaffen, das zur Umgestaltung des Kontinents beitragen könnte. Angesichts dieses Szenarios gelangt die Weltbank zu dem Schluss, dass Afrika südlich der Sahara vor einem wirtschaftlichen Aufschwung stehen könnte, ähnlich wie China vor 30 Jahren oder Indien vor 20 Jahren (vgl. Christie et al. 2014, S. 3).

### 1.6.4 Hindernisse und Risiken

Novelli (2015, S. 23) konstatiert, dass es fünf miteinander verbundene Haupthindernisse für die Erfüllung des „afrikanischen Tourismus-Traums" gibt: (1) risikoreiche und ökonomisch schwache Geschäftsumfelder; (2) institutionelle Schwächen; (3) unzulängliche Erreichbarkeit; (4) ein geringes Maß an Kooperation und (5) ein schlechtes Preis-Leistungs-Verhältnis. Auf einem hart umkämpften Markt, auf dem Touristen für einen Urlaub in Afrika südlich der Sahara einen relativ hohen Preis zahlen, erwarten sie auch ein qualitativ hochwertiges Angebot. Doch viele Destinationen und Touristenattraktionen in der Region werden schlecht verwaltet, sind schwer erreichbar, weisen einen geringen Kundenservice auf, sind unzureichend beschildert, schlecht vermarktet und leiden unter mangelnden öffentlichen Reinvestition. Die Servicequalität in der gesamten Region ist gering und es besteht häufig eine Diskrepanz zwischen den Ausbildungsinhalten an Schulen und Hochschulen und dem, was von Tourismusunternehmen benötigt wird. Um die Vorteile des Tourismus zu maximieren, müssen auf der Zielebene Partnerschaften, Allianzen und Joint Ventures zwischen Privatunternehmen, Einheimischen, Nichtregierungsorganisationen und öffentlichen Institutionen sowie die grenzüberschreitende Zusammenarbeit verstärkt werden. „Political instability, high crime rates, restrictive visa arrangements, unsafe roads, inadequate water, poor sanitation, high cost of electricity, poor construction practices, insufficient infrastructure and lack of health facilities result in unpredictable business environments." (Novelli 2015, S. 24)

Mit den Problemen mangelnder Infrastruktur und wirtschaftlicher Misswirtschaft sind hohe Kosten für eine Geschäftätigkeit in Afrika verbunden. Das wirkt sich häufig negativ auf das Preis-Leistungs-Verhältnis aus. Die geringe Servicequalität in weiten Teilen Afrikas wird häufig auf das niedrige Bildungsniveau im Allgemeinen und auf das Fehlen von adäquaten Managementschulungen in Hotels und Restaurants im Besonderen zurückgeführt. Dies könnte die weitere Entwicklung der Branche behindern (vgl. Signé 2018, S. 22 f.).

Obwohl es gewisse Unterschiede gibt, haben selbst die stärker entwickelten afrikanischen Reiseziele Probleme mit den genannten Einschränkungen. Insbesondere in abgelegenen Gegenden besteht eine der größten Herausforderungen für Tourismusunternehmen in Afrika darin, den Kunden eine sichere, **zuverlässige und erschwingliche Anreise** zu gewährleisten. Während der Binnenverkehr am häufigsten durch die Qualität der Straßen und der öffentlichen Verkehrsinfrastruktur eingeschränkt ist, wird die internationale Erreichbarkeit – neben der schlechten Entwicklung der Luftfahrt – zusätzlich durch komplizierte und teure Visaverfahren eingeschränkt (vgl. Signé 2018, S. 21).

Im Gegensatz zu anderen Regionen der Welt stehen sich viele afrikanische Länder nicht sehr offen gegenüber, d. h. auch innerregional behindern Visavorschriften den Reiseverkehr. Allerdings gibt es auf dem Kontinent erhebliche Unterschiede: 75 % der visaoffensten Länder befinden sich in Ost- oder Westafrika. Auch die kleineren Binnen- oder Inselstaaten Afrikas haben tendenziell weniger restriktive Anforderungen. Sieben der zehn am stärksten auf Tourismus ausgerichteten Volkswirtschaften in Afrika südlich der Sahara gehören zu den offensten Ländern bezüglich Visa. Im Gegensatz dazu gelten Zentral- und Nordafrika als verschlossene Regionen des Kontinents. Die *Agenda 2063* der AU sieht eine Aufhebung der Visumpflicht für Afrikaner innerhalb des Kontinents vor. Es bleibt abzuwarten wie sich die Umsetzung dieser Idee gestaltet. Die 15 Mitglieder der ECOWAS haben bereits eine Visapolitik eingeführt, die den freien Personenverkehr zwischen den Mitgliedstaaten ermöglicht und auch internationalen Reisenden damit einen größeren Markt bietet (vgl. Signé 2018, S. 1).

Um in Zukunft die Attraktivität afrikanischer Destinationen zu sichern, sind Strategien und Initiativen zur Verbesserung der sozioökonomischen und **ökologischen Nachhaltigkeit** von entscheidender Bedeutung. Diesbezüglich sind jedoch erst wenige Länder weiter vorangekommen: z. B. bemühen sich Ruanda, Namibia und Kenia um eine nachhaltige Entwicklung ihres Tourismussektors und verfügen über strenge Umweltvorschriften, um dies zu gewährleisten (vgl. Novelli 2015, S. 19). Afrika ist mit dem weitverbreiteten Problem der Entwaldung und aufgrund des Verlustes von Lebensraum und Wilderei mit dem möglichen Aussterben seiner wichtigen Wildtierarten konfrontiert. Trotz intensiver Zusammenarbeit der afrikanischen Regierungen bei der Bewältigung dieser Probleme, liegen die meisten Länder in Bezug auf die ökologische Nachhaltigkeit weit unter dem internationalen Durchschnitt. Ohne eine wirksame Koordinierung und Verwaltung von Umweltschutzmaßnahmen wird die Gefährdung der natürlichen Ressourcen, die das größte Potenzial Afrikas für die Tourismusentwicklung darstellen, zunehmen (vgl. Signé 2018, S. 22). Auch der einheitliche, grenzüberschreitende Schutz der Umwelt ist dabei zu beachten.

Weitere Risiken für in Afrika tätige Tourismusunternehmen sind die **politische Instabilität und Unsicherheit**. Das wurde im Zuge des Arabischen Frühlings und seiner Nachwirkungen seit 2011 besonders deutlich. Die Berichterstattung über die Ereignisse und mehrere Terroranschläge auf Reiseziele haben zu einem erheblichen Rückgang der internationalen Ankünfte insbesondere in Tunesien und Ägypten geführt. Das US-Außenministerium hat in den letzten zwei Jahrzehnten mehr Reisewarnungen für Länder in Afrika herausgegeben als für jede andere Region. Allein die Befürchtung, dass sich die Unsicherheit über die Grenzen der eigentlichen Krisengebiete ausbreiten könnte, führt häufig dazu, dass Reisende bestimmte Regionen oder den Kontinent als Ganzes meiden. Das gilt z. B. für die Medienberichterstattung über den Ebola-Ausbruch in Westafrika 2014, der sich hauptsächlich auf Guinea, Liberia und Sierra Leone konzentrierte, aber zur negativen öffentlichen Wahrnehmung des gesamten Kontinents beitrug (vgl. Signé 2018, S. 22).

Der Aufbau eines erfolgreichen Tourismus in Afrika erfordert auch kreative Lösungen für das Marketing. Der Boom des (mobilen) Internets auf dem Kontinent ist ein Trend, der die Kosten für das Marketing senken und den Zugang zu inländischen Kunden verbessern kann: 15 % der Hotelbuchungen in Afrika wurden 2017 bereits über Mobiltelefone getätigt und diese Zahl nimmt rapide zu. Einige Destinationen sind bereits reif für eine positive Vermarktung (vgl. Tab. 1.11), besonders wenn sie über herausragende Angebote wie unberührte Strände, spektakuläre Gebirgslandschaften oder eine spezielle Fauna (Großwild, Gorillas oder andere seltene Tierarten) verfügen. Ein positives Image des Landes aufzubauen ist besonders dann wichtig, wenn es in der nahen Vergangenheit zu politischer Gewalt, Bürgerkrieg, Hungersnot oder Krankheiten gekommen ist. Ruanda ist ein hervorragendes Beispiel für ein Land, das aus einem verheerenden Völkermord hervorgegangen ist und zu einer der am stärksten auf Tourismus ausgerichteten Volkswirtschaften Afrikas geworden ist. Es baut auf dem positiven Image seiner schnellen wirtschaftlichen Erholung auf und kann von Produkten mit Wettbewerbsvorteilen wie dem Gorilla-Trekking profitieren (vgl. Signé 2018, S. 25).

Langfristig hängt die erfolgreiche Entwicklung des afrikanischen Tourismusmarktes von der Aufrechterhaltung und vom Ausbau wirksamer Partnerschaften zwischen dem Privatsektor, öffentlichen Institutionen und den lokalen Gemeinschaften ab. Es bedarf einer grundständigen Identifizierung und Erschließung des touristischen Potenzials in den einzelnen Ländern, bezogen auf natürliche Ressourcen und das kulturelle Erbe. Die Grundlagen für den Tourismus zu schaffen, erfordert die Unterstützung der lokalen Bevölkerung, damit sich die Besucher willkommen fühlen und Einheimische zu einem authentischen Erlebnis beitragen, das viele Reisende suchen. Wenn diese Teilhabe nicht gelingt, drohen soziokulturelle Konflikte, die sich z. B. durch steigende Kriminalitätsraten negativ auf den Tourismus auswirken können. Effektive Partnerschaften entstehen, wenn Unternehmen die lokale Gemeinschaft direkt in ihre Aktivitäten einbeziehen, z. B. kulturelle Erlebnisangebote für

Besucher schaffen oder in Aus- und Weiterbildungsmaßnahmen investieren, um die lokale Beschäftigung in der Branche zu steigern (vgl. Signé 2018, S. 25 f.; Christie et al. 2014, S. 7 f.).

Die Ausführungen in diesem Kapitel zeigen, dass der nachhaltigen Entwicklung des Tourismus in Afrika noch eine Reihe von Hindernissen im Wege stehen, es aber auch berechtigte Hoffnungen gibt, dass die Chancen des Tourismus als Beitrag zur Entwicklung in vielen Ländern wahrgenommen werden. Die folgenden Kapitel setzen auf diese Grundlagen auf. Sie geben einen Überblick über ausgewählte Themen, die für den Afrika-Tourismus – mit dem Fokus auf Afrika südlich der Sahara – und dessen nachhaltige Entwicklung von Bedeutung sind.

## Literatur

AFDB (African Development Bank Group) (2018). The High 5s – Tourism as a Pathway to Industrialization, Integration, Quality of Life, Agriculture, and Powering Up Africa. *African Tourism Monitor*, 5(1). Abidjan.

AFDB (2019). African Infrastructure Development Index (AIDI), 2019. Abgerufen am 17.09.2019 von http://infrastructureafrica.opendataforafrica.org/pbuerhd/africa-infrastructuredevelopment-index-aidi-2019.

Africa Business Communities (2019). Ranking der Hotelketten in Afrika nach Anzahl der Hotels und Zimmer. Abgerufen am 18.09.2019 von: https://de.statista.com/statistik/daten/studie/899467/umfrage/hotelketten-nach-anzahl-der-hotels-und-zimmer-in-afrika/.

Airbnb (2017). Overview of the Airbnb Community in Africa. Abgerufen am 17.09.2019 von: https://de.scribd.com/document/362460832/Airbnb-Africa-Insight-Report.

AU (African Union) (2018). Ministers of African Union Strategise on the Development of Tourism to achieve Agenda 2063 Goals. Abgerufen am 29.07.2019 von: https://au.int/en/pressreleases/20181002/ministers-african-union-strategise-development-tourism-achieve-agenda-2063.

AU (2019). About the African Union. Abgerufen am 23.08.2019 von: https://au.int/en/overview.

Ansprenger, F. (1997). *Politische Geschichte Afrikas im 20. Jahrhundert*. C.H. Beck, München, 2. Aufl.

Badini, D. und Reikat, A. (2005). Ein Kontinent im Umbruch. Afrika vom 7. bis zum 16. Jahrhundert. Abgerufen am 19.08.2019 von: https://www.bpb.de/internationales/afrika/afrika/58857/kontinent-im-umbruch.

Bieger, T. (2010). *Tourismuslehre – Ein Grundriss*. Haupt (UTB), Bern, 3. Aufl.

BMU (Bundesministerium für Umwelt, Naturschutz und nukleare Sicherheit) (2017). Nachhaltige Entwicklung als Handlungsauftrag. Abgerufen am 19.08.2019 von: https://www.bmu.de/themen/nachhaltigkeit-internationales/nachhaltige-entwicklung/strategie-und-umsetzung/nachhaltigkeit-als-handlungsauftrag/.

BP (2019). BP Statistical Review of World Energy 2019. Abgerufen am 19.09.2019 von: https://www.bp.com/content/dam/bp/business-sites/en/global/corporate/pdfs/energy-economics/statistical-review/bp-stats-review-2019-full-report.pdf.

BpB (Bundeszentrale für politische Bildung) (2005). Afrika. Wirtschaft. Abgerufen am 29.07.2019 von: https://www.bpb.de/internationales/afrika/afrika/58959/wirtschaft.

Carlowitz, P. v. (2017). Unternehmertum in Afrika – eine Bestandsaufnahme. In Schmidt, T., Pfaffenberger, K. und Liebing, S., Hrsg., *Praxishandbuch Wirtschaft in Afrika*, S. 15–30. Springer Gabler, Wiesbaden.

Christie, I., Fernandes, E., Messerli, H. und Twining-Ward, L. (2014). *Overview. Tourism in Africa: Harnessing Tourism for Growth and Improved Livelihoods*. The World Bank, Washington D.C.

CIA (Central Intelligence Agency) (2019). World Factbook. Abgerufen am 19.08.2019 von: https://www.cia.gov/library/publications/resources/the-world-factbook/fields/208rank.html.

DSW (Deutsche Stiftung Weltbevölkerung) (2018). Menschen zieht es in die Stadt. Abgerufen am 15.09.2019 von https://www.dsw.org/menschen-zieht-es-in-die-stadt/.

DSW (2019). Afrika. Abgerufen am 15.09.2019 von https://www.dsw.org/landerdatenbank/.

Dumont Weltatlas (1997). DuMont Buchverlag, Köln.

Dijk, L. v. (2005). *Die Geschichte Afrikas*. Bundeszentrale für politische Bildung, Bonn.

Elischer, S. und Erdmann, G. (2012). Regionalorganisationen in Afrika – eine Bilanz. *GIGA Focus Afrika*, 3. Abgerufen am 29.07.2019 von: https://www.giga-hamburg.de/de/system/files/publications/gf_afrika_1203.pdf.

Euromonitor International (2019). Tourism in Sub-Saharan Africa to Continue to Enjoy Robust Growth. Abgerufen am 29.07.2019 von: https://blog.euromonitor.com/tourism-in-sub-saharan-africa-to-continue-to-enjoy-robust-growth/.

Europarc Deutschland e. V. (2019). Nationalparks in der Welt. Abgerufen am 15.09.2019 von http://nationale-naturlandschaften.de/wissensbeitraege/nationalparksinder-welt/.

FAO (Food and Agriculture Organization of the United Nations) (2017). 2017 Africa. Regional Overview Food Security and Nutrition Report. Abgerufen am 17.09.2019 von http://www.fao.org/3/a-i8053e.pdf.

Freytag, A. (2017). Ist Afrikas wirtschaftliche Entwicklung nachhaltig? In Schmidt, T., Pfaffenberger, K. und Liebing, S., Hrsg., *Praxishandbuch Wirtschaft in Afrika*, S. 31–40. Springer Gabler, Wiesbaden.

Glaser, R., Kremb, K. und Drescher, A., Hrsg. (2011). *Afrika*. Wissenschaftliche Buchgesellschaft, Darmstadt, 2. Aufl.

GSTC (Global Sustainable Tourism Council) (2019). GSTC Criteria Overview. Abgerufen am 03.08.2019 von https://www.gstcouncil.org/gstc-criteria/.

Harneit-Sievers, A. (2005). Rohstoffe für den Export. Abgerufen am 29.08.2019 von: https://www.bpb.de/internationales/afrika/afrika/58972/rohstoffe-fuer-den-export?p=1.

Hartmann, R. (2018). *Marketing in Tourismus und Freizeit*. UVK Lucius (UTB), Konstanz/München, 2. Aufl.

IATA (2018). SAATM Handbook. Abgerufen am 19.09.2019 von: https://www.iata.org/about/worldwide/ame/Documents/saatm-handbook.pdf.

IMF (International Monetary Fund) (2018). World Economic Outlook 2018. Abgerufen am 29.08.2019 von: https://www.imf.org/en/Publications/WEO/Issues/2018/09/24/world-economic-outlook-october-2018.

IMF (2019a). Liste der 10 Länder Afrikas mit dem niedrigsten Bruttoinlandsprodukt pro Kopf in 2018. Abgerufen am 24.08.2019 von: https://de.statista.com/statistik/daten/studie/459809/umfrage/die-laender-afrikas-mit-dem-niedrigsten-bruttoinlandsprodukt-bip-pro-kopf/.

IMF (2019b). Top 10 Länder Afrikas mit dem höchsten Bruttoinlandsprodukt pro Kopf in 2018. Abgerufen am 24.08.2019 von: https://de.statista.com/statistik/daten/studie/459793/umfrage/top-10-laender-afrikas-mit-dem-hoechsten-bruttoinlandsprodukt-bip-pro-kopf/.

Mair, S. und Werenfels, I. (2009). Ein Afrika gibt es nicht. Abgerufen am 29.08.2019 von: http://www.bpb.de/izpb/7929/ein-afrika-gibt-es-nicht.

Menzel, U. (2016). Was ist Entwicklungstheorie. In Stockmann, R., Menzel, U. und Nuscheler, F., Hrsg., *Entwicklungspolitik. Theorien – Probleme – Strategien*. DeGruyter Oldenbourg, Berlin/Boston, 2. Aufl.

Mo Ibrahim Foundation (2018). Ibrahim Index of African Governance. Abgerufen am 01.09.2019 von http://s.mo.ibrahim.foundation/u/2018/11/27173840/2018-Index-Report.pdf.

NEPAD (New Partnership for Africa's Development) (2018). Harnessing Africa's engine of growth: The role of NEPAD the Tourism Action Plan. Abgerufen am 29.07.2019 von: http://www.nepad.org/news/harnessing-africas-engine-growth-role-nepad-tourism-action-plan.

Novelli, M. (2015). *Tourism and Development in Sub-Saharan Africa: Current Issues and Local Realities*. Routledge, Abingdon.

Peace Parks Foundation (2019). What we do. Abgerufen am 22.09.2019 von: https://www.peaceparks.org/.

Petersen, T. (2019). Warum Afrikas Wirtschaften brummen. Abgerufen am 29.08.2019 von: https://libmod.de/thiess-petersen-ueber-wirtschaft-und-demografischen-wandel-in-afrika/.

Presse- und Informationsamt der Bundesregierung (2019). Ziele für eine nachhaltige Entwicklung weltweit. Abgerufen am 29.08.2019 von: https://www.bundesregierung.de/breg-de/themen/nachhaltigkeitspolitik/ziele-fuer-eine-nachhaltige-entwicklung-weltweit-355966.

Rein, H. und Strasdas, W. (2017). *Nachhaltiger Tourismus. Einführung*. UVK, Konstanz/München, 2. Aufl.

Rosdorff, J. (2019). Der Einfluss des Afrika-Images auf die Reiseentscheidung der Deutschen. Probleme und Herausforderungen für das Tourismusmarketing afrikanischer Staaten. Unveröffentlichte Masterarbeit an der Hochschule Bremen.

Sachs, W. (2002). *Nach uns die Zukunft. Der globale Konflikt um Gerechtigkeit und Ökologie*. Brandes & Apsel, Frankfurt am Main.

Signé, L. (2018). *Africa's tourism potential. Trends, drivers, opportunities, and strategies*. Brookings.

Stecker, B. (2010). Ökologie und Nachhaltigkeit in der Freizeit. In Freericks, R., Hartmann, R. und Stecker, B., Hrsg., *Freizeitwissenschaft. Handbuch für Pädagogik, Management und nachhaltige Entwicklung*. Oldenbourg, München.

Stecker, B. (2016). Tourismus. In Ott, K., Dierks, J. und Voget-Kleschin, L., Hrsg., *Handbuch Umweltethik*, S. 297–304. Metzler, Stuttgart.

Stecker, B. und Hartmann, R. (2019). Balancing the Sustainability of Tourism in City Destinations – The Case of Dubrovnik. In Lund-Durlacher, D., Dinica, V., Reiser, D. und Fifka, M., Hrsg., *Corporate Sustainability and Responsibility in Tourism*, S. 373–382. Springer Nature, Cham.

Stock, R. (2013). *Africa south of the Sahara. A Geographical Interpretation*. Guilford, New York, 3. Aufl.

Stockmann, R., Menzel, U. und Nuscheler, F. (2016). *Entwicklungspolitik. Theorien – Probleme – Strategien*. DeGruyter Oldenbourg, Berlin/Boston, 2. Aufl.

Strasdas, W. (2017). Einführung Nachhaltiger Tourismus. In Rein, H. und W. Strasdas, Hrsg., *Nachhaltiger Tourismus. Einführung*, S. 13–44. UVK, Konstanz/München, 2. Aufl.

Tetzlaff, R. (2018). *Afrika: Eine Einführung in Geschichte, Politik und Gesellschaft*. Springer VS, Wiesbaden.

UN (United Nations) (2019). Statistics Division. Standard country or area codes for statistical use (M49). Abgerufen am 15.08.2019 von: https://unstats.un.org/unsd/methodology/m49/.

UNDP (United Nations Development Programme) (2019). Human Development Reports. Abgerufen am 23.08.2019 von: http://hdr.undp.org/en.

UNESCO (2019). World Heritage List. Abgerufen am 2.08.2019 von: https://whc.unesco.org/en/list/.

UNCTAD (United Nations Conference on Trade and Development) (2017). Economic Development in Africa Report 2017. Tourism for Transformative and Inclusive Growth. New York und Genf. Abgerufen am 29.07.2019 von: https://unctad.org/en/PublicationsLibrary/aldcafrica2017_en.pdf.

UNCTAD (2019). UNCTADSTAT. Abgerufen am 2.09.2019 von: https://unctadstat.unctad.org/wds/TableViewer/tableView.aspx?ReportId=96.

UNWTO (United Nations World Tourism Organization) (1995). Tourism Highlights 1995. Madrid.

UNWTO (1997). Tourism Market Trends Africa. Madrid.

UNWTO (2001). Tourism Highlights 2001. Madrid.

UNWTO (2006). Tourism Highlights 2006. Madrid.

UNWTO (2012). Tourism Highlights 2012. Madrid.

UNWTO (2017). Tourism Highlights 2017. Madrid.

UNWTO (2019). World Tourism Barometer. Abgerufen am 29.07.2019 von: https://www.e-unwto.org/toc/wtobarometereng/17/2. Volume 17, Issue 2, May 2019.

UNWTO und UNEP (2005). Making Tourism More Sustainable – A Guide for Policy Makers. Madrid.

WEF (World Economic Forum) (2015). The Travel & Tourism Competitiveness Report 2015. Abgerufen am 29.09.2019 von: http://www3.weforum.org/docs/TT15/WEF_Global_Travel&Tourism_Report_2015.pdf.

WEF (2017). The Travel & Tourism Competitiveness Report 2017. Abgerufen am 29.07.2019 von: https://www.weforum.org/reports/the-travel-tourism-competitiveness-report-2017.

Wiese, B. (1997). *Afrika. Ressourcen, Wirtschaft, Entwicklung*. Teubner, Stuttgart.

World Bank (2018). Poverty and Shared Prosperity 2018: Piecing Together the Poverty Puzzle. Abgerufen am 24.08.2019 von: https://openknowledge.worldbank.org/bitstream/handle/10986/30418/211330ov.pdf.

World Bank (2019). Rankings & Ease of Doing Business Score. Abgerufen am 24.08.2019 von: https://www.doingbusiness.org/en/rankings.

WTO (World Trade Organization) (2019). Afrika: Ranking der 10 größten Exportländer Afrikas im Jahr 2018. Abgerufen am 15.08.2019 von: https://de.statista.com/statistik/daten/studie/952141/umfrage/ranking-der-top-10-exportlaender-afrikas/.

WTTC (World Travel & Tourism Council) (2019). Region Data. Abgerufen am 29.07.2019 von: https://www.wttc.org/economic-impact/country-analysis/region-data/.

Zamfir, I. (2016). *Afrikas Wirtschaftswachstum. Durchstart oder Verlangsamung?* EPRS, Brüssel.

Julia Rosdorff

# 2 Der Einfluss des Afrika-Images auf die Reiseentscheidung der Deutschen: Probleme und Herausforderungen für das Tourismusmarketing afrikanischer Staaten

**Zusammenfassung:** Dieses Kapitel beschäftigt sich mit dem Einfluss, den das generalisierte Afrika-Image auf die Reiseentscheidung der Deutschen hat sowie mit der Bedeutung des Images hinsichtlich des Tourismusmarketings afrikanischer Staaten. Das Image meint dabei ein individuelles und subjektives Vorstellungsbild afrikanischer Destinationen, das auf einer Vielzahl von Einflussfaktoren basiert und von tatsächlichen Gegebenheiten abweichen kann. Mittels einer Inhaltsanalyse zum Soll-Image afrikanischer Tourismusorganisationen, einer Erfassung des in der Gesellschaft kommunizierten Bildes Afrikas und einer konzipierten Befragung zum Ist-Image werden Daten zum Bild des Kontinentes dargelegt. Die Verknüpfung der Analyse-Ergebnisse zeigt Herausforderungen für das Tourismusmarketing afrikanischer Staaten auf und ermöglicht die Entwicklung einer Zielrichtung sowie die Ableitung von Handlungsempfehlungen.

**Schlagwörter:** Wahrnehmung Afrikas, Tourismusmarketing, Generalisierung, Stereotypisierung, imagebildende Faktoren, Handlungsempfehlungen

## 2.1 Einleitung

Weltweit ist ein starkes Tourismuswachstum zu verzeichnen. Auch in Afrika ist dieser Anstieg präsent – im Jahr 2017 stiegen die afrikanischen Tourismusankünfte um 8,6 % im Vergleich zum vorherigen Jahr an. Dennoch liegt die Anzahl internationaler Tourismusankünfte gegenüber anderen Erdteilen auf dem afrikanischen Kontinent mit 71,1 Mio. vergleichsweise niedrig (vgl. Abb. 2.1). Global gesehen erfolgten ausschließlich 5,4 % aller touristischen Ankünfte in Afrika[1] (vgl. UNWTO 2018a, S. 2).

Eine nähere Betrachtung des Tourismus in afrikanischen Staaten zeigt, dass auch innerhalb des Kontinentes eine Ungleichverteilung der touristischen Nachfrage vorherrscht. Die Anzahl der internationalen Ankünfte und somit auch der touristischen Einkünfte variiert sehr stark: Allein die führenden drei Incoming-Destinationen Marokko, Südafrika und Ägypten konnten im Jahr 2017 die Hälfte aller Tourismusankünfte Afrikas verzeichnen. Einige weitere Staaten wie beispielsweise Tunesien, Algeri-

---

[1] Diese und nachfolgende Daten aus UNWTO-Statistiken behandeln Ägypten, im Gegensatz zur UNTWO-Kategorisierung, als afrikanischen Staat, wenn keine andere Kennzeichnung vorhanden ist.

https://doi.org/10.1515/9783110626032-002

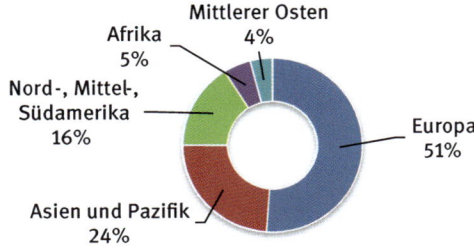

**Abb. 2.1:** Internationale Tourismusankünfte nach Kontinenten (2017) (Quelle: UNWTO 2018a, S. 2).

en, Simbabwe, Uganda, Botsuana, Mosambik, Namibia, Kenia und Tansania sowie die Inselstaaten Seychellen, Kap Verde und Mauritius profitierten ebenfalls nennenswert vom Incoming-Tourismus. Der größte Anteil afrikanischer Staaten erfährt jedoch kaum touristische Ankünfte und versäumt dadurch u. a. die Möglichkeit, Einnahmen aus dem internationalen Tourismus zu erzielen (vgl. UNWTO 2018b, A. 21, 23).

Laut Zurab Pololikashvili, dem General-Sekretär der UNWTO, stellt ein „starker Tourismus" ein wichtiges Instrument für die Entwicklung afrikanischer Staaten dar (vgl. Pololikashvili zitiert in Kubisch 2018). Zu den Vorteilen einer nachhaltigen Tourismuswirtschaft können die Erhaltung kultureller Güter, der Schutz der Umwelt, das Erzielen von Frieden und Sicherheit, die Schaffung von Arbeitsplätzen, Wirtschaftswachstum und Weiterentwicklung gehören (vgl. UNWTO 2018a, S. 3).

### 2.1.1 Problemstellung

Um auch außerhalb der renommierten Destinationen einen ökonomisch, ökologisch und soziokulturell förderlichen Tourismus zu erreichen, sollten die Gründe für geringe Tourismuszahlen in Afrika näher betrachtet werden. Eine Ursache könnte ein bestehendes Desinteresse potenzieller Touristen aufgrund der Wahrnehmung des afrikanischen Kontinentes sein. Die Ausprägung von Destinationsimages gilt als einer der Hauptfaktoren im Reiseentscheidungsprozess (vgl. Meidan 1984, S. 171; Hartmann und Hahn 1973, S. 21 ff.; Herrmann 2016, S. 99 f.).

Die wissenschaftliche Literatur liefert eine Vielzahl an Thesen, die davon ausgehen, dass das Image afrikanischer Staaten einerseits generalisiert und andererseits negativ ausfällt (vgl. Tatah 2014, S. 1 ff.; Behmer 2014, S. 17 ff.; Nooke 2014 S. 21 ff.; Mükke 2014, S. 33 ff.; Grill 2019, S. 252 f.). Das Bild des afrikanischen Kontinentes basiert laut Tatah (2014, S. 1 f.) auf einer alltagsfernen Stereotypisierung – das westliche Image Afrikas sei „von Pessimismus und Rückständigkeit einerseits und von falscher Romantik und stumpfem Postkartenidyll andererseits geprägt". Für die Ursprünge der verfälschten Vorstellungsbilder werden postkoloniale Rückstände und die mediale Berichterstattung verantwortlich gemacht. Gemäß Grill (2019, S. 252 f.) „sind hunderte Jahre seit dem Ende der deutschen Kolonialzeit vergangen, doch jenseits der kollektiven Amnesie sind die verharmlosenden Stereotype so verbreitet wie eh und je." Tatah beschreibt die Berichterstattung der europäischen Medien wie folgt:

> Kriege und Krankheiten, Hungersnöte und Hütten, Armut und Aids – so oder so ähnlich lauten die negativ besetzten Stereotypen über Afrika in den europäischen Medien. [...] Elend in allen Ecken und Winkeln des Kontinents. Aber Afrika leidet nicht ausschließlich. Kontrastiert wird dieses Elend mit ebenso unwirklichen, positiv besetzen Stereotypen wie lachenden Kindern und purer Lebensfreude, exotischen Tieren, grandiosen Landschaften und einzigartigen Sonnenuntergängen. (Tatah 2014, S. 1)

Damit afrikanische Destinationen auf diese oder weitere eventuell bestehende Image-Probleme sowie deren Ursprünge eingehen können, ist es notwendig, das Image des Kontinentes aus der Sicht potenzieller Touristen zu erfassen. Eine Analyse der Wahrnehmung kann den staatlichen Tourismusorganisationen aufzeigen, ob und in welcher Form eine Adaption der Image-Kommunikation stattfinden sollte.

### 2.1.2  Zielsetzung und Aufbau des Kapitels

Ziel der Studie ist es, aus der Perspektive der deutschen Bevölkerung zu untersuchen, welches Image in Bezug auf den afrikanischen Kontinent[2] besteht und inwiefern sich das Vorstellungsbild positiv oder negativ auf die touristische Reiseentscheidung auswirkt. Auf Basis der Untersuchungsergebnisse soll eine Zielrichtung für afrikanische Destinationen aufgezeigt sowie Handlungsempfehlungen ausgesprochen werden, um das Interesse deutscher Touristen zu steigern sowie eine nachhaltige Tourismusentwicklung in afrikanischen Destinationen zu erreichen. Die Ausarbeitung beschäftigt sich ausschließlich mit der Image-Wahrnehmung der deutschen Bevölkerung, da Images unter anderem einer kulturellen Prägung des Herkunftslandes entspringen (vgl. Baloglu und McCleary 1999, S. 870) und Destinationen diese nationalen Eigenschaften in ihrer Vermarktung beachten sollten. Die starke Reiseintensität und die hohe Kaufkraft der Deutschen sind wesentliche Faktoren, weshalb die deutsche Bevölkerung eine interessante Zielgruppe für den afrikanischen Tourismusmarkt darstellt. Im Jahr 2017 gaben die Deutschen 89,1 Mrd. US-$ für Outbound-Tourismus aus und erzielten damit weltweit die dritthöchsten Ausgaben für den Tourismus (vgl. UNWTO 2018a, S. 14).

Die Studie untersucht zunächst das Afrika-Bild, das abseits des Tourismus-Marketings in den wichtigsten Leitmedien kommuniziert wird. Ergänzend dazu erfolgt anhand einer Medieninhaltsanalyse der Webseiten nationaler afrikanischer Tourismusorganisationen eine Erfassung des von Destinationen kommunizierten Images. Sie soll Aufschluss darüber geben, welches Vorstellungsbild die Destinationen ver-

---

2 „Afrika" als Untersuchungsgebiet meint die 54 Staaten des afrikanischen Kontinents einschließlich der dazugehörigen Inseln. Eine grundlegende Erläuterung der derzeitigen Gegebenheiten des Untersuchungsgebietes, ist im Kapitel 1 zu finden.

mitteln möchten (Soll-Image). Im nächsten Schritt wird erfasst, welche Image-Ausprägung bei potenziellen Touristen aus Deutschland besteht (Ist-Image), durch welche Faktoren eine Formung stattfindet und wie das Image die Reiseentscheidung beeinflusst. Diese Faktoren werden mittels einer quantitativen empirischen Analyse in Form einer Befragung mit potenziellen Afrika-Touristen erarbeitet. Anknüpfend an die Erfassung des wahrgenommenen Images werden die Ergebnisse der einzelnen Studien zusammengefügt und einander gegenübergestellt, um aufzuzeigen, inwiefern die Images miteinander übereinstimmen oder voneinander abweichen. Ebenfalls findet ein Abgleich der wahrgenommenen Destinationseigenschaften und der tatsächlichen Destinationseigenschaften in Bezug auf eine Stereotypisierung und Generalisierung statt. Im letzten Schritt zeigt eine Aufarbeitung der einzelnen Faktoren, an welchen Schnittstellen Probleme oder Herausforderungen für afrikanische Destinationen entstehen können oder bereits entstanden sind. Diesbezüglich wird eine Zielrichtung vorgestellt sowie darauf aufbauende Handlungsempfehlungen für das Tourismusmarketing afrikanischer Staaten erarbeitet.

### 2.1.3 Das Konzept des Destinationsimages

Um eine theoretische Grundlage für die nachfolgende Studie zu erhalten, soll in diesem Abschnitt zunächst das Konzept des Destinationsimages erläutert werden. Der Terminus „Image" stammt von dem lateinischen Ausdruck „imago" ab und beschreibt ein Bild, eine Abbildung oder eine Vorstellung von einem Gegenstand (vgl. PONS 2019). Kotler et al. (1994, S. 179) definieren das Image einer Destination als „[d]ie Summe aller Vorstellungen, Ideen und Eindrücke, die Menschen von einem Ort haben. Das Image ist das komprimierte Bild aller Assoziationen und Informationen, die mit einem Ort verknüpft sind." Illiewich (1998, S. 287 f.) beschreibt das Destinationsimage als ein positives oder negatives Urteil, das sich eine Person auf Basis von Attraktionen, möglichen Aktivitäten und potenziellen Störfaktoren bildet.

Gemäß George (2014, S. 521) besteht für jedes touristische Zielgebiet ein Destinationsimage. Chung und Chen (2018, S. 57) haben in einer Studie aufgezeigt, dass das Image einer Destination oftmals Parallelen zu der jeweils zugehörigen Nation aufweist. Das Image vieler Staaten beruht laut Kotler und Gertner (2002) auf Stereotypen und starken Vereinfachungen der Realität. Im Fokus liegen Ausnahmen, nicht Standards. Eine akkurate Wiedergabe der Realität ist durch ein Destinationsimage somit nicht geboten (vgl. Kotler und Gertner 2002, S. 250 ff.). Das Vorstellungsbild einer Destination fällt in Abhängigkeit von der Perspektive und der Betrachtung eines spezifischen touristischen Produktes sehr unterschiedlich aus (vgl. Freyer 2007, S. 547). Dies betrifft auch jene Attribute, die eine Person wahrnimmt, und wie die subjektive Bedeutung dieser Eigenschaften ausfällt (vgl. Keller 1993, S. 3 ff.). Eine neutrale, rein deskriptive Beschreibung ist ebenso möglich, wie eine positive oder negative Bewertung (vgl. George 2014, S. 521). Ferner sollte ein Destinationsimage nicht als fester

Zustand betrachtet werden; es wird durch eine Vielzahl an Einflussfaktoren immer wieder geprägt und verändert sich dadurch im Laufe der Zeit (vgl. Chung und Chen 2018, S. 58). Bedingt durch die Phase der Imageformung, werden die Vorstellungsbilder in die Kategorien „organisches Image", „induziertes Image" oder „modifiziertes Image" eingeteilt. Das organische Image beschreibt das Bild einer Destination, welches vor einem Besuch und vor einer gezielten Auseinandersetzung mit der Destination besteht. Es basiert auf individuellen Vorstellungen. Das darauffolgende, induzierte Image meint ein Vorstellungsbild, das durch die bewusste Recherche über das Zielgebiet entstanden ist. Touristische Werbemittel haben einen Einfluss auf das induzierte Vorstellungsbild. Durch eigene Erfahrungen mit der Destination entsteht das modifizierte Image. Dieses Bild kann auch nach mehrfachen Destinationsbesuchen transformiert werden (vgl. Echtner und Ritchie 2003, S. 38). Das beschriebene Modell greift objektive Informationen, Tourismusmarketing, eigene Recherche und persönliche Erfahrung mit dem Zielgebiet als prägende Faktoren des Destinationsimages auf. Gemäß Baloglu und McCleary (1999, S. 870) wirken persönliche und stimulierende Faktoren auf das Destinationsimage. Persönliche Faktoren sind psychologische und soziale Eigenschaften des potenziellen Touristen. Stimulierende Faktoren werden hingegen durch externe Aspekte, äußerliche Merkmale und persönliche Erfahrungen beeinflusst. Demnach lässt sich der andauernde Prägungsprozess nur schwer von einzelnen (touristischen) Akteuren beeinflussen (vgl. Johannsen 1971, S. 35).

Für Destinationsmanagementorganisationen (DMOs) stellt die Positionierung der Destination als eine starke Marke, die von potenziellen Touristen mit einem positiven Image verbunden wird, eine zentrale Aufgabe dar (vgl. Bieger 2008, S. 205). Dazu sollten DMOs ein strategisches Imagemanagement, also „die fortlaufende Erforschung des Standort-images, die Segmentierung dieses Images nach demografischen Zielgruppen, die Positionierung der Standortvorteile, um das bestehende Image zu verstärken oder ein neues Image zu schaffen, sowie die Verbreitung dieser Vorteile an die verschiedenen Zielgruppen" (Kotler et al. 1994, S. 181), betreiben.

Insbesondere im touristischen Kontext nimmt die Bedeutung einer starken Marke mit einem positiven Fremdbild zu. Zum einen hängt dies mit den Charakteristika des touristischen Produktes zusammen: Es zeichnet sich durch Immaterialität und die daraus resultierende fehlende Möglichkeit, die Qualität der Dienstleistungen von vornherein zu testen aus (vgl. Scherhag 2003, S. 26). Zum anderen positionieren sich viele Destinationen mit einem ähnlichen Produktbündel auf dem Markt und sind dadurch austauschbar (vgl. Morgan und Pritchard 2002, S. 20 f.). Ein positives Image kann einer Destination gegenüber anderen Zielgebieten Wettbewerbsvorteile ermöglichen. Schaffen es Destinationen nicht, sich in Form von Vorstellungsbildern als „eine regionale Einheit im Wettbewerb zu anderen Regionen/Destinationen [zu] differenzieren und identifizieren" (Kirstges 2015, S. 9), haben sie keine Erfolgsaussichten im touristischen Wettbewerb. Eine große Herausforderung stellt dabei die Bündelung von Dienstleistungen unterschiedlicher touristischer Akteure mit abweichenden wirtschaftlichen und politischen Interessen dar (vgl. Kirstges 2015, S. 9).

## 2.2 Darstellung afrikanischer Destinationen abseits des Tourismus-Marketings

Als ein wichtiges Einflusselement der Wahrnehmung gelten die Informationen, die abseits des Tourismusmarketings über einen geografischen Raum kommuniziert werden. Dazu gehören zum einen Informationen, auf die Menschen unabhängig von ihrem Destinations-Interesse stoßen, also Faktoren, die das organische Image prägen. Hierzu zählen Informationen über einen Raum, die durch Bildungseinrichtungen, mediale Berichterstattung, Öffentlichkeitsarbeit von Hilfsorganisationen, soziale Kontakte und Inhalte auf sozialen Medien kommuniziert werden. Zum anderen gehören dazu auch Suchmaschinenergebnisse oder Einschätzungen des Auswärtigen Amtes, die erst beim gezielten Sammeln von Informationen aufgenommen werden. Sie stellen demnach einen Bestandteil des induzierten Images dar. Da die Bildung von Images ein langfristiger Prozess ist, wird im folgenden Abschnitt nicht nur auf die aktuelle Darstellung Afrikas eingegangen, sondern auch die Darstellung des Kontinentes in der Vergangenheit thematisiert.

Die Prägung des Afrika-Images beginnt bereits in einem jungen Alter und zieht sich durch die unterschiedlichen Bereiche des Lebens. Insbesondere Bildungseinrichtungen stellen einen wesentlichen Faktor der Sozialisation dar (vgl. Schmidt 1976, S. 3). Eine Studie von Hummer (2014, S. 117) zum Thema „Die Darstellung Afrikas in Schulbüchern der Geschichte und Geografie" zeigt auf, dass deutschsprachige Lehrmaterialien ähnliche Tendenzen der Darstellung aufweisen. Die Lehrbücher vermitteln einen „Afropessimismus", indem die wirtschaftlichen und sozialen Probleme des Kontinentes in den Vordergrund gestellt werden. Vor allem Armut, Hunger, mangelhafte Infrastruktur und HIV/Aids werden thematisiert. Ein weiterer Fokus liegt auf der Darstellung politischer Krisen und Konflikte, wobei deren Hintergründe und Einflüsse der Kolonialisierung keine Beachtung finden. Selbst rassistische und eurozentrische Darstellungsformen lassen sich in den Schulbüchern finden.

Auch die Berichterstattung von Nachrichten mit afrikanischem Bezug steht seit vielen Jahren in der Kritik, die Realität zu verzerren. Dies bezieht sich sowohl auf die in den Nachrichten aufgegriffenen Themen als auch auf die Art und Weise der Berichterstattung (vgl. Tatah 2014, S. 92). Mankell (2006) betont die zu starke Fokussierung auf schlechte Nachrichten: „Wenn wir uns am Bild der Massenmedien orientieren, lernen wir heute alles darüber, wie Afrikaner sterben, aber nichts darüber, wie sie leben." Gemäß Hafez (2005, S. 50 ff.) lassen sich sechs Strukturmerkmale in der Afrika-Berichterstattung feststellen: Das erste Merkmal bildet die Dominanz der K-Themen „Krieg, Krisen, Katastrophen, Krankheit, Korruption und Kriminalität" (Sturmer 2013, S. 30). In einer Studie von Mükke (2009, S. 506) ließen sich 38,5 % aller Beiträge mit Afrika-Bezug in diese Kategorie einordnen. Glodzinski (2010, S. 285) kam in seiner Studie mit durchschnittlich 48 % K-Themen in den deutschen Leitmedien zu ähnlichen Ergebnissen. Es ließen sich jedoch starke Differenzen der untersuchten Zeitungen ausmachen. Auch der Regionalismus stellt ein bedeutendes Strukturmerkmal in der Afrika-Berichterstattung dar. Dieser sagt aus, dass Nachrichten über einen höheren Wert verfügen, wenn sie sich auf Umstände in den jeweiligen Quellländern beziehen (vgl. Hafez 2005, S. 48). Eine Studie des BBC zeigte, dass sich nur 13 % der Zuschauer für Nachrichten über Afrika interessieren. Das geringe Interesse führt zu einer minimalen Berichterstattung über den afrikanischen Kontinent (vgl. Sturmer 2013, S. 23 ff.). Ein weiteres Strukturmerkmal bildet die Metropolenorientierung in der Berichterstattung. In Abhängigkeit der Korrespondenten-Anzahl finden bestimmte Metropol-Regionen deutlich mehr Beachtung als andere (vgl. Hafez 2005, S. 48 ff.). Insbesondere Südafrika, Kenia, Sudan, Simbabwe und die Demokratische Republik Kongo erfahren eine große mediale Aufmerksamkeit (vgl. Mükke 2009, S. 98; Glodzinski 2010, S. 128). Als Ursachen sind die hohe Relevanz im Tourismus und in der Wirtschaft sowie vorherrschende Kriege und Krisen zu nennen (vgl. Sturmer 2013, S. 39). In Mükkes Studie (2009, S. 98 ff.) bezogen sich lediglich 10 % der Berichterstattung auf die Hälfte aller afrikanischen Staaten. Die meisten Länder erhalten somit wenig bis keine Aufmerksamkeit. Zwei weitere Merkmale der afrikanischen Berichterstattung sind die Politik- und Elitenzentrierung. Mükke (2009, S. 115) und Glodzinski (2010, S. 289 f.) konnten aufzeigen, dass die Schlüsselfiguren der afrikanischen Berichterstattung Regierungsvertreter, Rebellen, Militärs und Oppositionen sind. Die Vernachlässigung von Ursachen und Zusammenhängen, die sogenannte „Dekontextualisierung" bildet das sechste Strukturmerkmal der Afrika-Berichterstattung (vgl. Hafez 2005, S. 55). Sturmer (2013, S. 23) ergänzt darüber hinaus die Generalisierung als verbreitetes Attribut in den Nachrichten über afrikanische Tatbestände in den deutschen Medien. Ebenso betont er die Verbreitung von Stereotypen sowie die Implikation von Unterentwicklung durch den Einsatz unreflektierter Formulierungen und Überschriften sowie die Auswahl klischeehafter Bilder (vgl. Sturmer 2013, S. 46 ff.).

Aufgrund des stetig wachsenden Einflusses der sozialen Netzwerke – im Jahr 2018 lag die durchschnittliche tägliche Social-Media-Nutzungsdauer der Deutschen bei 64 Minuten[3] – ist anzunehmen, dass die Darstellung des afrikanischen Kontinents in den sozialen Medien eine hohe Relevanz in Bezug auf das Image aufweist. Eine umfassende Analyse bezüglich der Darstellung des afrikanischen Kontinentes in den sozialen Medien wurde bisher noch nicht durchgeführt. Dennoch sind Experten der Meinung, dass soziale Medien eine Möglichkeit schaffen, die Wahrnehmung des Kontinentes positiv zu beeinflussen (vgl. Mkono 2018; Avraham und Ketter 2016, S. 112). Zum einen trägt die Social Media-Kommunikation der afrikanischen Bevölkerung zu einer neuen medialen Darstellung des Kontinentes bei. Der ansteigende Zugang zum Internet[4] bietet Afrikanern die Chance, Inhalte aus ihrer eigenen Perspektive gegenüber der restlichen Welt zu kommunizieren. Die Möglichkeit der Selbstdarstellung führt zu einer höheren Handlungsfähigkeit der afrikanischen Bevölkerung und kann

---

**3** Der Wert basiert auf der Altersgruppe zwischen 16 und 64 Jahren. Die Werte wurden von Stunden in Minuten umgerechnet (vgl. Wearesocial, Hootsuite 2019).
**4** Im Jahr 2017 hatten 35,2 % der Afrikaner Zugang zu Internet.

gemäß Mkono (2018) „eine afro-positive Wende auslösen". Ein Beispiel für eine solche erfolgreiche Umsetzung ist der Fotografie-Blog „Everyday Africa" (398.000 Instagram Abonnenten), auf dem afrikanische Fotografen und Afrika-Reisende alltägliche Situationen aus dem Leben auf dem Kontinent publizieren, um der Stereotypisierung der Einheimischen entgegenzuwirken. Die Betreiber des Blogs führen ebenfalls zu einzelnen afrikanischen Ländern Projekte durch (vgl. Everyday Africa 2019). Zum anderen nutzen auch Personen und Organisationen nicht-afrikanischen Ursprungs soziale Medien, um der Stereotypisierung des afrikanischen Kontinentes entgegenzuwirken. So hat die Organisation TED den Vortrag der Nigerianerin Chimamanda Adichie „Die Gefahr der einen einzigen Geschichte" auf YouTube veröffentlicht und 18.527.000 Aufrufe generiert. Auf Instagram kritisiert ein Satire-Profil namens „barbiesavior" (167.000 Abonnenten) die Wahrnehmung im globalen Norden, Afrika retten zu müssen. Außerdem besteht eine Hashtag-Kampagne namens „#TheAfricaTheMediaNeverShowsYou" (22.714 Beiträge) (vgl. Mkono 2018).

Dementgegen kann die Darstellung Afrikas in den sozialen Medien auch „neokoloniale Klischees" verfestigen. Ein Beispiel dafür bilden die Urlaubsfotos von Afrika-Reisenden, die oftmals möglichst exotische oder ärmliche Situationen abbilden (vgl. Thin 2019). Welche der Darstellungsformen einen stärkeren Einfluss ausübt, hängt von dem individuellen Nutzungsverhalten der sozialen Medien ab. Die Verwendung unterschiedlicher Suchbegriffe/Hashtags und die Inhalte aus Beiträgen des Bekanntenkreises bestimmen, welche Informationen Individuen wahrnehmen.

Ein weiterer wesentlicher Einflussfaktor auf das Image von Afrika sind Hilfsorganisationen. In keiner anderen Region auf der Welt sind so viele Hilfsorganisationen aktiv wie in Afrika. Beispielweise betrug die Anzahl lokaler und internationaler Nichtregierungsorganisationen (NGOs) in Kenia im Jahr 2010 bereits 6.500 (vgl. Rothmyer 2011 zitiert in Sturmer 2013, S. 93). Die Schwerpunkte solcher Hilfsorganisationen fallen sehr vielfältig aus. Inhaltlich reichen die Ziele von der Vertretung von Menschenrechten über den Schutz der Umwelt, Friedensarbeit, Entwicklungshilfe sowie Frauenrechten bis hin zum Ausgleich einer unterdrückenden Weltstruktur (vgl. Smith 2004, S. 268). Die Folge der hohen Anzahl an Hilfsorganisationen und deren unterschiedlichen Zielsetzungen ist ein Wettkampf um Spendengelder. Um sich anderen Organisationen gegenüber durchzusetzen und Spender für das jeweilige eigene Projekt zu gewinnen, wählen viele Hilfsorganisationen eine verschlimmerte Darstellung der tatsächlichen Situation. Diese *fact inflation* kann beispielsweise in Form einer Manipulation von Betroffenenzahlen stattfinden, wie es beim Genozid in Ruanda oder dem Slum Kibera der Fall war. Neben der Publikation falscher Informationen, sind auch die Pauschalisierung des Kontinentes, die Verwendung von Stereotypen und die Vernachlässigung von Hintergründen Probleme in der Darstellung (vgl. Sturmer 2013, S. 92 ff.). Ein Beispiel für eine solche Stereotypisierung und Generalisierung war die UNICEF-Kampagne von 2007. Mit Slogans wie „In Afrika kommen die Kinder nie zu spät zur Schule, sondern überhaupt nicht." (Der schwarze Blog 2019) wurden alle 54 Staaten auf dem Kontinent als bildungsfern pauschalisiert. Die Kampagne wich dabei nicht nur von der tatsächlichen Lage ab, vielmehr zielte sie auf sarkastische Art und Weise auf die Privilegien von Hellhäutigen im globalen Norden ab. Dennoch muss betont werden, dass in den vergangenen Jahren eine starke Professionalisierung der Öffentlichkeitsarbeit von Hilfsorganisationen stattgefunden hat (vgl. Sturmer 2013, S. 93). Insbesondere kann eine zunehmende Sensibilität in Bezug auf die Darstellung von Stereotypen beobachtet werden (vgl. Müller-Plonikow 2017). Schlussendlich verfolgt jede Hilfsorganisation eine andere Kommunikationsstrategie und während einige Organisationen die Situation in Afrika verzerren, stellen andere diese realitätsgetreu dar.

## 2.3 Imagekommunikation durch das Destinationsmarketing

Der erste Bestandteil der empirischen Untersuchung dient der Erfassung des Bildes, welches afrikanische Destinationen durch Marketingmaßnahmen vermitteln. Es soll festgestellt werden, welche Destinationseigenschaften von den DMOs hervorgehoben werden und welches Image sie zu generieren versuchen. Anhand einer Medieninhaltsanalyse mit einem diagnostischen Ansatz wurden die Internetauftritte von 34 nationalen Destinationen[5] untersucht, die dem folgenden Kriterienkatalog entsprachen:

- Ziel der Webseite ist es, die Destination als Reiseziel zu vermarkten.
- Die Internetseite ist primär auf Touristen ausgerichtet.
- Sie bewirbt alle Regionen des Landes, in denen Tourismus praktiziert wird.
- Es ist ein Impressum oder anderer Verweis zum Webseitenbetreiber vorhanden.
- Der Webseitenbetreiber ist im jeweiligen Land ansässig.
- Die Webseite wird von keiner reinen Reiseagentur betrieben.
- Auftritte in sozialen Medien werden nicht untersucht.

---

**5** Die Destinationen werden im nachfolgenden gemäß der UN-Statistikkommission (UNSD) in fünf Subregionen unterteilt. Die untersuchten Destinationen sind in (1) Nordafrika: Ägypten (Egyptian Tourist Authority), Algerien (Office National du Tourisme), Marokko (Marokkanisches Nationales Büro für Tourismus) und Sudan (Ministry of Tourism Sudan); (2) Westafrika: die Elfenbeinküste (Office National du Tourisme), Gambia (Gambia Tourism Board), Ghana (Ghana Tourism Authority), Liberia (Tourism Promotion Company), Mali (Agence de Promotion Touristique de Mali), Nigeria (Nigerian Tourism Development Corporation), Senegal (Senegalese Agency for Tourism Promotion) und Sierra Leone (National Tourist Board); (3) Zentralafrika: Kongo (Office National du Tourisme du Kongo); (4) Ostafrika: Äthiopien (Offizielle Regierungsinstitution und Tourismusinformation), Dschibuti (Office National du Tourisme), Kenia (Official Kenya Destination Website), Komoren (Comoros National Office of Tourism), Madagaskar (Office National du Tourisme), Ruanda (Rwanda Development Board), Seychellen (Seychelles Tourism Board), Somalia (Somali Tourism Association), Tansania (Tanzania Tourist Board) und Uganda (Uganda Tourism Board) sowie im (5) südlichen Afrika: Botsuana (Botswana Tourism Organisation), Eswatini (Official Tourism Website), Lesotho (Lesotho Tourism & Development Corporation), Malawi (Malawi Tourism Promotion Authority), Mauritius (Mauritius Tourism Promotion Authority), Mosambik (Ministry of Tourism and Culture), Namibia (Namibia Tourism Board), Sambia (Zambia Tourism), Simbabwe (Zimbabwe Tourism Authority) und Südafrika (Offizielles Tourismusbüro von Südafrika).

Um die vermarkteten Urlaubsinhalte identifizieren zu können, wurden alle Abbildungen[6] auf den Startseiten der Tourismusorganisationen im Zeitraum vom 01.07.19 bis zum 03.07.19 thematisch kategorisiert.[7] Die Bildung des Kategoriensystems erfolgte zunächst deduktiv in Anlehnung an eine von Maasjost (2009) durchgeführte Medieninhaltsanalyse zur Darstellung Südafrikas. Anschließend wurden die Kategorien mittels des induktiven Verfahrens ergänzt und optimiert. Die folgenden zwölf Kategorien wurden in Bezug auf die Darstellung von Urlaubsinhalten festgelegt:

**Landschaft:** Die Natur ist als zentrales Element des Bildes dargestellt. Abbildungen zeigen ausschließlich Landschaften und Vegetation oder Touristen bei der Betrachtung einer Landschaft. Der Tourist nimmt in dieser Kategorie jedoch lediglich die Rolle des Betrachters ein, er geht keiner anderen Aktivität nach. Tiere, Einheimische, historische Stätten, Strände oder Gebäude sind in dieser Kategorie nicht mit abgebildet, sondern werden in andere Kategorien eingeordnet.

**Wildtiererlebnis:** In diese Rubrik werden Fotografien von wilden Tieren eingegliedert. Dabei ist es nicht relevant, ob sie sich in ihrer natürlichen Umgebung oder in Gehegen befinden. Des Weiteren werden Aktivitäten, die im Zusammenhang mit Tieren stehen, beispielsweise Kamelreiten oder Wanderungen mit Löwen, einbezogen. Als Wildtiere werden alle Tiergattungen bezeichnet, die weder zu sogenannten „Haustieren" noch „Nutztieren" zählen. Meerestiere werden von dieser Kategorie ausgeschlossen.

**Ortsbilder:** Darstellungen aus urbanem Raum werden dieser Sparte zugeordnet. Dazu gehören einzelne Gebäude, Quartiere und ganze Städte sowie die verkehrstechnische Infrastruktur. Während einige der Fotografien aus großer Distanz eine Siedlung in ihrer Umgebung abbilden, werden auf anderen Darstellungen Ausschnitte aus dem städtischen Alltag wiedergegeben. Diese Rubrik enthält keine Darstellung in denen Einheimische und oder historische Bauten im Fokus stehen.

**Aktivität:** Bestandteil dieser Kategorie sind Fotografien von Tätigkeiten, denen ein Tourist während seiner Reise aktiv nachgeht. Auf den Abbildungen spielt die Ästhetik der Landschaft zwar oftmals eine Rolle, aber die Art und Weise mit der man sie erlebt, steht im Vordergrund der Darstellung. Beispiele sind Mountainbike-Touren, Rafting, Ziplining, Yoga, Skifahren, Wandern, Rundflüge, Fußballspielbesuche, Jagd, Camping und Golf. Aktivitäten auf Flüssen, wie Fischen und Bootsfahrten, werden ebenfalls mit einbezogen. Auch Abbildungen von Partys ohne konkreten Bezug zu aufkommenden oder vergangenen Events gehören dieser Rubrik an.

**Einheimische/Kultur:** In diese Kategorie fallen Fotografien von Einheimischen, die entweder ihrem normalen Alltag nachgehen (z. B. Tragen von Gegenständen, Fußball spielen), arbeiten (z. B. Fischerei, Weberei, Verkauf an einem Marktstand) oder Bestandteile ihrer Kultur präsentieren (z. B. Tanz, Gesichtsbemalung, traditionelle

---

6 Es wurden nur Abbildungen untersucht, die eine Mindestgröße von 200 Pixel × 300 Pixel haben.
7 Sofern Webseiten über eine deutsche Fassung verfügen, wurden sie in dieser Version untersucht.

Kleidung). Ebenfalls zählen Abbildungen von Touristen, die Vorführungen von Einheimischen beobachten sowie die Handwerkskunst (z. B. Teppiche, Vasen) in diese Rubrik.

**Historie:** Zu dieser Kategorie gehören Abbildungen, in denen historische Stätten und Museen zu sehen sind. Dazu gehören unter anderem Gebäude, Monumente, Statuen, Mausoleen, Festungen, Tempel, aber auch Höhlen mit historischen Bemalungen und Ausgrabungsstätten.

**Meer:** In diese Rubrik werden Abbildungen von Badeurlauben in den Vordergrund gestellt. Die Fotografien zeigen einerseits Szenerien von Stränden; dies inkludiert Liegen, Sandburgen, Strandspaziergänge und Sonnenuntergänge. Andererseits werden Aktivitäten auf und unter Wasser gezeigt. Dazu gehören unter anderem Jetski-Fahrer, Surfer, Segelboote, Taucher sowie Unterwasserlebewesen. Strandabbildungen vom Victoriasee zählen ebenfalls in diese Kategorie.

**Service:** Abbildungen, die in diese Kategorie eingeordnet werden, heben die Serviceorientierung einer Destination hervor. Sie zeigen zum einen Servicepersonal und zum anderen touristische Services, die zum Genuss der Touristen beitragen, wie beispielsweise Massagen, SPAs und arrangiertes Essen.

**Events:** In diese Kategorie fallen Bilder die eine Ankündigung oder Berichterstattung von Veranstaltungen in dem jeweiligen Zielland umfassen. Beispiele solcher Veranstaltungen bilden Sportwettkämpfe, Festivals, Rallyes und Papstbesuche.

**Business:** Zu dieser Rubrik gehören Abbildungen, die Geschäftsreisen in das jeweilige Land bewerben sollen. Es werden demnach keine Fotografien mit einbezogen, die nationale Kongresse zeigen. Die Darstellungen bilden Menschen mit einem sichtbar anderen kulturellen Hintergrund in Anzügen ab bzw. zeigen Kongresszentren.

**Unterkünfte:** Diese Kategorie bildet touristische Beherbergungsstätten ab. Es sind sowohl Aufnahmen vom Außenbereich einer Unterkunft inkludiert, als auch Fotografien von Innenräumen.

**Sonstiges:** In diese Kategorie werden alle Suchergebnisse eingeordnet, die sich nicht auf die aufgelisteten Urlaubsinhalte beziehen. Dazu gehören beispielweise Landkarten, Bilder von Flugzeugen, Logos von Firmen, freigestellte Bilder von Autos oder Symbolbilder von Zeitungen, um ein Newsletter-Abonnement zu bewerben.

Auf den 34 Destinations-Webseiten entsprachen insgesamt 665 Abbildungen den zuvor festgelegten Attributen. Die gewählten Fotografien wurden in das Kategoriensystem eingeordnet. Bevor eine allgemeingültige Aussage über die Positionierung des Kontinentes getroffen wird, soll die Image-Kommunikation der einzelnen Regionen Afrikas Beachtung finden.

Während die Staaten in **Nordafrika** ihren größten Fokus auf Landschaft ($\bar{X}$ = 17 %, σ = 0,05) sowie Strand und Meer ($\bar{X}$ = 17 %, σ = 0) legen, heben sie sich im Vergleich zu den anderen Regionen durch die Vermarktung von Ortsbildern ($\bar{X}$ = 13 %, σ = 0,01), Aktivitäten ($\bar{X}$ = 13 %, σ = 0,01) und historischen Stätten ($\bar{X}$ = 12 %, σ = 0,02) ab. Ebenfalls wird in Nordafrika ein größerer Schwerpunkt auf die Publikation von Events ($\bar{X}$ = 5 %, σ = 0,01) gelegt als in anderen afrikanischen Staaten. Insbesondere Marokko, aber auch Sudan und Tunesien bewerben internationale Events aktiv. Kaum thematisiert werden Wildtiererlebnisse ($\bar{X}$ = 1 %, $\sigma$ = 0) sowie Einheimische und die lokale Kultur ($\bar{X}$ = 4 %, $\sigma$ = 0). Auch Unterkünfte ($\bar{X}$ = 4 %, $\sigma$ = 0) finden im Vergleich zum kontinentalen Durchschnitt wenig Beachtung. Es lässt sich zusammenfassen, dass sich die Destinationen in Nordafrika im Vergleich zu den anderen Regionen sehr ausgewogen in Bezug auf Urlaubsinhalte positionieren. Lediglich die starke Fokussierung auf historische Stätten im Sudan (38 %) und Algeriens Betonung der Landschaften (58 %) sind Ausreißer.

Die **westafrikanischen Staaten** hingegen legen den größten Fokus auf Einheimische und Kultur ($\bar{X}$ = 24 %, $\sigma$ = 0,05). Damit heben sie sich sehr stark von Staaten in den anderen Regionen ab. Besonders intensiv werben die Länder Mali (71 %), Senegal (35 %), Gambia (33 %) und Elfenbeinküste (27 %) mit ihren Bewohnern und deren Kultur. Darüber hinaus rücken einige Länder wie Nigeria (100 %) und Liberia (24 %) Landschaften in den Mittelpunkt des touristischen Marketings, wohingegen die meisten Nationen wenig Aufmerksamkeit auf die binnenländische Natur richten ($\bar{X}$ = 21 %, $\sigma$ = 0,11). Im afrikanischen Vergleich werden Wildtiererlebnisse ($\bar{X}$ = 6 %, $\sigma$ = 0,01) wenig beworben. Als unbedeutend werden von den Tourismusvermarktern historische Stätten ($\bar{X}$ = 0 %, $\sigma$ = 0), Serviceleistungen ($\bar{X}$ = 1 %, $\sigma$ = 0), Events ($\bar{X}$ = 0 %, $\sigma$ = 0) und Business-Reisen ($\bar{X}$ = 0 %, $\sigma$ = 0) eingestuft.

In den Mitgliedsstaaten **Ostafrikas** werden insbesondere die Lage am Meer ($\bar{X}$ = 29 %, $\sigma$ = 0,10) und die Wildtiererlebnisse ($\bar{X}$ = 19 %, $\sigma$ = 0,05) vermarktet. Der Anteil der publizierten Fotografien in diesem Bereich liegt weit über dem der anderen afrikanischen Regionen. Abbildungen von Stränden und dem Ozean werden insbesondere von den Komoren (100 %), Seychellen (69 %), Somalia (33 %), Madagaskar (27 %) und Dschibuti (22 %) genutzt. Wildtiererlebnisse hingegen werden von Kenia, Tansania und Uganda (jeweils 50 %) in den Vordergrund gestellt. Landschaften ($\bar{X}$ = 16 %, $\sigma$ = 0,02), Unterkünfte ($\bar{X}$ = 8 %, $\sigma$ = 0,02) und Aktivitäten ($\bar{X}$ = 7 %, $\sigma$ = 0,01) werden ebenfalls thematisch aufgegriffen. Kaum Beachtung finden jedoch historische Stätten ($\bar{X}$ = 4 %, $\sigma$ = 0,01), Einheimische ($\bar{X}$ = 5 %, $\sigma$ = 0), Serviceleistungen ($\bar{X}$ = 2 %, $\sigma$ = 0) und Städte ($\bar{X}$ = 1 %, $\sigma$ = 0). Events werden gar nicht vermarktet und Businessreisen werden mit Ausnahme von Dschibuti ausgelassen.

Im **südlichen Afrika** wird insbesondere die Landschaft und Vegetation beworben ($\bar{X}$ = 25 %, $\sigma$ = 0,04). Die Staaten Lesotho (53 %), Südafrika (50 %), Namibia (38 %) und Eswatini (38 %) stellen die Natur in den Vordergrund ihres Angebotes. Bezüglich weiterer Urlaubsinhalte positionieren sich südafrikanische Staaten ähnlich wie der afrikanische Durchschnitt. Im Vergleich zu den anderen Regionen Afrikas zeigt sich, dass die lokale Kultur und das Kunsthandwerk ($\bar{X}$ = 5 % $\sigma$ = 0) deutlich weniger beworben werden. Ebenso liegt die Fokussierung auf Strand und Meer ($\bar{X}$ = 12 %, $\sigma$ = 0,3) unterhalb des Durchschnitts. Geschäftsreisen werden im südlichen Afrika von Seiten der DMOs ebenso wenig beworben wie in den anderen Regionen Afrikas.

Eine Aussage über die Image-Kommunikation **Zentralafrikas** kann nur schwer getroffen werden, da ausschließlich Kongo durch eine offizielle Tourismusvermarktung online präsentiert wird. Hinzu kommt, dass 50 % der Abbildungen auf dem Internetauftritt Kongos keinen spezifischen Bezug zu Urlaubsinhalten haben und somit in die Kategorie „Sonstiges" eingeordnet sind. Die weiteren Bildinhalte zeigen Unterkünfte (14 %) und Landschaften (14 %) sowie Ortsbilder (7 %) und Strand/Meer (7 %).

Eine Betrachtung der einzelnen Regionen Afrikas zeigt, dass es bei der Darstellung der Urlaubsinhalte in den unterschiedlichen Destinationen sowohl viele Parallelen als auch einige signifikante Differenzen gibt. Generell kann festgestellt werden, dass die Landschaft die bedeutendste Rolle in der Tourismusvermarktung auf dem afrikanischen Kontinent einnimmt ($\bar{X} = 20\%$, $\sigma = 0,05$). Die publizierten Bildmotive vermitteln den Betrachtern den Eindruck von weitem, unangetastetem und menschenleerem Terrain. Die Landschaften variieren entsprechend der Topografie und der Vegetation von Wüstenlandschaften, über Savanne bis hin zum Regenwald. Ein weiterer Urlaubsinhalt, der eine bedeutende Rolle in der Vermarktung des afrikanischen Kontinentes spielt, steht in Zusammenhang mit dem Meer bzw. dem Strand ($\bar{X} = 18\%$, $\sigma = 0,05$). Da ausschließlich 23 der 34 untersuchten Destinationen am Meer gelegen sind, kann herausgestellt werden, dass diese Staaten durchschnittlich 23 % ihres Webseiten-Inhaltes an ihre Lage am Meer anlehnen ($\sigma = 0,24$). Insbesondere die Inselstaaten Komoren (100 %), Seychellen (69 %) und Mauritius (55 %) präsentieren sich primär als Bade-Destinationen. Die anderen untersuchten Staaten mit Meereslage bewerben ein vielfältiges Angebot, anstatt das touristische Angebot auf den Zugang zum Meer zu begrenzen. Ebenfalls werden zu ungefähr gleichen Anteilen Wildtiererlebnisse ($\bar{X} = 11\%$, $\sigma = 0,02$), die lokale Kultur ($\bar{X} = 9\%$, $\sigma = 0,02$), Unterkünfte ($\bar{X} = 9\%$, $\sigma = 0,02$) und Aktivitäten ($\bar{X} = 8\%$, $\sigma = 0,01$) thematisiert. Die Bewerbung von Wildtiererlebnissen findet überwiegend im südlichen und östlichen Afrika statt. Dies lässt sich darauf zurückführen, dass sich dort der natürliche Lebensraum der „Big Five" sowie einer Vielzahl seltener Affenarten befindet (vgl. WWF o. J.). Der überraschend geringe Anteil an Darstellungen von Wildtiererlebnissen zeigt, dass die nationalen Tourismusorganisationen nicht für die in der Einleitung genannte These, das touristische Image Afrikas beschränke sich auf seine Tierwelt, verantwortlich gemacht werden können. Die Promotion der Einheimischen und der lokalen Kultur findet überwiegend in westafrikanischen Staaten statt. Das südliche, östliche und nördliche Afrika schenken den Bewohnern und deren Lebensform nur wenig Beachtung, während Zentralafrika diesen Urlaubsinhalt komplett außer Acht lässt. Insgesamt publizieren nur 21 der 34 untersuchten Destinationswebseiten Bilder, welche die Einheimischen und/oder die lokale Kultur in den Fokus rücken. Von den genannten Staaten legen ausschließlich Mali (71 %), Senegal (35 %) und Gambia (32 %) großen Wert auf die lokale Kultur.

Eine genauere Differenzierung der Marketinginhalte mit kulturellem Bezug zeigt auf, dass Fotografien von Einheimischen besonders häufig als Werbemittel eingesetzt werden. Ein Viertel der Abbildungen mit kulturellem Bezug (σ = 0,40) zeigt Personen, die in traditioneller Kleidung vermeintlichen Alltagstätigkeiten nachgehen. Zu einem deutlich kleineren Anteil von 10 % (σ = 0,26) werden auch Fotografien publiziert, welche die lokale Bevölkerung bei Alltagstätigkeiten in moderner Kleidung zeigen. Ebenfalls wird eine starke Fokussierung auf herkömmliche Kulturelemente deutlich, da eine Vielzahl an Fotografien traditionelle Tänze und Musik ($\bar{X}$ = 16 %, σ = 0,24), Krieger ($\bar{X}$ = 7 %, σ = 0,24) und Masken ($\bar{X}$ = 3 %, σ = 0,07) abbildet. Ebenfalls spielt die Produktion ($\bar{X}$ = 12 %, σ = 0,30) und der Verkauf von Kunsthandwerk ($\bar{X}$ = 14 %, σ = 0,30) eine relevante Rolle in der Darstellung der Kultur. Die Realität eines globalisierten Afrikas nimmt hingegen eine untergeordnete Rolle ein. Moderne Sportarten ($\bar{X}$ = 10 %, σ = 0,30) und Musik mit elektronischen Musikinstrumenten ($\bar{X}$ = 10 %, σ = 0,10) erscheinen ausschließlich auf den Webseiten von jeweils zwei Staaten. Demnach kann abgeleitet werden, dass die untersuchten afrikanischen Tourismusvermarkter Bilder veröffentlichen, die zu der Stereotypisierung des Kontinentes beitragen. Anstatt kulturelle Elemente des globalisierten Afrikas mit einfließen zu lassen, kreieren die meisten Destinationen ein kulturelles Image, welches impliziert, dass die Einheimischen, mit Ausnahme der Tourguides, ihre traditionellen Gewänder tragend, tanzend und trommelnd den Tag verbringen, wenn sie nicht damit beschäftigt sind, Kunsthandwerk zu produzieren und dieses auf dem Markt zu verkaufen. Afrikanische Tourismusvermarkter fördern somit einige Komponenten des in Deutschland bestehenden Stereotyps von Afrika. Andere Bestandteile der gängigen Stereotypisierung Afrikas, wie beispielweise unbekleidete Frauen oder Unterentwicklung, werden von den Tourismusvermarktern jedoch nicht aufgegriffen.

Zusammenfassend lässt sich feststellen, dass sich viele Destinationen in ihrer Selbstdarstellung voneinander abgrenzen. Dies findet sowohl auf Kontinent weiter Ebene als auch auf Ebene der Regionen statt. Zwar gibt es Destinationen, die aufgrund ihrer Vermarktung von Urlaubsinhalten Parallelen hinsichtlich der jeweiligen Kategorien aufweisen und aus diesem Grund eine Zielgruppe mit homogenem Interessensschwerpunkt anziehen, jedoch ist es wichtig zu betonen, dass sich die Destinationen in ihren Kulturen/Landschaften/Tierwelten/historischen Stätten unterscheiden. Individuelle Ländermerkmale werden zwar beim Vergleich der unterschiedlichen Staaten deutlich, der alleinige Besuch einer Destinationswebseite kann dem Betrachter jedoch nicht die Alleinstellungsmerkmale des jeweiligen Landes vermitteln. In Kapitel 2.4 wird untersucht, ob auch potenzielle Touristen diese Unterschiede wahrnehmen.

## 2.4 Fremdbild afrikanischer Destinationen

Nachdem das durch Tourismusorganisationen kommunizierte Image und die Image-Darstellung abseits des Tourismusmarketings untersucht wurden, konnte mithilfe eines teilstandardisierten Fragebogens erhoben werden, wie die Wahrnehmung afrikanischer Destinationen von potenziellen deutschen Touristen[8] ausfällt (Ist-Image) und in welchem Umfang eine Generalisierung der afrikanischen Staaten besteht. Die Studie nimmt insbesondere Bezug auf das generalisierte Bild des Kontinentes und untersucht dieses auf die imageprägenden Faktoren sowie den Einfluss der Image-Komponenten auf die Reiseentscheidung.

In Anlehnung an die Imageanalyse des Studienkreises für Tourismus wurde sowohl das generelle Vorstellungsbild von Ländern und Menschen ohne touristischen Zusammenhang als auch das touristische Vorstellungsbild von Reiseinhalten in einer Destination erfasst. Die drei weiteren vom Studienkreis für Tourismus vorgeschlagenen Image-Dimensionen (Vorteile, Nachteile, spezifische touristische Qualitäten) fanden in der Studie keine Beachtung. Für die Erhebung dieser Informationen fand das freie Assoziationsverfahren Anwendung. In Bezug auf das generelle und das touristische Vorstellungsbild sollten jeweils bis zu fünf Assoziationen in Form offener Antworten genannt werden. Auf den genannten Assoziationen aufbauend folgten weitere Fragen. Der Grad der Generalisierung des Kontinentes wurde mittels einer Mischform aus Zuordnungsverfahren und des geschlossenen Assoziationsverfahrens erhoben. Den Teilnehmern wurden drei Antwortmöglichkeiten des geografischen Assoziationsbezugs (Kontinent, mehrere Länder, einzelnes Land) vorgegeben. Bei der Wahl eines differenzierten Vorstellungsbildes sollte die Antwort anhand einer geografischen Assoziation spezifiziert werden. Anschließend folgte die Bestimmung der Einflussfaktoren auf das Image. Des Weiteren wurde anhand des Skalierungsverfahrens das resultierende Interesse bzw. das Desinteresse erfasst.

### 2.4.1 Soziodemografische Daten

Bei der Untersuchung wurden das Alter und Geschlecht, die Herkunft und der Bildungsstand als sozidemografische Daten erfasst. Von den 69 Personen, die sich bereit erklärt haben, an der Befragung teilzunehmen, sind 35 Probanden (51 %) weiblich und 34 männlich (49 %). Am häufigsten sind die Altersgruppen der 18 bis 24-jährigen und der 25 bis 34-jährigen vertreten (jeweils 14 Teilnehmer). Mit jeweils zwölf Befragten bereichern ebenfalls Personen im Alter zwischen 35 und 44 sowie 45 und 54 Jahren das Teilnehmerfeld. Der Anteil der über 55-jährigen ist etwas weniger häufig vertreten. Zehn Personen zwischen 55 und 64 Jahren haben sich bereit erklärt an der Befragung teilzunehmen. Oberhalb von 64 Jahren waren es sieben Teilnehmer. Eine Erfassung des Bildungsgrades hat gezeigt, dass 36 Teilnehmer (52 %) einen Hoch-

---

**8** Die Untersuchung wurde vor Lebensmittelmärkten in verschiedenen Preiskategorien – als klassischen Versorgungsstandorten – in unterschiedlichen Stadtvierteln Oldenburgs (i. O.) durchgeführt. Der Untersuchungszeitraum lag zwischen dem 20.06.19 und dem 04.07.19. Als Grundgesamtheit der Untersuchung gelten Personen, die in Deutschland wohnhaft sind, Reisen antreten und mindestens das 18. Lebensjahr erreicht haben.

schulabschluss besitzen, 22 der Befragten (32 %) können als höchsten Abschluss eine Berufsausbildung vorweisen, acht Personen (12 %) haben das Abitur abgeschlossen und drei Personen (4 %) verfügen über die Mittlere Reife.

Um zu erfassen, ob das Afrika-Image durch familiäre Beziehungen geprägt ist, wurden die Teilnehmer gefragt, ob sie innerhalb der letzten zwei Generationen Vorfahren aus afrikanischen Ländern haben. Nur eine Person erfüllt dieses Kriterium, auf die weiteren 68 Teilnehmer trifft es nicht zu. Da es bei der Erfassung des Destinationsimages relevant ist, in welchem Ausmaß sich Individuen bereits mit dem jeweiligen Reiseziel auseinandergesetzt haben, wurde auch dieses Merkmal abgefragt. 18 der Befragungsteilnehmer (26 %) haben sich bisher noch nie mit einer Reise in eine afrikanische Destination beschäftigt. Ihr Image fällt somit organisch aus. Weitere 19 Personen (28 %) haben sich bereits über eine Reise nach Afrika informiert, davon haben sich 16 Personen (23 %) entschieden, vorerst keine Reise nach Afrika anzutreten und drei Personen (4 %) planen derzeitig, eine Reise in eine afrikanische Destination in die Tat umzusetzen. Sie verfügen somit über ein induziertes Image. Die weiteren 32 Befragten haben in der Vergangenheit eine Reise in ein oder mehrere afrikanische Länder durchgeführt und haben somit ein modifiziertes Vorstellungsbild des Kontinentes. Dieser relativ hohe Anteil von 46 % lässt sich vermutlich darauf zurückführen, dass ein erhöhtes Interesse an einer Umfrageteilnahme besteht, wenn die potenziellen Umfrage-Teilnehmer einen persönlichen Bezug zum Thema der Befragung empfinden. Der überdurchschnittlich hohe Anteil an Personen mit Reiseerfahrung in Afrika ist im weiteren Verlauf der Ergebnisinterpretation zu beachten. Insgesamt wurden 17 unterschiedliche Länder[9] von den Interviewten bereist. Besonders häufig wurden die Destinationen Tunesien, Südafrika, Marokko und Ägypten besucht.

### 2.4.2 Image-Wahrnehmung

Um die Imagewahrnehmung von afrikanischen Ländern im Allgemeinen und speziell von Urlaubsinhalten in afrikanischen Destinationen zu erfassen, wurden die Untersuchungsteilnehmer in Form einer offenen Frage nach ihren Assoziationen befragt. Die Formulierung lautete: „Nennen Sie bis zu fünf Assoziationen, die Sie mit einem oder mehreren Ländern und/oder deren Bewohnern auf dem afrikanischen Kontinent verbinden." Für die Überprüfung der in Expertenkreisen kommunizierten These „Afrika würde sehr ambivalent wahrgenommen" (vgl. Kapitel 2.1.1) sollte anhand der am stärksten ausgeprägten Images untersucht werden, inwiefern sich die genannten Assoziationen auf den ganzen Kontinent beziehen oder ob ein differenziertes Bild besteht, das einzelnen Regionen oder Staaten zugeordnet ist. Dies wurde anhand der

---

**9** Die bereisten Länder sind Tunesien (23 %), Südafrika (14 %), Marokko (12 %), Ägypten (10 %), Kenia (10 %), Botsuana, Namibia, Sambia, Simbabwe, Tansania (jeweils 3 %), Algerien, Lesotho, Elfenbeinküste, Nigeria, Mosambik, Eritrea, Dschibuti (jeweils 1 %).

Frage: „Womit verbinden Sie Ihre Assoziation am ehesten?", mit den Antwortmöglich-keiten „mit einem Land", „mit einer Ländergruppe" und „mit dem ganzen Kontinent" erfasst. Die ersten beiden Optionen wurden durch eine offene Antwortmöglichkeit er-gänzt.

Insgesamt wurden 515 Assoziationen in Bezug auf Afrika, dessen Teilregionen und einzelne Länder auf dem Kontinent genannt. Davon bezogen sich 271 Assozia-tionen generell auf den Kontinent und weitere 244 Begriffe standen in Verbindung mit Urlaubsinhalten in afrikanischen Zielgebieten. Die erhaltenen Antworten wur-den entsprechend ihres Inhaltes kategorisiert. In der folgenden Auswertung finden jedoch ausschließlich die Assoziations-Kategorien Beachtung, deren zugehörige Be-grifflichkeiten von mindestens 10 % der Befragten genannt wurden, da diese als relevante Vorstellungsbilder betrachtet werden. Tabelle 2.1 bildet die Nennungshäu-figkeit der Assoziationen von afrikanischen Ländern und deren Bevölkerung sowie deren geografischen Bezug ab.

**Tab. 2.1:** Nennungshäufigkeit der generellen Assoziationen mit Bezug zu Afrika (Quelle: eigene Erhe-bung).

| Assoziation | Nennungen | | Geografischer Bezug der Assoziation | | | | | |
| | | | GanzerKontinent | | Teile desKontinentes | | Einzelne Länder | |
| | Abs. Häuf. | Rel. Häuf. | Abs. Häuf. | Rel. Häuf. | Abs. Häuf. | Rel. Häuf. | Abs. Häuf. | Rel. Häuf. |
|---|---|---|---|---|---|---|---|---|
| Armut | 33 | 0,48 | 21 | 0,30 | 10 | 0,15 | 2 | 0,03 |
| Tiere | 23 | 0,33 | 15 | 0,21 | 5 | 0,07 | 2 | 0,03 |
| Hohe Temperatur | 19 | 0,28 | 18 | 0,26 | 0 | 0 | 1 | 0,01 |
| Hunger | 15 | 0,22 | 8 | 0,12 | 2 | 0,03 | 5 | 0,07 |
| Krieg | 13 | 0,19 | 2 | 0,03 | 7 | 0,10 | 4 | 0,06 |
| Dunkelhäutige | 10 | 0,15 | 10 | 0,15 | 0 | 0 | 0 | 0 |
| Krankheiten | 9 | 0,13 | 6 | 0,09 | 2 | 0,03 | 1 | 0,01 |
| Lebensfreude | 10 | 0,15 | 8 | 0,12 | 1 | 0,01 | 1 | 0,01 |
| Kriminalität | 10 | 0,15 | 4 | 0,06 | 2 | 0,03 | 4 | 0,06 |
| Wüste | 10 | 0,15 | 2 | 0,03 | 5 | 0,04 | 3 | 0,04 |
| Natur | 8 | 0,12 | 5 | 0,07 | 0 | 0 | 3 | 0,04 |
| Sonstige | 31 | – | 14 | 0,20 | 8 | 0,12 | 9 | 0,15 |
| Gesamt | 271 | 1 | 153 | 0,56 | 54 | 0,20 | 64 | 0,24 |

Die Untersuchungsergebnisse zeigen eine klare Ausprägung der Vorstellungsbilder in Zusammenhang mit afrikanischen Ländern auf. Am häufigsten ist das Image von Ar-mut vertreten: Fast die Hälfte der Befragten (48 %) nennt diese Assoziation bei der Befragung. Ein hoher Anteil der Personen mit dieser Assoziation (63 %) verbindet die Vorstellung mit dem kompletten Kontinent. Das Image von Armut ist somit nicht nur verbreitet, sondern auch stark generalisiert. Ebenfalls ist das Vorstellungsbild von Tie-ren stark ausgeprägt (35 %). Zwei Drittel der Befragten mit diesem Vorstellungsbild

(65 %) assoziieren die Tierwelt mit ganz Afrika. Das am dritthäufigsten genannte Vorstellungsbild, „hohe Temperaturen" (28 %), wird zu 95 % auf ganz Afrika bezogen. Eine Unterscheidung der verschiedenen Klimazonen besteht demnach bei den Befragten nicht. Vermehrt tritt auch die Assoziation von Hunger auf (22 %). Im Gegensatz zu den vorherigen Assoziationen wird die Vorstellung von Hunger in Afrika stärker differenziert. Nur 40 % der Befragten mit dieser Vorstellung bringen sie mit dem ganzen Kontinent in Verbindung. 46 % der Probanden verknüpfen die Assoziation mit einzelnen Ländern und 13 % mit Regionen auf dem Kontinent. Ebenfalls verbreitet ist die Image-Komponente „Krieg" (19 %). Das Level der Differenzierung von Krieg zwischen den geografischen Räumen des Kontinentes ist im Vergleich zu anderen Assoziationen sehr hoch. 31 % der Personen, die Krieg als Assoziation nannten, bezogen diese auf ein einzelnes Land. Weitere 54 % brachten Krieg mit einer Region auf dem Kontinent in Verbindung. Die restlichen 15 % verfügen über das Vorstellungsbild, dass Krieg in ganz Afrika vorherrscht. Weitere Vorstellungen umfassen die dunkelhäutige Bevölkerung, Krankheiten, Lebensfreude, Kriminalität, die Wüste (jeweils 15 %) und die Natur im Allgemeinen (12 %). Die Vorstellung der schwarzen Hautfarbe der Bevölkerung bezieht sich bei allen Teilnehmenden mit diesem Image auf ganz Afrika. Auch die Bilder von Krankheiten (67 %), Lebensfreude (80 %) und Natur (63 %) werden von den Befragten eher generalisiert wahrgenommen. Die Image-Komponenten Kriminalität (40 %) und Wüste (20 %) werden wiederrum stärker differenziert. Weitere Assoziationen, die mehrfach genannt wurden, aber aufgrund ihrer geringeren Nennungshäufigkeit als etwas weniger relevant eingestuft werden und aufgrund des Umfangs der Ausarbeitung unter der Kategorie „Sonstige" zusammengefasst werden, sind Apartheid, Wassermangel, Flüchtlinge, bunt (jeweils 9 %), Herzlichkeit (7 %), gesellschaftliche Differenzen, Wilderei, Kolonien, Korruption und Geschichte (jeweils 6 %). Außerdem traten die Vorstellungsbilder von ökologischen Problemen, Terrorismus, Unbekanntheit, der „Dritten Welt" (jeweils 4 %), Townships, Entwicklung, Fußball, Optimismus, Politik, Vielfalt und Nelson Mandela (jeweils 3 %) auf.

In Ergänzung zu den allgemeinen Vorstellungsbildern des Kontinentes wurden 244 Assoziationen zu Urlaubsinhalten in Afrika erfasst (vgl. Tab. 2.2). Die erhobenen Daten zeigen auf, dass die Teilnehmenden über ein sehr stark ausgeprägtes Image von Safaris in Afrika verfügen. Insgesamt nannten 78 % der Befragten „Safari" als Assoziation. Die Vorstellung von Safaris besteht überwiegend differenziert für einzelne Länder bzw. Ländergruppen. 28 % der Teilnehmenden mit dieser Assoziation verbinden Safaris jedoch mit dem kompletten Kontinent. Ein weiter Urlaubsinhalt, der häufig (43 %) mit dem Kontinent in Verbindung gebracht wird, ist/sind dessen Kultur/Kulturen. Inwiefern die Befragten den Kontinent als einen Kulturraum wahrnehmen oder zwischen unterschiedlichen Kulturen differenzieren ist aus der Befragung jedoch nicht ersichtlich. „Urlaub am Meer" stellt bei 36 % der Befragten eine Image-Komponente dar. Nur 12 % der Teilnehmenden mit dieser Assoziation bezogen diese auf ganz Afrika. Dieses Untersuchungsergebnis könnte jedoch nicht valide sein, da einige der Befragten mit der Antwortmöglichkeit „ganzer Kontinent" vermutlich alle

**Tab. 2.2:** Nennungshäufigkeit der touristischen Assoziationen mit Bezug zu Afrika (Quelle: eigene Erhebung).

| Assoziation | Nennungen | | Geografischer Bezug der Assoziation | | | | | |
| --- | --- | --- | --- | --- | --- | --- | --- | --- |
| | | | Ganzer Kontinent | | Teile des Kontinentes | | Einzelne Länder | |
| | Abs. Häuf. | Rel. Häuf. | Abs. Häuf. | Rel. Häuf. | Abs. Häuf. | Rel. Häuf. | Abs. Häuf. | Rel. Häuf. |
| Safari | 54 | 0,78 | 15 | 0,22 | 19 | 0,28 | 20 | 0,29 |
| Kultur | 30 | 0,43 | 16 | 0,23 | 11 | 0,16 | 3 | 0,04 |
| Meer | 25 | 0,36 | 3 | 0,04 | 9 | 0,13 | 13 | 0,19 |
| Städte | 17 | 0,25 | 5 | 0,07 | 1 | 0,01 | 11 | 0,16 |
| Pyramiden | 11 | 0,16 | 0 | 0 | 0 | 0 | 11 | 0,16 |
| Landschaft | 10 | 0,14 | 7 | 0,10 | 0 | 0 | 3 | 0,04 |
| Wüste | 9 | 0,13 | 3 | 0,04 | 4 | 0,06 | 2 | 0,03 |
| Verpflegung | 8 | 0,12 | 5 | 0,07 | 0 | 0 | 3 | 0,04 |
| Helfen | 7 | 0,10 | 6 | 0,09 | 0 | 0 | 1 | 0,01 |
| Sonstige | 73 | – | 27 | 0,39 | 12 | 0,17 | 34 | 0,49 |
| Gesamt | 244 | 1 | 87 | 0,36 | 48 | 0,20 | 109 | 0,45 |

Küstenstaaten gemeint haben, während andere Teilnehmer diese Antwort aufgrund der binnenländischen Staaten des Kontinents ausgeschlossen haben. 36 % der Befragten wählten die Option „Teile des Kontinentes". An vierter Stelle reiht sich das Bild von Städten ein. 25 % der Teilnehmenden assoziierten diese mit Urlaubsinhalten in Afrika. Die Vorstellung eines Stadtbesuches wird jedoch von weniger als einem Drittel der Befragten (29 %) mit dem ganzen Kontinent verbunden. Die meisten Teilnehmenden (65 %) assoziierten den Urlaubsinhalt mit einem einzelnen Land. Darauf folgt die Assoziation von Pyramiden. Sie wurde von 16 % der Teilnehmenden genannt und ganzheitlich Ägypten zugeordnet. Mit einem Anteil von 14 % der Befragten wird das Vorstellungsbild „Landschaft" genannt. Die Personen bezogen diesen Urlaubsinhalt zu 70 % auf den kompletten Kontinent. Daran anschließend folgen die Assoziationen „Wüste" (13 %), „Verpflegung" (12 %) und „Helfen" (10 %). Während das Image der Wüste zum Teil differenziert wird (33 %), werden die Bilder von Verpflegung (63 %) und insbesondere die Vorstellung zu helfen (86 %) stärker generalisiert. Schwächer ausgeprägte Vorstellungsbilder, die unter der Kategorie „Sonstige" zusammengefasst sind, lauten: Wandern, Marktbesuch, Nationalpark (jeweils 7 %), Geschichte, Erholung (jeweils 6 %), Roadtrip, Lodges, Bergsteigen (jeweils 4 %) sowie Nil, Kreuzfahrt, Kamele und Bildung (jeweils 3 %).

Zusammenfassend lassen sich für das generelle Image elf prägnante Imagemerkmale mit einer Nennungshäufigkeit von mindestens 10 % herausarbeiten, von denen neun Image-Merkmale für mindestens 5 % der Befragten eine Komponente des generalisierten Afrika-Images darstellen. In abnehmender Reihenfolge handelt es sich bei den Merkmalen um Armut, hohe Temperaturen, Tiere, Dunkelhäutige, Hunger, Lebensfreude, Krankheiten, Natur und Kriminalität. In Bezug auf das touristische

Afrika-Image erfüllen sechs von neun Komponenten dieses Kriterium. Diese lauten Kultur, Safari, Landschaft, Helfen, Städte und Verpflegung. Diese Image-Komponenten finden im weiteren Verlauf der Untersuchung eine besondere Beachtung, da sie eine Relevanz für den ganzen Kontinent darstellen.

### 2.4.3 Generalisierung vs. Differenzierung Afrikas

Inwiefern Afrika von den Interviewten generalisiert wahrgenommen wird oder eine Differenzierung der einzelnen Staaten stattfindet, kann anhand der geografischen Zuordnung der Assoziationen erkannt werden. Der Anteil der Befragten, der seine Assoziationen ausschließlich mit einem einzelnen Staat oder einer Region auf dem Kontinent verknüpft, ist in der Lage, die Gegebenheiten auf dem Kontinent voneinander zu unterscheiden. Eine solche Abgrenzung ist für afrikanische Destinationen von großer Bedeutung, da sich Touristen für Reiseziele entscheiden, in denen sie einen Mehrwert gegenüber anderen Destinationen erkennen. Ebenfalls ist die Vermeidung einer Verallgemeinerung des Kontinentes essentiell, damit problematische Umstände in einzelnen afrikanischen Staaten (Krieg, Krankheiten etc.) nicht auf alle Zielgebiete des Kontinentes projiziert werden.

Von den 271 erfassten Assoziationen mit Bezug zu „Land und Leuten" haben die Befragten 153 Assoziationen (56 %) dem kompletten Kontinent zugeordnet. Weitere 53 Begriffe (20 %) wurden mit einer Region des Kontinentes in Verbindung gebracht. Ein Zusammenhang spezifischer Länder besteht bei den restlichen 65 Assoziationen (24 %). Diese werden differenziert gesehen. Hinsichtlich der 244 Vorstellungsbilder von Urlaubsinhalten, beziehen sich ausschließlich 87 (36 %) auf den Kontinent. Der größere Anteil wird mit Regionen des Kontinentes (20 %) und einzelnen Ländern (45 %) verknüpft. Das touristische Angebot Afrikas wird demnach von den Teilnehmenden geografisch differenzierter wahrgenommen als allgemeine Informationen über den Kontinent. Es ist jedoch zu betonen, dass ein differenziertes Image nicht unweigerlich bedeutet, dass die Vorstellung der Realität entspricht.

Die Untersuchung hat ergeben, dass sich die Differenzierung des Kontinentes, insofern sie besteht, auf einige wenige Staaten Afrikas beschränkt. Insbesondere Südafrika verfügt über ein stark differenziertes Image. 20 % der Befragten haben mindestens eine generelle Assoziation zu „Land und Menschen" mit Südafrika in Verbindung gebracht. Anschließend folgen Ägypten und Kenia, denen jeweils 7 % der Personen spezifische Vorstellungsbilder zuschreiben können. Eine leichte Differenzierung erfahren ebenfalls Äthiopien, Kongo, Namibia und Somalia mit Nennungen von jeweils 6 % der Befragten. Insgesamt wurden 26 Länder in einen Zusammenhang mit Assoziationen gebracht.

In Kohärenz zu den Vorstellungsbildern von Urlaubsinhalten ist eine ähnliche Tendenz der Länderschwerpunkte zu erkennen. Im touristischen Kontext kann der geografische Bezug von Assoziationen Aufschluss darüber geben, wie stark das touristisch induzierte Destinationsimage ausgeprägt ist. Südafrika nimmt die Rolle der stärksten Ländermarke ein: 35 % der Befragten nannten den Staat mindestens einmal als geografischen Assoziationsbezug. Daraufhin folgt an zweiter Position erneut Ägypten (30 %). Weitere starke Destinationsmarken stellen Kenia, Namibia und Marokko dar (13 %), gefolgt von Tunesien (12 %).

Eine Gegenüberstellung der Untersuchungsergebnisse zeigt, dass sich die generellen und touristischen Assoziationen überwiegend auf die gleichen Länder beziehen. Zudem ist eine ähnliche Abstufung der Nennungshäufigkeit zu beobachten. Bezüglich der generellen Vorstellungsbilder lässt sich feststellen, dass Parallelen zu der medialen Berichterstattung bestehen. Sowohl Südafrika, als auch Kenia und Kongo werden in den Studien von Mükke (2009) und Glodzinski (2010) als relevanteste Staaten in der Afrika-Berichterstattung herausgearbeitet (vgl. Kapitel 2.2). Aufgrund der politischen Lage Ägyptens ist davon auszugehen, dass die Häufigkeit der Berichterstattung über den Staat seit den Untersuchungen in 2010 aufgrund des Arabischen Frühlings deutlich zugenommen hat. Hinsichtlich der touristischen Attribute afrikanischer Destinationen sind zum einen starke Parallelen zu der Reiseerfahrung der Stichprobe zu beobachten, zum anderen decken sich die Ergebnisse mit der Reiseerfahrung der deutschen Bevölkerung. Die am häufigsten besuchten Destinationen der Untersuchungsteilnehmer waren Tunesien (23 %), Südafrika (14 %), Marokko (12 %) und Ägypten (10 %). Die von den Deutschen[10] am häufigsten besuchten Reiseziele in Afrika sind Ägypten (10 Mio.), Tunesien (7,6 Mio.), Marokko (4,1 Mio.), südliches Afrika (2,1 Mio.) und Westafrika (1,1 Mio.) (vgl. Studienkreis für Tourismus und Entwicklung 2019).

Zusammenfassend kann festgestellt werden, dass über die Hälfte (56 %) der Image-Komponenten zu den Ländern und Menschen in Afrika generalisiert ausfallen. Im touristischen Kontext fallen die Vorstellungsbilder leicht differenzierter aus. Nur 45 % der Assoziationen beziehen sich auf den kompletten Kontinent. Einzelne Staaten, insbesondere Südafrika, werden allgemein und im touristischen Kontext durchaus differenziert betrachtet.

### 2.4.4 Einfluss des Images auf die Reiseentscheidung

Um den Einfluss des Destinationsimages auf das Reiseinteresse zu untersuchen, sollten die Teilnehmenden angeben, wie sie ihr Interesse an einer Reise in Zusammenhang mit ihren jeweiligen Assoziationen bewerten. Die entsprechende Frage lautet: „Wie wirkt sich die Assoziation auf Ihr Interesse aus, ein afrikanisches Reiseziel (mit dem Sie diese Assoziation verknüpfen) zu bereisen?". Die sieben Antwortmöglichkeiten reichen von starkem Desinteresse (−3), über Desinteresse (−2), zu leichtem Desin-

---

10 Die F.U.R.-Studie wurde im Januar 2019 durchgeführt und schließt Deutsche im Alter ab 14 Jahren ein.

teresse (−1) bis hin zu einer neutralen Einschätzung (0). Ebenfalls bestehen die Optionen leichtes Interesse (+1), Interesse (+2) und starkes Interesse (+3). Im Sinne der Zielsetzung dieser Arbeit wird nur auf die Assoziationen Bezug genommen, die sich auf den kompletten Kontinent beziehen und demnach eine Relevanz für jede Destination Afrikas aufweisen. Eine differenzierte Betrachtung von Vorstellungsbildern, die sich ausschließlich auf einzelne Destinationen des Kontinentes beziehen, würde den Umfang der Arbeit überschreiten.

Eine Visualisierung der Assoziationen und deren Auswirkungen auf die Reiseentscheidung erfolgt in Abbildung 2.2. Die Vorstellungsbilder rechts der Y-Achse lösen bei den Befragten überwiegend ein Interesse aus, während die Images auf der linken Seite der Y-Achse ein Desinteresse generieren. Die Y-Achse bildet die absolute Häufigkeit der Nennungen der jeweiligen Assoziationskategorie ab. Der Durchmesser des Kreises spiegelt die Standardabweichung wider.

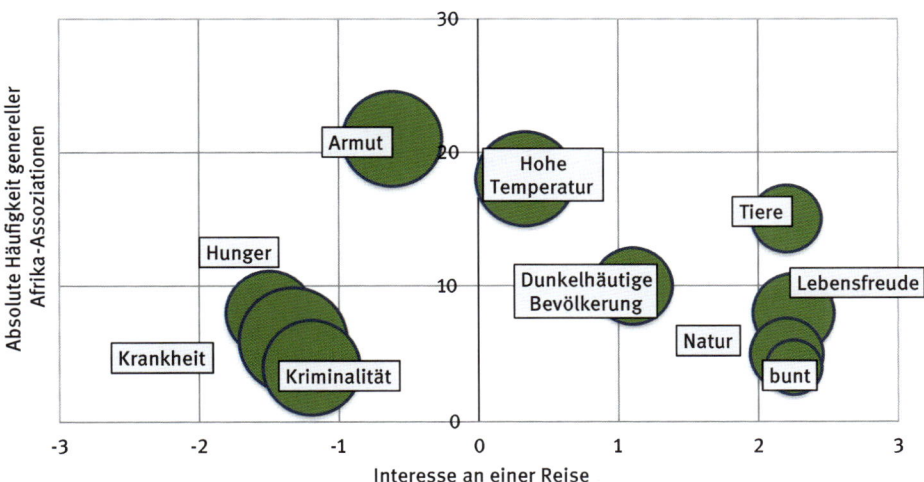

**Abb. 2.2:** Resultierendes Reise-Interesse aus den generellen Afrika-Assoziationen (Quelle: eigene Darstellung).

Wie die Abbildung 2.2 veranschaulicht, lösten die generellen Assoziationen „Tiere" ($\bar{X}$ = 2,2, σ = 0,77), „Lebensfreude" ($\bar{X}$ = 2,25, σ = 1,04), „Natur" ($\bar{X}$ = 2,2, σ = 0,84) und „bunt" ($\bar{X}$ = 2,25, σ = 0,50) bei den Befragten ein Interesse bzw. großes Interesse aus, afrikanische Destinationen zu bereisen. Ebenfalls haben die Befragten ein leichtes Interesse an einer Reise nach Afrika in Zusammenhang mit dem Vorstellungsbild der dunkelhäutigen Bevölkerung ($\bar{X}$ = 1,10, σ = 0,99) ausgedrückt. Inwiefern sich das Interesse tatsächlich auf die Hautfarbe bezieht oder eine Abneigung von Rassismus kommuniziert werden sollte, wurde in der Studie nicht weiter erforscht. Die weit verbreitete Image-Komponente der hohen Temperaturen in Afrika

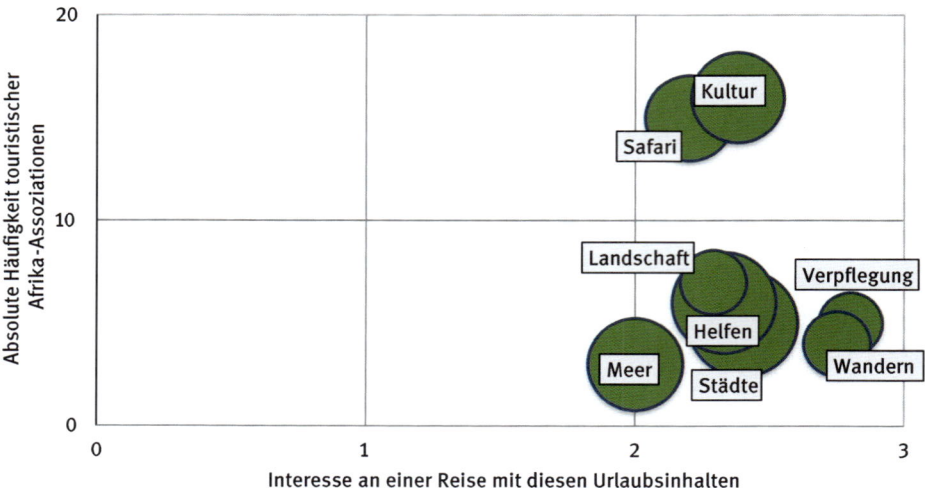

**Abb. 2.3:** Resultierendes Reise-Interesse aus den touristischen Afrika-Assoziationen (Quelle: eigene Darstellung).

($\bar{X} = 0,33$, $\sigma = 1,53$) verfügt über positive und negative Beurteilungen. Durchschnittlich wird es neutral mit einer leichten Tendenz zu einem Reiseinteresse eingestuft. Die sehr verbreitete Assoziation „Armut" ($\bar{X} = -0,62$, $\sigma = 1,56$) löst ein leichtes Desinteresse aus. Ebenso besteht ein leichtes Desinteresse bis Desinteresse für die Assoziationen Hunger ($\bar{X} = -1,5$, $\sigma = 1,20$), Krankheit ($\bar{X} = -1,33$, $\sigma = 1,86$) und Kriminalität ($\bar{X} = -1,20$, $\sigma = 1,50$).

Der Einfluss der touristischen Image-Komponenten auf das Reiseinteresse ist in Abbildung 2.3 dargestellt.[11] Alle dominanten Assoziationen mit Urlaubsinhalten in Afrika wirken auf die Befragten attraktiv und lösen ein Interesse bis starkes Interesse aus, eine Reise dorthin anzutreten. Die führenden Vorstellungsbilder von Urlaubsinhalten auf dem gesamten Kontinent „Kultur" ($\bar{X} = 2,38$, $\sigma = 0,96$) und „Safari" ($\bar{X} = 2,20$, $\sigma = 0,86$) bewirken jedoch nicht das größte Interesse. Die deutlich weniger prägnanten Image-Komponenten „Verpflegung" ($\bar{X} = 2,80$, $\sigma = 0,45$) und „Wandern" ($\bar{X} = 2,75$, $\sigma = 0,50$) weisen eine höhere Attraktivität bei den Teilnehmenden auf. Anschließend folgen die Image-Komponenten von Stadtbesuchen ($\bar{X} = 2,40$, $\sigma = 1,34$), Hilfeleistungen ($\bar{X} = 2,33$, $\sigma = 1,21$) und Landschaften ($\bar{X} = 2,29$, $\sigma = 0,49$) sowie das Meer ($\bar{X} = 2,00$, $\sigma = 1,00$). Da die Assoziationen jedoch von einer sehr geringen Stichprobe (4 bis 7 Personen) stammen, ist an dieser Stelle die eingeschränkte Repräsentativität dieser Aussage zu betonen.

---

11 Zusätzlich zu den sechs zuvor genannten Image-Komponenten wurden die Vorstellungsbilder „Meer" und „Wandern" mit einbezogen. Das Meer findet aufgrund der möglichen Fehlinterpretation der Antwortmöglichkeiten weiterhin Beachtung. Wanderungen werden aufgrund ihrer generalisierten Prägnanz oberhalb der fünf Prozent-Marke ebenfalls dazugezählt.

Zusammenfassend bestehen sowohl positive als auch negative Vorstellungsbilder zum afrikanischen Kontinent. In Bezug auf die generellen Vorstellungsbilder zu „Ländern und Menschen" lösen insbesondere die Assoziationen Lebensfreude, Tierwelt, Natur, Wüste und Dunkelhäutige ein Interesse an Afrika aus. Die Bilder von Hunger, Krankheit, Kriminalität und Armut führen dazu, dass die Probanden Desinteresse empfinden. Im touristischen Kontext wirken alle Images auf die Teilnehmenden attraktiv, weisen jedoch überwiegend eine geringe Stärke auf.

## 2.4.5 Informationsquellen für Images

Eine Erfassung, welche Informationsquellen als Grundlage für die bestehenden Images diente, erfolgte mittels der Frage „Durch welche Einflussfaktoren wurde Ihre Assoziation primär geprägt?". Den Probanden wurden 13 Antwortmöglichkeiten und eine offene Antwort zur Verfügung gestellt. Mehrfachnennungen waren möglich. Als erste Optionen wurden „Eigene Erfahrung" und „Berufliche Kontakte" bereitgestellt. Darauf folgen „Privater Kontakt mit Afrika-Reisenden" und „Privater Kontakt mit Afrikanern". Diese Punkte werden durch das Beispiel „Gespräche mit Familie/Freunden/Bekannten" ergänzt. Anschließend werden „Touristische Anbieter" als mögliche Informationsquelle vorgeschlagen. Eine spezifische Erläuterung erfolgt durch die Beispiele „Reisekataloge, Werbespots und Beratung im Reisebüro". Ebenfalls genannt werden „Reiseführer (Buch)" und „Offizielle Bildungsangebote". Als Beispiel für offizielle Bildungsangebote werden Schulen und Universitäten angeführt. Weitere Antwortoptionen sind „Fiktive Geschichten" (z. B. Spielfilme, Romane), „Berichterstattung" (z. B. Zeitungs-, Radio-, Fernsehnachrichten, Zeitschriften, Dokumentationen), „Soziale Medien" (z. B. Facebook, YouTube, Twitter) und „Suchmaschinen-Recherche" (z. B. Google). Auch „Wissenschaftliche Literatur" (z. B. Lehrbücher, Nachschlagwerke, Fachzeitschriften) und „Hilfsorganisationen" (z. B. Promoter, Werbematerialien) werden vorgeschlagen.

Insgesamt wurden 539 Informationsquellen für die zuvor angegebenen 157 generellen Assoziationen genannt. Es zeigt sich, dass das Image des afrikanischen Kontinentes am stärksten durch Berichterstattung (23 %) geprägt wird. Anschließend folgt der Einfluss sozialer Medien (15 %), Hilfsorganisationen (10 %) und eigene Erfahrungen (8 %). Mit annähernd gleichen Anteilen folgen Reiseführer (7 %), privater Kontakt mit Afrikanern (6 %), touristische Anbieter (6 %), fiktive Geschichten (5 %), Suchmaschinen-Recherche (5 %) und offizielle Bildungsangebote (5 %). Auch Reiseführer (4 %), wissenschaftliche Literatur (3 %), berufliche Kontakte (2 %) und andere Einflussfaktoren (1 %), wie eigene Stiftungsarbeit, eigene Berichterstattung, die Kirche, Restaurantbesuche und das Verfolgen der Fußball WM 2010 in Südafrika, wurden gelistet. Die einzelnen Image-Komponenten werden unterschiedlich stark durch die jeweiligen Einflussquellen geprägt. Eine nähere Betrachtung der negativ wahrgenommenen Vorstellungsbilder zeigt auf, dass die Image-Komponente „Kriminalität" am stärksten durch Berichterstattung und soziale Medien beeinflusst wird. Dies trifft auch auf die Assoziationen „Krankheit", „Hunger" und „Armut" zu – ergänzend spielt jedoch die Kommunikation durch Hilfsorganisationen eine relevante Rolle.

Eine Betrachtung der Einflussfaktoren des Images mit touristischem Bezug zeigt auf, dass dies am stärksten durch Berichterstattung (17 %) und soziale Medien (16 %) geprägt wird. Ebenfalls nehmen der private Kontakt mit Afrika-Reisenden (13 %), Reiseführer (12 %) und Suchmaschinen eine wichtige Rolle in der Imagebildung ein. Mit nur 9 % folgt der Einfluss von touristischen Anbietern auf das Image des Kontinentes. Es ist anzunehmen, dass touristische Anbieter einen stärkeren Einfluss auf die Prägung einzelner Länder oder Regionen haben. Das gleiche trifft auf den Einfluss der eigenen Erfahrung zu. Lediglich 8 % der genannten Kontinent weiten Assoziationen wurden durch eigene Erfahrungen geprägt, dabei verfügen 46 % der Stichprobe über Reiseerfahrung in afrikanische Staaten. Es ist demnach zu erwarten, dass Afrika-Reisende ihre Reiseerfahrungen sehr differenziert betrachten und kein allgemeines Afrika-Image auf deren Basis entwickeln. Die weiteren Einflussfaktoren sind in Bezug auf die Imageprägung als nebensächlich einzuordnen.

Zusammenfassend kann festgestellt werden, dass sowohl das generelle als auch das touristische Afrika-Vorstellungsbild durch eine Vielzahl an Einflussfaktoren geprägt wird. Die mediale Berichterstattung und die sozialen Medien sind dabei besonders bedeutende Informationsquellen. In Bezug auf das allgemeine Image nehmen auch Hilfsorganisationen, eigene Erfahrungen und Kontakte zu Afrika-Reisenden vergleichsweise großen Einfluss. Im touristischen Kontext sind neben der Berichterstattung in den sozialen Medien insbesondere privater Kontakt mit Afrika-Reisenden, Reiseführer und privater Kontakt mit Afrikanern relevant. Touristische Anbieter haben mit ihren Marketingmaßnahmen nur einen geringen Einfluss auf das Afrika-Image.

## 2.5 Bedeutung der Ergebnisse für afrikanische Tourismusorganisationen

Die Untersuchungsergebnisse ermöglichen Schlussfolgerungen auf unterschiedliche Herausforderungen und Probleme, die sich für DMOs in Afrika ergeben. Die folgenden Ausführungen beziehen sich lediglich auf die in Deutschland bestehenden Images.

(1) Das von Tourismusorganisationen kommunizierte Image entspricht nicht gänzlich dem Interessensprofil potenzieller Touristen: Ein Vergleich des in Kapitel 2.3 dargestellten kommunizierten Images afrikanischer Tourismusorganisationen und dem in Kapitel 2.4 wahrgenommenen Images potenzieller Touristen zeigt auf, dass sich die Soll-Image-Komponenten mit den Ist-Image-Komponenten von Urlaubsinhalten in afrikanischen Staaten überwiegend decken. Dennoch nehmen potenzielle Touristen, die eher selten kommunizierten Inhalte, wie die lokale Verpflegung und Wanderungen, als attraktivere Urlaubsinhalte wahr, als die besonders häufig bewor-

bene Kultur und Tierbegegnungen. Demnach scheint die Auswahl der kommunizierten Imagekomponenten noch verbesserungsfähig zu sein.

(2) Klassische Marketingmaßnahmen touristischer Anbieter haben einen geringen Einfluss auf das Afrika-Image: Die Ermittlung der Einflussfaktoren auf das Afrika-Image (vgl. Kapitel 2.4.5) hat gezeigt, dass das Vorstellungsbild des Kontinents eine Prägung durch eine Vielzahl von Quellen erfährt. Der Anteil von Marketingmaßnahmen touristischer Anbieter an der Imagebildung afrikanischer Zielgebiete fällt jedoch gering aus. Während dies in Bezug auf das generelle Image afrikanischer Zielgebiete abzusehen war, ist der Anteil von 8 % am touristischen Image auffallend klein. Einen stärkeren Einfluss auf die touristische Image-Bildung haben die Berichterstattung (17 %), soziale Medien (16 %), die Erfahrungen von Afrika-Reisenden (13 %), Reiseführer (12 %) und persönliche Kontakte zu Afrikanern (9 %).

(3) Die Wahrnehmung des Kontinentes ist teilweise undifferenziert: Die Untersuchungsergebnisse in Kapitel 2.4.3 konnten die in der Einleitung beschriebenen Expertenmeinungen einer fehlenden Differenzierung des Kontinentes zumindest in Bezug auf einige Themenfelder bestätigen. Insbesondere die Vorstellungsbilder „Armut", „Tierwelt", „hohe Temperaturen", „Krankheiten", „Lebensfreude" und „dunkelhäutige Bevölkerung" werden verallgemeinernd auf Afrika bezogen. Eine generalisierte Wahrnehmung birgt die Gefahr, dass Außenstehende negative Ereignisse oder auch langwierige Zustände in einzelnen Staaten automatisch auf den kompletten Kontinent projizieren. Auch im touristischen Kontext herrscht eine Generalisierung vor. Eine verallgemeinerte Wahrnehmung kann zwar Vorteile bringen, birgt jedoch die Gefahr, dass Besucher denken, ein einmaliger Besuch des Kontinentes reiche aus.

(4) Das Afrika-Image verfügt über negativ basierte Imagekomponenten: Die Untersuchungsergebnisse in Kapitel 2.4.4 haben gezeigt, dass einige der generalisierten Vorstellungsbilder des ganzen Kontinentes (Armut, Hunger, Krankheiten und Kriminalität) bei potenziellen Touristen ein Desinteresse an einer Reise nach Afrika auslösen. Des Weiteren stellen auch die etwas differenzierteren wahrgenommenen Images (Terrorismus, Krieg, Korruption und ökologische Probleme) ein Hindernis für die Attraktivität von Destinationen dar. Dieser Sachverhalt ist umso problematischer, da die negativen Vorstellungsbilder, obwohl es in den vergangenen Jahren starke Verbesserungen auf dem Kontinent gegeben hat, in vielen Staaten der Realität entsprechen (vgl. Kapitel 1).

(5) Das Afrika-Image ist aufgrund seiner langen Historie verfestigt: Bereits zum Ende des 19. Jh. wurde anhand kolonialer Propaganda das Image eines hilfsbedürftigen Afrikas verbreitet. Viele Experten vertreten die Meinung, dass auch in postkolonialen Zeiten durch den Lobbyismus der Industrieländer eine negative Prägung des Afrika-Images stattfindet. Ursachen sollen die Rechtfertigung für eine wirtschaftliche Präsenz in afrikanischen Staaten und die daraus resultierende Profiterzielung sein. Die Prägung des bestehenden Images erfolgt somit bereits über mehrere Generationen hinweg und führt zu einer Stabilität desselben (vgl. Kapitel 2.1.3). Eine Abwandlung des Images stellt somit eine große Herausforderung dar.

(6) Stereotype bestimmen die Wahrnehmung des Kontinentes: Die Gegenüberstellung von wahrgenommenen Images und der Lebensrealität hat ergeben, dass eine Stereotypisierung der afrikanischen Bevölkerung und deren Lebensumstände besteht. Auch die Image-Kommunikation der afrikanischen Tourismusvermarktungen nutzt Stereotype im Destinationsmarketing (vgl. Kapitel 2.3). Die Stereotypisierung einer Bevölkerungsgruppe kann zu einem Problem werden, wenn bei den potenziellen Touristen kein Bewusstsein für die Wandlungsfähigkeit und Generalisierung der Vorstellungsbilder besteht. In diesem Fall werden aus Stereotypen Vorurteile. Durch solche Vorurteile können einerseits Konflikte zwischen Touristen und der Bevölkerung eines Landes entstehen (vgl. Mbaiwa 2012, S. 123 ff.), andererseits führt eine Nichterfüllung der Stereotype bei Touristen unter Umständen zur Enttäuschung. Negative Weitererzählungen könnten eine Folge darstellen.

(7) Die meisten afrikanischen Staaten verfügen über schwache Destinationsmarken (vgl. Kapitel 2.4.3). Ausschließlich Südafrika und Ägypten haben es geschafft, eine starke Destinationsmarke aufzubauen. Auch die Tourismusorganisationen der Länder Kenia, Namibia, Marokko und Tunesien konnten ihre Destinationsmarken in einem hinreichenden Ausmaß etablieren. Zumindest eine geringe touristische Aufmerksamkeit konnte für Algerien, Libyen, Madagaskar, Tansania, Lesotho erfasst werden. Die weiteren 43 Staaten scheinen gemäß der Untersuchungsergebnisse nur eine minimale Aufmerksamkeit bei potenziellen Touristen zu erreichen oder womöglich sogar unbekannt zu sein.

## 2.6 Ausblick und Handlungsempfehlungen

Nach Abschluss der durchgeführten Untersuchungen lassen sich Handlungsempfehlungen für das Tourismusmarketing afrikanischer Destinationen ableiten. Dazu wird im ersten Schritt aufgezeigt, welche Zielrichtung afrikanische Tourismusorganisationen verfolgen sollten, um den Tourismus im eigenen Land nachhaltig zu gestalten. Darauf aufbauend werden Empfehlungen für eine Imageverbesserung ausgearbeitet.

Um Tourismus als Instrument für eine nachhaltige Wirtschaftsentwicklung nutzen zu können, sollten afrikanische Tourismusorganisationen die fünf grundlegenden Kriterien eines wirkungsvollen Images (Gültigkeit, Glaubwürdigkeit, Einfachheit, Reiz sowie Abgrenzung) beachten (vgl. Kotler et al. 1994, S. 188 f.). Wichtig hierbei ist, dass die Gestaltung des Images im Einklang mit der Nachhaltigkeit gebracht wird. Durch die Vermittlung eines „objektive[n], realistische[n] [...] und auf Fakten basierende[n] Bild[es] des [...] afrikanischen Kontinentes" (Tatah 2014, S. 49), also die angemessene und respektvolle Darstellung der unterschiedlichen Ethnien des Kontinentes, wird die Herausforderung einer soziokulturell nachhaltigen Image-Kommunikation im Tourismus erfüllt. Ökonomische Nachhaltigkeit wird in der Image-Kommunikation gefördert, indem Tourismusorganisationen bei potenziellen Touristen ein Vorstellungsbild kreieren, das langfristig besteht, möglichst geringen saisonalen Schwankungen der

Destinations-Attraktivität unterliegt, eine breite Masse an touristischen Leistungsträgern mit einbezieht und unempfindlich gegenüber Krisen ist. Durch ein solches stabiles und positives Image wird ermöglicht, dass viele Bevölkerungsgruppen von dauerhaft stabilen touristischen Einkünften profitieren.

Die nachfolgenden Handlungsempfehlungen beziehen sich auf Tourismusorganisationen afrikanischer Staaten. Es sei an dieser Stelle betont, dass auch sämtliche Leistungsträger im Zielgebiet, die lokale Bevölkerung, Reiseveranstalter und Medien die Verantwortung tragen, ein realitätsgetreues Bild des Kontinentes zu kommunizieren.

### Aufbau eines Image-Managements

Die Grundlage einer erfolgreichen Image-Kommunikation einer Destination bildet die Existenz einer DMO, die den Tourismus in den entsprechenden Zielgebieten nicht nur bewirbt, sondern auch koordiniert. Dabei sollte ein touristisches Leitbild als Handlungsbasis des Destinationsmanagements dienen. Sobald eine Destination diese beiden Grundlagen erfüllt, muss die Konzeption des Destinationsimages erfolgen. Dieses Konzept legt fest, welche Komponenten das zu vermittelnde Vorstellungsbild umfassen sollte und auf welchem Weg das Image verbreitet wird.

Inwiefern und in welchem Umfang die einzelnen afrikanischen Destinationen über solche Imagekonzepte verfügen, wurde in dieser Studie nicht wissenschaftlich untersucht. Unauffindbare Internetauftritte und der subjektive Gesamteindruck struktureloser Online-Auftritte einiger Destinationen führen bei der Autorin zu der Vermutung, dass einigen afrikanischen Staaten ein touristisches Image-Konzept fehlt, respektive dieses nicht erfolgreich umgesetzt wird. Diese Annahme wird durch die in Kapitel 2.3 erläuterten Schwächen vieler afrikanischer Destinationsverwaltungen gestützt. Daher stellt die Überprüfung und/oder Ausarbeitung eines Imagekonzeptes durch die jeweiligen nationalen Tourismusorganisationen die erste und wichtigste Handlungsempfehlung dar.

Die Konzeption des Inhalts der Destinationsimages sollte sich an zwei unterschiedlichen Aspekten orientieren. Zum einen müssen die Eigenschaften einer Destination (ursprüngliches und abgeleitetes Angebot) betrachtet und die Stärken herausgearbeitet werden. Dabei ist es von großer Relevanz, sich auf Komponenten zu konzentrieren, die Alleinstellungsmerkmale darstellen, um sich von anderen Wettbewerbsteilnehmern abzugrenzen. Zum anderen muss mittels einer Imageanalyse erfasst werden, welches nationale Vorstellungsbild bei potenziellen Touristen bereits besteht. Auf Basis dieser Informationen können Destinationen entscheiden, ob die Kommunikationsinhalte ausschließlich zu optimieren sind oder ob Änderungen in Bezug auf das touristische Produkt vorgenommen werden sollten, um anschließend das Image zu erneuern. Beide Möglichkeiten sind langfristige Prozesse. Da afrikanische Destinationen über sehr unterschiedliche touristische und nicht-touristische Gegebenheiten verfügen, können nur begrenzt allgemeingültige Handlungsempfehlungen ausgesprochen werden. In den folgenden Handlungsempfehlungen werden zwar kontinental umfassende Maßnahmen im Zusammenhang mit dem generalisierten Afrika-Image beschrieben, eine Orientierung am Image-Konzept von Freyer ermöglicht Destinationen jedoch eine individuelle Einschätzung, um weitere Maßnahmen auszuarbeiten (vgl. Tab. 2.3).

**Tab. 2.3:** Handlungsorientierung auf Basis des Fremdimages und des Status Quo (Quelle: eigene Darstellung nach Freyer 2009, S. 576 f.).

| | | Fremdimage | |
|---|---|---|---|
| | | positiv | negativ |
| Status Quo | positiv | Imagepflege | Überarbeitung der Kommunikationsstrategie |
| | negativ | Verbesserung der touristischen Leistung | Verbesserung der touristischen Leitung und Imagemodifikation |

Haben Destinationen ein Konzept entwickelt, ist es notwendig, das Image innerhalb des entsprechenden Zielgebietes zu vertreten. Die Imagekommunikation darf also nicht ausschließlich extern ausgerichtet sein, vielmehr muss eine unternehmensübergreifende Koordination des touristischen Produktbündels im Einklang mit dem Image stattfinden. Um dieses Ziel zu erreichen, sollten afrikanische Destinationen einen intensiven Austausch mit allen touristischen Stakeholdern fördern und Verständnis für die Bedeutung eines einheitlichen Images schaffen. Zusammengefasst sollten also die Planung, die Vermarktung und die Erbringung touristischer Leistungen auf dem Imagekonzept aufbauen.

**Umwandlung negativer Imagekomponenten zu positiven Attributen**
Die vorherige Untersuchung des Fremdbildes hat aufgezeigt, dass das Image des afrikanischen Kontinentes zum Teil durch Vorstellungsbilder geprägt wird, die einen negativen Einfluss auf das Interesse an einer Reise in eine afrikanische Destination haben. Diese Vorstellungsbilder sind beispielsweise Armut, Hunger, Krankheit und Kriminalität. Da afrikanische Tourismusorganisationen keine Möglichkeit haben, die negativen Vorstellungsbilder potenzieller Touristen zu unterdrücken, ist es sinnvoll die negativen Images mit neuen positiven Eigenschaften zu verknüpfen.

Das wirtschaftliche Wachstum und die Verbesserung der Lebensbedingungen in Afrika bieten eine geeignete Grundlage, um anhand von Kampagnen das Image der positiven Entwicklung und des Aufschwungs global zu verbreiten und zu manifestieren. So könnte die Vorstellung von Armut entweder mit der aufkommenden Gründerszene oder mit Attributen wie Gemeinschaft und Zusammenhalt verknüpft werden.

Zielstrebigkeit, Kampfgeist und Erfolg könnten mit Schwächen wie Hunger, Krankheiten und Kriminalität in Zusammenhang gebracht werden. Anstatt die schwierige Ausgangsposition für den Tourismus erfolglos zu vertuschen, sollte das erfolgreiche Bewältigen der Ausgangslage in Image-Komponenten aufgegriffen werden und bei potenziellen Touristen Neugierde wecken – wie z. B. in Ruanda.

## Entkräftigung von Stereotypen

Eine Umwandlung negativer Imagekomponenten zu positiven Attributen ist eng verzahnt mit der Entkräftigung von Stereotypen. Afrikanische Tourismusorganisationen sollten Verantwortung übernehmen und Vorurteilen in Form einer Stereotypisierung des Kontinentes entgegenwirken. Die Untersuchungsergebnisse konnten zeigen, dass potenzielle Touristen über positive als auch negative Stereotypen in Bezug auf den Kontinent verfügen. Von Seiten der Tourismusvermarkter wird eine positive Stereotypisierung des Kontinentes gefördert. Auch wenn die Nutzung positiver Stereotypen eine verbreitete Marketingstrategie im Tourismus ist, fördert eine realitätsferne Darstellung der Bewohner eines geografischen Raumes Fehleinschätzungen anderer Bevölkerungsgruppen. Im touristischen Kontext kann Stereotypisierung darüber hinaus bei Feststellung der Nicht-Erfüllung zur Enttäuschung bei den Touristen führen und folglich negative Weitererzählungen zum Resultat haben.

Eine wesentliche Maßnahme, um Stereotypisierung entgegenzuwirken, ist die kritische Reflektion des touristischen Angebotes und dessen Vermarktung: Unter dem Label des „Community Based Tourism" (CBT) präsentieren Destinationen ethnische Gruppen oftmals nicht authentisch, sondern passen sich an die vermeintlichen Touristenerwartungen (Stereotypen) an. Obwohl CBT ein hervorragendes Instrument ist, den Touristen die tatsächlichen Lebensbedingungen der Bevölkerung näherzubringen und ein besseres Verständnis von der Kultur zu schaffen, gleicht dieser teilweise eher einem Schauspiel, anstatt auf echten Begebenheiten zu basieren.

Das touristische Produkt sollte insofern anders ausgerichtet werden und die authentische Lebensweise in Afrika herausstellen. Des Weiteren sollte der CBT für alle Zielgruppen und somit auch Preisgruppen etabliert werden. Insbesondere die Gestaltung kinderfreundlicher Angebote ermöglicht, das Afrika-Image der jüngsten Generation von Beginn an zu verändern. Neben dem CBT bieten auch andere touristische Leistungen die Möglichkeit der authentischen Darstellung des Zielgebietes. Dazu gehören Real-City-Tours oder Touren durch Townships[12]. Ein Best-Practice Beispiel ist der Reiseveranstalter *Reality Tour & Travel*. Das Unternehmen bietet Touren in indische Armenviertel an, u. a. mit der Zielsetzung des Abbaus von Vorurteilen und der Schaffung von Begegnungen unterschiedlicher Bevölkerungsgruppen auf Augenhöhe (vgl. Kubisch 2015). Die Erlebnisse haben nicht nur einen Einfluss auf das Afrika-

---

**12** Vgl. Kapitel 5 zum Townshiptourismus in Windhoek/Namibia.

Image der Reisenden, sondern werden auch durch positive Erzählungen zu anderen Touristen weitergetragen. Kritische Vorstellungbilder wie Hunger, Armut, Kriminalität und Kriege können so ebenfalls gemindert werden.

### Beziehungspflege mit den Medien

Um eine bessere Kontrolle über die Image-Kommunikation zu erhalten, sollten Tourismusorganisationen sich bemühen, enge Beziehungen zu den Medien aufzubauen. Die Untersuchungsergebnisse haben dargelegt, dass die mediale Berichterstattung den größten Anteil an der Image-Wahrnehmung potenzieller Touristen hat. Studien von Sturmer (2013), Mükke (2014) und Glodzinski (2010) konnten aufzeigen, dass Medien überwiegend negative Begebenheiten in Afrika thematisieren. Demnach ist es essentiell für Tourismusorganisationen, an verantwortliche Medienvertreter heranzutreten und gemeinsam zu versuchen, die Kommunikationsinhalte realitätsnäher darzustellen. Insbesondere im Zusammenhang mit der Generalisierung Afrikas weist diese Maßnahme eine hohe Relevanz auf, da regionale Krisen das Risiko eines Einbruchs der Tourismusankünfte auf dem ganzen Kontinent bergen. Maßnahmen für eine realitätsnähere Imagekommunikation sind neben dem Austausch mit lokalen und ausländischen Korrespondenten auch die Zusammenarbeit mit den Produzenten unterhaltender Medieninhalte. Sowohl Filme, Dokumentationen, Talk-Shows als auch Radio-Beiträge bieten die Möglichkeit, einem breiten Publikum gegenüber ein Bild zu schaffen, das die Lebensrealität afrikanischer Bewohner darstellt. Auch nachträglich sollten Themen wie die Auswirkungen der Ebola-Panik auf die afrikanische Wirtschaft medial aufgearbeitet werden, um ein besseres geografisches Verständnis und ein größeres Bewusstsein für Kausalitäten bei der deutschen Bevölkerung zu schaffen.

### Zusammenschluss von Ländern zu Kooperationspartnern statt Konkurrenz

Für die meisten afrikanischen Destinationen ist es von großer Bedeutung, der Generalisierung des Kontinentes entgegenzuwirken, um einerseits als potenzielle Touristendestination wahrgenommen zu werden und andererseits die Anfälligkeit von Einbrüchen durch Krisen auf den jeweiligen Teilen des Kontinentes zu mindern. Die hohe Relevanz dieses Umschwungs wird durch die Untersuchungsergebnisse belegt, in denen 41 der afrikanischen Staaten kaum oder keineswegs differenziert wahrgenommen wurden. Anstatt zu versuchen, das Vorstellungsbild beliebter afrikanischer Tourismusdestinationen wie Südafrika, Tunesien oder Ägypten zu kopieren und somit Touristen abzuwerben, sollten nationale Tourismusorganisationen bewusst andere Vorstellungbilder kreieren und sich anhand ihrer eigenen Stärken abgrenzen. Zwar kann es für afrikanische Destinationen durchaus einen Vorteil darstellen, über eine gemeinsame kontinentale Marke mit Image-Komponenten wie beispielsweise „Gastfreundschaft" oder „Lebensfreude" zu verfügen, jedoch ist es ebenso wichtig, die Besonderheiten der einzelnen Länder aufzuzeigen. Sowohl potenziellen Erstbesuchern des Kontinentes, als auch Personen mit Reiseerfahrung in Afrika soll dadurch aufgezeigt werden, dass der afrikanische Kontinent extrem vielfältig ist, dass während einer Reise nach Afrika mehrere Länder miteinander verknüpft werden sollten und ein einmaliger Besuch des afrikanischen Kontinentes aufgrund des breiten Angebotes nicht ausreicht.

Da das beschränkte Budget und die damit verbundene geringe Reichweite für unbekannte Tourismusdestinationen hinderliche Grundvoraussetzungen für eine wirkungsvolle Marketingkampagne bilden, sollten die betroffenen Staaten eine Kooperation eingehen. Solche Kontinent weiten oder regionalen Marketingpartnerschaften würden Synergieeffekte in Form einer Kostenersparnis und größeren Reichweite schaffen. Die Staaten könnten anhand unterschiedlicher Medien (Text, Foto, Video, Plakate) ihre jeweiligen Zielgebiete vorstellen und voneinander abgrenzen. Thematisch sollten sowohl Naturfaktoren wie Landschaften, die Tierwelt und die Vegetation als auch kulturelle Aspekte wie Ethnien (Kleidung, Essen, Musik, Geschichte, Architektur und Sprache) aufgegriffen werden.

**Verstärkte Nutzung sozialer Medien**

Aufgrund des großen Einflusses der sozialen Medien sollten afrikanische Destinationen diese Möglichkeit der Image- bzw. Marken-Kommunikation wahrnehmen. Den Destinationen stehen mehrere Maßnahmen zur Verfügung, Aufmerksamkeit über soziale Medien zu generieren: Zum einen sollte die Präsenz in sozialen Medien in Anlehnung an die jeweilige Markenstrategie ausgebaut werden. Um einen gelungenen Online-Auftritt durch das Veröffentlichen eigener Inhalte und die Reaktion auf fremde *Postings* zu erzielen, ist es notwendig, das Personal in der Social-Media-Kommunikation zu schulen. Zusätzlich zum Aufbau eines eigenen Kanals in den sozialen Medien, bietet es sich an weitere Markenbotschafter einzubinden. Eine kostengünstige Maßnahme ist die Einbindung von Touristen. Die Etablierung eines Destinations-Hashtags und die Anregung der Touristen, diesen zu verwenden, kann die Bekanntheit einer Destination und deren Attraktionen steigern. Ein Best-Practice-Beispiel für eine solche Umsetzung ist die Kampagne der Destination Kenia mit dem Hashtag „#whyilovekenya" und 189.000 Bildern (Stand 14.08.19). Eine weitere mögliche Maßnahme stellt die Kooperation mit *Influencern* dar. Die Einladung von Personen mit vielen Sympathisanten (in Deutschland oder anderen Quellgebieten) in die Destination erweitert die Reichweite des Zielgebietes. Tourismusorganisationen können sowohl individuelle als auch begleitete Touren anbieten, sollten bei der Planung jedoch das Risiko beachten, dass sie je nach Kooperationsvertrag möglicherweise keinen Einfluss auf die Image-Kommunikation des Influencers haben. Kooperationen mit *Influencern* sollten demnach einer umfassenden Planung unterliegen. Dies trifft sowohl auf die Auswahl der *Influencer* und deren *Follower* als auch auf die Aktivitäten in der Destination zu. Die Auswahl sollte bewusst erfolgen und im Einklang mit dem gewünschten Image der Destination stehen. Eine ähnliche Maßnahme stellt die Einbindung prominenter Markenbotschafter dar. Dabei kann es sich beispielsweise um berühmte Personen mit

Wurzeln in dem jeweiligen Land handeln. Diese Person kann sowohl auf den eigenen Social-Media-Kanälen die Destination bewerben, als auch die Reichweite der nationalen Internetauftritte erhöhen, indem sogenannte *Social-Media-Takeover* durchgeführt werden. Ein Best-Practice-Beispiel bildet die Ernennung der Sängerin Rihanna zur Markenbotschafterin von Barbados (vgl. BBC 2018). Je nach Tourismusbewusstsein und persönlicher Bindung an das Heimatland kann die Ernennung eines Markenbotschafters mit sehr hohen Kosten verbunden sein.

## 2.7 Fazit

Der vielfältige und ambivalente afrikanische Kontinent birgt großes touristisches Potenzial, ist jedoch auch einer Vielzahl an Herausforderungen gegenübergestellt. Vor allem das Image des Kontinents, als bedeutender Einflussfaktor der touristischen Destinationsentscheidung, stellt ein Hindernis für die afrikanische Tourismuswirtschaft dar. Das Ergebnis dieser Studie zeigt, dass das Image afrikanischer Staaten eine Überarbeitung erfahren muss, um einen Beitrag zu einer nachhaltigen Tourismuswirtschaft zu leisten. Negative Image-Komponenten wie „Hunger", „Armut", „Krankheit" und „Kriminalität", Undifferenziertheit, Stereotypisierung sowie schwach ausgeprägte Destinationsmarken sind Gründe für die nachteilige Wahrnehmung bei potenziellen Touristen. Die Veränderung des Images stellt jedoch eine große Hürde dar: Durch die propagandistische Prägung des Afrika-Bildes zu kolonialen sowie post-kolonialen Zeiten stellt das Image ein stabiles Konstrukt dar, das sich nur schwer formen lässt. Des Weiteren haben klassische Marketingmaßnahmen afrikanischer Tourismusvermarkter nur einen geringen Einfluss auf die Imagebildung potenzieller deutscher Touristen.

Dennoch lassen sich einige Maßnahmen ableiten, die afrikanische Tourismusvermarkter durchführen sollten. Die Ausführung eines Image-Managements bildet die Grundlage einer strukturierten und erfolgreichen Destination. Eine Imagestrategie, die an den Alleinstellungsmerkmalen einer Destination ausgerichtet ist und regelmäßig überprüft wird, bietet die Basis einer erfolgreichen Tourismusentwicklung. Ein wichtiger Faktor ist die Modifikation der bislang kommunizierten Imagekomponenten. Ebenso hat der Ausbau der Kommunikation durch Beziehungspflege eine hohe Bedeutung. Kooperationen afrikanischer Staaten, um synergetische Effekte zu erzielen, sind wichtig für die Entwicklung des Tourismus. Die Bildung von Images ist nicht die alleinige Aufgabe des nationalen Tourismusmarketings, vielmehr umfasst sie den kommunizierten und realen Auftritt aller touristischen Stakeholder, einschließlich der einheimischen Bevölkerung. Die Veränderung eines Images kann nur stattfinden, wenn alle Stakeholder der Destination dieses gemeinsam vertreten.

Schlussendlich ist es wichtig zu betonen, dass das alleinige Imagemanagement nicht ausreicht, um den von Pololikashvili zitierten „starken Tourismus" zu erreichen. Zum einen ist eine konstant positive Veränderung des Images nur möglich, wenn auch die tatsächlichen, zum Teil prekären, Gegebenheiten in einer Destination verbessert werden. Um Sicherheitsbedenken aufzulösen und gesundheitliche Sorgen zu mindern, müssen die Regierungen afrikanischer Staaten es schaffen, Konflikte zu beseitigen sowie Hygienestandards zu heben. Zum anderen müssen weniger imagerelevante touristische Hindernisse, wie mangelnde Fachkräfte, hohe Reisekosten, schlechte Erreichbarkeit touristischer Standorte und schwierige Visabedingungen bewältigt werden, um eine nachhaltige Tourismusentwicklung zu erreichen.[13]

## Literatur

Avraham, E. und Ketter, E. (2016). *Tourism Marketing for Developing Countries: Battling Stereotypes and Crises in Asia, Africa and the Middle East*. Palgrave McMillan, Hampshire.

Baloglu, S. und McCleary, K. W. (1999). A model of destination Image formation. *Annals of Tourism Research*, 26(4):868–897. https://doi.org/10.1016/S0160-7383(99)00030-4.

BBC (British Broadcasting Corporation) (2018). Rihanna appointed as ambassador by Barbados (22.09.2018). Abgerufen am 19.08.19 von https://www.bbc.com/news/world-latin-america-45609656.

Bieger, T. (2008). *Management von Destinationen*. Oldenbourg Verlag, München, 7. unveränderte Auflage Aufl.

Behmer, M. (2014). Afrikanische Impressionen – Ein Streifzug durch Forschung und Berichterstattung. In Tatah, V., Hrsg., *Afrika 3.0: Mediale Abbilder und Zerrbilder eines Kontinents im Wandel*. LIT Verlag, Münster.

Chung, J. Y. und Chen, C.-C. (2018). The Impact of country and destination images on destination loyalty: a construal-level-theory perspective. *Asia Pacific Journal of Tourism Research*, 23(1).

Der schwarze Blog (2019). Was wir von dieser UNICEF Kampagne halten; Kritik und Analyse. Abgerufen am 01.10.19 von https://blog.derbraunemob.info/unicef-werbung-durch-herabwurdigung-protestkampagne-zum-mitmachen/kommentar-der-redaktion-des-braunen-mob-was-wir-von-dieser-unicef-kampagne-halten-kritik-und-analyse/.

Everyday Africa (2019). Everyday Africa. Abgerufen am 03.08.19 von https://www.everydayafrica.org.

Freyer, W. (2007). *Tourismus Marketing. Marktorientiertes Management im Mikro- und Makrobereich der Tourismuswissenschaft*. Oldenbourg Verlag, München, 5. Überarbeitete Auflage Aufl.

Gemeinsam für Afrika e. V. (o. J.). So groß ist Afrika wirklich. Abgerufen am 16.06.19 von https://www.gemeinsam-fuer-afrika.de/so-gross-ist-afrika-wirklich/.

George, R. (2014). *Marketing Tourism in South Africa*. Oxford University Press Southern Afrika, Kapstadt.

Glodzinski, A. (2010). Raumbild Afrika: Die Konstruktion des Afrikanischen Kontinents in deutschen Printmedien. Diplomarbeit, Universität Trier.

Grill, B. (2019). *Wir Herrenmenschen*. Siedler Verlag, München.

Hafez, K. (2005). *Mythos Globalisierung. Warum die Medien nicht grenzenlos sind*. Verlag für Sozialwissenschaften, Wiesbaden.

Hartmann, K. und Hahn, H. (1973). *Reiseinformation, Reiseentscheidung, Reisevorbereitung. Einige Ergebnisse der psychologischen Tourismusforschung*. Studienkreis für Tourismus, Starnberg.

Herrmann, H.-P. (2016). *Tourismuspsychologie*. Springer-Verlag Berlin Heidelberg, Heidelberg.

---

13 Vgl. Kapitel 1 zu den Herausforderungen der Tourismusentwicklung in Afrika.

Hummer, K. (2014). Die Darstellung Afrikas in Schulbüchern für Geschichte und Geografie (Diplomarbeit). Abgerufen am 17.05.19 von https://core.ac.uk/download/pdf/11587241.pdf.

Illiewich, S. (1998). Deconstructing destination-image: A conceptual model of image formation, empirically tested on european city tourism. In *29th TTRA Annual Conference Proceedings*, S. 287–294. TTRA, Ft. Worth, TX.

Johannsen, U. (1971). *Das Marken- und Firmen- Image: Theorie, Methodik, Praxis*. Duncker & Humblot, Berlin.

Keller, K. L. (1993). Conceptualizing, Measuring, and Managing Customer-Based Brand Equity. *Journal of Marketing*, 57(1):1–22. http://dx.doi.org/10.2307/1252054.

Kirstges, T. H. (2015). Bekanntheits-, Image und Markenstudie für das Oldenburger Münsterland. Presse-Handout zu den Ergebnissen einer Umfrage unter Einheimischen, Auswärtigen und Touristen der Region zur wissenschaftlichen Unterstützung der Markenentwicklung. Vechta. Abgerufen am 07.05.19 von https://lkclp.de/uploads/files/om_imagestudie_pressehandout.pdf.

Kotler, P., Haider, D., Rein, I. und Schauer, I. D. (1994). *Standort Marketing: Wie Städte, Regionen und Länder gezielt Investitionen, Industrien und Tourismus anziehen*. Econ-Verlag, Düsseldorf.

Kotler, P. und Gertner, D. (2002). Country as Brand, Product and Beyond: A Place Marketing and Management Perspective. *Journal of Brand Management*, 9(4):249–261. doi:10.1057/palgrave.bm.2540076.

Kubisch, B. (2018). Afrika: Mehr Touristen und Unterstützung von der UNWTO. Abgerufen am 20.04.19 von http://newsroom.itb-berlin.de/de/news/afrika-mehr-touristen-unterstuetzung-unwto.

Maasjost, L. V. (2019). Die medial geprägte und reale Wahrnehmung von Tourismusdestinationen anhand von Südafrika: Wie Suchmaschinen durch induzierte Destinationsimages den Reiseentscheidungsprozess beeinflussen. Unveröffentlichte Masterarbeit an der Hochschule Bremen.

Mankell, H. (2006). Zeigt das wahre Afrika! Nur Elend und Sterben – warum die westlichen Medien ein falsches Bild vom schwarzen Kontinent zeichnen. *DIE ZEIT*, (12.01.2006). Abgerufen am 13.05.19 von https://www.zeit.de/2006/03/Afrika.

Mbaiwa, J. (2012). Hosts & guests: Stereotypes and mynths of international tourism in the Okavango Delta, Botswana. In van Beck, W. und Schmidt, A., Hrsg., *African Hosts & their guests: Cultural dynamics of tourism*. James Currey, New York.

Meidan, A. (1984). The Marketing of Tourism. *The Service Industries Journal*, 3(4):166–186. doi:10.1080/02642068400000069.

Mkono, M. (2018). Soziale Medien bieten Afrikanern neue Möglichkeiten, negativen Stereotypen entgegenzuwirken. *Afrika Heute*, (21.06.2018). Abgerufen am 29.06.19 von https://afrika-heute.com/soziale-medien-bieten-afrikanern-neue-moeglichkeiten-negativen-stereotypen-entgegenzuwirken/.

Morgan, N. und Pritchard, A. (2002). Contextualizing Destination Branding. In Morgan, N., Pritchard, A. und Pride, R., Hrsg., *Destination Branding*. Butterworth-Heinemann, Oxford.

Mükke, L. (2009). *Journalisten der Finsternis. Akteure, Strukturen und Potentiale deutscher Afrika-Berichterstattung*. Herbert von Halem, Köln.

Mükke, L. (2014). Das Afrikabild aus medialer Perspektive – Zeit für die „Neue Aufklärung". In Tatah, V., Hrsg., *Afrika 3.0: Mediale Abbilder und Zerrbilder eines Kontinents im Wandel*. LIT Verlag, Münster.

Müller-Plonikow, S. (2017). Afrika: Traurige Kinderaugen werben um Spenden. Abgerufen am 15.06.19 von https://www.dw.com/de/afrika-traurige-kinderaugen-werben-um-spenden/a-41715146.

Nooke, G. (2014). Das Afrikabild aus politischer Perspektive – Rede des persönlichen Afrikabeauftragten der Bundeskanzlerin. In Tatah, V., Hrsg., *Afrika 3.0: Mediale Abbilder und Zerrbilder eines Kontinents im Wandel*. LIT Verlag, Münster.

Pezenka, I. (2013). *Das Image von Tourismusdestinationen: Internetbasierte Erhebungsmethoden zur Imagepositionierung von Städten – Eine empirische Untersuchung*. Verlag Österreich, Wien.

PONS (2019). Imago. Abgerufen am 13.05.17 von https://de.pons.com/übersetzung/latein-deutsch/imago.

Scherhag, K. (2003). *Destinationsmarken und ihre Bedeutung im touristischen Wettbewerb*. Doktorarbeit, Universität Trier. Dissertation.

Schmidt, R. (1976). Bildungsinstitutionen als Sozialisationsfaktor: SESTMAT – Selbststudienmaterial. Abgerufen am 21.06.17 von https://www.die-bonn.de/doks/2016-Sozialisation-01.pdf.

Shepard, R. N. (1967). Recognition memory of words, sentences, and pictures. *Journal of Learning a Verbal Behaviour*, 6(1):156–163.

Smith, J. (2004). Exploring Connections between Global integration and political mobilisation. *Journal of world systems research*, 10(1):255–285.

Studienkreis für Tourismus und Entwicklung (2019). Datenbasis: Studienkreis-Exklusivfrage. In *Reiseanalyse 2019*. F.U.R., Kiel.

Sturmer, M. (2013). *Afrika! Plädoyer für eine nachhaltige Berichterstattung*. UVK Verlagsgesellschaft, Konstanz/München.

Tatah, V. (2014). *Afrika 3.0: Mediale Abbilder und Zerrbilder eines Kontinents im Wandel*. LIT Verlag, Münster.

Thin, L. (2019). Die Social Media Falle. Abgerufen am 30.06.19 von https://www.tourism-watch.de/de/schwerpunkt/die-social-media-falle.

UNWTO (World Tourism Organization) (2018). UNWTO Tourism Highlights 2018 Edition. Abgerufen am 20.4.19 von https://www.e-unwto.org/doi/pdf/10.18111/9789284419876.

UNWTO (2018). World Tourism Barometer and Statistical Annex, June 2018. Abgerufen am 30.4.19 von https://www.e-unwto.org/doi/pdf/10.18111/wtobarometereng.2018.16.1.3.

Wearesocial und Hootsuite (2019). Tägliche Verweildauer auf Social Networks weltweit nach Ländern 2018. In: Statista. Abgerufen am 03.06.19 von https://de.statista.com/statistik/daten/studie/160137/umfrage/verweildauer-auf-social-networks-pro-tag-nach-laendern/.

Westermann (2019). Flächen der Kontinente. In: Statista. Abgerufen am 24.06.19 von https://de.statista.com/statistik/daten/studie/327198/umfrage/kontinente-nach-flaeche/.

WWF (World Wide Fund for Nature) (o. J.). Bedrohte Tierarten: WWF Weltweit Aktiv. Abgerufen am 20.05.19 von https://www.wwf.de/themen-projekte/bedrohte-tier-und-pflanzenarten/.

Diana Körner

# 3 Strategische Tourismusentwicklung auf den Seychellen

**Zusammenfassung:** Wie viele andere Inselstaaten sind die Seychellen wirtschaftlich vom Tourismus abhängig. Mit stetig wachsenden Touristenankünften und den Bedrohungen des Klimawandels auf das fragile Ökosystem der Inseln stehen die Akteure vor einer Reihe von Herausforderungen, um ihr Inselparadies langfristig zu bewahren. Dieser Beitrag zeigt die Destinationsstruktur auf und stellt einige Schlüsselakteure wie die Seychelles Sustainable Tourism Foundation (SSTF) vor. Außerdem werden Mechanismen und finanzielle Anreize skizziert, die den Privatsektor zu nachhaltigem Engagement und Kooperationen mit gemeinnützigen Organisationen bringen.

**Schlagwörter:** Inselstaaten, Klimawandel, Corporate Social Responsibility (CSR), CSR-Steuer, Abfallwirtschaft, Lebensmittelabfälle, Sensibilisierungskampagne

## 3.1 Die Seychellen – ein touristisches Inselparadies auf Zeit?

Viele Menschen assoziieren mit den Seychellen türkisfarbenes Wasser, weiße menschenleere Sandstrände und exklusive Resorts. Über die letzten 20 Jahre hat sich der Tourismus auf den Seychellen mehr als verdoppelt und neben luxuriösen Hotels sowie privaten Inseln als Resorts gibt es eine Vielzahl von einheimisch geführten Ferienwohnungen und Guesthouses, die einen Urlaub auf den Seychellen für breitere Zielgruppen bezahlbar machen. Die rasant wachsenden Besucherzahlen und Auswirkungen des Klimawandels sowie menschlicher Aktivitäten stehen in Kontrast mit dem Bilderbuchimage des Inselstaats. Dieser Beitrag beleuchtet die Herausforderungen vor Ort und diskutiert das Engagement der Seychelles Sustainable Tourism Foundation (SSTF) sowie die Kooperationen mit großen Hotels.

### Daten und Fakten zum Tourismus

Die Inselgruppe der Seychellen hat eine Bevölkerung von 95.000 Einwohnern und ist mit seiner Landesfläche von 455 km$^2$ einer der kleinsten Inselstaaten im Indischen Ozean. Allerdings ist die *Exclusive Economic Zone* – das Meeresgebiet jenseits des Küstenmeeres – mit 1,37 Mio. km$^2$ bedeutend größer. Die Ökosysteme der Inseln weisen eine hohe Artenzahl auf und ihre globale Bedeutung für den Erhalt der Biodiversität wird durch die zwei UNESCO-Welterbestätten – das Aldabra Atoll und das Vallée de Mai – hervorgehoben (vgl. SMSP 2019). Die Seychellen setzen sich aus 115 inneren und äußeren Inseln granitischen und korallenen Ursprungs zusammen, von denen die Hauptinseln Mahe (mit der Hauptstadt Victoria), Praslin und La Digue die drei wichtigsten Tourismusdestinationen darstellen. Zusätzlich gibt es „One-Island-One-

https://doi.org/10.1515/9783110626032-003

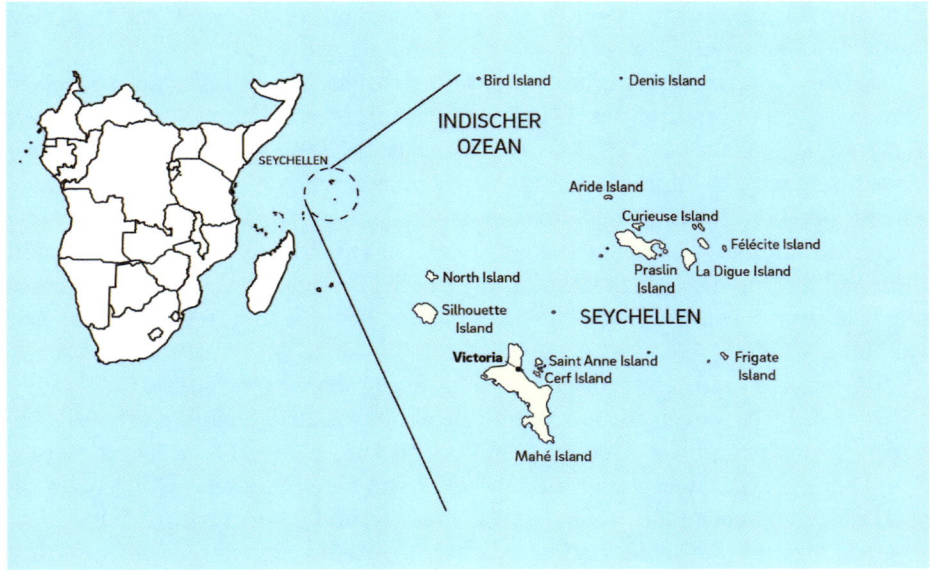

**Abb. 3.1:** Geografische Lage der Seychellen (Quelle: Rainer Hartmann, Grafik: Franziska Knopp).

Resort"-Inseln, wie North Island, Denis Island, Bird Island oder Frégate, auf denen jeweils ein Hotel/Resort das Management der ganzen Insel übernimmt (vgl. Abb. 3.1). Insgesamt verzeichnen die Inseln der Seychellen ca. 350.000 Touristenankünfte pro Jahr, wobei der Großteil auf die drei inneren Hauptinseln fällt (vgl. McEwen und Bennett 2010). 66 % aller Touristen kamen 2018 aus Europa, 19 % aus Asien und 10 % aus Afrika. Die Hauptmärkte für die Seychellen sind Deutschland, Frankreich, Großbritannien und die Vereinigten Arabischen Emirate (vgl. National Bureau of Statistics 2018). Der Kreuzfahrttourismus ist die dritte Komponente des Tourismus auf den Seychellen neben dem land- und dem yachtbasierten Tourismus. Nach Jahren der Stagnation, aufgrund von Piraterie in der Region, sind die Besuche von Kreuzfahrtschiffen zuletzt von 27 Schiffen, die im Jahr 2016 im Hafen von Victoria anlegten, auf 41 im Jahr 2018 gestiegen. 2017 registrierte die Hafenbehörde der Seychellen 32.221 Passagiere und 15.453 Besatzungsmitglieder (vgl. Seychelles Port Authority 2018).

Der Tourismus trägt auf den Seychellen direkt 26,4 % zum Bruttoinlandsprodukt (BIP) bei. Laut dem World Travel & Tourism Council (WTTC 2018) erreicht der Gesamtbeitrag des Tourismus (direkt, indirekt und induziert) allerdings 65,3 % des BIP und er generiert insgesamt 30.500 Arbeitsplätze, was 66 % der Beschäftigten ausmacht. Wie viele andere Inselstaaten sind die Seychellen dadurch extrem vom Tourismus abhängig (vgl. UN-OHRLLS 2015). Eine Analyse der Wertschöpfungskette zeigte, dass die Mehrzahl touristischer Angebote vor Ort in der Hand der einheimischen Bevölkerung liegt. Lediglich die großen Hotels (mit mehr als 25 Zimmern) sind mehrheitlich in ausländischem Besitz. Dieselbe Studie zeigte ebenfalls, dass der Großteil der touristischen Ausgaben vor Ort den Unterkünften zukommt (69 %), wobei alleine 48 % in die großen Unterkünfte fließen (vgl. McEwen und Bennett 2010).

Auf den Seychellen gibt es insgesamt 585 registrierte Unterkünfte, davon 435 Ferienwohnungen, 61 Guesthouses, 55 kleine Hotels und 34 große Hotels (vgl. Seychelles Tourism Master Plan 2018). Die *Tourism Accommodation Policy* von 2015 gibt vor, dass Unterkünfte mit 1–15 Zimmern zu 100 % von Einheimischen geführt werden müssen, bei den Unterkünften mit 16–24 Zimmern wird ein mindestens 20-prozentiger Besitz von Einheimischen vorgegeben und bei den Hotels mit mehr als 25 Zimmern existiert keine Mindestanforderung. Die vertikal integrierten Destination Management Companies (DMC) mit Inbound-Reiseveranstalterfunktion kontrollieren 50 % aller Besucherankünfte.

Obwohl die Touristenankünfte in den letzten 20 Jahren von 130.000 auf 350.000 angestiegen sind, sanken die durchschnittlichen Tourismuseinnahmen pro Besucher in den letzten Jahren von 1.968 US-$ im Jahr 2010 auf 1.366 US-$ im Jahr 2016 (vgl. World Bank 2017). Zudem weisen die Seychellen eine vergleichsweise sehr geringe Rate an wiederkehrenden Besuchern auf (vgl. McEwen und Bennett 2010).

Der jüngst von der Regierung überarbeitete Seychelles Tourism Master Plan (2018) präsentiert eine Vision, die eine Tourismusentwicklung im Einklang mit Nachhaltigkeitsstandards, Verantwortungsbewusstsein und ethischen Grundsätzen entlang der touristischen Wertschöpfungskette vorsieht.

## 3.2 Chancen und Risiken für eine nachhaltige Tourismusentwicklung

In der Diskussion um eine nachhaltige Tourismusentwicklung auf den Seychellen ist es unabdingbar, äußere und innere Einflüsse auf die Destination zu betrachten, die unweigerlich auf deren langfristige Konkurrenzfähigkeit einwirken. Wie 1994 im Aktionsprogramm von Barbados für die nachhaltige Entwicklung betont, sind kleine Inselstaaten besonders anfällig für **Natur- und Umweltkatastrophen** und haben nur begrenzte Kapazitäten auf solche Ereignisse angemessen zu reagieren (vgl. United Nations 1994). Obwohl kleine Inselstaaten kollektiv weniger als 1 % der globalen Treibhausgase erzeugen, sind sie die Leid tragenden und könnten in der Zukunft, zumindest teilweise, nicht mehr bewohnbar sein. Eine Untersuchung, der durch den Klimawandel stark bedrohten Tourismusdestinationen, ergab, dass die Inselstaaten im Indischen Ozean Mitte bis Ende des 21. Jh. von der Zunahme von Extremwetterereignissen, Wasserknappheit, Verlust von Biodiversität, Meeresspiegelanstieg und einem Reisekostenanstieg durch erwartete Minderungsrichtlinien betroffen sein könnten (vgl. Simpson et al. 2008). Im Falle der Seychellen sind die direkten Auswirkungen des **Anstiegs des Meeresspiegels** zwar nicht vergleichbar mit tiefliegenden Inselstaaten wie den Malediven (vgl. UN-OHRLLS 2015), dennoch sind durch Erosion bereits jetzt ganze Küstenabschnitte wie die Anse Kerlan auf Praslin und damit verbundene touristische Hotspots bedroht. Eine Studie der Japan International Cooperation Agency (JICA) (2014) zeigte, dass im schlimmsten Fall bei Eintreten eines tropischen Wirbelsturms mit höchstem Flutwasserstand und gleichzeitigen Überflutungen, Gebäude und Straßen unterhalb von 2,5 m über dem heutigen durchschnittlichen Meeresspiegel überflutet würden. Betroffen wären 2.017 Gebäude auf Mahe (14 % aller Gebäude), 1.601 auf Praslin (63 %) und 321 auf La Digue (48 %). Darunter befänden sich 21 Restaurants und 69 Hotels/Guesthouses auf den drei Inseln. Zudem erfassten die Experten, dass 67 km Straßen auf Mahe (42 % aller Straßen dort), 43 km auf Praslin (72 %) und 7 km auf La Digue (27 %) von Überflutungen bedroht wären (vgl. JICA 2014).

Im Jahr 2016 erlebten die Seychellen ein **Korallenbleichen**, das durch anhaltend erhöhte Meerestemperaturen verursacht wurde (vgl. Abb. 3.2). Im internen Vergleich des westlichen Indischen Ozeans wurden die Riffe der Seychellen am stärksten betroffen, wobei 60 % der untersuchten Riffe ein hohes oder extremes Bleichen aufwiesen. Darüber hinaus zeigten 30 % von ihnen eine hohe oder extreme Sterblichkeit, bei der mehr als die Hälfte der untersuchten Korallen die Auswirkungen der erhöhten Temperaturen nicht überlebten (vgl. Obura und Gudka 2017).

Das Korallenbleichen kann direkte Auswirkungen auf die Attraktivität des maritimen Tourismusprodukts haben (vgl. Uyarra et al. 2005). The Nature Conservancy (2009) schätzt den touristischen Wert der Riffe rund um die drei Hauptinseln der Seychellen auf 172.000 bis 908.000 US-$ im Jahr. Auf den Seychellen gehören Schnorcheln oder Tauchen entlang der Küste und in den Marine Parks zu den Hauptakti-

**Abb. 3.2:** Korallenbleichen auf den Seychellen (© Christophe Mason-Parker).

vitäten für Touristen. Es gibt 443 registrierte Anbieter, für die Wasseraktivitäten zum Kerngeschäft gehören (vgl. Seychelles Tourism Master Plan 2018). Eine fehlende maritime Tourismusstrategie und unklare Leitlinien für Veranstalter und Besucher sorgen dafür, dass zusätzlich zu dem Korallenbleichen täglich fahrlässige Praktiken beobachtet werden können, z. B. illegales Fischen im Marine Park, Treten der Korallen, Füttern der Fische in geschützten Gewässern, unkontrollierte Infrastrukturentwicklung oder der Verlust von Ökosystemen wie den Mangroven. Obwohl ein ganzheitlicher Ansatz fehlt, wirken viele der lokalen Nichtregierungsorganisationen (NGO) dem Fehlverhalten entgegen, indem sie Bildungsarbeit und Aufklärung betreiben oder geführte Schnorcheltouren mit ausgebildeten Meeresbiologen anbieten.

### 3.2.1 Müll- bzw. Abfallproblematik

Die Seychellen stehen wie viele andere Inselstaaten dem Dilemma gegenüber, dass sie zwar im Verhältnis zur Landfläche viel Abfall produzieren, aber durch das geringe Volumen des anfallenden Gesamtabfalls und dadurch fehlende wirtschaftliche Anreize keine Kapazitäten haben, um technisch und wirtschaftlich tragbare Recyclingeinheiten zu implementieren (vgl. ETH Zürich 2016). Es gibt auf den drei Hauptinseln Mahe, Praslin und La Digue jeweils Mülldeponien, die durch die rasche wirtschaftliche Entwicklung und dem damit verbundenen Konsumverhalten sowie zunehmende Touristenankünfte jedes Jahr signifikant anwachsen. Die Hauptmülldeponie auf der Insel Mahe beispielsweise wird voraussichtlich vier Jahre früher als geplant die volle Kapazität erreichen. Eine Dokumentation der lokalen NGO *Sustainability for Seychelles* (S4S) verdeutlicht, dass durchschnittlich 65 kg Abfall pro Person pro Monat produziert werden (vgl. S4S 2017). Bei einer unveränderten Entwicklung ist davon auszugehen, dass bis zum Jahr 2040 sieben bis zehn neue Mülldeponien benötigt werden. Es gibt einige wenige Recyclinginitiativen, allerdings werden diese oft nach einigen Jahren aufgrund von auslaufender Finanzierung oder personellen Schwierigkeiten eingestellt. Als erfolgreich wird von vielen Stakeholdern die staatlich eingeführte Abgabe auf PET-Flaschen, Dosen und Bierflaschen der lokalen Marke *Sey-Brew* betrachtet, die ein informelles Netzwerk an Sammlern begünstigt hat (vgl. ETH Zürich 2016). Trotz des hohen Recyclingpotenzials landet der übrige Glas-, Papierund organische Abfall größtenteils auf den Deponien.

Für eine tourismusabhängige Region gehört die Abfallwirtschaft zu einem der wichtigsten Umweltaspekte für eine langfristig nachhaltige Entwicklung (vgl. Muñoz und Navia 2015). Trotz offiziellen Verboten von Plastiktüten und Einwegutensilien seit 2017, besteht insbesondere an den Stränden die Problematik eines überhöhten Müllaufkommens und der zusätzlichen Anschwemmung von Müll. Eine groß angelegte NGO-Kampagne sammelte im September 2018 an einem Tag auf sieben Inseln mit 27 parallelen Strandreinigungsaktionen mehr als 3,5 Tonnen Müll (größtenteils Plastikmüll) (vgl. The Ocean Project Seychelles 2018).

**Müllvermeidung in einem privaten Hotel**

Auch der Privatsektor betrachtet nachhaltiges Abfallmanagement als ein zentrales Thema für die touristische Planung und thematisiert dies regelmäßig über verschiedene Kanäle. Denn es gibt immer wieder Beschwerden von Touristen über das Abfallaufkommen an touristischen Orten. Trotz eines fehlenden strukturierten nationalen Abfall-Recyclingsystems haben sich einige engagierte Hotels dem Thema angenommen und versuchen alles in ihrer Macht Stehende, um eigenständig ihren Abfall zu verwerten. Eine nationale Fallstudie zeigt, dass ein Großhotel auf der Hauptinsel Mahe verschiedene Maßnahmen zur Reduzierung von Müll ergriffen hat (vgl. Rybka 2018). Durch die Förderung lokaler Produkte, die mit weniger Verpackung auskommen, reduzieren die Betreiber ihren Abfall. Zudem verringert die Wasserabfüllung in Mehrwegglasflaschen die Anzahl der verwendeten Kunststoffflaschen drastisch. Das Hotel ließ eine Umkehrosmose-Entsalzungsanlage mit UV-Behandlung installieren, um Meerwasser in Trinkwasser umzuwandeln. Dafür verfügt es über eine solarbetriebene Abfüllanlage, die gereinigtes Wasser in wiederverwendbare Glasflaschen für die Gästezimmer füllt. Bierflaschen werden gesammelt und zur Wiederverwendung zurückgegeben. Um den Papierverbrauch zu senken, steht ein Gerät zur Verfügung, mit dem Gäste Zeitungen und Zeitschriften online lesen können. Darüber hinaus ermutigt das Hotel seine Mitarbeiter doppelseitig und nur bei Bedarf zu drucken. Diese dürfen auch aussortierte Stoffe wie Handtücher, Bettwäsche, Tischdecken und Uniformen privat weiterverwenden oder das Hotel spendet sie an lokale Wohltätigkeitsorganisationen. Anstelle von Einweg-Eierpappen verwenden Lieferanten wiederverwendbare Eierbehälter aus Kunststoff. Das Hotel gibt seine Speisereste an einen lokalen Bauern für seine Schweine, verwendet sie als Hundefutter oder füttert seine Schildkröten mit den Fruchtschalen. Es sammelt PET-Flaschen und Dosen, um diese dem Rücknahmezentrum im Industriebezirk der Insel zuzuführen. Das Recycling erfolgt im Ausland. Seine Glasflaschen schickt das Hotel an ein Projekt, das sie gemahlen und mit Zement vermischt für den Bau verwendet. Grünschnitt wird zerkleinert und dient als Kompost. Batterien, Schrott und Elektronikschrott sendet das Hotel zum Recycling nach Übersee.

In vier Jahren hat das Hotel 381.561 PET-Flaschen, 148.130 Dosen und 27.901 Bierflaschen gesammelt, was zu einem wirtschaftlichen Nutzen von 200.759 SCR (Seychellen-Rupien) führte, umgerechnet ca. 12.900 €. 200.000 Glasflaschen befüllte es pro Jahr mit Trinkwasser (54 % des Eigenbedarfs an Trinkwasser), was sieben Tonnen weniger Kunststoff verursachte und 15.000 SCR (965 €) einsparte. 2017 verbrauchte das Hotel 5,8 % weniger Papier als im Vorjahr, was zu einer Einsparung von 6.200 SCR (398 €) führte. Die Kunststoff-Eierbehälter ermöglichten den Verzicht von 55.000 Pappen, was Anschaffungskosten von 247.500 SCR (15.900 €) und Entsorgungskosten von rund 3000 SCR (193 €) einsparte. Insgesamt führten die Maßnahmen zur Abfallreduzierung im betreffenden Hotel 2015 auch zu einer Kostenersparnis von rund 237.000 SCR (15.226 €) für Müllabfuhr und Deponiegebühren (vgl. Rybka 2018).

### 3.2.2 Nachhaltigkeits-Engagement im Privatsektor

Die 34 **großen Hotels der Seychellen** machen 45 % der Bettenkapazität aus und sind mehrheitlich im ausländischen Besitz. Sie unterliegen Managementverträgen mit internationalen Hotelketten wie Hilton, Accor, Six Senses oder Marriott (vgl. National Bureau of Statistics 2018). Entsprechend haben die meisten der Hotels durch ihre Eigentümer bereits interne Vorgaben zu ihrer jeweiligen Nachhaltigkeitspolitik, wie beispielsweise das Konzept *Planet 21* von Accor. Einige der Hotels sind Preisträger internationaler Nachhaltigkeitswettbewerbe. Zum Beispiel gewann das North Island Resort 2017 den *National Geographic World Legacy Award* in der Kategorie „Conserving the Natural World" für sein Engagement zum Schutz endemischer Pflanzen.

Einige der großen Hotels haben Nachhaltigkeitsbeauftragte oder Nachhaltigkeitskomitees mit Vertretern aller Abteilungen, z. B. Raffles (Teil der Accor Gruppe) oder H Resort (Teil von Marriott). Marketing und Kommunikation der großen Hotels zeigen, dass Umweltschutz und eine intakte Natur zum Kerngeschäft gehören und sie diesbezüglich einen großen Fokus auf entsprechendes Management und Kooperationen legen. Seit 2013 gibt es auf den Seychellen die verbindliche Corporate-Social-Responsibility-Steuer von 0,5 % für alle Unternehmen, die einen Umsatz von mehr als ca. 60.000 € pro Jahr aufweisen. Die Hälfte dieser Steuer können sie direkt an registrierte NGO abgeben (vgl. Seychelles Revenue Commission 2013). Diese Möglichkeit nutzen die meisten Fünf-Sterne-Hotels auf den Seychellen und unterstützen Projekte, die sich auf den nachhaltigen Tourismus beziehen (vgl. Körner 2018).

Ein Beispiel für die direkte Zuwendung der CSR-Steuern ist die Zusammenarbeit des Four Seasons-Hotels mit den NGOs *WiseOceans* und *Sustainability for Seychelles* (S4S). Das Four Seasons spendet jährlich die Steuer an S4S und im Gegenzug gibt die NGO regelmäßig Schulungen für Mitarbeiter im Bereich des nachhaltigen Tourismus oder unterstützt gemeinsam mit dem Hotelpersonal Aktivitäten und Sensibilisierungsaktionen, z. B. Strandreinigungen in der Gemeinde.

Auch das Constance Ephelia, eines der größten Hotels auf der Hauptinsel Mahe, ist über die CSR-Steuer in eine Vielzahl von Nachhaltigkeitsprojekten eingebunden. Das Hotel ernannte einen Verantwortlichen für die Überprüfung und Bewertung von Vorschlägen für die Verwendung der CSR-Steuer. Es hat strenge Auswahlkriterien und einen Fokus auf die Unterstützung der umliegenden Gemeinde des Hotels, Port Glaud. Über die Bezirksregierung erhält das Hotel jährlich eine Reihe von Vorschlägen zur Unterstützung der Infrastrukturentwicklung oder von Gemeindefesten bis hin zu Gesundheitsdiensten und Sportstipendien. Im Jahr 2017 unterstützte es rund 30 Projekte in Port Glaud mit einem Gesamtwert von mehr als 60.000 €. Zusätzlich förderte das Constance Ephelia ein Projekt zur Entwicklung des Ökotourismus in den Mangroven von Port Launay mit umgerechnet ca. 16.000 € (vgl. Körner, 2018).

Die Marine Conservation Society of Seychelles (MCSS) hat langfristige Partnerschaften mit Hotels wie dem Banyan Tree, Le Méridien Fisherman´s Cove und mehreren kleineren Hotels auf Cerf Island (zusammengeschlossen als Cerf Island Conservation Programme) im Rahmen der Zuwendung der CSR-Steuer. Das Banyan Tree stellt dem MCSS z. B. ein Umweltschutzzentrum auf dem Hotelgelände zur Verfügung. Es finanziert ebenfalls die Gehälter der MCSS-Mitarbeiter, die die Strände patrouillieren, die Nistaktivitäten gefährdeter Meeresschildkröten überwachen sowie die Öffentlichkeitsarbeit für die Gäste des Banyan Tree übernehmen.

Das *Anse Forbans Community Conservation Programme* erhält ebenfalls CSR-Unterstützung von einer Reihe von Tourismusunternehmen in der Region. Durch die CSR-Steuer ist die NGO in der Lage, in Kooperation mit MCSS Freiwillige für eine Reihe von Naturschutz-, Ökotourismus- und Gemeindeaktivitäten zu finanzieren. Des Weiteren hat sie im Februar 2018 die erste Landkorallenzucht im Hotel Allamanda eröffnet, die vollständig durch eine Steuerspende der MCB Bank der Seychellen von umgerechnet knapp 13.000 € finanziert wurde (vgl. Laurence, 2018).

Im Jahr 2012 führte das Tourismusministerium der Seychellen mit der Unterstützung des United Nations Development Programme (UNDP) und der Stiftung Global Environment Facility das *Seychelles Sustainable Tourism Label* (SSTL) ein. Dieses international durch das Global Sustainable Tourism Council (GSTC) anerkannte **Zertifizierungslabel** hat bis dato 18 überwiegend große Hotels zertifiziert. Die Zertifizierung wird alle zwei Jahre erneuert. Der Zertifizierungsprozess beruht auf einem punktebasierten System mit unterschiedlichen Vorgaben abhängig von der Größe des Hotels, das unabhängige Dritte bewerten (vgl. SSTL 2018).

## Engagement kleiner Betriebe

Die geringe Zahl an zertifizierten Hotels zeigt jedoch, dass es trotz grundsätzlichem Bewusstsein und Unterstützung bestimmter Umwelt- und Community-Projekte durch die CSR-Steuer oft noch an konkretem Handeln und der richtigen Kommunikation fehlt. Mit Ausnahme einiger engagierter Vorreiter sind bisher lediglich wenige kleine Unterkünfte zertifiziert, beziehungsweise praktizieren und kommunizieren aktiv ihr Nachhaltigkeitsengagement. Obgleich bis dato vergleichsweise zu den großen Hotels nur wenige Guesthouses aktive Nachhaltigkeitsmaßnahmen ergreifen, sind sich viele der Betreiber des Klimawandels bewusst und durchaus interessiert am Umweltschutz und dem Thema Nachhaltigkeit. Laut einer Studie der Universität der Seychellen, die sowohl große Hotels als auch kleine Unterkünfte einbezog, waren sich alle Befragten des Klimawandels bewusst und die große Mehrzahl bestätigte, dass die Seychellen bereits erste Auswirkungen des Klimawandels erfahren (vgl. Bristol 2018). Allerdings sahen nur wenige der Befragten den direkten Bezug des Klimawandels zu ihrem eigenen Geschäft, beziehungsweise die Möglichkeit selbst aktiv den Auswirkungen des Klimawandels entgegenzuwirken. Die Studie bestätigt, dass fast alle befragten großen Hotels eine Vielzahl an nachhaltigen Praktiken wie Energie- und Wassersparmaßnahmen oder Müllvermeidung ergreifen und lokale Zulieferer bevorzugen, wohingegen weniger als ein Viertel der kleinen Betriebe ähnliche Nachhaltigkeitsmaßnahmen durchführt (vgl. Bristol 2018). Das Tourismusministerium hat kürzlich verpflichtende Trainings für neue Guesthouse-Besitzer eingeführt, welche in einem einwöchigen Kurs verschiedene nachhaltigkeitsrelevante Themen, wie Müllmanagement, Zertifizierung, lokale Produkte etc. bearbeiten (vgl. Seychelles Nation 2018).

### 3.2.3 Die Seychelles Sustainable Tourism Foundation

Die Seychelles Sustainable Tourism Foundation (SSTF) wurde 2017 mit dem Ziel gegründet, eine Plattform für gemeinsames Handeln für eine nachhaltige Tourismusentwicklung auf den Seychellen zu bieten. Die Stiftung ist eine unabhängige NGO, die eng mit dem Hotel- und Tourismusverband der Seychellen sowie dem Tourismusministerium zusammenarbeitet. Die SSTF hat die Vision, die Seychellen zu einem internationalen *Best Practice* für nachhaltigen Tourismus zu machen, durch einen integrierten, kollaborativen Ansatz zwischen dem öffentlichen und dem Privatsektor, der Wissenschaft und NGOs. Die Stiftung sieht sich dabei als verbindende Plattform, die Tourismusakteure zusammenbringt, Daten und Informationen zum Thema sammelt und teilt, Lobbyarbeit betreibt und Finanzierungsmöglichkeiten sucht, um gemeinsame Partnerschaften, Projekte, Kampagnen und Forschung zum nachhaltigen Tourismus auf den Seychellen zu ermöglichen. Dabei orientiert sie sich in ihren Aktivitäten und dem jährlichen Reporting an den Kriterien des Global Sustainable Tourism Council (GSTC) für Destinationen und arbeitet dem Ziel entgegen, im Jahr 2022 eine Destinationszertifizierung zu durchlaufen. Die SSTF hat seit der Gründung sowohl ein GSTC-Training für Tourismusakteure auf den Seychellen organisiert, als auch an einer GSTC-Schulung im Ausland teilgenommen und dabei nicht nur Mitarbeiter der Stiftung, sondern auch Vertreter des Tourismusministeriums schulen lassen.

Im November 2017 organisierte die SSTF in Kooperation mit der Universität der Seychellen und internationalen Partnern eine Konferenz zum nachhaltigen Tourismus in kleinen Inselstaaten, an der mehr als 30 internationale Fachleute aus 18 Ländern teilnahmen, um über folgende Themen zu diskutieren: Nutzen des Tourismus in Schutzgebieten, Anwendung von Normen und Zertifizierungsinstrumenten für Schutzgebiete, Auswirkungen des Schutzgebietstourismus auf die biologische Vielfalt, Tourismuskonzessionen und -partnerschaften, sozioökonomische Vorteile des Schutzgebietstourismus, Einbeziehung der lokalen Bevölkerung und der Touristen in den nachhaltigen Tourismus sowie Beschäftigung und Ausbildung im nachhaltigen Tourismus. Eines der Ergebnisse der Konferenz war die Unterzeichnung einer Absichtserklärung mit der Organisation *Sustainability Vanuatu*, die einen ähnlichen GSTC-Destinationsansatz verfolgt. Ein Bestreben ist es, sich über die Jahre aktiv auszutauschen und gemeinsame Aktivitäten und Ziele mit Mehrwert für beide Inseldestinationen zu organisieren (vgl. SSTF 2017).

Die SSTF arbeitet eng mit dem Tourismusministerium der Seychellen, dem Fremdenverkehrsamt der Seychellen, sowie dem Hotel- und Tourismusverband der Seychellen (SHTA) und anderen NGOs zusammen. Dabei haben sich seit der Gründung 2017 sechs wesentliche Hauptaufgabenbereiche herauskristallisiert:

- Umweltmanagement, z. B. durch Events zum Thema nachhaltiges Abfallmanagement im Tourismus und ein Kooperationsprogramm mit dem deutschen Reiseveranstalter *SeyVillas* sowie drei lokalen Umwelt- und Tierschutzprojekten.
- Nachhaltige Produktentwicklung, u. a. durch eine Ökotourismus-Studienreise in Partnerschaft mit der internationalen Organisation *Linking Tourism & Conservation.*
- Governance, durch enge Zusammenarbeit mit der Regierung der Seychellen, z. B. bei der Organisation eines Events – zu Beispielen von Inselstaaten wie Tourismus den Erhalt der Biodiversität unterstützt – auf der Conference of the Parties to the Convention on Biological Diversity in Ägypten 2018.
- Sensibilisierung, mit der Einführung des ersten Nachhaltigkeitspreises der Seychellen für Mitglieder des Hotel- und Tourismusverbandes.
- Wissensaustausch: Konferenz zum nachhaltigen Tourismus in kleinen Inselstaaten.
- Forschung: Unterstützung von Studentenrecherchen zum Thema Lebensmittelabfälle und Zertifizierung.

## Bewusstseinsbildung anhand der „Pristine Seychelles"-Kampagne

Anlässlich des Welttourismustages 2018 hat die SSTF zusammen mit ihren Partnern vom Ministerium für Tourismus und der Seychelles Hospitality and Tourism Association die Kampagne „Pristine Seychelles" gestartet. Es handelt sich um eine nationale Kommunikationskampagne zur Sensibilisierung von Besuchern für den nachhaltigen Tourismus auf den Seychellen. Die Kampagne zielt darauf ab, die negativen Auswirkungen der steigenden Tourismusankünfte auf die Umwelt zu reduzieren, das Bewusstsein für die kreolische Kultur zu stärken und die hohen Sickerraten bei den Einnahmen durch den Tourismus zu minimieren. Sie lädt entsprechend dazu ein, den lokalen Umweltschutz zu fördern, die kreolische Kultur kennenzulernen und die lokale Wirtschaft während des Urlaubes zu unterstützen. Die Initiative beinhaltet lokal produzierte Pristine-Seychelles-Pins, die den Touristen bei ihrer Ankunft am internationalen Flughafen ausgehändigt werden. Daneben werden kurze Videobotschaften – einschließlich einer kurzen Erklärung des Tourismusministers – über verschiedene Kanäle an diversen Locations (Ankunftshalle des Flughafens, Lobbys der Hotelpartner, Hauptbushaltestelle, Hauptsupermärkte usw.) abgespielt, um die Kampagne zu erklären und Touristen zu einer Teilnahme einzuladen. Für 2019 ist die Erweiterung und Fortführung des Projekts durch eine Social-Media-Kampagne geplant, die thematisiert, wie der Gast ein verantwortungsbewussterer Reisender auf den Seychellen sein kann (Abfall reduzieren, Mehrwegartikel mitnehmen, lokal kaufen etc.). Die Kampagne hat auf den Seychellen eine positive Resonanz und Akzeptanz gefunden. Das Seychelles Tourism Board hat in seinen offiziellen Feierlichkeiten zum Seychelles

Ocean Festival eine Pristine-Seychelles-Botschaft aufgenommen und die Seychelles Civil Aviation Authority initiierte am Internationalen Tag der Zivilluftfahrt eine Pristine-Seychelles-Veranstaltung zur Sensibilisierung der Akteure (vgl. Ernesta 2018). Es ist die erste Kampagne dieser Art auf den Seychellen, bei der verschiedene öffentliche und private Akteure gemeinsam Touristen sensibilisieren.

**„Don't Waste, Eat!" – Programm zur Reduzierung von Lebensmittelabfällen im Tourismus**

Nach Angaben der Food and Agriculture Organization (FAO) wären Lebensmittel, wenn sie ein Land wären, der drittgrößte Verursacher des Klimawandels weltweit. Der $CO_2$-Fußabdruck erstreckt sich vom landwirtschaftlichen Betrieb über den Transport, die Verarbeitung, die Lagerung, die Verarbeitung bis zur Entsorgung. Die Seychellen als kleiner Inselstaat sind stark von importierten Lebensmitteln abhängig, was folglich bedeutet, dass mit den konsumierten Lebensmitteln ein hoher $CO_2$-Fußabdruck verbunden ist. Gleichzeitig gibt es derzeit keine organisierte, strukturierte Entsorgung von organischen Abfällen, so dass 48 % des Inhalts der Deponien aus diesen bestehen (vgl. Talma und Martin 2013).

Mit Unterstützung der französischen Firma Betterfly Tourism und in Anlehnung an eine vor Ort Recherche (vgl. Alcindor 2018) führte die SSTF Voruntersuchungen in der Hotellerie durch und stellte fest, dass Lebensmittelabfälle im Durchschnitt 282 g pro Gericht betrugen, was 2.665 t pro Jahr entspricht, die auf der Deponie landen.

Im Juli 2018 startete die SSTF das „Don't Waste, Eat!"-Programm zur Reduzierung von Lebensmittelabfällen in Zusammenarbeit mit Betterfly Tourism. Das Programm zur Verringerung der Nahrungsmittelverschwendung entwickelte die Stiftung auf der Grundlage erster Forschungsarbeiten, Konsultationen, Kapazitätsaufbau, Wissensaustausch und Technologietransfer zusammen mit Betterfly Tourism. Es dient dazu, Personal von Partnerhotels und Restaurants mit den notwendigen Fähigkeiten zur Messung und Überwachung von Speiseresten auszustatten und darüber hinaus den Hotels eine Plattform (Betterfly-Software namens EDGAR) zur Verfügung zu stellen, die die Überwachung von Kosteneinsparungen und der Reduzierung von Speiseresten erleichtert. Im nationalen Kontext strebt die SSTF danach, kollektive Lösungen für das Problem zu finden, beispielsweise indem sie Synergien zwischen der Tourismuswirtschaft und lokalen Akteuren der Lebensmittelproduktion wie Landwirten, Fischern, der Lebensmittelindustrie und anderen Organisationen fördert, welche die Vision von Lebensmittelumverteilung und Abfallvermeidung teilen.

Seit Beginn des Programms hat die SSTF fünf Hotels erfolgreich auditiert, zwölf Mitarbeiter im Food and Beverage-Dienst geschult und eine Reihe von weiteren Aktivitäten durchgeführt. Mit dem Bestreben, gutes Essen von der Mülldeponie abzuwenden, nehmen regelmäßig verschiedene Hotels und Supermärkte an nationalen Lebensmittelspende-Events teil. Hierbei werden Lebensmittel, die kurz vor dem Ablaufen des Mindesthaltbarkeitsdatums stehen, an bedürftige Gemeindemitglieder ver-

**Abb. 3.3:** „Don't Waste, Eat!" – Lebensmittelspende (© Diana Körner).

teilt (vgl. Abb. 3.3). Bis Dato steuerten Partner Lebensmittel wie Brot, Gebäck, Kuchen, Frühstücksbuffetreste, Saft, Cornflakes, Soßen usw. bei. Auf den Events werden bis zu 200 kg Lebensmittel an bis zu 35 bedürftige Familien verteilt. Darüber hinaus führt die SSTF regelmäßig Sensibilisierungsveranstaltungen mit Hotels durch, die es der NGO ermöglichen, die Bedürfnisse der Hotels zu identifizieren und über die Bedeutung des Programms zu sprechen sowie weitere Hotels und Regierungsvertreter zum Handeln aufzufordern.

Durch das Programm werden sich die Tourismusanbieter zunehmend bewusst, wie umweltschädlich und kostenintensiv die Lebensmittelabfälle sein können. Im Austausch gegen eine einmalige Gebühr (die als CSR-Steuer abgesetzt werden kann), können die Hotels für ein Jahr dem Programm beitreten. Nach einem anfänglichen zweitägigen Training wird gemeinsam mit dem Personal ein Aktionsplan entworfen, den die SSTF regelmäßig überprüft und der mit den Messungen innerhalb der ED-GAR-Software verbunden ist. Das Programm zielt auf eine 20-prozentige Reduzierung des Lebensmittelabfallvolumens und damit verbundenen Einsparungen von 25 SCR (1,60 €) pro Gericht. Das Programm hat von den teilnehmenden Hotels positive Resonanz erhalten, insbesondere im Hinblick auf das Bewusstsein der Mitarbeiter für die Produktion von Lebensmittelabfällen. Die Hotels ergreifen ihre Maßnahmen zur Reduzierung auf der Grundlage von Empfehlungen des Personals und des Trainers/

Auditors. Bisher haben einfache Maßnahmen, wie die Reduzierung der Portionsgröße, zu einem Rückgang der Tellerreste pro Woche um mindestens 10 kg geführt. Die Hotels strichen Gerichte, die am Buffet nicht angerührt wurden, reichten Brot nur auf Nachfrage und gaben es nicht wie zuvor sofort an die Gäste aus – um nur einige der Maßnahmen zu nennen.

Das „Don't Waste, Eat!"-Programm unterstützt die Akteure, nachhaltigen Konsum und nachhaltige Produktion im Tourismus zu fördern und die Nachfrage nach importierten Produkten zu verringern. Gleichzeitig hilft es den lokalen Landwirten, da auf diese Weise den regionalen Produkten mehr Wert beigemessen wird und gute, noch genießbare Lebensmittel durch Umverteilung nicht auf der Deponie entsorgt werden. Als Ergebnis dieses Ansatzes befasst sich die SSTF mit dem *Sustainable Development Goal* Nr. 12.3 der UN (vgl. United Nations 2019) zur Bekämpfung von Lebensmittelabfällen und gewinnt Erkenntnisse zur Kreislaufwirtschaft. Für viele der Hotels ist das Hauptargument zur Teilnahme am „Don't Waste, Eat"-Programm allerdings der Kostenfaktor. Darüber hinaus klärt die SSTF die teilnehmenden Hotels über die Relevanz von Lebensmittelabfällen in der Debatte um den Klimawandel auf und gibt Hotels damit das Wissen und entsprechende Maßnahmen an die Hand, damit diese eine aktivere Rolle spielen können, um die Einstellung ihrer Kunden zu Lebensmitteln zu ändern und ein bewussteres Konsumverhalten zu fördern.

## 3.3 Fazit

Dieser Beitrag hat die Anfälligkeit der Seychellen als kleiner Inselstaat auf die Auswirkungen des Klimawandels aufgezeigt und die damit verbundenen Risiken für das Tourismusprodukt skizziert. Aufgrund der wirtschaftlichen Abhängigkeit vom Tourismus ist es für die Tourismusakteure der Seychellen unabdingbar, sich auf ganzer Linie dem nachhaltigen Tourismus zu verschreiben, um langfristig konkurrenzfähig zu bleiben. Es konnte aufgezeigt werden, dass das Bewusstsein der Akteure recht hoch ist und sowohl auf öffentlicher, privatwirtschaftlicher als auch zivilgesellschaftlicher Ebene diverse nachhaltige Tourismusinitiativen bestehen. Einige dieser Initiativen sind wirtschaftlich betrachtet und von ihrem Umweltnutzen her vorbildhaft, was für Außenstehende so scheinen könnte, dass die Seychellen international eine Vorreiterfunktion im nachhaltigen Tourismus einnähmen. Dennoch ist festzustellen, dass angesichts der zum Teil katastrophalen Vorhersagen zum Klimawandel für Inselstaaten und den damit verbundenen wirtschaftlichen und sozialen Risiken für die Destination, noch nicht die notwendige Dringlichkeit im Handeln festzustellen ist. Wie die Studie von Bristol (2018) zeigt, sehen viele der großen Hoteliers und Besitzer kleiner Unterkünfte nicht die Verbindung zwischen ihrem eigenen betrieblichen Handeln und den Auswirkungen des Klimawandels auf die Destination. Es bleibt festzustellen, dass der finanzielle Nutzen und kurzfristige Herausforderungen, wie der Anstieg von Kriminalität und die Konkurrenz mit anderen Unterkünften, zu den Hauptsorgen der Betreiber gehören (vgl. Bristol 2018). Die SSTF wird sich daher darauf konzentrieren müssen, den Privatsektor vom aktiven Handeln zu überzeugen und weiterhin die wichtige Brücke zwischen dem öffentlichen Sektor und dem Privatsektor zu schlagen, damit alle Akteure ihre notwendige Verantwortung für die nachhaltige Zukunft der Seychellen übernehmen und dabei gemeinschaftlich und nicht in Isolation handeln.

## Literatur

Alcindor, R. (2018). Baseline Study on Food Waste Production in Hotels and Mechanisms for Reduction. University of Seychelles.

Bristol, J. (2018). Tourism Operators' Response to Climate Change: The Case of Seychelles Accommodation Providers. University of Seychelles.

Ernesta, S. (2018). Pristine Seychelles: New Campaign launched on the Island Nation. Abgerufen am 30.01.2019 von http://www.seychellesnewsagency.com/articles/9811/Pristine+Seychelles+New+campaign+launched+on+the+island+nation.

ETH Zürich (2016). Solid Waste Management in the Seychelles. Abgerufen am 17.12.2018 von https://www.ethz.ch/content/dam/ethz/special-interest/usys/tdlab/docs/csproducts/cs_2016_report.pdf.

FAO (The Food and Agriculture Organization of the UN) (2011). Food Waste Footprint and Climate Change. Abgerufen am 08.02.2019 von http://www.fao.org/3/a-bb144e.pdf.

JICA (Japan International Cooperation Agency) (2014). The Study for Coastal Erosion and Flood Control Management in the Republic of Seychelles. Abgerufen am 08.02.2019 von http://open_jicareport.jica.go.jp/pdf/12262820.pdf.

Körner (2018). The contribution of CSR tax to sustainable tourism in Seychelles. (unveröffentlicht).

Laurence, D. (2018). Conservation group in Seychelles launches coral nursery on land. Abgerufen am 08.02.2019 von http://www.seychellesnewsagency.com/articles/8684/Conservation+group+in+Seychelles+launches+coral+nursery+on+lan.

McEwen, B. und Bennett, O. (2010). Seychelles Tourism Value Chain Analysis. Abgerufen am 22.01.2019 von https://www2.gwu.edu/~iits/unwto2012/Seychelles_Tourism_Value_Chain.pdf.

Muñoz, E. und Navia, R. (2015). Waste management in touristic regions. *Waste Management & Research*, 33(7):593–594. Abgerufen am 08.02.2019 von https://journals.sagepub.com/doi/pdf/10.1177/0734242X15594982.

Seychelles Nation (2018). Tourism authorities team up to offer training for owners of small hotels. Abgerufen am 19.01.2019 von http://www.nation.sc/article.html?id=259113.

National Bureau of Statistics, Republic of Seychelles (2018). Tourism. Abgerufen am 16.01.2019 von https://www.nbs.gov.sc/statistics/tourism.

Obura, D. und Gudka, M. (2017). Coral Reef Status Report for Western Indian Ocean 2017. Abgerufen am 28.01.2019 von https://www.researchgate.net/publication/323535499_Coral_reef_status_report_for_the_Western_Indian_Ocean_2017_Global_Coral_Reef_Monitoring_Network_GCRMNInternational_Coral_Reef_Initiative_ICRI.

Rybka, J. (2018). Motivations to make your establishment more sustainable while saving money. Abgerufen am 30.01.2019 von http://seychellessustainable.org/wp-content/uploads/2018/09/Case_study_SSTL_Judith_Rybka.pdf.

Seychelles Port Authority (2018). Informationen aus persönlichem Schriftverkehr.

Seychelles Revenue Commission (2013). Corporate Social Responsibility Tax Act. Abgerufen am 07.02.2019 von https://www.src.gov.sc/pages/resources/CSRTax.aspx.

Seychelles Tourism Master Plan (2018): Draft (noch nicht veröffentlicht).

Simpson, M. C., Gössling, S., Scott, D., Hall, C. M. und Gladin, E. (2008). Climate Change Adaptation and Mitigation in the Tourism Sector: Frameworks, Tools and Practices. Abgerufen am 11.02.2019 von http://www.unep.fr/shared/publications/pdf/dtix1047xpa-climatechange.pdf.

SMSP (Seychelles Marine Spatial Plan Initiative) (2019). Seychelles Marine Spatial Plan Initiative. Abgerufen am 17.01.2019 von https://seymsp.com/.

Spalding, M., Burke, L., Wood, S., Ashpole, J., Hutchison, J. und Ermgassen, P. (2017). Mapping the global value and distribution of coral reef tourism. *Marine Policy*, 82(August):104–113. Abgerufen am 27.03.2017 von https://www.sciencedirect.com/science/article/pii/ S0308597X17300635?via%3Dihub.

SRC (Seychelles Revenue Commission) and CEPS (Citizens Engagement Platform Seychelles) (2018). Persönliches Interview der Autorin am 13.02.2018.

SSTF (Seychelles Sustainable Tourism Foundation) (2018). Annual Report 2017. Abgerufen am 30.01.2019 von http://seychellessustainable.org/wp-content/uploads/2018/09/Annual-Report_SSTF_2017.pdf.

SSTL (Seychelles Sustainable Tourism Label) (2018). Seychelles Sustainable Tourism Label. Abgerufen am 30.01.2019 von http://www.sstl.sc/.

S4S (Sustainability for Seychelles) (2012). Zoli sesel ki nou fer ek salte (Video). Abgerufen am 13.01.2019 von https://www.youtube.com/watch?v=yBtRP3Bel8w&t=1s.

Talma, E. und Martin, M. (2013). The status of waste management in Seychelles. Abgerufen am 17.12.2018 von http://www.s4seychelles.com/uploads/6/1/6/7/6167574/s4s_report_status_ of_waste_managemanet_in_seychelles.pdf.

The Nature Conservancy (2019). Mapping Ocean Wealth Explorer. Abgerufen am 14.01.2019 von http://maps.oceanwealth.org/#.

The Ocean Project Seychelles (2018). Seychelles' Biggest Beach Cleanup. Abgerufen am 10.01.2019 von http://www.theoceanprojectseychelles.com/news/2018/10/seychelles-biggest-beach-clean.

United Nations (1994). Global Conference on the Sustainable Development of Small Island Developing States. Declaration of Barbados. Abgerufen am 12.03.2019 von http://www.un-documents.net/barb-dec.htm.

UN-OHRLLS (Office of the High Representative for the Least Developed Countries, Landlocked Developing Countries and Small Island Developing States) (2015). Small Island Developing States in Numbers. Abgerufen am 12.12.2018 von https://sustainabledevelopment.un.org/content/ documents/2189SIDS-IN-NUMBERS-CLIMATE-CHANGE-EDITION_2015.pdf.

UNWTO (World Tourism Organisation) (2012). Challenges and Opportunities for Tourism Development in Small Island Developing States. Abgerufen am 14.01.2019 von http:// www.sustainablesids.org/wp-content/uploads/2016/11/UNWTO-2012-Challenges-and-Opportunities-for-Tourism-Development-in-Small-Island-Developing-States.pdf.

Uyarra, M., Coté, I., Gill, J., Tinch, R., Viner, D. und Watkinson, A. (2005). Island-specific preferences of tourists for environmental features: Implications of climate change for tourism-dependent states. *Environmental Conservation*, 32(1 (March 2005)):11–19.

World Bank (2017). Strengthening Economic Resilience of Seychelles Through Inclusive Tourism. Washington, D.C.

WTTC (World Travel & Tourism Council) (2018). Travel & Tourism. Economic Impact 2018. Seychelles. Abgerufen am 14.01.2019 von https://www.wttc.org/-/media/files/reports/economic-impact-research/countries-2018/seychelles2018.pdf.

Rainer Hartmann

# 4 Fragile Staatlichkeit und Tourismus – das Beispiel Eritrea

**Zusammenfassung:** In fragilen Staaten, in denen z. B. ein anhaltender Bürgerkrieg den Staat und seine Autorität geschwächt hat, gibt es weitreichende Herausforderungen für die Entwicklung des Tourismus. Auch wenn der Tourismus in erster Linie privatwirtschaftlich organisiert ist, erfordert er eine effektive und koordinierte Unterstützung des öffentlichen Sektors, die auf einer wirksamen politischen und wirtschaftlichen Führung und Planung beruht. Versäumnisse, den Tourismus von Beginn an nachhaltig zu steuern und zu planen, können besonders in fragilen Staaten extrem negative ökologische und soziale Folgen haben. Am Beispiel von Eritrea wird der krisenhafte Weg des Tourismus im Zusammenhang mit der allgemeinen Staatsentwicklung betrachtet und ein Ausblick für die zukünftige Entwicklung des Tourismus dort gegeben.

**Schlagwörter:** fragile Staaten, Eritrea, Horn von Afrika, Tourismusplanung

## 4.1 Einleitung: Fragile Staatlichkeit

Das Ziel, in fragilen Staaten den Tourismus zu entwickeln, scheint absurd und widersprüchlich zu sein. Wer möchte schon in Somalia, dem Südsudan, der Demokratischen Republik Kongo, dem Tschad oder in Eritrea seinen Urlaub verbringen? In vielen Fällen führt ein mangelndes Verständnis von der Komplexität des Tourismussektors sowie eine allgemeine Fehleinschätzung seines möglichen wirtschaftlichen Nutzens und seiner Rolle für die lokalen Gemeinschaften zu einer Unsicherheit über die Umsetzung des Tourismus in solchen Regionen. In fragilen Staaten, in denen z. B. ein anhaltender Bürgerkrieg den Staat und seine Autorität geschwächt hat, gibt es daher weitreichende Herausforderungen für die Entwicklung des Tourismus. Auch wenn der Tourismus in erster Linie privatwirtschaftlich organisiert ist, erfordert er eine effektive und koordinierte Unterstützung des öffentlichen Sektors, die auf einer wirksamen politischen und wirtschaftlichen Führung und Planung beruht sowie u. a. für das Umweltmanagement, den Ausbau der Infrastruktur und die Bildung verantwortlich zeichnet. Versäumnisse, den Tourismus nachhaltig zu steuern und zu planen, können besonders in fragilen Staaten negative ökologische und soziale Folgen haben sowie die wirtschaftlichen Vorteile vor Ort einschränken. Basierend auf ihren Fallstudien in Ruanda, Burundi und Sierra Leone konstatiert Novelli (2015, S. 94), dass die Möglichkeit eines Landes, den Tourismus in einer fragilen Situation effektiv zu entwickeln, mit seiner Widerstandsfähigkeit und der Fähigkeit zusammenhängt, politische Reformen zu koordinieren, den Aufbau lokaler Kapazitäten zu erleichtern und eine Verknüpfung

https://doi.org/10.1515/9783110626032-004

mit dem Privatsektor zu erreichen. Der Fokus müsse auf der Entwicklung von Produkten liegen, welche die in der Region bereits vorhandenen ergänzen und auf regionale Märkte abzielen, in denen das Vorhandensein neuer Mittelschichten eine tragfähige Alternative zu den eher sensiblen und damit unzuverlässigen internationalen Märkten darstellt.

Mehr als ein Viertel der Weltbevölkerung lebt in Ländern, in denen Gewalt, Konflikte und unsichere politische Verhältnisse vorherrschen. Das führt häufig zu weiteren Entwicklungsproblemen wie Armut, Hunger und Menschenrechtsverletzungen. Auch nach Beendigung eines Konflikts kommt es häufig innerhalb weniger Jahre erneut zu gewalttätigen Auseinandersetzungen (vgl. BMZ 2019) – so auch in Eritrea. Auch wenn es international keine einheitliche Definition für fragile Staatlichkeit gibt, wurden in den vergangenen Jahren Indikatoren erarbeitet, die auf fragile Staatlichkeit hinweisen. „Generell gelten jene Staaten als fragil (zerbrechlich), in denen die Regierung nicht willens oder in der Lage ist, staatliche Grundfunktionen im Bereich Sicherheit, Rechtsstaatlichkeit und soziale Grundversorgung zu erfüllen. Staatliche Institutionen in fragilen Staaten sind sehr schwach oder vom Zerfall bedroht; die Bevölkerung leidet unter großer Armut, Gewalt, Korruption und politischer Willkür" (BMZ 2019).

Der **Fragile State Index** berücksichtigt zwölf Indikatoren, die sich auf die Bereiche staatlicher Kohäsion (Sicherheitsapparat, Fragmentierung staatlicher Institutionen, Spaltung durch verschiedene gesellschaftliche Gruppen), Wirtschaft (ökonomischer Niedergang, Ungleichverteilung, *Brain Drain*), Politik (staatliche Legitimität, öffentlicher Dienst, Menschenrechte und Rechtsstaatlichkeit) sowie Soziales und Querschnittsthemen (Bevölkerungswachstum und Verteilungsgerechtigkeit, internationale und Binnenflüchtlinge, externe Intervention) beziehen (vgl. The Fund for Peace 2019, S. 33). Demnach galt 2019 für fünf Staaten die höchste Alarmstufe (*very high alert*): Jemen, Somalia, Südsudan, Syrien und die Demokratische Republik Kongo und für vier weitere Staaten eine hohe Alarmstufe (*high alert*): Zentralafrikanische Republik, Tschad, Sudan und Afghanistan. In der nächsten Gruppe folgen 22 Staaten mit einer einfachen Alarmstufe (*alert*), darunter befindet sich auch Eritrea, das den 17. Rang beim Fragile State Index belegt. Insgesamt liegen 23 von 31 fragilen Ländern mit einer alarmierenden Ausgangslage weltweit auf dem afrikanischen Kontinent. Die Entwicklung des Index in den letzten zehn Jahren (2009–2019) zeigt Libyen, Syrien, Mali und den Jemen als die größten Verlierer bezüglich der fragilen Staatlichkeit. Eritrea folgt auf Platz sechs (vgl. The Fund for Peace 2019, S. 7 ff.).

Die internationale Staatengemeinschaft hat verschiedene entwicklungspolitische Ansätze erarbeitet, um fragile Staaten dabei zu unterstützen, sich aus ihrer Situation herauszubewegen. Als Orientierung hat die Organisation für wirtschaftliche Zusammenarbeit und Entwicklung (OECD) 2007 zehn Prinzipien für ein „gutes internationales Engagement" in fragilen Staaten („Principles for Good International Engagement in Fragile States and Situations") formuliert, diese lauten (vgl. OECD 2007):

– Ausgangslagen berücksichtigen
– keine Schäden anrichten (Do-no-Harm-Prinzip)
– Fokussierung auf Staatsentwicklung (*State Building*) als zentrales Ziel der Entwicklungszusammenarbeit
– präventive Ausrichtung des Engagements
– Anerkennung der gegenseitigen Abhängigkeit von Außen-, Sicherheits- und Entwicklungspolitik
– Förderung von Nicht-Diskriminierung als Grundlage für stabile Gesellschaften
– Ausrichtung an lokalen Prioritäten
– Koordinierungsmechanismen für internationale Akteure
– schnelles und langfristiges Engagement
– Vermeidung vom Ausschluss ganzer Staaten von der Zusammenarbeit (*Aid Orphans*).

Auch wenn die Prinzipien auf das Engagement Dritter in Bezug auf die Entwicklung in fragilen Staaten abzielen, geben sie allgemeine Hinweise darauf, in welchem Maße der politische Wille oder die Kapazitäten von Regierungen ausgeprägt sind, eine nachhaltige Entwicklung im Sinne der *Sustainable Development Goals* der UN einzuschlagen. Die Führung fragiler Staaten ist häufig durch eine Ungleichverteilung der Macht und des Einkommens zwischen rivalisierenden Gruppierungen charakterisiert. Diese Strukturen sind nach Jahrzehnten zumeist tief verwurzelt und sehr widerständig gegen Veränderung. Das daraus resultierende mangelnde Vertrauen der Gesellschaft gegenüber staatlichen Organen und Institutionen ist ein wesentlicher Hemmfaktor für die zukünftige Entwicklung. Für viele der fragilen Staaten in Afrika sind deren natürliche Ressourcen die zentrale Basis für die Entwicklung des Tourismus, um damit Armut zu mindern, ihre Wirtschaft zu diversifizieren oder Devisen ins Land zu bekommen. Aber die Umsetzung von außen implementierter Tourismuskonzepte führt häufig zu Projekten mit geringen Vorteilen für wenige Menschen. Die tiefgreifenden Strukturprobleme fragiler Staaten erfordern ganz offensichtlich ein umfassendes und grundsätzliches Verständnis, bevor der Tourismus dort (weiter) entwickelt wird und Gefahr läuft zu einem zusätzlichen Stressfaktor zu werden (vgl. Novelli 2015, S. 106).

Die Frage ist, welche Chance eine nachhaltige Tourismusentwicklung haben könnte, um als ein Faktor für die wirtschaftliche und soziale Entwicklung fragiler Staaten Bedeutung zu erlangen. Oder anders herum, welche Voraussetzungen müsste der Tourismus erfüllen, um sich in die Entwicklung solcher Staaten einzupassen? Diesen Fragen soll im Folgenden am Beispiel von Eritrea nachgegangen werden. Die zehn Prinzipien dienen als Rahmen für die Bewertung der möglichen Auswirkungen des Tourismus, unter der Annahme, dass nachhaltiger Tourismus einen Beitrag zur Diversifizierung der Wirtschaft und zur Stimulierung eines breit angelegten und integrativen Wachstums eines Landes leisten kann. Als grundlegende Voraussetzungen für die Tourismusentwicklung gelten Frieden, politische Stabilität und eine damit verbundene persönliche Sicherheit der Touristen (vgl. Causevic und Lynch 2011, S. 794 ff.; Novelli 2015, S. 107 f.).

## 4.2 Eritreas krisenhafter Weg in die fragile Staatlichkeit

Die Geschichte Eritreas beginnt als Kolonie Italiens im Jahre 1890. Zuvor gehörte das multiethnische „Land am Roten Meer" größtenteils zum Herrschaftsgebiet des Kaisers von Abessinien, dem heutigen Äthiopien. Die Kolonialherrschaft Italiens endete 1941 mit dessen Niederlage im Zweiten Weltkrieg. Daraufhin führte Großbritannien in Eritrea von 1941–1945 zunächst eine Militärverwaltung ein und erhielt schließlich eine UN-Treuhandschaft über Eritrea (1945–1952). Trotz großer Widerstände im Land entschieden die UN schließlich, Eritrea im Jahr 1952 als autonome Einheit föderal an das äthiopische Kaiserreich anzugliedern. Die äthiopische Zentralmacht weitete daraufhin ihren Einfluss in Eritrea sukzessive aus, woraufhin sich ein bewaffneter Widerstand zu formieren begann. Der Beginn des 30 Jahre andauernden Unabhängigkeitskrieges der Eritreer gegen Äthiopien datiert im September 1961. Das Land versank in einem weitgehend vor der Weltöffentlichkeit verborgenen Konflikt, der erst nach dem Zusammenbruch des sog. DERG-Regimes 1991 siegreich beendet wurde. Im April 1993 fand unter Aufsicht der UN schließlich das Referendum zur Unabhängigkeit Eritreas statt, dem 99,8 % der Wähler zustimmten. Am 24.05.1993 erhielt Eritrea erstmals seine staatliche Unabhängigkeit. Das Zentralkomitee der vormaligen Befreiungsbewegung EPLF bildete die Nationalversammlung und begann den neuen Staat zu lenken (vgl. Hartmann 2011, S. 86 ff.). Die regionale Lage Eritreas ist in Abbildung 4.1 dargestellt.

Nach 30 Jahren Krieg war die Startposition des neuen Staates Eritrea denkbar schlecht und eine enorme Herausforderung. Die Infrastruktur war völlig zerstört, die Landschaft degradiert, verwüstet und von Landminen verseucht. Dazu kam eine restlose Kapitalflucht, die externe Nahrungsabhängigkeit eines Großteils der Bevölkerung, Versorgungsprobleme von Binnenflüchtlingen, Kriegsversehrten und Waisen sowie zurückkehrenden Flüchtlingen. Auch die sozialen Probleme waren enorm. Verschiedenste soziale Gruppen trafen aufeinander und mussten das miteinander Leben erst lernen: Ex-Kämpfer, Kollaborateure, Flüchtlinge aus Lagern im Sudan und aus Übersee sowie die „neutrale" Bevölkerung in den vormals äthiopisch kontrollierten Gebieten. Die politische, soziale und ökonomische Entwicklung Eritreas kam trotz der massiven Unterstützung durch internationale Geber nur schleppend voran. Das Versprechen, eine demokratische Entwicklung einzuleiten, blieb die eritreische Regierung schuldig. Und auch gegenüber internationalen Investoren blieb sie extrem restriktiv. Selbst die massiv ins Land zurückkehrenden Kriegsflüchtlinge aus Übersee bekamen kaum Chancen, die wirtschaftliche Entwicklung des Landes nennenswert voranzubringen. Der Machtzirkel der Einheitspartei wurde im Laufe der Jahre immer enger gezogen und die Regierung war überzeugt davon, Eritrea einen eigenen,

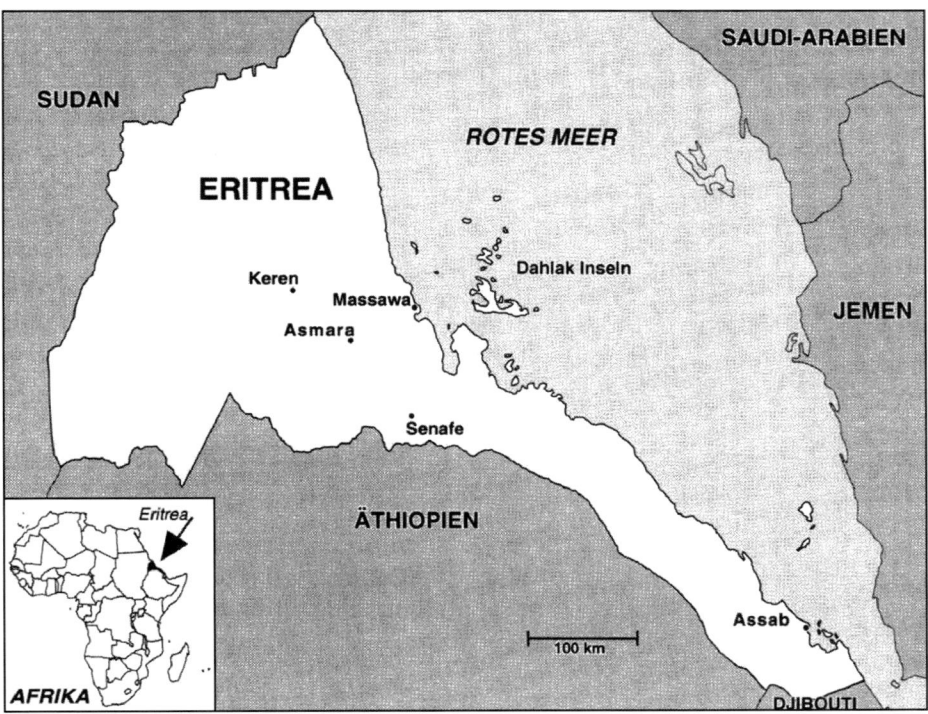

**Abb. 4.1:** Regionale Lage Eritreas (Quelle: Hartmann 2011, S. 24).

primär auf sich selbst bezogenen Weg gehen zu lassen (Self-Reliance-Strategie) (vgl. Hartmann 2011, S. 94 ff.).

Nach der politischen Unabhängigkeit Eritreas von Äthiopien hielten beide Staaten weiter an einer sehr engen politischen und wirtschaftlichen Kooperation fest. Auch in Addis Abeba waren nach 1991 ehemalige Freiheitskämpfer an die Macht gekommen. Sofort nach der Unabhängigkeit Eritreas wurde ein Freihandelsabkommen geschlossen, das den Äthiopiern die zollfreie Nutzung der eritreischen Häfen Massawa und Assab sicherte. Assab entwickelte sich fortan zu einer äthiopischen Handelsenklave und Massawa spielte eine wichtige Rolle zur Versorgung Nordäthiopiens. Die Handelsbeziehungen zwischen beiden Staaten basierten neben dem regionalen Kleinhandel vor allem auf dem Import von Hirse und Kaffee durch Eritrea, das sich auch in guten Erntejahren nicht selbst mit Grundnahrungsmitteln versorgen konnte, und dem Export von Salz nach Äthiopien sowie der äthiopischen Versorgung mit Erdölprodukten durch die Raffinerie in Assab. Wenige Monate nach der Unabhängigkeit im Mai 1993 erklärte die eritreische Regierung, sie wolle auch den Tourismus als wichtigen Faktor in die allgemeine Wirtschaftsentwicklung des Landes integrieren (vgl. Hartmann 2011, S. 98 ff.).

Doch schon im Jahr 1998 endete die vielversprechende Freundschaft zwischen Äthiopien und Eritrea unrühmlich. Grenzscharmützel zwischen beiden Ländern weiteten sich überraschend schnell zum Krieg aus. Beide Seiten nennen als Kriegsgrund die Verletzung territorialer Souveränität durch die jeweils andere Seite. Offensichtlich ist jedoch, dass es andere Gründe gibt, die diesen widersinnigen Krieg auslösten. Bereits 1997 führte Eritrea mit dem Nakfa eine eigene Währung ein. Damit war die Trennung von Eritrea und Äthiopien in zwei Wirtschaftsräume endgültig. Erstmalig materialisierte sich die Grenze und wurde plötzlich vor allem für den regionalen Kleinhandel zu einem Hindernis. In beiden Staaten entstanden spürbare Engpässe für wichtige Handelsgüter und die Versorgungslage spannte sich an. Die Entwicklungen stellten eine immer schwerere Bürde für beide Ökonomien dar. Sehr bedeutsam schienen schließlich auch die machtpolitischen Antriebskräfte für den Krieg zu sein. Sowohl Eritrea als auch Äthiopien waren seit 1991 bestrebt, eine wichtige Rolle als regionale Macht am Horn von Afrika zu spielen. Äthiopien stützte sich dabei auf seine "traditionelle" Vormachtstellung. Beide Präsidenten standen unter dem Druck, sichtbare Erfolge vorzeigen zu müssen. Der Krieg bot ihnen Gelegenheit, innen- und außenpolitisch Macht zu demonstrieren.

Im Mai 1998 eskalierte der Konflikt schließlich zum schweren Grenzkrieg mit Luftangriffen sowie zahlreichen Todesopfern und Flüchtlingen. Beide Kriegsparteien hatten eine Situation herbeigeführt, die wenig Chancen für eine schnelle Beilegung der militärischen Konfrontation in Aussicht stellten, obwohl in der Gesamtbetrachtung eine *No-Win-Situation* für beide Seiten bestand. Einer schnellen Beilegung des Konfliktes stand entgegen, dass beide Parteien sich propagandistisch sehr weit hinausgewagt hatten. Die Situation war festgefahren: Jedes Einlenken konnte als Schwäche wahrgenommen werden. Der drohende politische Gesichtsverlust, der damit verbunden gewesen wäre, schien beiden politischen Führungen zu riskant gewesen zu sein. Doch bis dahin war bereits ein so großer politischer und wirtschaftlicher Schaden angerichtet, dass eine Rückkehr zum Status quo ante unmöglich war. Äthiopien und Eritrea haben durch den Ausbruch des Krieges einen erneuten schweren Imageverlust erlitten. Auch die Hoffnungen, dass die damaligen Präsidenten Zenawi und Afeworki einen „neuen Typ des politischen Führers" für Afrika verkörperten, hatten sich vollends zerschlagen (vgl. Hartmann 2011, S. 98 ff.; Hartmann und Meier 1998).

Erst im Dezember 2000 wurde der Krieg, in dem geschätzte 80.000–90.000 Menschen starben, durch ein Waffenstillstandsabkommen beigelegt. Von Juli 2000 an überwachten UN-Einheiten die Grenze und es erfolgte eine Demarkation durch eine unabhängige Kommission. Im April 2002 erkannten beide Regierungen den vom Ständigen Schiedshof für die Beilegung internationaler Konflikte neu festgelegten Grenzverlauf zunächst als endgültig und bindend an. Doch Äthiopien widerrief die Zustimmung. Der UN-Sicherheitsrat beendete das Mandat in Eritrea (UNMEE) 2008, nachdem die Operation von den eritreischen Behörden massiv behindert worden war (vgl. United Nations 2009). Auf beiden Seiten der gemeinsamen Grenze waren jeweils bis zu 100.000 Soldaten stationiert, so dass 18 Jahre ein angespannter und unsicherer Friede zwischen Eritrea und Äthiopien herrschte. UNO-Generalsekretär Kofi Annan hatte die Situation schon im Oktober 2006 sehr treffend als „Afrikanische Tragödie" bezeichnet (vgl. BBC 2005; Fischer Taschenbuch Verlag 2010).

Die **innenpolitische Lage** in Eritrea ist äußerst restriktiv: Politische Gegner und religiöse Minderheiten werden verfolgt, Menschen werden zur Zwangsarbeit herangezogen. Die für 2001 angekündigten Wahlen haben nicht stattgefunden. Und auf dem Pressefreiheitsindex der Reporter ohne Grenzen rangiert Eritrea 2019 – nachdem es lange auf dem letzten Platz stand – auf Platz 178 von 180, nur noch gefolgt von Nordkorea und Turkmenistan (vgl. Fischer Taschenbuch Verlag 2010; Reporter ohne Grenzen 2019). Eritrea ist das einzige afrikanische Land, das keine privaten Medien zulässt. Als Reaktion auf die innenpolitische Lage flüchteten in den letzten Jahren nach Schätzungen des UNHCR ca. 4.000 Eritreer pro Monat ins Ausland (vgl. Staude 2018).

Im 2018 publizierten „Ibrahim Index of African Governance", der 88 verschiedene Indikatoren in vier Kategorien untersucht, erreichte Eritrea nur den 51. von 54 Rängen, nur noch gefolgt von Libyen, Südsudan und Somalia. Damit hat sich Eritrea zwischen 2008 und 2017 zusammen mit einigen anderen Staaten am negativsten entwickelt. Die untersuchten Kategorien waren: Sicherheit und Rechtsstaatlichkeit (Eritrea = Rang 47/54), Partizipation und Menschenrechte (Eritrea = Rang 54/54), nachhaltige ökonomische Chancen (Eritrea = Rang 50/54) sowie menschliche Entwicklung (Eritrea = Rang 47/54) (vgl. Mo Ibrahim Foundation 2018).

Das Auswärtige Amt gibt bis heute als landesspezifischen Sicherheitshinweis für Eritrea eine „Teilreisewarnung" heraus. Zudem hat Eritrea gegen alle Ausländer Beschränkungen der Bewegungsfreiheit verfügt. Sie benötigen für Reisen außerhalb der Hauptstadt Asmara eine Reiseerlaubnis, die erst vor Ort erteilt wird (vgl. Auswärtiges Amt 2019).

Nach 20 Jahren der Feindschaft sowie des wirtschaftlichen Stillstands und zunehmender politischer Restriktionen innerhalb Eritreas überraschten im Juli 2018 plötzlich Schlagzeilen wie „Historischer Frieden sorgt für Aufbruch" (Staude 2018) die Weltöffentlichkeit. Eritrea und Äthiopien unterzeichneten einen Friedensvertrag. Seit September 2018 sind die Grenzen wieder geöffnet, der Handel kann wieder florieren und Ethiopian Airlines nahm die Flugverbindung zwischen den Hauptstädten Addis Abeba und Asmara wieder auf. Im Zuge der Hoffnung auf einen gesamtwirtschaftlichen Aufschwung setzt Eritrea auch auf einen wachsenden Tourismus (vgl. Staude 2018). Auf diesen Moment haben nicht nur die Eritreer lange gewartet. Nach dem brutalen Krieg 1998–2000 an der Grenze zwischen Eritrea und Äthiopien und einer zwei Jahrzehnte währenden Isolation muss der Prozess des wirtschaftlichen Aufbaus in Eritrea das zweite Mal nach der Unabhängigkeit 1993 von ganz vorne beginnen. Tourismus in Eritrea erschien bis vor ein paar Monaten wie ein Widerspruch in sich. Jetzt könnte er (doch) wieder ein Baustein für die Entwicklung sein. Abbildung 4.2 fasst die historischen Eckdaten Eritreas noch einmal zusammen.

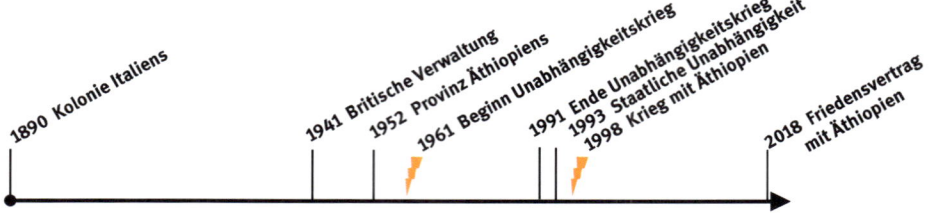

**Abb. 4.2:** Historische Eckdaten Eritreas (Quelle: eigene Darstellung).

## 4.3 Status Quo des Tourismus in Eritrea

Grundsätzlich wäre die Entwicklung Eritreas zum Urlaubsreiseziel schon in den 1990er Jahren schwierig gewesen. Das Horn von Afrika ist insgesamt nur eine Nischen-destination – touristische „Boomregionen" Afrikas sind einige mediterrane Länder, das südliche Afrika und die Inseln im Indischen Ozean (vgl. Kapitel 1). Trotzdem hatte Eritrea bis 1998 eine sehr positive Reputation als *New Destination* für speziell interessierte Touristen besonders aus Europa (vgl. Hartmann und Meier 1999, S. 81). Aus der touristischen Perspektive haben der Krieg seit 1998 und die anhaltenden politischen Spannungen jedoch für langfristige Folgeschäden gesorgt. Die Bilder aus Eritrea, die um die ganze Welt gingen, sind eine sehr schwere Bürde. Denn dadurch hat das Image von der Krisen- und Kriegsregion eine nachdrückliche Auffrischung erfahren. Der internationale Tourismus kam im Mai 1998 zum Stillstand und die internationalen Ankünfte in Eritrea haben sich seitdem nicht wieder erholt. Bei einem „Neubeginn mit Tourismus 2.0" würde es für Eritrea ungleich schwerer und vor allem langwieriger, sich auf dem internationalen „Parkett" zu rehabilitieren (vgl. Hartmann 2011, S. 4 ff.).

### 4.3.1 Entwicklung des Tourismus – eine Achterbahnfahrt

Mit dem Ausbau Eritreas zur italienischen Siedlungskolonie entwickelte sich das Land wie viele andere Kolonien Afrikas zu einem Ziel für die frühen Pioniere des Reisens in Europa – 1899 öffnete mit der Albergo Italia (späteres Keren Hotel) das erste Hotel Eritreas seine Pforten. Dieser Trend verstärkte sich Mitte der 1930er Jahre mit der italienischen Expansion nach Äthiopien. Zur Information der Reisenden erschien 1938 ein italienischer Reiseführer für das gesamte Africa Orientale Italiana[1] in einer Auflage von 490.000 Exemplaren (Consociazione Turistica Italiana 1938). Zielgruppen dürften neben einer relativ geringen Zahl von Fernreisenden vornehmlich die im „Impero" lebenden Italiener (75.000 allein in Eritrea) und ihre Besucher gewesen sein.

---

[1] Name für das von 1936 bis 1941 existierende italienische Kolonialgebiet in Ostafrika, das neben den bereits zuvor bestehenden Kolonien Eritrea und Italienisch-Somaliland auch Äthiopien und seit 1940 Britisch-Somaliland umfasste.

Im Zuge des wachsenden europäischen Ferntourismus in den 1960er Jahren entwickelte sich der Norden Äthiopiens mit der Küstenprovinz Eritrea zu einer der Pionierregionen des organisierten Tourismus in Afrika. Erst mit der sozialistischen Revolution 1974 in Äthiopien und der Ausweitung des Krieges sanken die Touristenzahlen in Eritrea abrupt auf den Nullpunkt – die Region fiel in einen touristischen Dornröschenschlaf. Fast 20 Jahre später, nach dem Ende des Befreiungskrieges im Mai 1991, war es wieder möglich nach Eritrea zu reisen. Doch in den ersten zwei Jahren kamen fast nur Exileritreer und Äthiopier (90 % der Einreisenden). Diese Struktur der Touristenankünfte blieb bis 1996 erhalten, nur 6–14 % aller Ankünfte stammten aus dem übrigen regionalen oder fernen Ausland. Als Quellgebiet internationaler Touristen dominierte eindeutig die ehemalige Kolonialmacht Italien, daneben waren vor allem die USA, Deutschland, Großbritannien und Frankreich von Bedeutung. Insgesamt wies Eritrea auch fünf Jahre nach dem Befreiungskrieg weiterhin hohe jährliche Wachstumsraten bezüglich der touristischen Ankünfte auf (vgl. Hartmann 2011, S. 149 ff.) (vgl. Abb. 4.3).

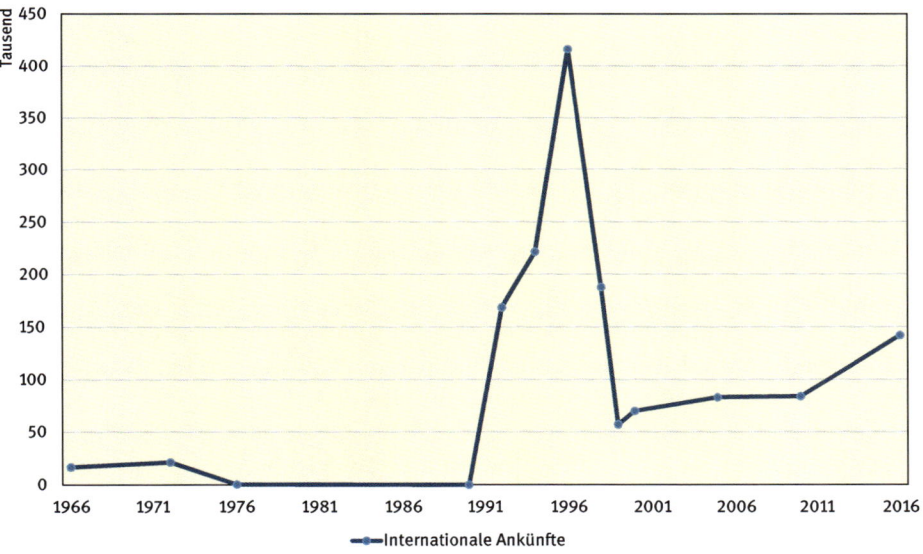

**Abb. 4.3:** Internationale Ankünfte in Eritrea 1966–2016 (Quelle: eigene Darstellung nach Hartmann 2011, S. 150 ff.; UNWTO 2018, S. 18).

Untersuchungen des Autors vor Ort ergaben, dass 1996 nur etwa 20 % aller offiziell erfassten Touristen eine Relevanz für die zukünftige Entwicklung des Tourismus in Eritrea hatten. Die übrigen waren größtenteils dem kleinen Grenzverkehr mit Äthiopien und dem Sudan zuzuordnen. Mit dem Urlaubstourismus verhielt es sich ähnlich: Nur ein Drittel der statistisch erfassten Urlauber konnten als „Urlaubstouristen im engeren Sinn" betrachtet werden, im Jahr 1996 waren dies maximal 10.000 Personen. Um über ein möglichst differenziertes Bild von den Touristen in Eritrea zu verfügen, wurden deren Merkmale und Einstellungen detailliert erfasst. Besonders interessant war das Ergebnis des *Brainstormings* zum Reiseziel Eritrea: Mit Abstand am positivsten erschienen den Touristen die Freundlichkeit und Gastfreundschaft der Eritreer. Daneben wurden auch die Sicherheit und politische Stabilität hervorgehoben, die sich aus heutiger Sicht als trügerisch erweisen sollten. Als negativ hoben die Touristen vor allem Mängel bei verschiedenen Dienstleistungen, eine hinderliche Bürokratie, mangelnde Hygiene sowie die defizitäre Infrastruktur hervor (vgl. Hartmann 1998, S. 137 f.).

Allerdings hielt die beginnende touristische „Explorationsphase" (vgl. Butler 1980) nur wenige Jahre an. Durch den Krieg mit Äthiopien ist der Tourismus in Eritrea 1998 wieder komplett eingebrochen und konnte sich seitdem nicht wieder rehabilitieren (vgl. Abb. 4.3).

Christie et al. (2014, S. 6) ordnen Eritrea in eine Gruppe von Staaten in Afrika südlich der Sahara ein, die sich in einer Vorphase der Tourismusentwicklung *(pre-emergent)* befinden, verbunden mit einem kompletten Marktversagen. Sie sind durch politische Instabilität und Unsicherheit geprägt, haben geringes Interesse am Tourismus und dementsprechend schlechte kurz- bis mittelfristige Wachstumsaussichten für denselben. Diese Gruppe deckt sich weitestgehend mit den fragilen Staaten mit einer sehr hohen, hohen oder zumindest einfachen Alarmstufe (s. o.).

### 4.3.2 Potenzielle Nachfragemärkte

Schon der Vergleich mit dem Nachbarn Äthiopien relativiert das touristische Potenzial von Eritrea deutlich. Der nördliche Nachbar verfügt über herausragende kulturhistorische und landschaftliche Attraktionen, von denen neun auf der UNESCO-Welterbeliste stehen (u. a. die Kirchen und Paläste in Aksum, Lalibela und Gondar sowie der Simien Nationalpark). Die Veranstalter von Studien- und Erlebnisreisen sahen in einer Befragung des Autors die größte Chance für Eritrea in kombinierten Reisen mit Äthiopien sowie in der touristischen Nutzung von Tauch- und Bademöglichkeiten im Roten Meer. Auf erfahrene Afrikareisende übte Eritrea besonders durch den Reiz des Unbekannten und die Hoffnung, dort neue Entdeckungen abseits der großen Touristenströme machen zu können, eine Anziehungskraft aus. Dennoch verfügten sowohl Reiseveranstalter als auch potenzielle Touristen tendenziell über ein negatives Image von Eritrea und stellten sich ein unausgereiftes Zielgebiet mit mangelhafter Infrastruktur, wenig Attraktionen und einer ungenügenden Sicherheitslage vor (vgl. Hartmann 1998, S. 56 ff.). Das dürfte sich bis heute noch verstärkt haben.

Unter der Voraussetzung, dass die allgemeinen Rahmenbedingungen der staatlichen, ökonomischen und sozialen Entwicklung in Eritrea sich kontinuierlich verbessern, könnten die Trends im internationalen Tourismus sich jedoch mittelfristig auch für Eritrea auszahlen. Die global hohe Wachstumsdynamik des Wirtschaftssektors Tourismus hält voraussichtlich weiter an und die Wachstumsraten der touristischen Ankünfte und Einnahmen in den Entwicklungs- und Schwellenländern liegen über dem globalen Durchschnitt (vgl. UNWTO 2018, S. 5). Allerdings birgt die Lage Eritreas am „Horn von Afrika" das hohe Risiko, dass der Tourismus bei gewalttätigen Konflikten in der Region wieder komplett zusammenbricht. Die Fragilität des Staates Eritrea und vieler seiner Nachbarn überträgt sich hier direkt auf den Tourismus.

### 4.3.3 Das Angebot für den Tourismus

Eritrea liegt in Nordostafrika und ist neben einem über 1.000 km langen Küstenstreifen am Roten Meer von den Nachbarländern Äthiopien, Sudan und Djibouti umgrenzt (vgl. Abb. 4.1). Die Landesfläche beträgt 124.330 km², vergleichbar mit einem Drittel der Fläche Deutschlands. In Eritrea leben etwa fünf Millionen Menschen, die jeweils zur Hälfte Moslems und orthodoxe Christen sind. Als offizielle Amtssprachen gelten Tigrinya und Arabisch. Die Hauptstadt Asmara liegt im zentralen Hochland und hat ca. eine halbe Million Einwohner. Soweit die Rahmendaten des ursprünglichen Angebots für den Tourismus in Eritrea (vgl. Hartmann 1998, S. 38).

Das Land verfügt über einige touristische Attraktionen, die eine besondere Bedeutung für die zukünftige Entwicklung des Urlaubstourismus besitzen. Als natürliche Attraktionen sind besonders das vielfältige Spektrum an Naturlandschaften auf engstem Raum (offizieller Slogan: „Three Seasons in Two Hours"), die unberührte Festlandsküste und Inselwelt sowie die reiche Meeresflora und -fauna hervorzuheben. Aus historischer Sicht verfügt das Land über Zeugnisse aus der Antike (die historischen Orte von Kohaito und Belew Kelew im südlichen Hochland), die arabisch-osmanische Architektur der Küstenorte Massawa und Assab sowie eine sehr stark ausgebildete kulturelle Identität der meisten Ethnien innerhalb des Landes. Darüber hinaus ist in einigen Orten eine starke Prägung durch die italienischen Kolonialherren festzustellen. Mit seiner Hauptstadt Asmara hat Eritrea sogar eine spektakuläre *Unique Selling Proposition* (USP). Die Architektur von Asmara ist stark beeinflusst vom italienischen Art Deco-Stil der 1930er Jahre (vgl. Abb. 4.4). Die Italiener erschufen „Africa's Secret Modernist City", indem sie den seinerzeit modernsten Baustil umsetzten. Asmara wurde ein architektonisches Vorzeigeprojekt für das faschistische Regime von Mussolini: Eine ausgefeilte modernistische Stadt im Herzen Afrikas (vgl. Denison et.al. 2003, S. 16 f.). Inzwischen ist dieses historische Erbe im Rahmen einer *Architectural Heritage Zone* geschützt und wurde 2017 in die Liste des UNESCO-Weltkulturerbes aufgenommen.

Aufgrund der politischen und wirtschaftlichen Entwicklung seit 1998 sind die touristischen Attraktionen Eritreas nicht weiterentwickelt worden. Die touristische Infrastruktur ist von enormen Defiziten geprägt und es gibt bislang nur wenige Hotels und Restaurants, die internationalem Standard entsprechen. Zudem herrscht ein Mangel an qualifiziertem Personal. Als weitere Limitierungsfaktoren für die Entwicklung des

**Abb. 4.4:** Kino aus der italienischen Kolonialzeit in Asmara (© Rainer Hartmann).

Tourismus sind vor allem die unzureichende allgemeine Infrastruktur, die ökologische Degradierung der Naturlandschaften, das extreme Klima in der Küstenebene und der Mangel an legislativen Grundlagen zu betrachten (vgl. Hartmann 2011, S. 126). Als übergeordnete Faktoren stellen auch die gegenwärtige innenpolitische Situation und das bis 2018 angespannte Verhältnis zu Äthiopien keine gute Werbung für den Tourismus in Eritrea dar. Zudem verhindert die räumliche Nähe zum Jemen bei potenziellen Touristen Vertrauen in die Region aufzubauen.

Die eritreische Regierung ist sich der Bedeutung des Tourismus als Wirtschaftsfaktor bewusst und hat – trotz der widrigen politischen und ökonomischen Rahmenbedingungen – seit 1998 Anstrengungen zur Weiterentwicklung dieses Bereichs unternommen. Um diese Aktivitäten strategisch zu bündeln, wurde 1998/99 der ursprüngliche Tourismus-Masterplan von 1997 grundlegend überarbeitet und auf die Jahre 2000–2020 ausgelegt. Die Regierung arbeitete aktiv an der Entwicklung der touristischen Infrastruktur sowie der Verkehrsinfrastruktur weiter. Die Investitionen tätigten zum großen Teil der Staat oder eritreische Privatpersonen. Im Vordergrund standen der Beherbergungsbereich und die Verbesserung der Servicequalität. Doch solange sich die allgemeine Lage nicht verbessert, hat auch der Tourismus keine Chance sich signifikant zu entwickeln (vgl. Euromonitor International 2014; Hartmann 2011, S. 147).

## 4.4 Planung des Tourismus

Bereits im Oktober 1993 hatte sich die eritreische Regierung im Rahmen der *First Conference on the Development of Tourism in Eritrea* aktiv mit dem Thema Tourismus beschäftigt. Aus den Ergebnissen der Konferenz formulierte das Ministry of Tourism 1994 die *Terms of Reference* für die zukünftige Entwicklung dieses Wirtschaftssektors. Darauf aufbauend wurde im Laufe des Jahres 1996 von einer internationalen Beratungsagentur ein Tourismus-Masterplan für Eritrea erarbeitet. Dieser hatte aus der Sicht der eritreischen Regierung offenbar einige Mängel, so dass er bereits 1999 revidiert und überarbeitet wurde.

Parallel dazu entwarf der Autor ein **integratives Konzept zur Planung und Entwicklung des Tourismus in Eritrea**[2] auf wissenschaftlicher Basis. Das zentrale Ziel war es, den Tourismus als Entwicklungsfaktor in den Prozess der wirtschaftspolitischen Neustrukturierung Eritreas zu integrieren. Im Zentrum der Konzeptentwicklung stand die Berücksichtigung der allgemeinen und tourismusspezifischen Entwicklungsziele der eritreischen Regierung. Diese sollten mit den Ergebnissen und Erfahrungen der bisherigen Tourismusforschung in Einklang gebracht werden, um damit zu verhindern, dass sich Fehler einschleichen, die bereits in anderen Regionen – und insbesondere fragilen Staaten – zum Scheitern von langfristig tragfähigen Tourismuskonzepten geführt hatten. Als Synthese der ersten Arbeitsphase konnten einige interdependente Zielbereiche herausgearbeitet werden, die als Grundlage für das integrative Konzept dienen (vgl. Hartmann 1998, S. 33 ff. und Abb. 4.5):

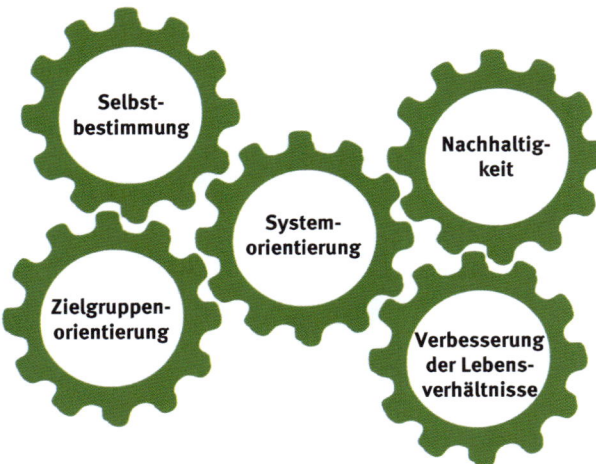

**Abb. 4.5:** Zielbereiche des integrativen Konzepts (Quelle: eigene Darstellung).

---

**2** Im Folgenden kurz als „integratives Konzept" bezeichnet.

Als übergeordneter Zielbereich gilt die **Systemorientierung**: Grundsätzlich ist eine Integration des Tourismus in die Entwicklung des regionalen Gesamtsystems Eritrea anzustreben. Das bedeutet eine Koordination und Verkoppelung des Tourismus mit anderen Teilsystemen zu einer homogenen wirtschaftlichen, sozialen, ökologischen und politischen Entwicklung in Eritrea (→ Nachhaltigkeit, Verbesserung der Lebensverhältnisse)[3]. Zumindest in der ersten Phase der Tourismusentwicklung sollte die eritreische Regierung alle wichtigen Entscheidungen koordinieren. Zur Entscheidungsfindung bedarf es einer intensiven Zusammenarbeit aller relevanten Akteure des regionalen Gesamtsystems (→ Selbstbestimmung).

Das primäre Ziel der eritreischen Regierung besteht in der Erarbeitung eines eigenen Entwicklungsmodells. Dieses Vertrauen auf die eigenen Kräfte (Self-Reliance-Strategie) impliziert eine deutliche Forderung nach **Selbstbestimmung**. Deshalb dürfen internationale Unternehmen in der Pionierphase des Tourismus nur selektiv am touristischen Expansionsprozess beteiligt werden. Im Rahmen der internen Diskussion des Tourismus müssen alle relevanten Akteure innerhalb Eritreas soweit wie möglich in den gesamten Planungs- und Entwicklungsprozess einbezogen werden (→ Systemorientierung). Auf der untersten Ebene besitzt das Mitbestimmungsrecht der lokalen Gemeinschaften bei allen Entscheidungen zur Tourismusentwicklung eine besondere Bedeutung, vor allem wenn es um die Nutzung der endogenen Ressourcen geht (→ Nachhaltigkeit, Verbesserung der Lebensverhältnisse).

Die eigentliche Innovation des Begriffes **Nachhaltigkeit** besteht in der Betonung des Gestaltungsrechtes zukünftiger Generationen. Demnach muss der Planung und Entwicklung des Tourismus in Eritrea eine langfristig tragfähige Konzeption zugrunde liegen. Eine Ausweitung des Tourismus darf nur unter Berücksichtigung qualitativer Vorgaben zugelassen werden (→ Verbesserung der Lebensverhältnisse, Selbstbestimmung). Eine besondere Betonung erfährt die Nachhaltigkeit in Bezug auf die Mobilisierung und Nutzung der endogenen Ressourcen: Der Schutz des kulturellen Erbes sowie die respektvolle Behandlung der natürlichen Umwelt besitzen in diesem Zusammenhang höchste Priorität. Entsprechend darf nur ein schrittweiser Ausbau des Tourismus erfolgen. Formen des Massentourismus sind zu vermeiden (→ Zielgruppenorientierung).

Auf der Basis einer integrativen, selbstbestimmten und langfristig tragfähigen Entwicklung des Tourismus erhält die **Verbesserung der Lebensverhältnisse** der eritreischen Bevölkerung eine zentrale Bedeutung. Die Ausweitung des Tourismus dient dazu, das Wirtschaftswachstum zu fördern, die Deviseneinnahmen zu steigern und Arbeitsplätze sowie Ausbildungsmöglichkeiten zu schaffen. Ein möglichst großer Teil der Bevölkerung muss an diesen positiven Effekten des Tourismus teilhaben. Die von der eritreischen Regierung angestrebte politische Dezentralisierung kann die räumliche Dispersion des Tourismus unterstützen und damit die Möglichkeit der Streuung positiver Effekte des Tourismus fördern.

---

**3** Die Begriffe in Klammern verweisen jeweils auf die weiteren vernetzten Zielbereiche.

Die **Zielgruppenorientierung** erfolgt aus zwei Perspektiven: Das touristische Angebot ist dabei als Limitierungsfaktor und die Nachfrage als Orientierungsfaktor zu betrachten. Im Rahmen des ursprünglichen Angebots ist eine optimale Befriedigung der touristischen Bedürfnisse anzustreben. Beim Auftreten von Konfliktfällen muss jedoch von Seiten der touristischen Nachfrage eine Limitierung der Angebotsentwicklung akzeptiert werden (→ Nachhaltigkeit, Selbstbestimmung). Von Beginn an sollte eine Orientierung an verschiedenen Typen der touristischen Nachfrage erfolgen, von denen positive Wirkungen erhofft werden. Auf der Basis einer Zielgruppenforschung ist es möglich, das Angebot gezielt zu diversifizieren und damit die positiven Effekte des Tourismus zu streuen (→ Verbesserung der Lebensverhältnisse).

Unter Berücksichtigung der allgemeinen Ziele des oben angeführten integrativen Konzeptes, bedarf es eines **strategischen Rahmens** für alle weiteren Planungsschritte und für das Tourismusmarketing: Prinzipiell muss die Tourismusentwicklung von einer Regierungsinstitution koordiniert werden, in Eritrea vom Ministry of Tourism. Dessen Funktion besteht darin, gesetzliche Grundlagen und Organisationsstrukturen für den Tourismus zu schaffen oder zu koordinieren sowie die Aus- und Weiterbildungsmöglichkeiten im Tourismus ausweiten. Zudem sollten regionale Arbeitskreise eingerichtet werden, in denen die einheimische Bevölkerung über die zukünftige Gestaltung des Tourismus mitentscheiden kann. Das trägt gleichzeitig zum Schutz des kulturellen Erbes und zur Stärkung der regionalen Identität bei. Aus ökologischer Sicht ist bei Konflikten zwischen dem Tourismus und dem Naturschutz, der Schutz der natürlichen Lebensgrundlagen in den Vordergrund zu stellen. Zudem ist der Tourismus mit anderen Wirtschaftssektoren zu vernetzen. Die positiven Effekte des Tourismus müssen möglichst breit gestreut werden, um einen optimalen Beitrag zur Verbesserung der Lebensverhältnisse der gesamten Bevölkerung zu leisten. Es sollten dabei optimale Beschäftigungseffekte für die einheimische Bevölkerung erzielt werden. Ausländische Investitionen in den Tourismus sollten weitgehend gesteuert und eritreische Investoren gefördert werden. Grundlage für eine qualitative Verbesserung des touristischen Angebots ist die bereits bestehende touristische Infrastruktur, die sich jedoch an den Bedürfnissen internationaler Gäste messen lassen muss (vgl. Hartmann 2007, S. 42; Hartmann 2011, S. 263 ff.).

Die systematische Erfassung und Bewertung von touristisch attraktiven Räumen ermöglicht im zweiten Planungsschritt die Erarbeitung eines **räumlichen Konzeptes** der Tourismusentwicklung in Eritrea. Es setzt sich aus touristischen Entwicklungsräumen unterschiedlicher Priorität zusammen. Als Basisorte und Schwerpunktgebiete mit höchster Priorität für die erste Phase der Entwicklung gelten: (1) Massawa mit dem angrenzenden Küstenraum und einzelnen Inseln des Dahlak-Archipels; (2) Adi Keyih und Senafe mit den historischen Orten Kohaito und Belew Kelew; (3) Asmara und Umgebung; (4) Keren und Umgebung. Diese Basisorte werden durch touristische Entwicklungsachsen miteinander verbunden. Mit der Ausweisung der touristischen Entwicklungsräume ist eine Reihe von praktischen Empfehlungen verbunden, wel-

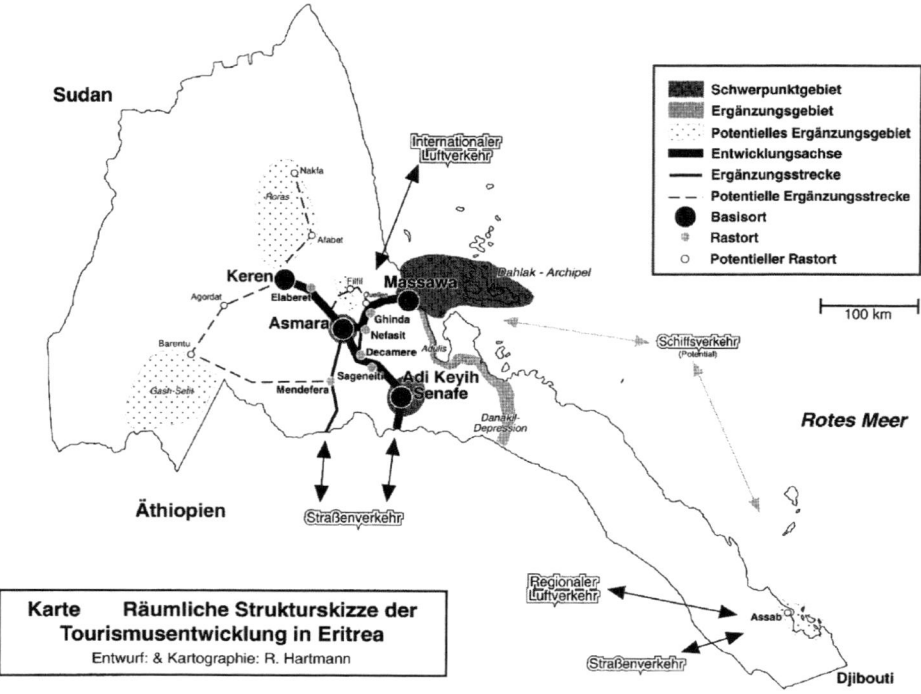

**Abb. 4.6:** Räumliche Entwicklung des Tourismus in Eritrea (Quelle: Hartmann 1998, S. 185).

che Maßnahmen zur Entwicklung des Tourismus in den jeweiligen Räumen erforderlich sind, wie z. B. Tourismus-Service-Büros in den Basisorten zu etablieren (vgl. Hartmann 1998, S. 184 ff. und Abb. 4.6).

Aus der Sicht des integrativen Konzeptes eignen sich verschiedene Reiseformen besonders für die Entwicklung des Tourismus in Eritrea. In das räumliche Konzept integriert, tragen diese Reiseformen zu einer Diversifizierung des touristischen Angebots und damit auch zur Orientierung an unterschiedlichen Zielgruppen bei. In der Reihenfolge ihrer Bedeutung gelten vor allem regionale Studien- und Erlebnisreisen (v. a. in Kombination mit Äthiopien), Tauchreisen ans Rote Meer, Wander-, Trekking- und Fahrradreisen im zentralen Hochland sowie verschiedene Spezialreisen (z. B. Architektur, Ethnologie, Botanik, Geografie) als geeignete Formen für die zukünftige Entwicklung des Tourismus in Eritrea (vgl. Hartmann 1998, S. 205 ff.).

## 4.5 Neubeginn des Tourismus und fragile Staatlichkeit

Das dargestellte integrative Konzept zur Planung und Entwicklung des Tourismus in Eritrea wurde 1998 fertiggestellt und im gleichen Jahr der eritreischen Regierung zur Verfügung gestellt. Nur zwei Monate später führten erste Grenzkonflikte das Land in einen Krieg mit dem Nachbarn Äthiopien. Seitdem fand angesichts der politischen Situation und des völligen wirtschaftlichen Niedergangs nur noch eine rudimentäre Beschäftigung mit dem Thema Tourismus statt. Die Nachfrage brach abgesehen von Exileritreern und wenigen Reisenden aus Nachbarländern bzw. der Region komplett zusammen. Nach der politischen Annäherung der beiden Präsidenten und der Aufnahme von Wirtschaftsbeziehungen 2018 könnte auch eine Wiederbelebung des Tourismus in Eritrea erfolgen. Allerdings erfordert die extrem fragile Staatlichkeit eine sehr ausgewogene und reflektierte Herangehensweise an dieses Thema. Die Frage ist, ob die Zielsetzungen und Strategien des integrativen Konzeptes (vgl. Hartmann 1998) eine Hilfestellung für dieses Unterfangen bieten können und implizit auch einige der zehn Prinzipien für ein „gutes internationales Engagement" in fragilen Staaten (vgl. OECD 2007) berücksichtigen. Daher soll in diesem Abschnitt ein kurzer Abgleich der beiden Denkansätze erfolgen (vgl. Tab. 4.1).

**Tab. 4.1:** Prinzipien für fragile Staaten in Bezug zum Tourismus in Eritrea (Quelle: eigene Erhebung).

| Prinzipien für fragile Staaten | Entsprechungen in Eritrea und im integrativen Konzept |
|---|---|
| Ausgangslagen berücksichtigen | Eritreas Ausgangslage ist ähnlich prekär wie nach dem Krieg 1991. Im Rahmen der Entwicklung (und Zusammenarbeit) bedarf es eines äußersten Fingerspitzengefühls und sehr guter Kenntnisse der Vorort-Situation. Das integrative Konzept berücksichtigt diese Aspekte vollständig (→ Systemorientierung, Nachhaltigkeit). |
| Keine Schäden anrichten (Do-no-Harm-Prinzip) | Die Hilfestellung muss ausgewogen und transparent erfolgen, so dass alle Bevölkerungsgruppen die gleiche Chance haben, davon zu profitieren. Mögliche soziale Gegensätze und Ungleichgewichte dürfen nicht verstärkt werden. Das integrative Konzept berücksichtigt diese Aspekte (→ Selbstbestimmung, Nachhaltigkeit, Verbesserung der Lebensverhältnisse). |
| Fokussierung auf Staatsentwicklung (State Building) als zentrales Ziel der Entwicklungszusammenarbeit | Der Tourismus kann nur ein Teilaspekt der gesamten Staats- und Wirtschaftsentwicklung Eritreas sein. Zunächst müssen grundlegende Strukturen etabliert werden, die eine Mitbestimmung und -gestaltung der eritreischen Bevölkerung ermöglichen (Politik, Soziales, Wirtschaft). Das integrative Konzept berücksichtigt das Beziehungsgefüge zwischen dem Tourismus und anderen Bereichen des Gesamtsystems in Eritrea (→ Systemorientierung, Selbstbestimmung, Nachhaltigkeit). |
| Präventive Ausrichtung des Engagements | Das eritreische Staatssystem ist gegenwärtig nicht darauf ausgerichtet, zivilgesellschaftliche Bewegungen zu unterstützen oder zu stärken. Hierzu bedarf es zunächst grundlegender politischer Reformen. Erst im nächsten Schritt können die Ziele des integratives Konzeptes greifen (→ Selbstbestimmung, Nachhaltigkeit, Verbesserung der Lebensverhältnisse). |

**Tab. 4.1:** (Fortsetzung)

| Prinzipien für fragile Staaten | Entsprechungen in Eritrea und im integrativen Konzept |
|---|---|
| Anerkennung der gegenseitigen Abhängigkeit von Außen-, Sicherheits- und Entwicklungspolitik | Die Stärkung und Rehabilitation eines fragilen Staates ist eine ganzheitliche Aufgabe, die nicht ressortbezogen betrachtet werden kann. Das berücksichtigt auch das integrative Konzept (→ Systemorientierung). |
| Förderung von Nicht-Diskriminierung als Grundlage für stabile Gesellschaften (Gleichstellung der Geschlechter, Inklusion und Menschenrechte) | Die Menschenrechtssituation in Eritrea bedarf einer deutlichen Verbesserung. Das ist auch die Basis für eine an den Nachhaltigkeitszielen der UN orientierten Entwicklung. Das integrative Konzept setzt diese politische Grundorientierung voraus (→ Nachhaltigkeit, Verbesserung der Lebensverhältnisse). |
| Ausrichtung an lokalen Prioritäten | Die eritreische Regierung hatte von Beginn an – zunächst auch mit breiter Unterstützung der Bevölkerung – das Ziel, eine Entwicklung auf der Basis der eigenen Kapazitäten einzuleiten. Nun gilt es, diesen Status quo ante von politischer Seite wiederherzustellen. Das integrative Konzept bezieht sich explizit auf diese Entwicklungsstrategie (→ Selbstbestimmung, Nachhaltigkeit). |
| Koordinierungsmechanismen für internationale Akteure | Auch in diesem Punkt hatte die eritreische Regierung immer eine klare Haltung und sich damit in den 1990er Jahren großen Respekt bei internationalen Gebern verschafft (→ Selbstbestimmung, Systemorientierung). |
| Schnelles und langfristiges Engagement | Die eritreische Wirtschaft ist nicht in der Lage, die eigene Bevölkerung mit dem Notwendigsten (v. a. Nahrungsmitteln) zu versorgen. Gleichzeitig bedarf es Hilfe beim Aufbau der Infrastruktur und personeller Kapazitäten, die eher langfristig ausgerichtet sind. Den Tourismus betreffend sind es eher langfristig und strukturell ausgerichtete Ziele, die auch im integrativen Konzept berücksichtigt sind (→ Nachhaltigkeit, Verbesserung der Lebensverhältnisse). |
| Vermeidung vom Ausschluss ganzer Staaten (oder Regionen innerhalb von Staaten) von der Zusammenarbeit („Aid Orphans"). | Aus der Perspektive eines Empfängerlandes bedeutet dieses Prinzip, darauf zu achten, dass es keine vernachlässigten Regionen innerhalb eines Landes sowie keine vernachlässigten Sektoren oder Gruppen innerhalb der Gesellschaft geben darf. Auch dieser Aspekt ist Teil der Planungen des integrativen Konzepts (→ Systemorientierung, Nachhaltigkeit, Verbesserung der Lebensverhältnisse). |

Es ist festzustellen, dass der grundlegende Ansatz des integrativen Konzepts die besonders sensible Ausgangslage Eritreas als fragilem Staat vollumfänglich berücksichtigt. Auch wenn die Zielsetzungen und das Konzept bereits 1998 vor dem Hintergrund des 30-jährigen Befreiungskrieges erarbeitet wurden, kann deren Gültigkeit durch den Abgleich mit den zehn Prinzipien der OECD (2007) unterstrichen werden. Grundsätzlich stellt sich die gegenwärtige Ausgangslage Eritreas für die Entwicklung des Tourismus nicht anders dar als vor 20 Jahren.

## 4.6 Fazit und Ausblick: Quo vadis Eritrea?

Seit den ersten Bekenntnissen, den Tourismus als wichtigen Faktor in die allgemeine Wirtschaftsentwicklung des Landes zu integrieren, hat sich in Eritrea sehr viel verändert. Zunächst war die Zahl der touristischen Ankünfte zwischen 1993 und 1996 um mehr als das Doppelte angestiegen. Die Aufwertung und Ausweitung der touristischen Infrastruktur verlief dagegen nur sehr zögerlich – offenbar wollte man keine Fehler machen. Die bürokratischen „Blockaden" veranlassten viele potenzielle Investoren dazu, ihre teilweise gut durchdachten und angepassten Projektvorschläge wieder zurückzuziehen. Der Konflikt und zeitweise Krieg mit Äthiopien war dann der Super-GAU für den Tourismus in Eritrea, bis heute ist dieser weitestgehend zum Erliegen gekommen. Das könnte sich durch die zögerliche Annäherung der beiden Staaten seit 2018 langsam wieder ändern, so hoffen vieler Eritreer.

Doch Eritrea muss seine Tourismusentwicklung das zweite Mal innerhalb von zwei Jahrzehnten ganz von vorne beginnen. Der Zustand der fragilen Staatlichkeit hat im Vergleich zu 1993 andere Schwerpunktthemen bekommen: Im Vordergrund stehen weniger die Zerstörungen durch den Krieg als vielmehr Menschenrechte und Rechtsstaatlichkeit. Insgesamt wären jetzt sehr große Anstrengungen zu unternehmen, um sich im internationalen Tourismus zu rehabilitieren und die Verluste der letzten 20 Jahre aufzuholen. Die Situation nach dem brutalen Krieg und seinen Bildern, die um die ganze Welt gingen, ist eine sehr schwere Bürde. Hinzu kommen die unablässigen Flüchtlingsströme aus Eritrea und die Berichte über die restriktive politische Situation in Eritrea, die dem Land den zweifelhaften Ruf als „Nordkorea Afrikas" (Spiegel Online 2018) eingebracht haben.

Aus dem neuen Status Quo für die Tourismusentwicklung in Eritrea ergeben sich zwei zentrale Anforderungen für die eritreische Regierung, um der Gefahr einer ziellosen und ungeplanten Tourismusentwicklung vorzubeugen:

(1) Vor einem möglichen „Neubeginn mit Tourismus 2.0" (Hartmann 2011) gilt es, verlässlich und nachhaltig festzuhalten, welchen Stellenwert der Tourismus in Eritrea haben soll, und die legislativen Rahmenbedingungen für die zukünftige Entwicklung des Tourismus festzuschreiben. Das kann sicher nur unter der Voraussetzung einer allgemeinen politischen Liberalisierung und Stabilisierung erfolgen.

(2) Sehr eng verknüpft mit der Forderung nach grundlegenden politischen Entscheidungen ist ein dringender Handlungsbedarf für einige vorbereitende Schritte zur Tourismusentwicklung. Das betrifft vor allem die Ausbildung von Fachkräften, die Schaffung von gesetzlichen Grundlagen und Organisationsstrukturen für den Touris-

mus, die ausgewogene Information der Bevölkerung über Chancen und Gefahren des Tourismus in Eritrea sowie die Einrichtung von Foren, in denen die einheimische Bevölkerung über die zukünftige Gestaltung des Tourismus mitentscheiden kann.

Diese Anforderungen decken sich auch mit den zehn Prinzipien für fragile Staaten der OECD (2007) und wären Schritte zu einer nachhaltigen Tourismusentwicklung, die unter Berücksichtigung der lokalen Ressourcen und Kapazitäten nur schrittweise vorangetrieben wird und damit einem langfristig tragfähigen Konzept entspricht.

Wie schon beschrieben befindet sich Eritrea derzeit in einer Art „Warteschleife", was die durchgreifende Entwicklung des Tourismus im Land angeht. Nach Ansicht des Autors hat Eritrea grundsätzlich ein solides Potenzial, sich zu einer beachtlichen Nischendestination zu entwickeln, unter der Vorbedingung, dass der Staat willens und in der Lage ist, seine Grundfunktionen im Bereich Sicherheit, Rechtsstaatlichkeit und soziale Grundversorgung zu erfüllen.

## Literatur

Auswärtiges Amt (2019). Eritrea. Reise- und Sicherheitshinweise. Abgerufen am 14.05.2019 von https://www.auswaertiges-amt.de/de/aussenpolitik/laender/eritrea-node/eritreasicherheit/226176#content_0.

BBC (British Broadcasting Corporation) (2005). Horn border tense before deadline (23.12.05). Abgerufen am 14.07.2019 von http://news.bbc.co.uk/1/hi/world/africa/4555892.stm.

BMZ (Bundesministerium für wirtschaftliche Zusammenarbeit und Entwicklung) (2019). Fragile Staatlichkeit – eine Herausforderung für die Entwicklungspolitik. Abgerufen am 11.07.2019 von https://www.bmz.de/de/themen/fragilestaaten/index.html.

Butler, R. (1980). The Concept of a Tourist Area Cycle of Evolution. Implications for Management of Resources. *Canadian Geographer*, 24(1):5–12. Abgerufen am 24.06.2019 von https://www.researchgate.net/publication/228003384_The_Concept_of_A_Tourist_Area_Cycle_of_Evolution_Implications_for_Management_of_Resources.

Causevic, S. und Lynch, P. (2011). Phoenix tourism: post-conflict role. *Annals of Tourism Research*, 38(3):780–800.

Christie, I., Fernandes, E., Messerli, H. und Twining-Ward, L. (2014). Tourism in Africa: Harnessing Tourism for Growth and Improved Livelihoods. Washington D.C.: The World Bank.

Consociazione Touristica Italiana (1938). Guida dell'Africa Orientale Italiana. Torino.

Denison, E., Ren, G. Y. und Gebremedhin, N. (2003). *Asmara. Africa's Secret Modernist City*. Merrell, London.

Euromonitor International (2014). Travel and Tourism in Eritrea. Abgerufen am 14.07.2019 von https://www.euromonitor.com/travel-and-tourism-in-eritrea/report.

Fischer Taschenbuch Verlag (2010). *Fischer Weltalmanach 2011*. S. Fischer Verlag, Frankfurt/M.

Hartmann, R. (1998). Eritrea: Neubeginn mit Tourismus. Ein integratives Planungs- und Entwicklungskonzept. Arbeiten aus dem Institut für Afrika-Kunde 99. Hamburg.

Hartmann, R. (2007). Potenziale des integrierten Tourismus – Eritreas Chancen für ein bedeutendes Urlaubsreiseziel verschwinden in den Regionalkonflikten. *eins Entwicklungspolitik, Information Nord-Süd*, Heft 2-3-2007(Februar):40–42.

Hartmann, R. (2011). *Eritrea: Neubeginn mit Tourismus 2.0. Aktualisierte Bewertungen und ein integratives Konzept.* Südwestdeutscher Verlag für Hochschulschriften, Saarbrücken, 2. überarb. Aufl.

Hartmann, R. und Meier, T. (1998). Äthiopien und Eritrea im Krieg. *Geographische Rundschau*, 50:537–538.

Hartmann, R. und Meier, T. (1999). Ohne Rücksicht auf Verluste. Der Krieg zwischen Äthiopien und Eritrea droht beide Länder zu ruinieren. *Der Überblick*, 1/99:80–82.

Mo Ibrahim Foundation (2018). Ibrahim Index of African Governance. Abgerufen am 14.05.2019 von http://s.mo.ibrahim.foundation/u/2018/11/27173840/2018-Index-Report.pdf.

Novelli, M. (2015). *Tourism and Development in Sub-Saharan Africa: Current Issues and Local Realities.* Routledge, London.

OECD (Organisation für wirtschaftliche Zusammenarbeit und Entwicklung) (2007). Principles for Good International Engagement in Fragile States and Situations. Abgerufen am 11.07.2019 von https://www.oecd.org/dac/conflict-fragility-resilience/docs/38368714.pdf.

Reporter ohne Grenzen (2019). Rangliste der Pressefreiheit. Abgerufen am 14.05.2019 von https://www.reporter-ohne-grenzen.de/rangliste/2019/ueberblick/.

Spiegel Online (2018). Eritrea und Äthiopien. Wie nachhaltig ist der Frieden? (17.08.2018). Abgerufen am 15.07.2019 von https://www.spiegel.de/politik/ausland/eritrea-wird-das-nordkorea-afrikas-jetzt-ein-normales-land-a-1219061.html.

Staude, N. (2018). Eritrea und Äthiopien. Historischer Frieden sorgt für Aufbruch. Abgerufen am 14.05.2019 von https://www.deutschlandfunkkultur.de/eritrea-und-aethiopien-historischer-frieden-sorgt-fuer.979.de.html?dram:article_id=431034.

The Fund for Peace (2019). Fragile State Index Annual Report 2019. Washington D.C. Abgerufen am 11.07.2019 von https://fundforpeace.org/2019/04/10/fragile-states-index-2019/.

United Nations (2009). UNMEE. United Nations Mission in Ethiopia and Eritrea. Abgerufen am 14.05.2019 von https://unmee.unmissions.org/about.

UNWTO (World Tourism Organisation) (2018). Tourism Highlights. 2018 Edition. Abgerufen am 12.07.2019 von http://www2.unwto.org/publication/unwto-tourism-highlights-2018-edition.

Malte Steinbrink und Ina Voshage

# 5 Ambivalente Repräsentationen – Betrachtungsweisen des Townshiptourismus in Windhoek, Namibia

**Zusammenfassung:** Dieser Beitrag behandelt die Entstehung, Entwicklung und Ausprägungen des Townshiptourismus in Windhoek, der sich im dortigen Stadtteil Katutura als diversifiziertes Angebot touristischer Besichtigungstouren entwickelt hat. Vor dem Hintergrund einer allenthalben beobachtbaren Moralisierung des „Globalen Slummings" widmet sich der Beitrag dem wechselseitigen Verhältnis von Township-Image und touristischer Repräsentation.

**Schlagwörter:** Townshiptourismus, Slumtourismus, Armut, Namibia, Katutura, Authentizität, Repräsentation, Stereotypen

## 5.1 Einleitung

In Windhoek hat sich seit den 1990er Jahren ein zunehmend diversifiziertes Angebot touristischer Besichtigungstouren durch das ehemalige Township Katutura herausgebildet. Damit war der Tourismus in der namibischen Hauptstadt recht früh Teil eines Trends, der – ausgehend von Südafrika – einsetzte: die touristische Inwertsetzung städtischer Armutsviertel in Ländern des Globalen Südens. Dieses häufig als Slum- oder Armutstourismus bezeichnete Phänomen sorgt seit seiner Entstehung nicht nur für mediales Aufsehen und Empörung, sondern wurde im letzten Jahrzehnt auch immer mehr zum Gegenstand wissenschaftlicher Forschung (vgl. Tzanelli 2018).

Angelehnt an Überlegungen und Erkenntnissen aus einem Studienprojekt des Instituts für Geographie der Universität Osnabrück aus dem Jahr 2015 thematisiert dieser Beitrag den Townshiptourismus in Katutura (vgl. Steinbrink et al. 2015, 2016). Im ersten Schritt gibt dieser Aufsatz einen Einblick in die Entstehung, Entwicklung und Struktur des Townshiptourismus in der namibischen Hauptstadt; im zweiten Schritt diskutiert er das Wechselspiel von Township-Image, touristischer Erwartungshaltung und Township-Repräsentation in der Tourpraxis.

### 5.1.1 Entwicklung des globalen Armutstourismus und Forschungsstand

Close under the Abbey of Westminster there lie concealed labyrinths of lanes and courts, and alleys and slums, nests of ignorance, vice, depravity, and crime, as well as of squalor, wretchedness, and disease; whose atmosphere is typhus, whose ventilation is cholera; in which swarms

https://doi.org/10.1515/9783110626032-005

of huge and almost countless population, nominally at least, Catholic; haunts of filth, which no sewage committee can reach – dark corners, which no lighting board can brighten. (Wiseman 1850, S. 30)

Diese Beschreibung des Ost-Londoner Stadtteils *Devils' Acre* von Erzbischof Wiseman von Westminster gilt als erste Quelle, die das Auftauchen des Begriffs „Slum" in der englischen Hochsprache belegt. Betrachtet man das semantische Framing, so scheinen sich die dominanten Bedeutungszuweisungen in den letzten 160 Jahren kaum verändert zu haben (vgl. Abb. 5.1).

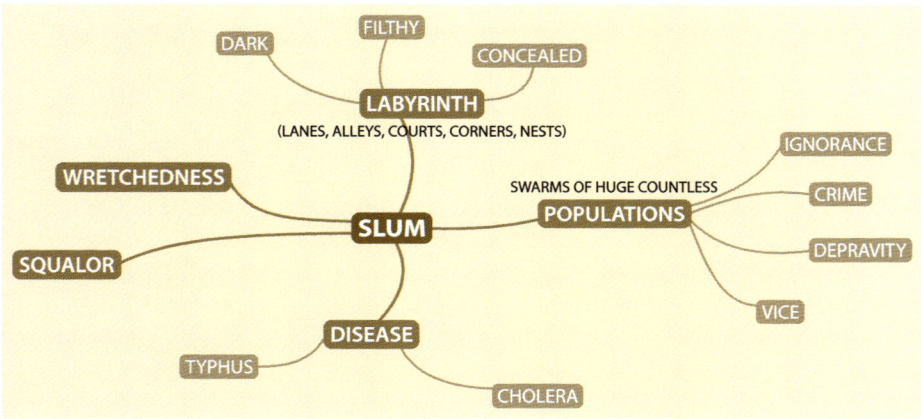

**Abb. 5.1:** Semantischer Hof von Wisemans „Slum" (Quelle: eigene Darstellung).

Der Slum symbolisiert seit jeher die „dunkle", „niedere" und „unbekannte" Seite der Stadt und ist Projektionsfläche bürgerlicher Fantasien, geprägt von Abscheu, Angst und Argwohn. Andererseits war diese fremdartige Welt immer auch Objekt wildester – durchaus auch reizvoller – Imaginationen. Die Neugierde auf den Slum ist etwa so alt wie der „Slum" selbst: Kurz nachdem der Begriff in den Londoner West-Side-Lingo eingeflossen war, tauchte dort auch der pejorative Begriff des „slumming" auf. Dieser beschrieb die in der zweiten Hälfte des 19. Jahrhunderts immer beliebter werdende Freizeitbeschäftigung der Upper-Class, die Slums im Londoner East End zu besuchen – aus unterschiedlichen, teils wohltätigen, oft beargwöhnten Motiven. Das viktorianische Slumming kann als Vorläufer des heutigen Slumtourismus gelten.[1] In den alten Industrienationen war das Slumming also früh Bestandteil des Städtetourismus (vgl. Steinbrink 2012).

---

1 Stärker professionalisiert und kommerzialisiert hat sich das Slumming indes erst um die Wende zum 20. Jh., als das Phänomen in den USA auftauchte: City Guidebooks empfahlen nun erstmals Rundgänge durch von Armut geprägte Stadtgebiete (insbesondere durch Quartiere der neuen Einwanderergruppen); und in Manhattan, Chicago und San Francisco entstanden auf Slumführungen spezialisierte Tourunternehmen (vgl. Steinbrink 2012).

Im Globalen Süden hingegen entwickelte sich dieses Phänomen – ausgehend von Südafrika und Brasilien – erst ab Ende des 20. Jahrhunderts, dafür allerdings sehr rasant: In immer mehr Metropolen wird die organisierte Besichtigung städtischer Armutsviertel zu einer beliebten touristischen Praxis (vgl. Frenzel et al. 2012). Der Slumtourismus ist inzwischen ein globales Phänomen. Es ist davon auszugehen, dass weltweit jährlich deutlich mehr als eine Million Touristen – hauptsächlich aus dem Globalen Norden – an Slum-, Favela- oder Townshiptouren teilnehmen, wovon ca. 90 % auf Südafrika und Rio de Janeiro entfallen (vgl. Frenzel und Steinbrink 2014).

In Südafrika existierten bereits während der Apartheid Townshipführungen (insbesondere durch Soweto, Johannesburg), diese wurden in den 1980er Jahren entweder zu Propagandazwecken vom Apartheidsregime selbst organisiert oder von oppositionellen NGOs als Teil ihrer politischen Arbeit (vgl. Frenzel 2012a). Auch in Brasilien waren es zunächst politische Hintergründe, die zur Entwicklung des Favelatourismus führten: Während der United Nations Conference on Environment and Sustainable Development (UNCED) 1992 wurden NGO-Vertreter, politische Aktivisten und Journalisten auf die Favelas aufmerksam, weil diese während der Konferenz aufgrund von Sicherheits- und Imagebedenken der Stadt polizeilich und militärisch abgesperrt worden waren. Daraufhin ließ man sich von Vertretern der lokalen Zivilgesellschaft und politisch aktiven Einzelpersonen Touren durch Rocinha, Rios größte Favela, organisieren (vgl. Freire-Medeiros 2009; Steinbrink 2014). Aus den Nischenangeboten für politisch interessierte Reisende entwickelten sich in verschiedenen südafrikanischen Städten und in Rio de Janeiro kommerzielle Angebotsstrukturen für touristische Besichtigungen von städtischen Armutsgebieten.

Und der Markt boomt: Die Zahl neuer Slum-Destinationen entwickelt sich gerade in den letzten fünfzehn Jahren rasant; immer mehr Tourismusunternehmen bieten ein immer reichhaltigeres Portfolio unterschiedlicher Aktivitäten an. Die am stärksten etablierte Form des Slumtourismus sind geführte Touren, z. B. mit Bus, Jeep, Quad, per Fahrrad oder zu Fuß. Allerdings variieren konkrete Ausgestaltung und Schwerpunktsetzung dieser Touren ausgesprochen stark. Zudem sind v. a. in konsolidierten Destinationen thematische Spezialisierungen feststellbar. Auch die Tatsache, dass nun vermehrt Angebote jenseits geführter Touren entstehen, lässt auf Diversifizierungsprozesse und somit auf eine gewisse Reifung im Produktlebenszyklus des Armutstourismus schließen. Wenngleich slumtouristische Aktivitäten von den Anbietern häufig als „off the beaten track" (Meschkank 2011; Dyson 2012) beworben werden, ist nicht mehr zu übersehen, dass der Slumtourismus in einigen Destinationen bereits zum touristischen Mainstream avanciert ist.

Der Slumtourismus ist nach wie vor eine äußerst kontrovers diskutierte Spielart des Tourismus, die starke Skepsis provoziert. Die moralischen Bedenken beziehen sich meist auf zwei Aspekte: erstens auf die Motivationslage der Touristen und zweitens auf die Form der Inszenierung und Repräsentation. Insbesondere Journalisten waren oft schnell mit Mutmaßungen über die Beweggründe der Touristen zur Hand und machten ihre Vermutungen alsdann zur Grundlage ihrer moralischen Bewertung: In Radio- und Fernsehsendungen sowie in den Printmedien wurde und wird der slumtouristische Blick als (Sozial-)Voyeurismus und der Slumtourismus als unwürdiges Zurschaustellen von Elend kritisiert. Begriffe wie „Menschensafari" und „Poverty Porn" bestimmten lange die Berichterstattung (vgl. Frenzel und Steinbrink 2014).[2]

Die Wissenschaft entdeckte das Thema des globalen Slumtourismus deutlich später als die Medien[3], aber auch die meisten wissenschaftlichen Studien sind von einer moralisierenden Perspektive gerahmt. So erstaunt es auch nicht, dass Slumtourismus zuweilen recht unhinterfragt als eine Form des *Dark Tourism* bzw. Thanatourismus betrachtet wird, womit wiederum implizit auf die touristischen Motive und die Inhalte des Gezeigten („Slums als Orte des Leids, der Krise und Katastrophe") geschlossen wird. Häufig wird das Phänomen auch eng mit der allgemeinen – stark normativ aufgeladenen – Entwicklungs(länder)thematik gekoppelt: Vor dem Hintergrund etwaiger positiver sozioökonomischer Effekte wird diskutiert, ob Slumtourismus eine ethisch vertretbare touristische Praxis darstellt (vgl. Frenzel et al. 2015). Dabei geht es implizit um die Frage, ob der moralische Zweck (die ökonomische Teilhabe der Armen) die unmoralischen Mittel (die touristische Inwertsetzung des Slums) heiligt.

Die moralisierende Perspektive rahmt nicht nur die Beobachtung des globalen Slumtourismus in Öffentlichkeit und Wissenschaft, sondern ist – so die Ausgangsthese dieses Beitrags – gleichsam konstituierendes Moment der touristischen Form selbst.

### 5.1.2 Hintergrund, Ziel und Aufbau dieses Beitrags

Angesichts der auffälligen Dominanz der moralisierenden Betrachtung des Phänomens sowie der in Medien und Wissenschaft allzu oft unhinterfragten Annahmen über die Motive der Slumtouristen einerseits sowie über die Inhalte und Form der touristi-

---

2 Erst in jüngerer Zeit wird dem Slumtourismus bisweilen das Potenzial attestiert, mittels direkter Konfrontation mit Armut für globale Ungleichheiten zu sensibilisieren oder zur interkulturellen Verständigung beizutragen. Auch bei dieser Sichtweise bleibt die Berichterstattung stark moralisierend geprägt.

3 Erst Mitte der 2000er Jahre entstanden die ersten Arbeiten, die sich systematischer mit dem Phänomen auseinandersetzen, wobei das akademische Interesse am Phänomen des Armutstourismus seit etwa zehn Jahren spürbar zunimmt: Mittlerweile liegt auch eine beachtliche Zahl empirischer Fallstudien aus unterschiedlichen geografischen Kontexten vor. Folgende Textsammlungen und State-of-the-Art-Artikel geben einen guten Überblick über das Forschungsfeld: Frenzel, Koens, Steinbrink (Hrsg.) (2012) („Slum tourism: Poverty, Power and Ethics"); Special Issue Tourism Geographies (14[2], 2012); Themenheft („Armut und Tourismus") Zeitschrift für Tourismusforschung (2014); Themed Issues („Slum Tourism – Part I & 2") in Tourism Review International (2015, 2016), Frenzel et al. (2015); Tzanelli (2018).

schen Darstellung andererseits scheint es angemessen, diese tatsächlich zum Gegenstand der Untersuchung zu machen.

Als Fallbeispiel soll hier der Tourismus im Township Katutura in Windhoek dienen. Die Basis liefert eine im Rahmen eines Studienprojekts des Instituts für Geographie der Universität Osnabrück durchgeführte Untersuchung. Obwohl Katutura zu den am längsten etablierten Destinationen dieser Tourismusform gehört, stellte diese die erste umfangreichere Fallstudie dar (vgl. Steinbrink et al. 2015, 2016).[4] Das übergeordnete Ziel des Projekts war es, einen empirischen Beitrag zur Diskussion um das Verhältnis von Armut und Tourismus und zum Verständnis des globalen Phänomens des Armutstourismus zu leisten. Das Forschungsdesign kombiniert quantitative und qualitative Methoden der empirischen Sozialforschung (standardisierte Erhebungen, leitfadengestützte Interviews und Expertengespräche, teilnehmende Beobachtungen, Kartierungen). Von den insgesamt vier im Studienprojekt behandelten Schwerpunkten[5] fokussiert der hier vorliegende Beitrag vornehmlich die touristischen Imaginationen, Repräsentationen und Wahrnehmungen seitens internationaler Touristen.

Im Fokus der Betrachtung steht die Frage, inwiefern die Erwartungen der Touristen an ein Township im Rahmen einer touristischen Führung erfüllt werden und wie die vor der Tour bestehenden raumbezogenen Vorstellungsinhalte (Township-Image) im Kontext der Touren kommunikativ-performativ aufgegriffen, verstärkt oder revidiert werden. Vor der Beantwortung der Frage werden zum Zwecke der thematischen Kontextuierung, die Entwicklungen und Strukturen des Townshiptourismus in Windhoek dargestellt.

## 5.2 „Touring Katutura!“: Entstehung und Struktur des Townshiptourismus in Windhoek

Der namibische Tourismussektor verzeichnet seit der Unabhängigkeit des Landes im Jahr 1990 ein rasantes Wachstum. Gleichzeitig befindet er sich in dem komplexen Spannungsfeld gesellschaftspolitischer Transformationen der Postapartheid. Vor diesem Hintergrund hat sich seit Ende der 1990er Jahre der Besuch des ehemaligen Townships Katutura zu einer städtetouristischen Aktivität in Windhoek herausgebildet. Im Folgenden werden aktuelle Entwicklungen im Tourismus sowie die Entstehung und derzeitige Struktur des Townshiptourismus skizziert.

---

**4** Die feldforschenden Teilnehmer des Projekts waren: M. Akpinar, D. Baumgarten, M. Buning, D. Hausmann, S. Joest, M. Legant, R. Nielen, B. Schauwinhold, T. Süßenguth und T. Grunau.
**5** Die vier Schwerpunkte sind: 1) Entwicklung und (Markt-)Struktur des Townshiptourismus; 2) Touristische Vorstellungen, Repräsentationen und Wahrnehmungen; 3) Wahrnehmung und Beurteilung aus der Perspektive der Bewohner; 4) Lokalökonomische Effekte.

## 5.2.1 Städtetourismus in Windhoek

Namibia zählt zu den vier am schnellsten wachsenden Tourismusmärkten weltweit (vgl. WTTC 2014, S. 1). Seit der Unabhängigkeit steigen die Touristenzahlen, lediglich unterbrochen von der Wirtschaftskrise 2008 bis 2011, kontinuierlich an. 2018 haben ca. 1,24 Mio. internationale Gäste Namibia besucht (vgl. WTTC 2018, S. 5) – eine beachtliche Zahl angesichts der ca. 2,4 Mio. Einwohner des Landes.

Der Anteil des Tourismus am BIP beträgt rund 15 % und ist somit eine tragende Säule der namibischen Volkswirtschaft. Die Beschäftigtenzahlen im Tourismussektor steigen seit Jahren: Im Jahr 2013 waren 4,5 % der namibischen Erwerbsbevölkerung direkt und 19,4 % indirekt vom Tourismus abhängig (vgl. WTTC 2014, S. 1 ff.). Namibia bietet eine Vielzahl touristischer Attraktionen. Während der Fokus lange auf dem Natur- und Wildlife-Tourismus lag, gewinnen jüngst kulturtouristische Aktivitäten wie Ethnotourismus und Städtetourismus an Bedeutung.

Der Hosea Kutako International Airport[6] ist der einzige internationale Flughafen des Landes. Hier beginnt und endet für die große Mehrheit der überseeischen Besucher ihr Aufenthalt in Windhoek. Das Potenzial des internationalen Tourismus für die Hauptstadt wird bislang keineswegs ausgeschöpft, denn für die meisten Urlauber ist der Aufenthalt in der Stadt lediglich Start- oder Endpunkt ihrer Reise.

Städtetouristisch wurden in Windhoek lange Zeit die architektonischen Relikte der deutschen Kolonialzeit vermarktet, z. B. Alte Feste, Reiterdenkmal, Christuskirche (vgl. Rodrian 2009, S. 43 ff.). In jüngerer Zeit ist von Seiten der Stadt eher eine Fokussierung auf die Zeit nach der Unabhängigkeit zu beobachten.[7] Hinzugekommen sind nach der Unabhängigkeit das Nationalmuseum und der Heroes' Acre; das Independence Memorial Museum, das die Apartheids- und Stadtgeschichte thematisiert, wurde 2014 eröffnet.[8] Die Innenstadt Windhoeks bietet darüber hinaus ein großes Angebot an Restaurants und Einkaufsmöglichkeiten sowie Bars, Kinos und Theater.

Bei den meisten europäischen Urlaubern gilt Namibias Hauptstadt als langweilige, „unafrikanische, deutsche" Stadt ohne besondere touristische Attraktivität. 2006 diagnostizierten Basilio et al. (2006) in einer tourismuswissenschaftlichen Stärken-Schwächen-Analyse nicht nur unzureichende Transportmöglichkeiten für Touristen und ein Unsicherheitsgefühl bei Besuchern aufgrund von Kleinkriminalität, sondern auch ein wenig differenziertes touristisches Angebot und vor allem ein „lack of cultu-

---

**6** Für das Geschäftsjahr 2012/13 meldete der Flughafen 384.641 ankommende Fluggäste aus dem Ausland (NAC 2013, S. 17). Viele Touristen starten ihre Namibia-Rundreise direkt am internationalen Flughafen. 2013 wurden in der Hauptstadtregion Khomas 261.232 internationale Gästeankünfte im Beherbergungsgewerbe registriert (NTB 2014, S. 7); gemessen an den Ankunftszahlen des Flughafens ist diese Zahl niedrig.

**7** Vgl. Kapitel 8 zu Kolonialerbe und Tourismus.

**8** Die extravagante, ikonische Architektur sowie die zentrale Lage des Gebäudes verhelfen ihm zu einer symbolträchtigen stadträumlichen Bedeutung.

ral aspects and African image" (Basilio et al. 2006, S. 6). Als Reaktion auf die Ergebnisse bewirbt die Stadt seitdem verstärkt die „Cultural and Heritage Sites in Windhoek" – natürlich auch um die lokale Wirtschaft zu fördern (vgl. CoW o. J., S. 45). Ziel der städtischen Tourismusförderung ist zum einen, die Touristen mit attraktiven Angeboten länger in der Stadt zu halten, und zum anderen mehr Stadtteile und andere Bevölkerungsgruppen vom Tourismus profitieren zu lassen (vgl. Jarrett 2000, S. 4; CoW o. J., S. 45). Das Ungleichgewicht in der namibischen Tourismusbranche soll so zugunsten der zuvor benachteiligten Gruppen ausgeglichen werden.

Mitte der 2000er Jahre entschied das City-Marketing, sich mit dem offiziellen Slogan „City of many faces" zu positionieren. Diese Imagestrategie zielt darauf ab, die stadtstrukturelle Heterogenität im Sinne einer ethnisch-kulturellen Diversität zu betonen. Dies lässt sich durchaus als tourismuspolitischer Versuch verstehen, die immensen sozioökonomischen Disparitäten nicht als stadtgesellschaftliches Problem darzustellen, sondern als attraktive urbane Diversität touristisch zu vermarkten. Vor diesem Hintergrund ist auch der Townshiptourismus, seine Entstehung und Entwicklungsdynamik, zu betrachten: Seit den späten 1990er Jahren entwickelt sich mit dem Katutura-Tourismus ein neues Segment im Städtetourismus von Windhoek, das den Tourismusmarkt in der Hauptstadt substanziell erweiterte.

### 5.2.2 Townshiptourismus in Windhoek

Bevor Entstehung, Entwicklung und Strukturen des Katutura-Tourismus in Windhoek thematisiert werden, wird die Siedlung selbst kurz vorgestellt: **Das Township Katutura** ist aufgrund seiner Geschichte nicht nur ein zentraler narrativer Bezugspunkt der nationalen Identität, sondern seit der Unabhängigkeit gleichsam Spiegelbild aktueller gesellschaftlicher Entwicklungen und Herausforderungen.

Nach dem Ende der deutschen Kolonialzeit wurde Südwest-Afrika 1915 unter südafrikanische Verwaltung gestellt. Bald darauf forderten viele weiße[9] Einwohner Windhoeks eine geordnete „Rassentrennung" (Pendleton 1996, S. 29). Ab den 1950er Jahren wurden zentrale Elemente des städtischen Apartheidsystems Südafrikas übernommen. Die schon während der Kolonialzeit praktizierte räumliche Trennung der Wohnbevölkerung nach Hautfarbe erhielt nun eine gesetzliche Grundlage, die auch die Umsiedlung nicht-weißer Bevölkerungsteile juristisch legitimierte. Der *Odendaal Plan* sah die Errichtung zweier neuer Wohnviertel, sogenannter Townships vor, eines für die als „schwarz" klassifizierten Einwohner (später Katutura genannt) sowie

---

9 Selbstverständlich ist Hautfarbe keine sozialwissenschaftliche Kategorie. Da aber der Kolonialismus und die Apartheidsgeschichte Namibias so deutliche Spuren in jenen sozialen Realitäten hinterlassen haben, die hier behandelt werden, ist es unvermeidbar, im Folgenden auf prinzipiell rassistische Kategorien zurückzugreifen. Aus letztlich pragmatischen und sprachästhetischen Gründen verzichtet dieser Text auf Formulierungen wie „als ‚weiß' bzw. ‚schwarz' klassifizierte Menschen" o. Ä.

Khomasdal für die als „farbig" kategorisierte Bevölkerung. Dieser Plan stieß bei den Betroffenen auf starken Widerstand. Der Name Katutura, der sich bald durchsetzte, bedeutet in der lokalen Sprache Otjiherero „Ort, an dem wir nicht leben wollen" und drückte den Widerwillen gegen die Umsiedlung aus (vgl. Pendleton 1996, S. 29). Ende 1959 kam es zu Aufständen, bei denen ein Dutzend Menschen von der Polizei erschossen und zahlreiche weitere verletzt wurden (vgl. Simon 1988, S. 53 ff.; Kangueehi 1988, S. 126). Die Zwangsumsiedlungen erfolgten trotzdem.[10]

Die ersten Wohneinheiten in Katutura wurden Ende der 1950er Jahre 5 km nordwestlich des Stadtzentrums erbaut. Zwischen dem als *White Group Area* markierten Zentrum und den beiden Townships Khomasdal und Katutura errichtete man eine Autobahn und ein Industriegebiet, die der Planungsideologie der Apartheid folgend als *Buffer Zones* dienen sollten, um Kontakte zwischen den Bevölkerungsgruppen zu minimieren (vgl. Simon 1988, S. 54). Entsprechend der Logik des staatlich institutionalisierten Wanderarbeit-Systems nach südafrikanischem Vorbild wurde das Wohnrecht in Katutura nur für die Zeit eines befristeten Arbeitsvertrags vergeben, so dass langfristige Ansiedlungen offiziell unmöglich waren. Die Folgen waren die Trennung der (überwiegend männlichen) Arbeiter von ihren Familien sowie schwerwiegende soziale Probleme.

Auch mit dem offiziellen Ende der Apartheid blieb die residenzielle Trennung faktisch bestehen, da sich kaum ein Bewohner Katuturas Wohnraum außerhalb des Townships leisten konnte. Seither wächst die Bevölkerung Katuturas stetig. Informelle Verdichtung und Siedlungswachstum waren ebenso die Folge wie der Anstieg von Arbeitslosigkeit und Armut, denn der Zugang zu Arbeitsmöglichkeiten und öffentlichen Dienstleistungen wurde wegen der peripheren Lage Katuturas und der jahrzehntelangen infrastrukturellen Vernachlässigung extrem erschwert.

Nach 1990 wurde in Katutura erheblich in Infrastruktur investiert, was zu einer Verbesserung der Grundversorgung und der Anbindung an das Stadtzentrum führte. Auch das Erscheinungsbild der Siedlung hat sich seitdem positiv verändert. Dennoch wirkt das Vermächtnis der Apartheid nach. Das zeigt sich in einer Vielzahl städtebaulicher und sozialer Probleme. Es herrschen vielerorts prekäre Lebensverhältnisse; v. a. die Bewohner der informellen Siedlungsgebiete am Rande Katuturas sind von Arbeitslosigkeit, Armut und extrem schlechten Wohnraumbedingungen betroffen.[11]

Zwischen 2001 und 2011 stieg die offizielle Bevölkerungszahl in der Hauptstadtregion um mehr als 36 % auf insgesamt 342.141 Einwohner (vgl. NSA o. J., S. 14), wovon 71 % in und um Katutura leben (vgl. NPC 2012, S. 43). Die rapide Urbanisierung

---

10 Der Widerstand gegen die Zwangsumsiedlung stellte den Ausgangspunkt des nationalen Befreiungskampfes dar, an dessen Ende Unabhängigkeit, Demokratie und rechtliche Gleichstellung der schwarzen Mehrheitsbevölkerung standen.

11 Die Arbeitslosenquote im Großraum Windhoek (Khomas) lag 2011 nach offiziellen Angaben gegenüber 2001 unverändert bei 30 % (vgl. NSA o. J., S. 14), wobei jüngere Bevölkerungsgruppen wesentlich stärker betroffen sind als ältere (vgl. NSA 2013, S. 16).

erschwert die Bereitstellung adäquater städtischer Infrastruktur.[12] Das starke Wachstum Katuturas ist nach wie vor auch eine Folge der Land-Stadt-Wanderung aus den nördlichen Regionen Namibias. Der Mangel an formellen Jobs – v. a. für die große Zahl ungelernter Arbeitskräfte – schürt die Arbeitsplatzkonkurrenz und zwingt Land-Stadt-Migranten ebenso wie alteingesessene Bewohner in den von extrem niedrigen Löhnen sowie unsicheren und ungesunden Arbeitsbedingungen geprägten informellen Sektor.

Vor dem Hintergrund jahrzehntelanger Unterdrückung und sozial-räumlicher Marginalisierung findet die „Racial Segregation" heute unter dem Deckmantel und im Modus des „freien Marktes" ihre Fortsetzung: Die Segregation ist sichtbarster Ausdruck des Erbes der Apartheid.[13] In der stark ungleichen Verteilung von Wohlstand und infrastruktureller Ausstattungen zeichnet sich immer noch die soziale Ordnung eines menschenverachtenden Regimes ab. Es manifestieren sich nach wie vor die Disparitäten der Lebensbedingungen von Bevölkerungsteilen, die ihren Gruppenstatus erst durch rassistische Zuweisungen erhalten haben. Trotz der Bemühungen der Regierung besteht bis heute eine Kongruenz von Hautfarbe und Lebenschancen.

### Entstehung und Struktur des Townshiptourismus in Windhoek
In den Jahren nach der Unabhängigkeit stiegen nicht nur Touristenzahlen sprunghaft an, es kamen auch vermehrt staatliche und nichtstaatliche Organisationen der Entwicklungszusammenarbeit nach Namibia. Die meisten von ihnen eröffneten einen Sitz in Windhoek und viele sind seitdem auch in Katutura tätig. Gleichzeitig war die Regierung des jungen Staates sehr früh bemüht, den Tourismus als wichtiges volkswirtschaftliches Standbein zu entwickeln und benachteiligte Bevölkerungsgruppen stärker zu beteiligen: Konzepte des Community Based Tourism waren früh Teil der Tourismuspolitik (vgl. Novelli und Gebhardt 2007; Saarinen 2010). Im Zusammenspiel mit der Tatsache, dass sich Townshiptouren im Nachbarstaat Südafrika etablierten, trugen diese Faktoren maßgeblich zur Entwicklung des Townshiptourismus in Windhoek bei.

Die Anfänge lassen sich auf 1992 datieren, als die NGO *Penduka*, eine von einer Niederländerin gegründete Hilfsorganisation für sozial benachteiligte Frauen, begann, kunsthandwerkliche Produkte explizit für touristische Nachfrager herzustellen. Die Produkte wurden in einem Geschäft auf dem Projektgelände, das sich am Rande Katuturas am Goreanghab-Stausee befindet, angeboten (vgl. Kapitel 5.3.2). Zu den Kunden gehörten zunächst Mitarbeiter internationaler Organisationen, deren

---

12 Das Bevölkerungswachstum lag 2011 im Großraum Windhoek (Khomas) mit 3,1 % deutlich über dem Landesdurchschnitt von 1,4 %. Zudem stieg der Anteil der urbanen Bevölkerung in Namibia von 2001 bis 2011 von 33 auf 43 % (vgl. NSA o. J., S. 8).

13 „Under the force of economic segregation, racial segregation will continue for the foreseeable future." (Pendleton 1996, S. 168).

Besucher aus den jeweiligen Herkunftsländern sowie einige Individualreisende. Mittlerweile gehören auch ein Restaurant, ein Backpacker-Hostel und einige Chalets zu dem Projekt.

Etwa zeitgleich eröffnete das kleine Speiselokal *Mama Melba*. Es war das erste, das traditionelle Herero-Küche auch für internationale Gäste anbot. Zu Beginn kamen v. a. internationale Delegationen und Studentengruppen sowie Vertreter der Stadtverwaltung. Seit 2002 machen auch Townshiptouren bei ihr einen kulinarischen Halt – besonders beliebt sind die sog. Smileys (gesottene Ziegenköpfe). Städtische Unterstützung bekam die Inhaberin in Form von Business- und Hygienetrainings sowie durch Buchungen für städtische Veranstaltungen. Mittlerweile beschäftigt sie mehr als ein Dutzend Mitarbeiterinnen und bietet auch Catering für Großveranstaltungen an.

Die ersten Townshiptouren wurden 1998 von Abiud Karongee organisiert, der damals für die NGO NACOBTA (*Namibia Community Based Tourist Assistance Trust*) arbeitete. Die Idee entstand nach einer Townshiptour in Johannesburg, an der er während einer Fortbildungsreise teilgenommen hatte. Als Entwickler und Berater von ländlichen Tourismusprojekten erkannte er im Townshiptourismus eine Marktlücke. Seine ersten Kunden waren Mitarbeiter von Entwicklungsorganisationen und Botschaften. Anfänglich mietete Karongee Taxis für seine informellen Führungen, 2001 gründete er das Unternehmen *Face-to-Face*.[14] Das Unternehmen kooperierte in der Folgezeit eng mit der CoW: So setzte sich Karongee bei der Stadt erfolgreich dafür ein, den Townshiptourismus in das städtische Tourismusmarketing aufzunehmen. Im Auftrag der Stadt leitete *Face-to-Face* für einige Zeit die städtische Touristeninformation an der Independence Avenue, und die CoW vergab im Rahmen des „Black Economic Empowerment" Stipendien für die Ausbildung der Tourguides.

Die Initialimpulse für die touristische Inwertsetzung des Townships kamen in der Frühphase der Destinationsentwicklung also von nationalen und internationalen NGOs in Zusammenarbeit mit ambitionierten Einzelpersonen aus Katutura, deren Aktivitäten früh von der CoW unterstützend begleitet wurden.[15] Deutlich wird auch, dass die ersten Nachfrager weniger die typischen Namibia-Urlauber waren, sondern Mitarbeiter internationaler Organisationen, ihre Angehörigen und Gäste.[16]

---

**14** Die Namensgebung des Unternehmens ist ebenfalls ein Hinweis auf die Vorbildwirkung des südafrikanischen Townshiptourismus in Soweto. Auch dort hieß einer der ersten Anbieter auf dem Markt „Face-to-Face". Dass die CoW sich außerdem den Slogan „City of many faces" gab, kann u. U. ebenfalls auf die enge Kooperation der Stadt mit dem Unternehmen zurückgeführt werden.

**15** Städtische Investitionen erfolgten auch in Infrastrukturmaßnahmen wie der Verbesserung und Regulierung bestehender informeller Märkte. So wurden der Single Quarters Market und der Soweto Market formalisiert, um gewisse Hygiene- und Sicherheitsstandards durchzusetzen und die Wirtschaftlichkeit zu steigern. Die Begrenzungsmauern des Soweto Markets wurden mit afrikanisch anmutenden, farbenfrohen Zeichnungen bemalt, die wohl auch den ästhetischen Vorstellungen internationaler Besucher Rechnung trugen.

**16** Es ist zu vermuten, dass diese Gruppen Katutura vornehmlich aus (auch beruflich bedingten) Gründen der politischen und kulturellen Bildung besuchten.

Der erste rein kommerzielle Akteur, der im Katutura-Tourismus aktiv wurde, war *Bwana Tucke Tucke*, die 1996 gegründete Firma des deutschen Auswanderers und Ex-Soldaten Carsten Möhle. Sie gehört heute zu den größten Reiseveranstaltern für Namibia-Rundreisen. *Bwana Tucke Tucke* nahm ab 2000 Abstecher nach Katutura in das Angebotsportfolio auf, um seinen Kunden vor Antritt oder nach Ende ihrer Reise auch in Windhoek etwas zu bieten. Seitdem führt das Unternehmen Stadtrundfahrten durch, bei denen Katutura ein Hauptprogrammpunkt ist. Zudem werden fünfstündige sog. „Katutura Intensiv"-Touren durchgeführt. Hauptzielgruppe waren von Anfang an deutsche (Safari)Urlauber. Damit unterschied sich das Kundenprofil von jenem der Frühphase (s. o.). *Bwana Tucke Tucke* war also Pionier des kommerziellen Townshiptourismus in Namibia.

Nach diesem ersten Schritt der Kommerzialisierung boomte der Katutura-Tourismus: Zwischen 2000 und 2015 kam jedes Jahr mindestens ein neuer Touranbieter hinzu. Gegenwärtig bieten mehr als zwanzig Unternehmen Touren an.[17] Die Firmen unterscheiden sich u. a. hinsichtlich des Stellenwerts der Touren im jeweiligen Angebotsportfolio.[18] Die jeweiligen Transportmittel sind entweder Landrover-Oldtimer (*Bwana Tucke Tucke*), Kleinbusse oder offene Game-Drive-Fahrzeuge (*Windhoek Sightseeing*). Seit 2011 werden auch Fahrradtouren angeboten (*Katutours*). Die Teilnehmerzahl variiert zwischen vier und acht, bei Fahrradtouren bis zu 18 Personen. Einige Großveranstalter lassen Reisebusse mit bis zu 50 Fahrgästen durch Katutura fahren. Durchschnittlich dauern die City- und Townshiptouren drei Stunden, wobei der Aufenthalt in Katutura zwischen dreißig Minuten und fünf Stunden variiert. Die Preise der angebotenen Touren lagen 2015 zwischen 200 und 500 NAD pro Person.[19]

Auf Grundlage von Schätzungen der interviewten Anbieter ist davon auszugehen, dass mittlerweile jährlich etwa 10.000 Teilnehmer von den genannten Anbietern durch Katutura geführt werden sowie weitere 5.000 bis 7.000 Touristen im Rahmen von Pauschalpaketen anderer Tourismusunternehmen oder von informellen Guides. Die Gesamtzahl der Tour-Teilnehmer liegt somit zwischen 12.000 und 17.000 jährlich. Rechnet man jene Besucher dazu, die als Individualreisende die Siedlung besichtigen, sowie die zahlreichen Volunteer-Touristen, die in Katutura arbeiten und wohnen, so dürfte die Zahl der jährlichen Townshiptouristen in Windhoek mittlerweile die Marke von 20.000 deutlich überschritten haben. Setzt man diese Zahl in Relation zu der

---

[17] Fünf Firmen sind in den Händen weißer Eigentümer, von denen zwei Deutsche (Bwana Tucke Tucke, Red Earths Safaris) sind und einer Österreicher ist (Gourmet). Die anderen Unternehmen werden von schwarzen („previously disadvantaged") Bewohnern Katuturas bzw. Windhoeks geführt.
[18] Die Unternehmen Katutours und Windhoek Sightseeing Tours konzentrieren sich ausschließlich auf Katutura-Führungen. Face-to-Face, Ama Mukorob, Gourmet Tours, Camelthorn Tours, Tenna Tours, Aabadi Safaris, Red Earth Safaris, Vulkan Ruine Tours & Transfers und Ricma Safaris bieten auch Flughafen-Transfers sowie Ein- und Mehrtagestouren an.
[19] Mittlerweile kostet beispielsweise eine Bike-Tour des Anbieters *Katutours* 750 NAD pro Person (rund 47 € im April 2019).

Zahl an Touristen, die im Jahr 2011 zu Urlaubszwecken aus Europa und Nordamerika anreisten (MET 2012), kann man davon ausgehen, dass ca. 10 % der Gäste aus diesen Quellregionen Katutura besuchen. Damit gehört Katutura weltweit zu den „Top-Destinationen" für vergleichbare touristische Angebote.[20]

Fast alle interviewten Anbieter berichten von einer stetig steigenden Nachfrage.[21] Gleichzeitig nehmen sie eine Veränderung des Kundenprofils wahr: Die Touren würden nicht mehr nur von rundreisenden älteren Ehepaaren und Safarigruppen gebucht, sondern verstärkt auch von kulturinteressierten Individualreisenden. Eine zunehmend wichtigere Kundschaft sei außerdem die kontinuierlich wachsende Gruppe der Freiwilligen (Volunteer-Touristen), die für gewisse Zeit in sozialen oder ökologischen Projekten arbeiten. Aber auch junge Leute (meist Paare), die eine Campingreise durch Namibia oder das südliche Afrika machen, seien nun wichtige Nachfrager. Die Quellmärkte diversifizieren sich ebenfalls: Neben Europäern buchten zunehmend auch Gäste aus z. B. Brasilien, Südkorea, China und Indien.

Insgesamt ist in Windhoek also ein wachsender, sich diversifizierender Townshiptourismus-Markt zu beobachten. Diese Dynamik findet parallel zum rasanten Anstieg der Touristenzahlen im ganzen Land statt. Nach der Etablierung klassischer Touren sind nun aufgrund steigender Nachfrage und heterogenerer Kundengruppen weitere touristische Dienstleistungsangebote in Katutura entstanden. Mindestens drei Restaurants bieten traditionelle namibische Küche speziell für Touristen an, 2011 eröffnete in Katutura auch das erste Backpacker-Hostel (*Wadadee House*), dessen Angebot sich ausdrücklich an internationale Gäste richtet.[22]

Die dargestellten Strukturen und Entwicklungen des Townshiptourismus-Marktes zeigen, dass dieser nach wie vor hauptsächlich von geführten Touren geprägt ist. Mit dem nötigen Investitionskapital scheint der Markteinstieg immer noch relativ leicht möglich. Insbesondere innovative Tour-Produkte, die auf die sich diversifizierende Nachfragestruktur reagieren, sind erfolgversprechend.[23] Die jüngsten Entwicklungen zeigen zudem, dass der Tourismus in Katutura auch jenseits der klassischen Touren Potenzial aufweist.

Da sich vergleichbare Formen des Tourismus weltweit immer mehr zum touristischen Mainstream und Standardprogramm im Städtetourismus des Globalen Südens entwickeln, werden wohl auch in Windhoek zukünftig immer mehr Touristen gezielt nach Angeboten des Townshiptourismus suchen. Ein weiteres Wachstum dieses Marktsegments ist somit sehr wahrscheinlich.

---

**20** Lediglich einige südafrikanische Townships (in Kapstadt und Johannesburg) und einzelne Favelas in Rio de Janeiro verzeichnen höhere Besucherzahlen.

**21** Verschiedentlich wird darauf verwiesen, dass sich die Buchungen stark auf die Hauptsaison konzentrierten und im Jahresverlauf deutlich schwanken.

**22** Frequentiert wird es vornehmlich von jungen Erwachsenen zwischen 20 und 30 Jahren, die als Volunteers arbeiten (vgl. Wadadee Guesthouse. Abgerufen am 08.04.2019 von http://wadadee.com/guesthouse/).

**23** Das beweisen u. a. die rasant steigenden Teilnehmerzahlen bei den Fahrradtouren von *Katutours*.

## 5.3 Afrikanische Ambivalenzen: Räumliche Imaginationen und Repräsentationen im Townshiptourismus

Touristische Räume sind soziale Konstruktionen, die durch Kommunikation hervorgebracht werden (vgl. Pott 2007). Bei der touristischen Destinationsentwicklung und -vermarktung wird auf vorhandene Raumkonstrukte („Images/Geographical Imaginations") zurückgegriffen, die zunächst außerhalb des Tourismus – insbesondere in den Medien – hergestellt wurden (vgl. Urry 2002). Im Rückgriff auf diese tourismusexternen Raumkonstrukte (re)produzieren touristische Organisationen bestimmte *Geographical Imaginations*. Diese Images werden von den Touristen während der Reise konsumiert sowie kommunikativ bestätigt und/oder verändert. Das gilt auch für den Destinationstyp Township und für Katutura als spezifische Destination im Städtetourismus in Windhoek.

Entsprechend wird im Folgenden in einem ersten Schritt untersucht, welche räumlichen Vorstellungsinhalte bei den Touristen vor der Tour bestehen (Kapitel 5.3.1). Im zweiten Schritt wird thematisiert, wie die Anbieter mit ihren Touren performativ an diese Vorstellungen anschließen („Townshiprepräsentationen während der Tour", Kapitel 5.3.2). Es geht also darum, wie und was sie im Township zeigen. Im letzten Schritt wird schließlich untersucht, welchen Einfluss die touristischen Townshiprepräsentationen auf die Wahrnehmungen der Touristen haben und wie sie deren Vorstellungsinhalte nach der Tour verändern (Kapitel 5.3.3).

### 5.3.1 Vor der Tour: Vorstellungen und Erwartungen der Townshiptouristen

Will man sich der Frage nähern, warum Menschen in ihrem Urlaub ein Township besichtigen, erscheint es plausibel, davon auszugehen, dass sie das sehen und erleben wollen, was sie dort zu sehen erwarten (Würden sie sonst dort hinfahren?). Motive und *Geographical Imaginations* sind aufs Engste miteinander verknüpft. Der Raum fungiert im touristischen Kontext als Erwartungsmedium und als Differenzversprechen gleichermaßen.

Deshalb wurden im Rahmen der Studie (vgl. Steinbrink et al. 2015) 70 Townshiptouristen nach ihren Erwartungen an eine Townshiptour sowie ihren Vorstellungen vom Township gefragt. Dies erfolgte mithilfe eines halbstandardisierten Fragebogens unmittelbar vor Tourbeginn. Abbildung 5.2 fasst zunächst einige generelle Merkmale der befragten Townshiptouristen zusammen.

**Erwartungen der Touristen an eine Townshiptour**
Um Einblicke in die Motivations- und Interessenslage der Touristen zu erlangen, wurden die Teilnehmer vor der Tour gefragt, wie wichtig ihnen bestimmte Aspekte bei der Buchung waren. Es wurden folgende Aspekte abgefragt: a) Unterhaltung, b) Aben-

## Merkmale der Townshiptouristen

**Quellmärkte:** 60 % der Townshiptouristen sind Deutsche, 7 % Niederländer, 4 % jeweils Österreicher und Engländer. Die restlichen 25 % sind Touristen aus weiteren westeuropäischen Ländern sowie aus Asien, den USA und Südafrika. Namibier selbst nehmen an den Touren nicht teil. Westeuropäer machen somit fast 90 % der Townshiptouristen aus.

**Geschlecht:** Die Geschlechterproportion der Townshiptouristen liegt bei 47 % Männern und 53 % Frauen. Die Vergleichsgruppe der befragten Touristen, die keine Townshiptour buchten, weist eine Proportion von 51 % männlich und 49 % weiblich auf. Somit nehmen überdurchschnittlich viele weibliche Namibiatouristen an Townshipführungen teil.

**Alter:** Wie beim Namibiatourismus insgesamt, ist das Durchschnittsalter der Townshiptouristen recht hoch. Lediglich 26 % der Tourteilnehmer sind jünger als 29 Jahre, 27 % zwischen 30 und 50 Jahre, und 47 % sind älter als 50. Der Vergleich mit der Gruppe der befragten Nicht-Townshiptouristen zeigt keine signifikanten Unterschiede. Die Tourangebote sprechen also Touristen unterschiedlicher Altersgruppen an.

**Kaufkraft:** Die Frage nach der Art der Unterkunft in Windhoek ergab, dass ca. 30 % der Tourteilnehmer in einem Hotel, 26 % in einem Gästehaus bzw. in einer B&B-Unterkunft, 23 % bei Freunden oder Familienangehörigen und jeweils 20 % in einem Hostel oder auf einem Campingplatz übernachteten. Im Vergleich zu den Nicht-Townshiptouristen, lassen sich Abweichungen erkennen: Der Anteil der in Hostels übernachtenden Townshiptouristen ist deutlich höher (20 % ggü. 2 %). Der Anteil von Low-Budget-Reisenden ist bei den Townshiptouristen somit vermutlich etwas höher als beim Durchschnitt der Namibia-Urlauber.

**Aufenthaltsdauer:** Während sich Namibiatouristen insgesamt durchschnittlich 11,6 Tage im Land aufhalten (MET 2013: 76), bleiben Townshiptouristen durchschnittlich 19,5 Tage in Namibia. Zudem übernachten Tourteilnehmer mit durchschnittlich drei Nächten mehr als doppelt so oft in Windhoek wie die übrigen Städtetouristen (1,25 Übernachtungen).

**Informationsquellen:** 30 % der befragten Touristen haben die Information über das Tourangebot durch ‚Mundpropaganda' erhalten, 28 % verwiesen auf Reiseführer und 14 % auf das Internet als Informationsquelle. Weitere 14 % gaben an, durch einen Tipp in der Unterkunft auf das Angebot aufmerksam gemacht worden zu sein und 6 % bei der Touristinformation. Jeweils 2 % erfuhren durch Werbebroschüren oder im Reisebüro von den Angeboten. Für 14 % der Teilnehmer war die Tour Teil des gebuchten Gesamtpakets.

**Abb. 5.2:** Merkmale der Townshiptouristen.

teuer, c) etwas Anderes sehen, d) etwas Nicht-Touristisches unternehmen, e) Kontakt zur Bevölkerung, f) Lebensbedingungen in Katutura, g) Geschichte, h) lokale Kultur und Authentizität/Realität (vgl. Abb. 5.3).

Nur wenige Touristen geben an, ihnen seien Abenteuer und Unterhaltung wichtig. Lediglich etwa ein Drittel erwartet eine entsprechende Ausgestaltung der Tour. Diese Werte erscheinen v. a. im Vergleich zu den anderen Aspekten niedrig und widersprechen zudem den vielfach in den Medien geäußerten Mutmaßungen über die Motive von Townshiptouristen. Den meisten geht es offenbar um etwas Anderes als um Nervenkitzel oder Spaß.

Über die Hälfte der Befragten (68 %) wünscht sich explizit Kontakt zur lokalen Bevölkerung, weniger als 10 % gaben an, dass ihnen die Interaktion mit den Menschen unwichtig sei. Auffällig ist, dass der Aspekt lokale Kultur sehr deutlich im Mit-

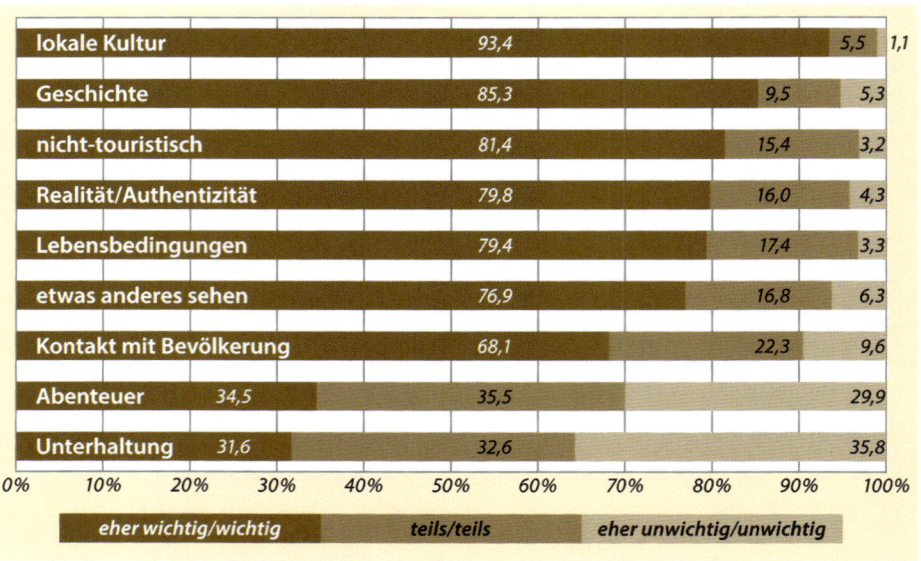

**Abb. 5.3:** Erwartungen an die Townshiptour (Quelle: Steinbrink et al. 2015, S. 42).

telpunkt des Interesses steht. Aber auch die Aspekte Geschichte, etwas Nicht-Touristisches, Realität, Lebensbedingungen und etwas Anderes sehen werden nur vereinzelt als unwichtig eingestuft. Diese sechs Aspekte scheinen offenbar vorrangige Gründe für die Teilnahme an den Touren zu sein. Auch ist zu vermuten, dass sie untereinander in einem engen inhaltlichen Zusammenhang stehen, der sich folgendermaßen formulieren ließe:

Das Bestreben, im Urlaub etwas Anderes zu sehen, ist eine universelle touristische Motivation, denn im Tourismus geht es grundsätzlich um Alltagsdistanz mittels Differenzerfahrung. Auch die Kunden von Townshiptouren wollen etwas Anderes sehen bzw. während der Tour das Andere anders sehen – und zwar nicht touristisch (inszeniert). Dieser Gesichtspunkt kommt auch im Wunsch nach einer realistischen/ authentischen Erfahrung zum Ausdruck. Der Wunsch nach Realität kann aber auch als Wunsch nach dem Erleben der Realität der anderen (oder einer anderen Realität) verstanden werden. Daraus lässt sich folgern, dass die Tourteilnehmer die Realität der anderen nicht touristisch (in Szene gesetzt) erleben wollen, sondern hoffen, diese mal anders, nämlich authentisch zu sehen. Das Township gilt im touristischen Kontext somit als Ort des Anderen und gleichzeitig als besonders authentisch anders.

Das Andere, das es möglichst realistisch zu erleben gilt, bezieht sich bei dieser Form von Tourismus offenbar auf die lokale Kultur und die Lebensbedingungen. Vielen Townshiptouristen geht es demnach um das nicht inszenierte Erlebnis der Realität der Lebensbedingungen der anderen, die v. a. als kulturell anders betrachtet werden. Der Townshiptourismus ist somit Kulturtourismus.

Doch welche konkreten Vorstellungen verbinden die Touristen mit den Lebensbedingungen und der lokalen Kultur der anderen? Was erwarten sie in Katutura zu sehen und zu erleben? Diesbezüglich geht es zunächst darum, die bestehenden Vorstellungsinhalte offenzulegen und zu untersuchen, welche Township-Images unter den Touristen vor Tourbeginn kursieren.

### Erwartungen der Touristen an ein Township (touristische Township-Imaginationen)

Aus den Ergebnissen der Befragungen vor der Tour können Hinweise auf die mögliche Motivation der Touristen abgeleitet werden; gleichzeitig liefern sie die Basis zur Untersuchung der Frage, ob Townshiptouren imageverändernde Effekte haben. Die Befragten wurden daher unmittelbar vor Tourbeginn zunächst gebeten, spontan anzugeben, welche Assoziationen der Begriff „Township" bei ihnen auslöst. Als Ergebnis dieser Assoziationserhebung zeigt die Wortwolke den semantischen Hof des Begriffs (vgl. Abb. 5.4).

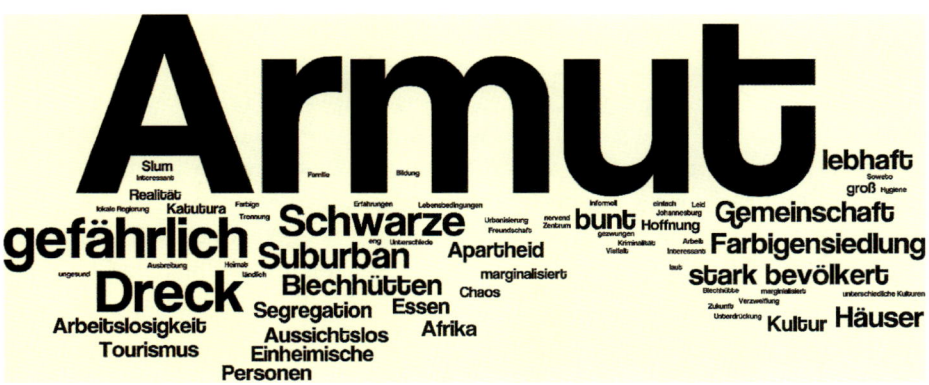

**Abb. 5.4:** Township-Assoziationen vor der Tour (Quelle: Steinbrink et al. 2015, S. 45).

Mehr als die Hälfte der Townshiptouristen (51 %) nannte den Begriff Armut. Insgesamt fällt auf, dass der semantische Hof eindeutig von negativen Assoziationen dominiert ist.[24]

Für die Interpretation dieses Ergebnisses ist davon auszugehen, dass (1) die touristische Attraktivität des Townships mit den damit verknüpften Vorstellungen zusammenhängt und (2) dass jenes, was die Touristen dort zu sehen hoffen, weitgehend identisch ist mit dem, was sie dort zu sehen erwarten. Aus den Erwartungen lassen

---

[24] Deutlich seltener wurden die Begriffe Dreck (11 %) und gefährlich (11 %) genannt sowie Schwarz(e) (10 %). Auch wurden teils positive Assoziationen wie lebhaft (6 %), bunt (6 %), Kultur (6 %) und Gemeinschaft (6 %) genannt. Nach einer einfachen Auszählung sind aber nur knapp 15 % der genannten Begriffe vorwiegend positiv konnotiert.

sich somit Rückschlüsse auf die Motivation der Townshiptouristen ziehen: Da der Begriff Armut im Zentrum des semantischen Hofs steht, kann der Townshiptourismus als Armutstourismus gedeutet werden. Für die Townshiptouristen ist das Township offenbar vor allem ein Ort der Armut mit all den negativen Assoziationen, die gemeinhin mit dem Armutsbegriff verbunden werden. So betrachtet wirkt der Townshiptourismus tatsächlich wie eine spezifische Form des „Negative Sightseeing" (Welz 1993), wie eine Art *Social Bungee Jumping* (Rolfes und Steinbrink 2009) – und die Touristen wie bürgerliche „thrillseeker", die, getrieben von einer Lust an Angst oder Abscheu, das soziale Gefälle erleben wollen. Sie wollen die globale soziale Fallhöhe sensuell ausloten, ohne dabei Gefahr zu laufen, hart zu landen (vgl. Steinbrink und Pott 2010; Steinbrink 2012). Einige Autoren sehen den städtischen Armutstourismus folglich als eine Form des *Dark Tourism*: Sie stellen heraus, dass das Interesse an „der heilen Hochglanz- oder einer kitschigen Disneyland-Szenerie" (Münder 2013, S. 1) zunehmend dem Interesse an ehemals tabuisierten Ereignissen oder Orten gewichen sei. Die Touristen seien stattdessen auf der Suche nach dem Wahren und Wirklichen jenseits der touristischen Inszenierung.[25]

Wenn die Suche nach dem Authentischen, dem Wirklichen und Nicht-Inszenierten tatsächlich ein Hauptmotiv der Tourteilnehmer ist, lässt sich folgern, dass der Townshiptourismus auch eine Form des *Reality Tourism* ist (vgl. Meschkank 2011, Dyson 2012). So wird offensichtlich, dass bestimmte Vorstellungen von Armut und Realität aufs Engste miteinander verknüpft sind: Das Besichtigen von Armut scheint mit einem Authentizitätsversprechen einherzugehen, d. h. Armut dient gewissermaßen als Garant für das authentische touristische Erlebnis. So betrachtet ist die Armut also nicht die Attraktion, sondern vor allem das Medium für das Erlebnis der „Wirklichkeit (der anderen)".

Um das Township-Image noch differenzierter beschreiben zu können, wurde vor der Tour auch ein semantisches Differenzial abgefragt. In einer fünfstufigen Skala wurden 23 polar-konträre Wortpaare dargestellt, die zur Einschätzung der Vorstellungen von Township dienen sollte. Abb. 5.5 zeigt die errechneten Mittelwerte der verschiedenen Items.

Der weitaus größere Teil der einzelnen Mittelwerte befindet sich auf der rechten, also negativen Seite der mittleren 3er-Linie.[26] Die stärkste Negativ-Amplitude weist der Begriff arm auf; es folgen die Begriffe unterentwickelt, laut, ungesund, dreckig und hässlich. Das Ergebnis veranschaulicht aber auch, dass die Erwartungen nicht nur von

---

25 Die Suche nach dem Authentischen wurde auch in den qualitativen Interviews mit Townshiptouristen häufig als Grund für die Tourteilnahme genannt. Fast alle Interviewpartner betonen, dass sie bei der Tour das „wahre Leben in Windhoek", die „real places" oder das „real Katutura" zu erleben hoffen oder sich mit der „Realität" konfrontieren wollen.

26 Es ist anzumerken, dass eine Zuordnung in die Kategorien „positiv/negativ" nicht in allen Fällen intersubjektiv eindeutig ist (z. B. „ländlich/städtisch", „modern/traditionell") und in anderen Fällen schlichtweg nicht möglich ist (z. B. „afrikanisch/nicht-afrikanisch").

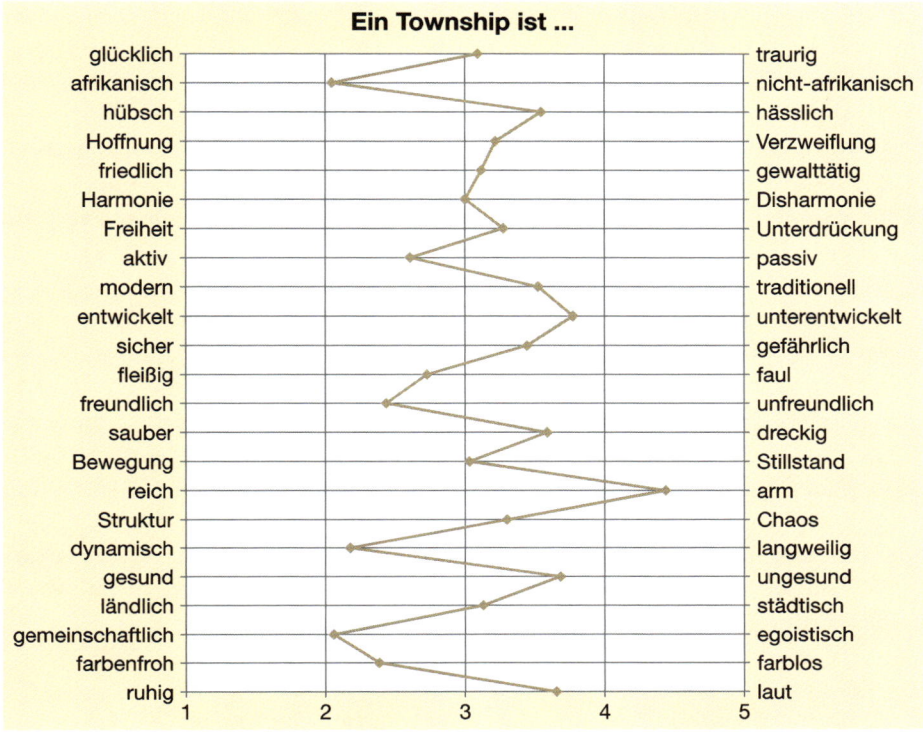

**Abb. 5.5:** Semantisches Differenzial: Vorstellungen der Touristen (vor der Tour, *n* = 70) (Quelle: eigene Darstellung nach Steinbrink et al. 2015, S. 47).

negativen Aspekten geprägt sind, denn Township wird ebenso als gemeinschaftlich, dynamisch, freundlich sowie aktiv und fleißig imaginiert.

Das semantische Differenzial ergänzt also die Ergebnisse aus der Assoziationserhebung (vgl. Abb. 5.4), denn es verweist darauf, dass es beim Townshiptourismus nicht nur um ein Erlebnis von angsteinflößenden oder abstoßenden Elementen geht, sondern auch um eine Erfahrung von positiv konnotierten Aspekten: Gemeinschaft, Fröhlichkeit, Dynamik etc. Armut fungiert also als Authentizitätsgarant für das gesamte Spektrum der touristischen Vorstellungen von „Townshipwirklichkeit" – seien sie positiv oder negativ.

Um diese Ambivalenz im Township-Image angemessen zu erklären, liegt es nahe, einen Gesichtspunkt zu berücksichtigen, der von zahlreichen interviewten Touristen explizit thematisiert wurde: Sie betonen, das „wirkliche Afrika" erleben zu wollen, welches sie offensichtlich in den Innenstadtbereichen von Windhoek vermissen. Deshalb und weil die Amplitude des semantischen Profils sehr deutlich in Richtung afrikanisch ausschlägt, ist zu vermuten, dass es beim Townshiptourismus v. a. auch um das Erleben des „Real Africa" geht und Erwartungen an eine Townshiptour mit Bildern vom wirklichen Afrika verknüpft sind.

Das vorherrschende europäische Afrika-Image ist nach wie vor von ethnozentristischen, postkolonialen Stereotypisierungen geprägt, die ihrerseits durch eine Ambivalenz von Horror und folkloristisch romantisierendem Exotismus gekennzeichnet sind: Einerseits wird das Afrikabild von Kriegen, Katastrophen, Kriminalität und Krankheit dominiert; andererseits ist vor allem die mediale touristische Vermarktung charakterisiert durch exotische Tierwelten, Entdecker- und Abenteurermythen sowie wilde, ursprüngliche Natur (inklusive der ursprünglichen edlen, wilden Natur der Bewohner und ihrer traditionsverbundenen kulturellen Kontexte).[27] Zudem hat sich die Vorstellung vom Afrikaner als hilfsbedürftiges Opfer etabliert.[28]

Daraus ließe sich folgern, dass sowohl die positiven als auch die negativen Elemente dessen, was die Touristen bei den Townshiptouren als echt erleben wollen, Fragmente alter postkolonialer Stereotypen sind. Zusammenfassend hieße das: Im städtetouristischen Kontext ist das Township Katutura nicht nur Ort der Armut, der die Echtheit des touristischen Erlebens garantiert, vielmehr steht es für eine Destination, die ein echt afrikanisches Erlebnis verspricht. Und das echte Afrika sieht in der Vorstellung der Touristen eben nicht so aus wie die Christuskirche, die Independence Avenue und der Tintenpalast im Zentrum Windhoeks, sondern ist eher geprägt von Armut, Dreck, Gewalt, aber auch von Farben, Gemeinschaftsgeist und lautstarker Fröhlichkeit.

### 5.3.2 Während der Tour: Township-Repräsentationen in der Tourpraxis

Die Konzeption einer Stadtführung setzt grundsätzlich eine Auswahlentscheidung der Tourveranstalter voraus, was sehens- und damit zeigenswert ist. Diese Selektion beeinflusst selbstverständlich die Repräsentation Katuturas und die touristische Wahrnehmung und Deutung des Townships maßgeblich.

Die touristische Praxis wurde mittels teilnehmender Beobachtungen während der Touren untersucht. Es galt dabei zunächst, jene Orte zu identifizieren, auf die der touristische Blick gelenkt wird. Die Erfassung dieser „Places of Interest" (PoI) stellt einen wichtigen Ausgangspunkt der touristischen Praxisanalyse dar. Die PoI haben die Funktion räumlicher Bedeutungsträger, an denen die kommunizierten Inhalte sinnlich erfahrbar gemacht werden sollen (vgl. Pott 2007, S. 165).

Während viele Sehenswürdigkeiten in Katutura nur en passant thematisiert und ins Blickfeld geraten, werden einige PoI im Rahmen eines gesonderten Ausstiegs bzw. Aufenthalts zum Thema gemacht. Trotz individueller Abweichungen lassen sich

---

**27** Eine solche Ambivalenz des europäischen Afrikabildes zeigt sich auch in der klischeehaften filmischen Darstellung von Afrikanern: Da ist der edle Wilde, unverdorben von der Zivilisation, gutmütig, lebhaft, fröhlich und stets zu Diensten; ebenso gibt es die Vorstellung von dem gewalttätigen, primitiven und verschlagenen Flegel, welcher der Führung des weißen Mannes bedarf.
**28** Vgl. die Kapitel 2 zum Afrika-Image und 8 zum Kolonialerbe.

sechs Stationen („Big Six") identifizieren, die Bestandteil fast aller Touren sind (vgl. Abb. 5.6): Es handelt sich um einen Aussichtspunkt (PoI 1), die nationale Gedenkstätte Old Location (PoI 2), den Oshetu Market (PoI 3), die Eveline Street (PoI 4), die informellen Siedlungen (PoI 5) und das Projekt Penduka (PoI 6). Diese Orte sind offensichtlich die Hauptattraktionen des Townshiptourismus in Katutura und es ist davon auszugehen, dass diese „Big Six" von besonderer Bedeutung für die touristische Repräsentation Katuturas sind. Deshalb werden diese Orte im Folgenden kurz vorgestellt und die Repräsentationsweisen vor dem Hintergrund der Tourdramaturgie interpretiert.

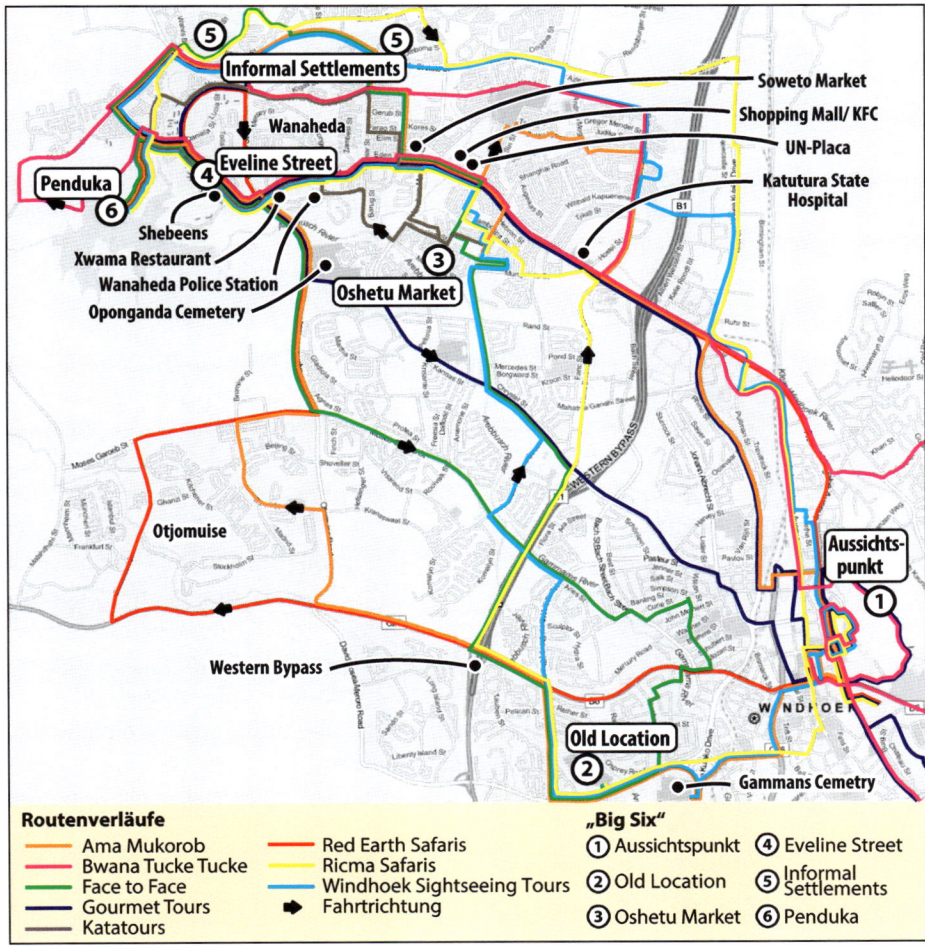

**Abb. 5.6:** Routenverläufe und „Big Six" der Townshiptouren (Quelle: verändert nach Steinbrink et al. 2016, S. 62).

**Pol 1 „Aussichtspunkt": Regionalisierung, Heterogenisierung, Grenzziehung!**

Der erste Stopp der Touren ist zumeist ein Aussichtspunkt nahe der Innenstadt. Der Panoramablick (mit Katutura in der Ferne) von hier aus wird von den Reiseführern vor allem genutzt, um einleitend über die geografische Lage und Stadtstruktur zu informieren. Hier geht es darum, Katutura räumlich und sprachlich vom restlichen Stadtgebiet abzugrenzen, um sowohl eine regionalisierende als auch eine heterogenisierend-kontrastierende Vergleichsperspektive zu eröffnen, die das Grundgerüst der touristischen Inszenierung während der Touren bildet. In der räumlichen Beschreibung der Guides ist das, worauf man hier hinabblickt, gleichzeitig die „andere Seite" der Stadt, die wiederum ausdrücklich mit der Seite „der Schwarzen" gleichgesetzt wird. Semantisch belegt wird Katutura in den Ausführungen primär mit den Attributen „arm" und „schwarz". Diese räumliche Unterscheidung – hier oben die reiche, weiße Oberschicht, dort unten die arme, schwarze Unterschicht – bietet die grundlegende Strukturierung des „touristischen Blicks". Durch die Einführung dieser Leitunterscheidungen wird direkt eine Anschlussfähigkeit an die Township-Assoziationen (Kapitel 5.1.2) und die touristischen Authentizitätserwartungen hergestellt. Gleichzeitig werden die Aspekte Hautfarbe und Armut semantisch gekoppelt und als Alteritäts- und Authentizitätsmerkmale markiert.

**Pol 2 „Old Location": Historisierung!**

Auf dem Weg nach Katurura wird meist die Old Location besucht, ein westlich des Zentrums gelegenes ehemaliges Wohnviertel der schwarzen Bevölkerung, das 1912 von der deutschen Kolonialverwaltung errichtet wurde und aus dem Zwangsumsiedlungen nach Katutura stattfanden. Ort der Erläuterungen des Guides ist das Denkmal „1959 Heroes and Heroines Memorial Grave" nahe dem Friedhof. Bei der Besichtigung stehen die Apartheidsgeschichte, die gewaltsame Vertreibung und Neuansiedlung der schwarzen Bevölkerungsgruppen ab 1959 im Vordergrund und damit die Gründungsgeschichte des Townships. Zusätzlich zur regionalisierenden und heterogenisierenden Perspektive (s. PoI 1) wird eine historisierende Vergleichsperspektive eröffnet und Katutura somit als geschichtsträchtiger Ort dargestellt. Noch vor der eigentlichen Besichtigung des Townships werden die Tourteilnehmer hier erneut auf einen „Ort der Armen und Schwarzen" eingestimmt. Durch die Aufladung mit Geschichte, erscheinen die Bedeutungszuweisungen „schwarz" und „arm" jetzt – bedeutungsverstärkend – als historische Tatsache und die Bewohner werden gleichsam als Opfer der Geschichte markiert.

**Pol 3 „Oshetu Market": Interaktion und (Alltags-)Kultur!**

Lokale Märkte gelten im Städtetourismus gemeinhin als Orte, die Reisenden ein unverfälschtes Erleben des Alltags ermöglichen. Bei den Katutura-Führungen erfüllt der Oshetu Market diese Funktion. Nicht zuletzt wegen der intensiveren Geräusch- und Geruchskulisse bietet er offensichtlich ein besonders „authentisches Erlebnis" und das Gefühl, im „Zentrum des Geschehens" zu sein. Der Marktbesuch eröffnet über die Verkaufssituationen zudem die häufig gewünschten Interaktionsmöglichkeiten (s. o.): Die Konsumentenrolle bietet den Touristen nicht nur den Anlass, sondern auch einen bekannten Orientierungsrahmen und Handlungssicherheit; der (Erst-)Kontakt mit der „lokalen Kultur" wird erleichtert und vermittelt das Gefühl, in den Township-Alltag einzutauchen.

Das Probieren der als „Traditional Food" deklarierten Nahrungsmittel bietet die Möglichkeit, die Andersartigkeit auch über die Geschmackssinne auszuloten. Beim buchstäblichen Einverleiben des Fremden besteht ein deutlich beobachtbares Spannungsverhältnis zwischen Neugier und Abscheu.[29] Auch die Lagerung des Rindfleischs hat die gleiche Wirkung: Die von Fliegen umschwärmten Fleischberge und die abgetrennten, auf dem Boden liegenden Rinderschädel stellen beliebte Fotomotive dar. Es bestehen offenbar assoziative Anschlüsse an bestimmte Afrikabilder und die Eindrücke werden deshalb als authentisch wahrgenommen.[30]

Da neben Dreck und Ekel auch positiv konnotierte Aspekte wie Lebendigkeit, Sinnlichkeit und Exotik als Deutungsangebote fungieren, können die Touristen stärker an die positive Seite des ambivalenten Afrika-Stereotyps anknüpfen.

**Pol 4 „Eveline Street": Gefahr und Lebensfreude!**
Die Eveline Street gilt als das Vergnügungsviertel Katuturas und steht bei jeder Townshiptour auf dem Programm. Informelle Autowasch-Firmen, Straßenstände, kleine Restaurants, und *Shebeens* (informelle Bars) und viele Menschen prägen das Straßenbild, laute Musik die Geräuschkulisse.

Von den Guides wird hier ein uneindeutiges Bild gezeichnet: Einerseits werden hier soziale Probleme, wie Arbeitslosigkeit, Alkohol- und Drogenkonsum, Prostitution, Gewalt und Kriminalität angesprochen. Bisweilen wird explizit davor gewarnt, bei Nacht oder alleine herzukommen; die Straße sei gefährlich und wild und eigentlich eine touristische „No-Go-Area". Andererseits wird hier das junge, dynamische und lebensfrohe Katutura thematisiert. Die laute Musik, die kreativen Namen der *Shebeens* auf bunt bemalten Schildern, das ausgelassene Feiern sind Botschaften, die hier ebenfalls vermittelt werden. Die Repräsentation der Eveline Street hat also zwei Seiten: Als sozialer Brennpunkt ist sie laut, wild, gefährlich, zugleich aber lebendig, bunt, rhythmisch, jung, dynamisch und kreativ. Wiederum bestehen hier semantische Anknüpfungen an die Ambivalenz der Afrika-Stereotypen.

---

**29** Vor allem beim Verzehr der Mopane Worms oder dem Getränk Oshikundu, die häufig als besonders „typisch" und „echt afrikanisch" angepriesen werden, lässt sich eine deutliche Bandbreite der Reaktionen beobachten: von Ekel bis hin zu großer Begeisterung.
**30** Auch das Zeitungspapier als Tellerersatz sowie der Fleischverzehr mit bloßen Händen weichen von westlichen Gepflogenheiten und Hygienevorstellungen ab und könnten somit ebenfalls als primitive, gleichzeitig aber sehr sinnliche kulturelle Praxis erfahren werden.

### Pol 5 „Informal Settlements": Armut pur und Authentifizierung!

Bei der Besichtigung der staubigen, aus Wellblechhütten bestehenden informellen Siedlungen in den Randbereichen Katuturas geht es um die Veranschaulichung der Lebensbedingungen der ärmsten Bewohner der Stadt. Während am Anfang der Tour noch ganz Katutura als die „andere Seite der Stadt" bezeichnet wurde (siehe „Aussichtspunkt"), werden jetzt lediglich die informellen Siedlungen vom restlichen Stadtgebiet als „andere Seite" abgrenzt: „So, this side is the other side of Windhoek, the poor side of Windhoek" (informeller Guide). Eventuell ist dieser neue Regionalisierungsvorschlag eine Reaktion darauf, dass die Touristen oftmals erstaunt sind über die unerwartet gute baulich-infrastrukturelle Ausstattung und die weniger ärmlichen Lebensbedingungen Katuturas. Überspitzt ausgedrückt: Ganz Katutura erscheint weniger anders, weil weniger arm. Als Armutssignifikant entsprechen die Wellblechsiedlungen hingegen schon eher den touristischen Erwartungen und Alteritätsansprüchen. Das Betrachten dieser Zeichen scheint ein besonderes Kontrasterlebnis zu sein und anders als an den anderen Stationen wird diese Konfrontation von vielen Touristen als emotional belastend empfunden. Die Atmosphäre im Fahrzeug und das Verhalten der Touristen verändern sich in auffälliger Weise; es wird weniger gesprochen und auch das Fotografierverhalten ändert sich: Während einige Teilnehmer das Fotografieren einstellen und ethische Skrupel äußern, ob man Menschen in dieser Lebenslage überhaupt fotografieren dürfe, drücken andere besonders häufig den Auslöser – als hätten sie endlich die gewünschten Motive gefunden. Diese Verhaltensänderungen können jeweils als Zeichen einer außergewöhnlichen (Differenz)Erfahrung gedeutet werden.

Werden an anderen Stationen auch positive Aspekte thematisiert, repräsentieren die informellen Siedlungen nur die „dunkle Seite der Armut". Das Gezeigte entspricht somit am ehesten den Erwartungen der Touristen vor Tourantritt. Das intensive Differenzerlebnis basiert somit auf dem Erfahren einer erwarteten Differenz. Insofern hat diese Station in der Tourdramaturgie die wichtige Funktion, eine Passung zwischen den Township-Vorstellungen (vor der Tour) und dem Gezeigten herzustellen. Die Intensität des Armutserlebnisses befriedigt gleichzeitig das touristische Authentizitätsbedürfnis. Indem die Zeichen großer Armut nicht ausgespart werden, wird die Botschaft vermittelt, dass nichts beschönigt oder inszeniert wird. So gewinnt auch das übrige Tourprogramm an Glaubwürdigkeit.

### Pol 6 „Penduka": Helfen, Tradition und Erholung!

Als letzte Anlaufstelle wird bei nahezu allen Touren das auf dem Gelände des ehemaligen „weißen" Segelclubs am Goreangab-Stausee gelegene Frauen-Hilfs-Projekt Penduka besucht. Von kranken und benachteiligten Frauen werden hier handgefertigte Textil-, Schmuck- und Tonwaren hergestellt und verkauft. Das touristische Angebot wird durch folkloristische Tanzaufführungen, Übernachtungsmöglichkeiten sowie ein Restaurant ergänzt. Für die Township-Repräsentation sind zwei Aspekte zentral: 1) die Darstellung als Hilfsprojekt und 2) die Inszenierung lokaler afrikanischer Traditionen.

Mittels der semantischen Kopplung von Armut und Hilfsbedürftigkeit werden Anschlüsse an die Erwartungen hergestellt. Das Image wird nicht in Frage gestellt, sondern reproduziert und inwertgesetzt. Die Führung durch die Werkstatt verstärkt das Authentizitätsempfinden: Man sieht die z. T. behinderten, oft traditionell gekleideten Frauen arbeiten und kann sich so von der Echtheit der „original afrikanischen" Handarbeit von „echten benachteiligten, afrikanischen" Frauen überzeugen. Die Touristen gewinnen zudem den Eindruck, durch ihren Souvenirkauf, einen Beitrag zum Überleben der armen Frauen zu leisten. Dieses „gute Gefühl" wirkt sich positiv auf das Reiseerlebnis aus, denn insbesondere nach den aufwühlenden Eindrücken in den informellen Siedlungen (siehe PoI 4) birgt der moralische Konsum bei Penduka das Potenzial, emotionale Belastungen zu kompensieren. Man kann helfen!

Penduka zielt auch auf eine Inwertsetzung der lokalen Kultur/Tradition ab; geworben wird mit einem „Cultural Shopping Experience". Das touristische Angebot Pendukas knüpft dabei ästhetisch keineswegs nur an negative Assoziationen wie Hilfsbedürftigkeit und Armut an, sondern greift stattdessen positiv konnotierte Afrika-Stereotype auf. Insbesondere die folkloristischen Tänze, das Singen, Trommeln und Tanzen in bunten Kostümen bedient Vorstellungen von traditioneller Kultur. Dies gilt auch für das architektonische und landschaftliche Arrangement mit grasgedeckten Rundhütten vor der malerischen Kulisse des Sees samt exotischen Vögeln. Dieses ländliche Idyll schafft einen krassen Kontrast zur Urbanität des Townships. Obwohl sich vermutlich alle Touristen der Inszenierung bewusst sind, muss sich dies nicht negativ auf deren Authentizitätsempfinden auswirken, denn der Status des Hilfsprojekts für „echt arme afrikanische Frauen", denen man als Tourist „wirklich helfen kann" bleibt unangetastet. Die „afrikanische Hilfsbedürftigkeit" bildet weiterhin die wesentliche Rahmung; die Armut bleibt der Authentizitätsgarant – trotz aller offensichtlichen *Staged Authenticity*.

In der Dramaturgie erfüllt Penduka nicht zuletzt die Funktion eines Erholungsraums: Am Ende führt die Tour aus dem Township heraus in ein afrikanisches Idyll, aus der bedrohlichen Hektik des Städtischen in die friedvolle Stille der Ländlichkeit, aus der urbanen Enge in die freie Natur und aus dem Elend (der informellen Siedlung) in das hoffnungsspendende Hilfsprojekt, das zu einer entspannenden Gewissensberuhigung beiträgt. Auch das klare touristische Setting bedeutet Entspannung: Die Touristen werden nach den teils verunsichernden Erlebnissen wieder sanft in den für sie bekannten touristischen Kontext geführt, in dem Handlungsrahmen und Rollenerwartungen vertraut sind und somit Sicherheit bieten.

### 5.3.3 Nach der Tour: Eindrücke und Zufriedenheit der Touristen

Um zu untersuchen, welches Bild von Katutura die Touristen nach der Tour haben und daraus Rückschlüsse auf das Potenzial solcher Touren im Hinblick auf Veränderungen des Township-Images ziehen zu können, wurden im direkten Anschluss an die Tour nochmals 67 Touristen befragt. Zunächst wurden die Tourteilnehmer gebeten, bis zu drei Punkte zu nennen, die sie während der Tour besonders beeindruckt haben (vgl. Abb. 5.7).

**Abb. 5.7:** Township-Eindrücke nach der Tour (Quelle: Steinbrink et al. 2015, S. 83).

Die meisten der insgesamt 147 genannten Punkte beziehen sich auf den Ort Katutura und seine (infrastrukturelle) Ausstattung (55 %) sowie auf die Bewohner des Stadtteils (35 %). Hingegen finden sich relativ wenige Aussagen die Touren selbst betreffend (10 %).

Viele Touristen (26 %) sind v. a. von der Freundlichkeit der Bewohner beeindruckt. Aber auch andere positive menschliche Eigenschaften wurden häufiger genannt, z. B. Fröhlichkeit (9 %) und Offenheit (9 %). Darüber hinaus hinterlassen die Aspekte Lebensbedingungen, Lebensweise sowie die Gemeinschaft und die Initiativen der Bevölkerung (z. B. das Frauenprojekt Penduka) einen besonderen Eindruck bei den Touristen.

Das Ergebnis macht deutlich, dass positive Aspekte eindeutig überwiegen. Lediglich 5 % aller genannten Eindrücke haben einen negativen Bezug. Das positive Erleben ist somit in den Vordergrund gerückt. Insbesondere der Begriff Armut, der bei der Assoziationserhebung vor der Tour noch eine wichtige Rolle spielte, taucht mit nur 8 % der Antworten erstaunlich selten auf. Fazit: Die Wahrnehmungsinhalte nach der Tour unterscheiden sich stark von den extrem negativ geprägten Vorstellungsinhalten vor der Tour. Das kann als Hinweis darauf gewertet werden, dass sich das Bild vom Township bei den Befragten während der Tour verändert hat.

Um das Potenzial der Townshiptouren zur Verbesserung des Images von Katutura zu konkretisieren, wurden die befragten Touristen nach der Tour abermals gebeten, das semantische Differenzial auszufüllen. Abb. 5.8 zeigt die beiden ermittelten Profile („vor der Tour" und „nach der Tour") im Vergleich und fasst die Ergebnisse zusammen.

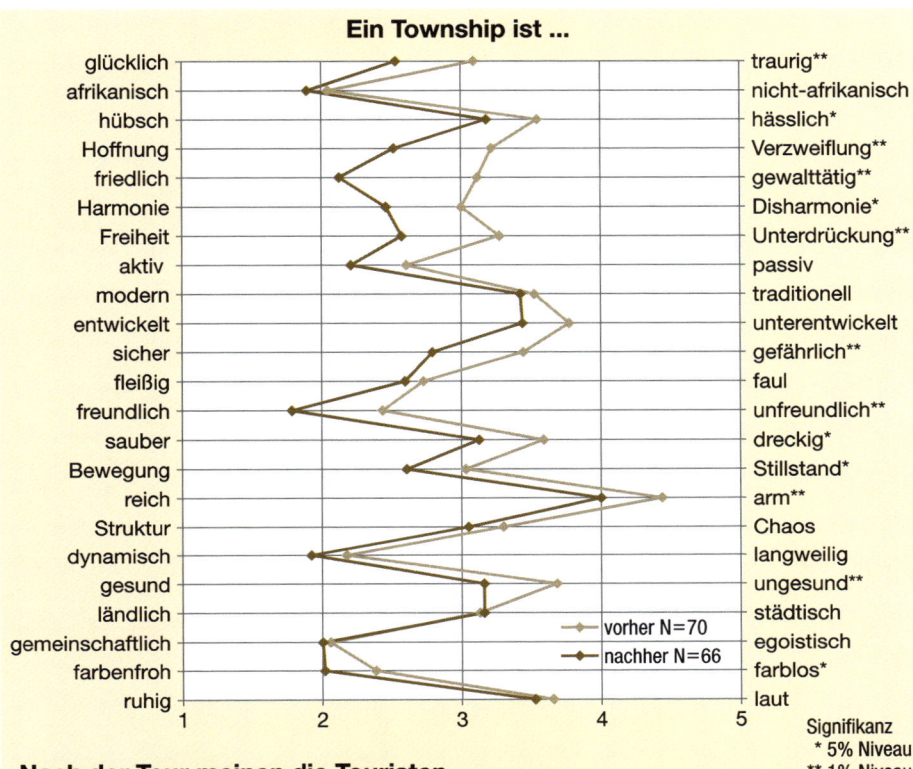

**Nach der Tour meinen die Touristen,**

... Katutura sei so *unterentwickelt* und *laut* wie erwartet und die Bevölkerung so *traditionell* und *gemeinschaftlich* (keine signifikanten Abweichungen).

... die Bewohner von Katutura seien in etwa so *fleißig* wie erwartet (kein signifikanter Unterschied).

... Katutura sei – wie erwartet – sehr *afrikanisch* (kein signifikanter Unterschied).

... Katutura sei – wie erwartet – sehr *dynamisch* (kein signifikanter Unterschied).

... Katutura sei *arm*, aber *nicht ganz so arm* wie erwartet (signifikanter Unterschied).

... Katutura sei *weniger dreckig* und *weniger ungesund* als gedacht (signifikante Unterschiede).

... Katutura sei *weniger hässlich* als in ihrer Vorstellung (signifikanter Unterschied).

... die Bewohner seien – wider Erwarten – eher *glücklich*, *hoffnungsvoll* und *frei* denn als traurig, verzweifelt und unterdrückt (signifikante Unterschiede).

... Katutura sei eher *sicher* als gefährlich und die Bevölkerung eher *friedlich* als gewalttätig (signifikanter Unterschied).

... Katutura sei *harmonischer* als erwartet (signifikanter Unterschied).

... Katutura sei sogar *noch farbenfroher* als erwartet (signifikanter Unterschied).

... die Bewohner Katuturas seien sogar *noch viel freundlicher* als gedacht (signifikanter Unterschied).

**Abb. 5.8:** Semantisches Differenzial: Vorstellungen vor vs. Eindrücke nach der Tour (Quelle: eigene Darstellung).

Die teils sehr starken Abweichungen zwischen den Einschätzungen vor und nach der Tour fallen auch hier unmittelbar ins Auge: Bei der großen Mehrheit der Item-Paare ist die Beurteilung nach der Tour deutlich positiver als vorher, eine negative Abweichung ist bei keinem Item zu erkennen.

Die Ergebnisse zeigen deutlich, dass der Ort, den die Touristen zu besuchen gebucht hatten, anscheinend nicht so wahrgenommen wurde, wie sie zuvor dachten. Die Destination entsprach also nicht ihren Erwartungen. Im Tourismus führt eine solche Erfahrung für gewöhnlich zu Enttäuschung oder Verärgerung („Das hatte ich nicht gebucht!"). Wäre der Townshiptourismus also tatsächlich eine Form des *Negative Sightseeing* oder des *Dark Tourism*, würden Tourangebote, die insbesondere positive und lebensfrohe Aspekte der Destination in den Mittelpunkt stellen, an den Wünschen der Touristen vorbeigehen. Das wiederum müsste sich bei den Kunden in Unzufriedenheit niederschlagen.

Unmittelbar nach der Tour wurden die Touristen deshalb nach ihrer Zufriedenheit gefragt. Zu sechs Gesichtspunkten sollten sie jeweils den Grad ihrer Zufriedenheit angeben (Informationsgehalt, Tour-Route, Transport, Tourguide, Tourkonzeption, Preis-Leistungs-Verhältnis). Hinsichtlich sämtlicher Aspekte zeigen sich ausgesprochen hohe Zufriedenheitswerte (vgl. Steinbrink et al. 2016, S. 100). Auch die abschließende Frage, ob sie die jeweilige Tour weiterempfehlen würden, bejahten 95 % der Befragten.

Die Evaluationsergebnisse geben also keinerlei Hinweis auf eine etwaige Enttäuschung der Touristen. Eine mögliche Erklärung für dieses scheinbare Paradoxon ist die zuvor thematisierte Ambivalenz des bei europäischen Touristen vorherrschenden Afrikabildes im Zusammenspiel mit der Tourpraxis.

Die Beobachtungen der Touren haben gezeigt, dass die Darstellung Katuturas durchaus an zentrale touristische Vorstellungsinhalte anknüpft (vgl. Kapitel 5.3.2). Insbesondere zu Beginn der Touren (Aussichtspunkt, Old Location) wird sehr stark auf das Image des Townships als „Ort der Armut" und „Ort der Schwarzen" zurückgegriffen; über die Kategorien „Hautfarbe" und „Armut" werden Anschlüsse der touristischen Darstellung sichergestellt. Im Tourverlauf knüpfen sie allerdings nicht nur an negative (Armuts-)Assoziationen an (Schmutz, Gefahr, Elend), sondern z. B. bei den Stationen Oshetu Market, Eveline Street, Penduka auch an positive Stereotype (Exotik, Tradition, Lebensfreude). Es geht bei den Touren also niemals allein um die „dunkle Seite der Armut", sondern vielmehr um eine ambivalente Darstellung des „wirklichen Afrikas".

Das negative Image des Townships wird im Tourverlauf insofern modifiziert, als durch den Darstellungsstil und die Gewichtung der Sehenswürdigkeiten positiv konnotierte Aspekte des ambivalenten Real-Africa-Stereotyps stärker hervorgehoben werden. Dadurch wird es den Tourteilnehmern möglich, an positive Bedeutungen anzuknüpfen, welche die negativen Township-Assoziationen ergänzen und relativieren. Dieser Darstellungsstil ist ein wesentliches Merkmal aller Touren.

Die Touren scheinen insgesamt so konzipiert zu sein, dass sie einerseits die an den Armutsbegriff gekoppelten Alteritäts- und Authentizitätserwartungen der Kunden erfüllen, gleichzeitig aber als positives Urlaubserlebnis erfahren werden können. Die Armut fungiert weiterhin als Authentizitätsgarant. Zwar ist die von den Touristen wahrgenommene Armut etwas weniger vordergründig als erwartet, in der touristischen Wahrnehmung scheint Katutura aber immer noch „arm genug" zu sein, um das gängige Afrikabild zu bedienen. Und darüber hinaus können die sichtbaren Zeichen der Armut so immer noch als Erleben jenseits der touristischen Inszenierung gedeutet werden.

Entsprechend mischt sich in den befriedigenden Eindruck der Tourteilnehmer, mit Katutura ein Stück „wirkliches Afrika" gesehen zu haben, oft auch das beruhigende Bewusstsein, dass das Township bzw. Afrika in Wirklichkeit gar nicht so elend, dreckig und gefährlich ist (wie viele denken), sondern v. a. lebhaft, bunt, freundlich und fröhlich (wie mindestens ebenso viele denken). Sie selbst wissen es ja jetzt, denn sie waren ja da … und sind wirklich zufrieden.

## 5.4 Fazit: Ambivalente Repräsentationen und Imagetransformationen

Dieser Beitrag hatte zum Ziel, das Wechselspiel von raumbezogenen Vorstellungen von Touristen und touristischen Raumrepräsentationen am Beispiel des Townshiptourismus in Katutura zu untersuchen. Anhand eines analytischen Dreischritts – vor, während und nach der Tour – wurde der Einfluss der Townshiptouren auf das Image Katuturas in den Blick genommen.

Es konnte gezeigt werden, dass der Besuch Katuturas bei Touristen offenbar zu bemerkenswerten Veränderungen in Bezug auf das Township-Image führt: Das zuvor extrem von negativen Assoziationen geprägte Townshipbild ist nun deutlich positiver besetzt. Vordergründig überraschend ist, dass die offensichtliche Diskrepanz zwischen touristischen Erwartungen und dem während der Tour Gezeigten, also zwischen bestehenden Township-Images und den Repräsentationen aufgelöst wird. Das düster-graue Bild wird nicht einfach bedient und reproduziert, sondern mit freundlicheren Farben angereichert. Dieser Bruch führt bei den Touristen allerdings nicht zu Enttäuschung und Unzufriedenheit – im Gegenteil. Der Townshiptourismus ist also – anders als oftmals behauptet – keine Form des Dark Tourism.

Die Ergebnisse der Studie reihen sich damit in verschiedenen andere Untersuchungen ein, die einen ähnlichen Effekt in unterschiedlichen Slumdestinationen weltweit festgestellt haben: So zeigen Arbeiten von Rolfes et al. (2009) in Kapstadt, von Meschkank (2011; 2012) und Dyson (2012) in Mumbai sowie die Studien von Freire-Medeiros (2012) in Rio de Janeiro jeweils sehr eindrücklich, dass sich die raumbezogenen Vorstellungsinhalte durch die Teilnahme an armutstouristischen Besichtigungen deutlich zum Positiven verändern. Armutstourismus fungiert also offensichtlich als

Medium, das den Blick auf städtische Armutsgebiete verändert und somit zur Image-verbesserung beiträgt.

Dass dieses touristische Reframing des Townships ohne Kundenenttäuschung funktioniert, lässt sich – wie diese Studie gezeigt hat – mit der Ambivalenz bestehender Afrikastereotypen erklären: Die Repräsentationen knüpfen nämlich durchaus an zentrale touristische Vorstellungsinhalte an. Durch den Darstellungsstil und die Gewichtung der Sehenswürdigkeiten werden positiv konnotierte Aspekte betont und in den Vordergrund gerückt; die negativen Aspekte des Bildes werden überlagert. Das Township symbolisiert jetzt nicht mehr nur das elende, dreckige und gefährliche, sondern das lebhafte, bunte, freundliche und fröhliche Afrika. Die Touren erfüllen die Alteritäts- und Authentizitätserwartungen der Kunden und die Armut fungiert für beides als Garant. Die Touren stellen Katutura immer noch als „ausreichend arm" dar, um das Afrikabild zu bedienen und gleichzeitig ein Erleben des „wirklichen Afrikas", jenseits touristischer Inszenierung zu vermitteln.

Die beschriebenen Effekte dürften ganz im Sinne der CoW sein, denn sie fördert den Townshiptourismus nicht zuletzt mit dem Ziel, das Image von Katutura und damit auch von Windhoek zu verbessern, um so gleichsam die touristische Attraktivität der Stadt zu steigern. Aber wie ist das offensichtliche, imagetransformierende Potenzial dieser Tourismusform jenseits der ökonomischen Logik des Destinationsmarketings zu bewerten?

Einerseits ließe sich argumentieren, dass die Touren ein versachlichendes Gegenbild zu dem medial kommunizierten Township-Horror erzeugen: Indem Katutura als ein Stadtgebiet präsentiert wird, in dem die Bewohner ganz alltäglichen Aktivitäten nachgehen, werden homogenisierende und essentialisierende Sichtweisen z. T. gebrochen und gängige Townshipklischees relativiert.

Andererseits aber kann das touristische Reframing auch kritisch beurteilt werden. Die touristische Townshiprepräsentation lässt sich als Entproblematisierung deuten: Die Selektion dessen, was in Katutura präsentiert wird sowie die Art, wie es gezeigt und kommentiert wird, führen leicht dazu, dass die Lebensbedingungen nicht als Folge gesellschaftlicher und (welt-)wirtschaftlicher Ungleichheit und Ungerechtigkeit erscheinen, sondern als Lokalkolorit und Ausdruck einer interessanten kulturellen Eigenart. Eine solche Kulturalisierung von Armut birgt die Gefahr einer sozial- bzw. kulturromatisierenden Entpolitisierung – was nicht selten einhergeht mit der Reproduktion bestimmter (post)kolonialer Stereotypen. Im townshiptouristischen Kontext wird Armut dann allzu oft als quasi-natürliche Eigenschaft des Schwarzseins bzw. als Ausdruck der „schwarzen afrikanischen Kultur" implizit kommuniziert – und die touristische Inszenierung leistet somit einer Ethnisierung, Kulturalisierung und Entpolitisierung von Armut Vorschub.

Eine kritische Diskussion um nachhaltigen Tourismus in Afrika sollte auch solche Aspekte – jenseits ökologischer und ökonomischer Fragen – mit einbeziehen.

# Literatur

Basilio, A., Byrne, M., Kelly, L. und Lavado, R. (2006). Tourist Information Kiosks in the City of Windhoek. Abgerufen am 08.04.2019 von http://www.wpi.edu/Pubs/E-project/Available/E-project-051606-212023/unrestricted/Tourist_Information_Kiosks_in_Windhoek.pdf.

CoW (City of Windhoek) (o. J.). The City of Windhoek Local Economic Development: Strategy 2010–2015. Windhoek.

Dyson, P. (2012). Slum Tourism: Representing and Interpreting 'Reality' in Dharavi, Mumbai. *Tourism Geographies: An International Journal of Tourism Space, Place and Environment*, 14:254–274.

Freire-Medeiros, B. (2009). The Favela and Its Touristic Transits. *Geoforum*, 40(2):580–588.

Freire-Medeiros, B. (2012). Favela Tourism: Listening to Local Voices. In Frenzel, F., Koens, K. und Steinbrink, M., Hrsg., *Slum Tourism: Poverty, Power and Ethics*, S. 175–192. Abingdon, New York.

Frenzel, F. (2012). Beyond 'Othering': the Political Roots of Slum Tourism. In Frenzel, F., Koens, K. und Steinbrink, M., Hrsg., *Slum Tourism. Poverty, Power and Ethics*, S. 49–65. Abingdon, New York.

Frenzel, F., Koens, K. und Steinbrink, M., Hrsg. (2012). *Slum Tourism. Poverty, Power and Ethics*. Abingdon, New York.

Frenzel, F. und Steinbrink, M. (2014). Globaler Armutstourismus: Neue Entwicklungen. Neue Perspektiven. *Zeitschrift für Tourismuswissenschaften*, 14(2):219–223.

Frenzel, F., Koens, K., Steinbrink, M. und Rogerson, C. (2015). Slum Tourism: State of the Art. *Tourism Review International*, 18:237–252.

Jarrett, M. (2000). Developing the Past for a Future in Tourism. Vortrag im Rahmen der Konferenz „Public History: Forgotten History" veranstaltet am History Department der University of Namibia vom 22.–25.08.2000 in Windhoek.

Kangueehi, S. (1988). Von der ‚Alten Werft' nach Katutura. In Melber, H., Hrsg., *Katutura: Alltag im Ghetto*, (= Edition Südliches Afrika, 24). issa-Verlag, Bonn.

Meschkank, J. (2011). Investigations into Slum Tourism in Mumbai: Poverty Tourism and the Tensions between different Constructions of Reality. *Geojournal*, 76:47–62.

Meschkank, J. (2012). Negotiating Poverty: the Interplay between Dharavi's Production and Consumption as a Tourist Destination. In Frenzel, F., Koens, K. und Steinbrink, M., Hrsg., *Slum Tourism: Poverty, Power and Ethics*, S. 144–158. Abingdon, New York.

MET (Ministry of Environment and Tourism) (2012). Statistical Report 2011. Windhoek. Abgerufen am 08.04.2019 von http://www.namibiatourism.com.na/uploads/file_uploads/Tourist_Arrival_Statistics_Report_MET_2011.pdf.

MET (Ministry of Environment and Tourism) (2013). Report on the Namibia Tourist Exit Survey 2012–2013. Windhoek. Abgerufen am 23.09.2014 von http://www.namibiatourism.com.na/uploads/file_uploads/Report_Namibia_Tourist_Exit__survey_2012_2013.pdf.

Münder, P. (2013). Dark Tourism: Kaffeefahrt zur Hölle oder historische Edutainment-Exkursionen? Abgerufen am 08.04.2019 von http://culturmag.de/litmag/dark-tourism-kaffeefahrten-zur-holle-oder-historische-edutainment-exkursionen/69337.

NAC (Namibia Airports Company) (2013). Annual Report 2012/13. Windhoek. Abgerufen am 23.09.2014 von http://www.airports.com.na/wp-content/uploads/2014/06/NAC-Annual-report-for-website-1.pdf.

Novelli, M. und Gebhardt, K. (2007). Community Based Tourism in Namibia: 'Reality Show' or 'Window Dressing'? *Current Issues in Tourism*, 10(5):443–479. doi:10.2167/cit332.0.

NPC (National Planning Commission) (2012). Namibia 2011 Population and Housing Census. Preliminary Results. Abgerufen am 08.04.2019 von http://catalog.ihsn.org/index.php/catalog/3007/download/45171. Windhoek.

NSA (National Statistics Agency) (o. J.). Namibia 2011 Population & Housing Census Main Report. Abgerufen am 23.09.2014 von http://www.nsa.org.na/files/downloads/Namibia%202011%20Population%20and%20Housing%20Census%20Main%20Report.pdf. Windhoek.

NSA (National Statistics Agency) (2013). Namibia Labour Force Survey 2012. Abgerufen am 23.09.2014 von http://www.nsa.org.na/files/downloads/0df_The%20Namibia%20Labour%20Force%20Survey%202012%20Report.pdf. Windhoek.

NTB (Namibia Tourism Board) (2014). Tourist Accommodation Statistics Jan-Dec 2013. Abgerufen am 08.04.2019 von http://www.namibiatourism.com.na/uploads/file_uploads/Accommodation_Table_Report_Jan_Dec2013.pdf. Windhoek.

Pendleton, W. C. (1996). *Katutura: A Place Where We Stay: Life in a Post-Apartheid Township in Namibia*. Ohio University Press, Athens (Ohio/USA).

Pott, A. (2007). Orte des Tourismus: Eine raum- und gesellschaftstheoretische Untersuchung. Bielefeld.

Rolfes, M. und Burgold, J. (2013). Of Voyeuristic Safari Tours and Responsible Tourism with Educational Value: Observing Moral Communication in Slum and Township Tourism in Cape Town and Mumbai. *Die Erde*, 144:161–174.

Rolfes, M. und Steinbrink, M. (2009). Raumbilder und Raumkonstruktionen im Townshiptourismus. In Dickel, M. und Glasze, G., Hrsg., *Vielperspektivität und Teilnehmerzentrierung: Richtungsweiser der Exkursionsdidaktik*, (= Praxis Neue Kulturgeographie, 6). LIT, Münster.

Rolfes, M., Steinbrink, M. und Uhl, C. (2009). *Townships as Attraction: An Empirical Study of Township Tourism in Cape Town*. (= Praxis Kultur- und Sozialgeographie, 46). Universitätsverlag Potsdam, Potsdam.

Saarinen, J. (2010). Local tourism awareness: Community views in Katutura and King Nehale Conservancy, Namibia. *Development Southern Africa*, 27(5):713–724. doi:10.1080/0376835X.2010.522833.

Simon, D. (1988). Katutura: Symbol städtischer Apartheid. In Melber, H., Hrsg., *Katutura, Alltag im Ghetto*, (= Edition Südliches Afrika, 24). issa-Verlag, Bonn.

Steinbrink, M. (2012). 'We did the Slum!': Urban Poverty Tourism in Historical Perspective. *Tourism Geographies: An International Journal of Tourism Space, Place and Environment*, 2:213–234.

Steinbrink, M. (2014). FestiFAVELAsation. Mega-Events, Slums and Strategic City-Staging – the Example of Rio de Janeiro 2014/2016. *Die Erde*, 144(3):129–145.

Steinbrink, M. und Pott, A. (2010). Global Slumming. Zur Genese und Globalisierung des Armutstourismus. In Wöhler, H., Pott, A. und Denzer, V., Hrsg., *Tourismusräume. Zur soziokulturellen Konstruktion eines globalen Phänomens*, S. 247–270. transcript-Verlag, Bielefeld.

Steinbrink, M., Frenzel, F. und Koens, K. (2012). Development and Globalization of a New Trend in Tourism. In Steinbrink, M., Frenzel, F. und Koens, K., Hrsg., *Slum Tourism. Poverty, Power and Ethics*. Abingdon, New York.

Steinbrink, M., Buning, M., Legant, M., Schauwinhold, B. und Süssenguth, T. (2015). Armut und Tourismus in Windhoek. Eine empirische Studie zum Townshiptourismus in Namibia. Potsdam.

Steinbrink, M., Buning, M., Legant, M., Schauwinhold, B. und Süssenguth, T. (2016). Touring Katutura! Poverty, Tourism, and Poverty Tourism in Windhoek, Namibia. Potsdam.

Tzanelli, R. (2018). Slum Tourism: A Review of State-of-the-Art Scholarship. *Tourism, Culture & Communication*, 18(2):149–155.

Urry, J. (2002). *The Tourist Gaze*. London, Thousand Oaks, New Delhi, Singapore.

Welz, G. (1993). Slum als Sehenswürdigkeit: ‚Negative Sightseeing' im Städtetourismus. In Kramer, D. und Lutz, R., Hrsg., *Tourismus-Kultur, Kultur-Tourismus*, S. 39–53. LIT, Münster.

Wiseman, N. (1850). An Appeal to the Reason and Good Feeling of the English People on the Subject of the Catholic Hierarchy. London.

WTTC (World Travel & Tourism Council) (2014). Travel & Tourism Economic Impact 2014 Namibia. Abgerufen am 23.09.2014 von http://www.wttc.org/~/media/files/reports/economic%20impact%20research/country%20reports/namibia2014.ashx.

WTTC (World Travel & Tourism Council) (2018). Travel & Tourism Economic Impact 2018 Namibia. Abgerufen am 26.02.2019 von https://www.wttc.org/-/media/files/reports/economic-impact-research/countries-2018/namibia2018.pdf.

Janine Bäker

# 6 Kapazitätsaufbau durch Community Based Tourism in Durban, Südafrika

**Zusammenfassung:** Durban ist durch eine hohe Arbeitslosigkeit und Armut geprägt. Besonders benachteiligt sind die ländlichen Gebiete KwaZulu-Natals, wo es häufig an allgemeiner Infrastruktur, Arbeitsplätzen und Perspektiven mangelt. Diese Regionen bergen ein großes Tourismuspotenzial, sind jedoch größtenteils von den Gewinnen des Tourismus ausgeschlossen. Zur Schaffung von Einkommensmöglichkeiten für die ländliche Bevölkerung wurde die Entwicklung eines nachhaltigen Tourismusangebotes mithilfe des CBT-Ansatzes (Community Based Tourism) angestrebt, inklusive der Einbindung eines lokalen Fair-Trade-Projekts. Am Beispiel des „Durban Green Corridors" sollen die Chancen, Herausforderungen und möglichen Risiken gemeindebasierter Tourismusprojekte, insbesondere in der internationalen Entwicklungszusammenarbeit, betrachtet werden.

**Schlagwörter:** Community Based Tourism, Tourismus in der internationalen Entwicklungszusammenarbeit, Rural Tourism, lokale Wertschöpfung, Empowerment

## 6.1 Einleitung

Obwohl das Ende der Apartheid in Südafrika nun schon mehr als 20 Jahre zurückliegt, ist die wirtschaftliche Ungleichheit noch immer präsent und ein Großteil der Bevölkerung lebt in Armut. Eine enorm hohe Arbeitslosigkeit und die ungleiche Verteilung von Bildung, Einkommen und Vermögen verfestigen diese Problematik. Besonders benachteiligt sind die ländlichen Gebiete, in denen es häufig an allgemeiner Infrastruktur, Arbeitsplätzen und Perspektiven mangelt. Dies hat zur Folge, dass ein Teil der Landbevölkerung auf der Suche nach besseren Lebens- und Arbeitsbedingungen zunehmend in die Großstädte abwandert. Um dieser Entwicklung entgegenzuwirken ist es notwendig, insbesondere den jungen Menschen durch Einkommensmöglichkeiten vor Ort eine Alternative zur Landflucht zu bieten.

Tourismus ist einer der am schnellsten wachsenden Wirtschaftssektoren und stellt für viele Länder, insbesondere Entwicklungsländer, eine wichtige Einnahmequelle dar. Der Tourismussektor ist äußerst beschäftigungsintensiv und mittlerweile hängt etwa jeder zehnte Arbeitsplatz weltweit direkt oder indirekt vom Tourismus ab (UNWTO 2018). Nachhaltiger Tourismus kann als Instrument für Entwicklung genutzt werden und neben dem Wirtschaftswachstum und der Schaffung von Arbeitsplätzen auch zur Kulturerhaltung und zum Umweltschutz beitragen.

Die Stadt Durban vereinbarte zusammen mit ihrer Partnerstadt Bremen im Jahr 2015 ein Projekt zum Kapazitätsaufbau im Bereich nachhaltiger Tourismus, basierend auf dem Ansatz des gemeindebasierten Tourismus (Community Based Tourism).

https://doi.org/10.1515/9783110626032-006

Durch die Fokussierung auf die ländlichen Gebiete rund um Durban sollte die Maßnahme besonders benachteiligten Bevölkerungsgruppen zugutekommen, die bisher größtenteils von den Gewinnen des Tourismus ausgeschlossen sind.

Im Folgenden werden der Hintergrund, die Inhalte und Ergebnisse dieses Projektes dargestellt und anschließend hinsichtlich der Chancen, Herausforderungen und möglicher Risiken gemeindebasierter Tourismusprojekte in der internationalen Entwicklungszusammenarbeit betrachtet.


## 6.2 Entwicklung und Zielsetzung der Projektidee

Die Städte Bremen und Durban verbindet seit vielen Jahren eine aktive Zusammenarbeit und Freundschaft, seit 2011 auch im Rahmen einer offiziellen Städtepartnerschaft und einer von *Engagement Global* und ihrer Servicestelle *Kommunen in der Einen Welt* (SKEW) geförderten Klimapartnerschaft. Unter diesem Schirm wurden zahlreiche gemeinsame Projekte wie zur Klimaanpassung, Umweltbildung oder zum Klima- und Umweltschutz umgesetzt. 2015 beschlossen die beiden Städte ihre Zusammenarbeit auch auf den Tourismussektor auszudehnen und ein erstes gemeinsames Projekt zum Ausbau touristischer Angebote in den Randgebieten Durbans zu initiieren. Dieses konnte im Rahmen des Programms *Nachhaltige Kommunalentwicklung durch Partnerschaftsprojekte* (Nakopa) der *Engagement Global* und ihrer SKEW mit finanzieller Unterstützung des Bundesministeriums für wirtschaftliche Zusammenarbeit und Entwicklung (BMZ) 2015 bis 2018 umgesetzt werden.

Die Stadt Durban ist touristisch bereits gut erschlossen, insbesondere ihre Küstenabschnitte. Dennoch wird die Destination von Südafrika-Reisenden eher als Zwischenstopp wahrgenommen. Touristen verbringen in der Regel nur einen Tag in Durban, während umliegende Gebiete in der Region KwaZulu-Natal noch weniger frequentiert werden. Gerade diese ländlichen Gebiete bergen ein großes Tourismuspotenzial aufgrund ihrer ursprünglichen Natur, kulturellen Schätze und der alltagsnahen Begegnung mit Menschen. Trotz dieser Möglichkeiten gibt es in diesen Gebieten rund um Durban kaum Tourismus. Aber es herrscht dort eine hohe Arbeitslosigkeit vor.

Zur Schaffung von Einkommensmöglichkeiten für die ländliche Bevölkerung wurde die Entwicklung eines nachhaltigen Tourismusangebotes mithilfe des gemeindebasierten Tourismus angestrebt. Parallel hierzu sollte ein fair gehandeltes lokales Kunsthandwerksprodukt für die Vermarktung der Reiseangebote und der Besuch entsprechender Produktionsstätten als Reisebaustein dienen. Mittels Einbeziehung lokaler Kleinunternehmer in das Tourismusangebot sollen diese gezielt gefördert und gestärkt werden. Das Projekt hat das Potenzial den Menschen (insbesondere Frauen und Jugendlichen) in den ländlichen Gebieten KwaZulu-Natals neue berufliche Perspektiven und zusätzliche Einkommensmöglichkeiten im Tourismussektor sowie im Bereich des lokalen Kunsthandwerks zu eröffnen. Zudem zielte es darauf ab, Konzepte des nachhaltigen Tourismus und des Stadtmarketings in Durban zu stärken.

### 6.2.1 Community Based Tourism

Community Based Tourism (CBT) stellt einen nachhaltigen Tourismusansatz dar, der besonders sozioökonomische Aspekte fokussiert, in den aber auch ökologische Kriterien einfließen. Er zielt insbesondere auf die umfassende Partizipation Einheimischer bezüglich der Tourismusentwicklung ab (vgl. Bäker 2015, S. 25). CBT findet seit über drei Jahrzehnten besondere Beachtung als Entwicklungsinstrument, mit dem die Bedürfnisse der lokalen Gemeinschaften durch das Angebot eines Tourismusprodukts erfüllt werden sollen (vgl. Goodwin und Santilli 2009, S. 4). In Projekten der internationalen Entwicklungszusammenarbeit bezeichnet er eine Form des Tourismus „[...] in which a major portion of the local population has significant influence on and control over the development and management of tourism, with a substantial part of the earnings from tourism and its other positive effects being used to benefit the community or local area concerned." (Beyer 2014, S. 44)

Neben reinen Deviseneffekten können z. B. infrastrukturelle Verbesserungen positiv wirken und damit das Umfeld letztlich auch für Bewohner aufwerten. Zusätzlich steigt der Bedarf an lokalen Arbeitskräften, wie z. B. Reiseleitern, Darstellern traditioneller Kunst, Kultur und Musik, aber auch im Einzelhandel, Transport und Verkehr. Hierdurch kann die Arbeitslosigkeit in der Region gesenkt und der Wohlstand gesteigert werden. Aufgrund des Potenzials der Natur für den Tourismus wird zudem die gesellschaftliche Verantwortung für den Umweltschutz gestärkt.

Der CBT-Ansatz wird vor allem in ländlichen, zuvor benachteiligten Regionen umgesetzt und kann vereinfacht als „[...] form of ,local tourism', favouring local service providers and suppliers and focused on interpreting and communicating the local culture and environment" (Asker et al. 2010, S. 2) bezeichnet werden. Aderhold (2011) spricht von „Urlaub in kleineren Gemeinschaften, abseits vom (Massen-)Tourismus, mit dem Ziel, in engeren Kontakt mit der einheimischen Bevölkerung zu kommen und deren Leben, Kultur und Umwelt kennen zu lernen" und deutet darauf hin, dass sich dieser Ansatz besonders für Regionen eignet, „[...] die vom Tourismus noch unberührt sind und vorsichtig entwickelt werden sollen."

### 6.2.2 Projektbeteiligte

Neben den kommunalen Vertretern aus Bremen und Durban waren maßgeblich die Nichtregierungsorganisationen (NGO) *Durban Green Corridors* (DGC) und *Africa!Ignite* am Projekt beteiligt. Auf Bremer Seite wurde das Projekt durch das Bremer Informationszentrum für Menschenrechte und Entwicklung (biz), die Bremer Touristik Zentrale (BTZ) und Professoren sowie Studierende der Hochschule Bremen unterstützt. Außerdem wurden Freiwillige des *weltwärts*-Programms aus Bremen vor Ort in das Projekt eingebunden und weitere städtische und zivilgesellschaftliche Akteure mit in den Wissensaustausch in Durban integriert.

***Durban Green Corridors*** **(DGC)** ist eine gemeinnützige Organisation, die zusammen mit der Stadt Durban und weiteren Akteuren Projekte zur Jugendförderung, dem Umwelt- und Naturschutz sowie der Wirtschaftsförderung durchführt. Darüber hinaus engagiert sich DGC für einen nachhaltigen Tourismus in Durban, der insbesondere der lokalen Bevölkerung zugutekommt, wirtschaftliche Perspektiven schafft, den Naturschutz stärkt und Reisenden ein authentisches Erlebnis bietet. Das *Green Hub* dient als Büro von DGC, als Ökotourismus-Information und Buchungsstelle sowie Umweltbildungszentrum. Geführte Wanderungen, Kanu- oder Mountainbike-Touren, kulturelle Führungen und zahlreiche Ausflüge ins Umland Durbans werden von hier aus organisiert.

Konzepte des nachhaltigen Konsums und insbesondere des fairen Handels sind bisher kaum verbreitet in Südafrika. Die Stadt Durban fördert über ihre Economic-Development-Abteilung wirtschaftliche Aktivitäten und den Aufbau von Existenzen für die Lokalbevölkerung, u. a. in Zusammenarbeit mit DGC im Bereich Ökotourismus und mit *Africa!Ignite* im Bereich des fairen Handels.

***Africa!Ignite*** trägt als eine der führenden Agenturen für ländliche Entwicklung in der Provinz KwaZulu-Natal zur fairen wirtschaftlichen und gesellschaftlichen Teilhabe von Gemeinden bei. Neben der Förderung junger Menschen und lokaler Unternehmen werden insbesondere Frauen in den ländlichen Gebieten unterstützt, Kunsthandwerk zu fertigen und dieses zu vertreiben. Die „WOWZULU Marketplaces" dienen als Verkaufsstellen dieser Produkte, die von ortsansässigen Inhaberinnen geführt und von *Africa!Ignite* unterstützt werden. Ein weiterer Schwerpunkt ist die Entwicklung touristischer Angebote und die damit einhergehende Schaffung zusätzlicher Arbeitsplätze.

Das **Bremer Informationszentrum für Menschenrechte und Entwicklung** (biz), ist ein Informations-, Beratungs- und Veranstaltungszentrum zu den Themenfeldern nachhaltige Entwicklung und Menschenrechte. Die Arbeitsschwerpunkte sind fairer Handel, nachhaltiger Konsum und nachhaltiger Tourismus.

Die **Bremer Touristik Zentrale** (BTZ) ist für die Umsetzung der städtischen Aufgaben der Tourismusförderung und -werbung für die Stadt Bremen zuständig und unterstützte das Projekt mit ihrer Expertise und Mitwirkung bei verschiedenen Workshops in Bremen und Durban.

Die **Hochschule Bremen** mit ihren internationalen Studiengängen Angewandte Freizeitwissenschaft und Tourismusmanagement unterstützte das Projekt mit Analysen und Studien, die von Studierenden im Rahmen einer Semesterarbeit durchgeführt wurden. Diese beinhalteten u. a. eine Analyse der bestehenden Tourismusangebote rund um Durban, der Anforderungen an nachhaltige Tourismusprodukte sowie der Übertragbarkeit einzelner Best-Practice-Beispiele auf Durban.

## 6.3 Kapazitätsaufbau im Bereich nachhaltiger Tourismus

Nach umfassender, vorbereitender Analyse entwickelten die Projektpartner durch Workshops und gegenseitige Besuche ein gemeinsames Verständnis und Bewusstsein für nachhaltigen Tourismus und faires Kunsthandwerk in Bremen und Durban. Sie besuchten Tourismusangebote vor Ort und tauschten sich u. a. über die Möglichkeiten einer Zertifizierung, Kriterien für nachhaltigen Tourismus, Entwicklung von Marketingstrategien und Produktentwicklung aus.

Unter Federführung der *Economic Development Unit* der Stadt Durban konzentrierte sich DGC entsprechend der Analyseergebnisse auf die Identifizierung und Weiterentwicklung nachhaltiger Tourismusangebote rund um Durban wie kulturelle Führungen, Besuche von Kunsthandwerksbetrieben oder Homestays. Ziel war es, ein Gesamtreiseangebot zu erstellen und in Zusammenarbeit mit *Africa!Ignite* Kunsthandwerk und Tourismus zu verbinden.

Der Fokus des handwerklichen Teilprojektes lag auf der Identifizierung und Anpassung eines lokal produzierten Kunsthandwerksproduktes, das als Marketinginstrument für den nachhaltigen Tourismus genutzt werden kann und gleichzeitig zu nachhaltigem Einkommen für lokale Kunsthandwerker beiträgt. Ein zweiter Schwerpunkt lag auf der Entwicklung von Produkten, um diese direkt an Reisende im WOW-ZULU Marketplace an der Inanda Heritage Route zu verkaufen. Bisher existieren in der Region um Durban vier dieser Marketplaces, die besonders als Souvenirläden für Touristen interessant sind.

Um direkten Nutzen für die Begünstigten und ein langfristiges Engagement der Stakeholder im Bereich des nachhaltigen Tourismus zu sichern, widmete sich das Projekt der Entwicklung von Systemen und Instrumenten, die Tourismusanbieter zur Mitwirkung motivieren und ein größeres lokales Bewusstsein schaffen. Durch projektbegleitende Marketingmaßnahmen in Durban und Bremen sollten das Projekt als solches sowie die speziellen Angebote und Durban als Reiseziel bekannt gemacht und potenzielle Individualreisende sowie insbesondere deutsche Reiseveranstalter und Kooperationspartner gefunden werden.

Ein eigens aufgebautes Internetangebot mit Online-Datenbank sowie einem Mitgliedschaftssystem für das Management nachhaltiger Tourismusprodukte sollte helfen, potenzielle Reisende zu erreichen. Entlang festgelegter Routen können Führungen, Übernachtungen und zahlreiche andere Aktivitäten in den Gemeinden Inanda und Isithumba, an der Südküste und in der Mnini-Dam-Region gebucht werden. Insbesondere informelle Betriebe haben hierdurch erstmals die Möglichkeit, ein breiteres Publikum zu erreichen. DGC lud potenzielle Mitglieder für das Nachhaltige Tourismusnetzwerk zu Workshops ein, bei denen die Mitarbeiter das Projekt, die Notwendigkeit einer nachhaltigen Tourismusentwicklung und die Vorteile der Netzwerkarbeit verdeutlichten. Zudem entwickelte DGC einen Verhaltenskodex, mit dem sich die teilnehmenden Betriebe u. a. zu einem schonenden Umgang mit Ressourcen, fairen Arbeitsbedingungen und zum Schutz von Natur und Kultur verpflichteten.

Im Jahr 2017 wurde schließlich das *Responsible Tourism Network* gegründet. Alle dem Netzwerk beigetretenen Tourismusunternehmen stimmten den Grundsätzen und Kriterien des *Code of Conduct* zu und verpflichteten sich, einen Beitrag zu mindestens einem der UN-Ziele für nachhaltige Entwicklung, den *Sustainable Development Goals* (SDG), zu leisten. DGC unterstützt die Anbieter bei der Auswahl geeigneter Projekte und Maßnahmen und diese willigen der Erfassung des $CO_2$-Fußabdrucks ihres Unternehmens ein. Mit dem *Responsible Tourism Network* werden zwei Ziele gleichzeitig verfolgt, zum einen die Kennzeichnung entsprechender nachhaltiger Angebote für den Reisenden, zum anderen die Schaffung eines Netzwerks für Anbieter zum Austausch und zur kontinuierlichen Weiterentwicklung. „Das Wichtigste für eine nachhaltige Tourismusentwicklung ist die Bewusstseinsbildung bei den Menschen, die im Tourismus in Durban involviert sind" (Siphamandla Jiyane Joe, Naturführer bei DGC; mündliche Mitteilung 2018).

Für die Buchungen und Reservierungen nachhaltiger Tourismusangebote wurde ein „Responsible Travel Desk" eingerichtet und eine Reisemanagerin für die Zusammenstellung und Organisation der Reisen, die Kundenbetreuung sowie Neugewinnung weiterer Produktanbieter eingestellt. Durch kontinuierliche Netzwerkarbeit sowie Treffen und Audits vor Ort mit privatwirtschaftlichen Betreibern begann das *Responsible Tourism Network* zu wachsen und Anbieter zu gewinnen, die sich für die Umsetzung der nachhaltigen Entwicklungsziele der UN engagieren.

Zu den bestehenden Ökotourismus-Aktivitäten von DGC kamen durch das Netzwerk weitere Angebote hinzu, aus denen die Akteure mehrtägige Pauschalangebote zusammenstellten. Für die Kommunikation mit deutschen Reiseveranstaltern erarbeitete DGC eine 12-tägige Reiseroute, die das gesamte „Durban-Produkt" inklusive Kunsthandwerks-Komponente abbildet. Die Reise vereint kulturelle und abenteuerreiche Erlebnisse, Natur- und Wildnis-Erfahrungen, umweltschonende Unterkünfte und den Besuch verschiedener lokaler Projekte. Lokales Kunsthandwerk ist durch Besuche entsprechender Produktionsstätten und Kunsthandwerksmärkte inkludiert, besonders jedoch durch einen Workshop zu Hause bei Ma Mtshali, wo Reisende zusammen mit ihr ein persönliches Perlen-Souvenir herstellen (vgl. Abb. 6.1).

> Ich arbeite seit 11 Jahren mit Africa!Ignite und die Zusammenarbeit ist großartig! Unsere Kinder können dank unserer handwerklichen Arbeit ihre Schullaufbahn zu Ende bringen und wir Eltern konnten durch unsere Kooperation mit Africa!Ignite Häuser für unsere Familien bauen. Heute bringt WOWZULU in Partnerschaft mit Durban Green Corridors Touristen zu uns und wir bringen ihnen unser traditionelles Handwerk bei und servieren ihnen Zulu-Bier. (Solani Eunice Mtshali, aus Mzunga im Ndwedwe District; Quelle: DGC 2018)

Zu Projektbeginn hat *Africa!Ignite* bereits eine Reihe innovativer Produkte der *Langazela-Kollektion* erprobt. Aus recycelten Maissäcken werden bestickte Dekorations- und Accessoires-Produkte gefertigt. Dieses Angebot wurde auf der Frankfurter Messe *Ambiente* und beim Besuch von Fair-Trade-Shops in Bremen als Marketingmittel für das Reiseangebot präsentiert. Einige Produkte bot *Africa!Ignite* als Souvenirs für den

**Abb. 6.1:** Kunsthandwerk-Workshop (© DGC).

Verkauf an Touristen im WOWZULU Marketplace in Inanda an und entwickelte diese im Rahmen von Workshops mit dortigen Kunsthandwerkern weiter. Um auf potenzielle Aufträge großer europäischer Fairtrade-Importeure reagieren zu können, wurden zusätzliche Produktionskapazitäten geschaffen und hierzu zahlreiche Personen aus lokalen Handwerkskooperativen ausgebildet.

 Zur Bekanntmachung der nachhaltigen Reiseangebote und Durban als Reiseziel startete DGC auf Facebook und Instagram deutschsprachige Social-Media-Kampagnen (Durban Green Corridor-Reisen), übersetzte die DGC-Website und entwarf entsprechende Marketingmaterialien. Im März 2018 sprachen die Akteure auf der ITB und dem Berlin Travel Festival mit zahlreichen Reiseveranstaltern und -agenturen sowie weiteren Organisationen über Kooperations- und Marketingmöglichkeiten. Um die Reise, insbesondere den Kunsthandwerk-Workshop, widerzuspiegeln, setzten sie perlenbesetzte Artikel von *Africa!Ignite* als Giveaway ein. Sowohl die Reise als auch die Produkte von *Africa!Ignite* stießen auf Interesse und DGC konnte direkte Kontakte zu Reiseveranstaltern sowie zu südafrikanischen Destination Management Companies (DMC), die ihrerseits als Agenturen für deutsche Reiseveranstalter fungieren, herstellen. Der *Good Travel Blog* für verantwortungsvollen Tourismus berichtete nach dem Berlin Travel Festival über das Projekt.[1]

---

1 Blogbeitrag „Wie Tourismus eine nachhaltige Entwicklung fördern kann". Abgerufen am 21.06.2019 von https://blog.goodtravel.de/2018/04/01/wie-tourismus-eine-nachhaltige-entwicklung-foerdern-kann/.

Die Akteure besuchten zur Ermittlung weiterer Marketingmöglichkeiten und zur Projekt- und Produktpräsentation Fairtrade-Shops in Deutschland. Im Idealfall sollte das nachhaltige Reiseangebot mithilfe des fair gehandelten Handwerksprodukts in den Läden vermarktet werden. Die Shops beziehen ihre Produkte in der Regel von den größeren Fairtrade-Importorganisationen. Dennoch wurde Interesse an den Produkten *Africa!Ignites* gezeigt und Flyer zum Reiseangebot ausgelegt.

Das biz präsentierte das Projekt zudem in einer Fotoausstellung mit dem Titel „Fair und weg? Tourismus nachhaltig gestalten" von November 2018 bis Januar 2019 als Beispiel für nachhaltigen Tourismus und stellte dabei DGC, *Africa!Ignite*, WOWZULU und zwei weitere Mitglieder des nachhaltigen Tourismusnetzwerkes vor. Mehrere hundert Besucher konnten hierdurch Eindrücke von Durban und dem Projekt gewinnen.

Zusammenfassend lassen sich bislang folgende Erfolge des Projektes verzeichnen:

– Bewusstseinsbildung, Wissensaustausch und -gewinn im Bereich des nachhaltigen Tourismus und des fairen Kunsthandwerks,
– Etablierung eines *Responsible Tourism Networks*, dem bisher 18 Unternehmen beigetreten sind,
– Gewinn neuer Partner aus dem Privatsektor (formeller und informeller Sektor),
– Entwicklung und Unterstützung weiterer Kleinunternehmen durch Schaffung von Marktzugängen,
– Gestaltung nachhaltiger Pauschalangebote,
– Netzwerk- und Öffentlichkeitsarbeit auf dem deutschen Markt,
– Generierung von Interesse bei Reiseveranstaltern und Fair-Trade-Akteuren,
– Gestaltung deutschsprachigen Print- und Onlinemarketingmaterials,
– Direkte und indirekte Arbeitsplatzschaffung, insbesondere für Frauen und junge Menschen,
– Kapazitätsaufbau, Schulungen und Weiterbildungen,
– Indirekte Wirkungen durch infrastrukturelle Verbesserungen und
– Erschließung neuer Gebiete sowie einer weiteren touristischen Route (uMquababa-Route in der Mnini-Region) und dadurch Unterstützung weiterer Kleinunternehmer und Ausbildung eines Reiseleiters.

## 6.4 Chancen, Herausforderungen und Risiken

Gemeindebasierte Tourismusprojekte bieten Chancen, zur wirtschaftlichen, ökologischen, sozialen und kulturellen Stärkung von Gemeinden beizutragen. Die Partizipation der Gemeinde und ihrer Mitglieder führt zum Erhalt der Kultur und Natur durch ein verstärktes Bewusstsein über ihre kulturelle Identität und Verantwortungsbewusstsein für ihre Umwelt. Neben direkten Beschäftigungsmöglichkeiten im Tourismus entstehen auch indirekte Arbeitsplätze, die den Bewohnern der Gemeinden ein zusätzliches Einkommen schaffen. Zudem profitieren sie von indirekten Wirkungen wie infrastrukturellen Verbesserungen, die mit einer touristischen Entwicklung einhergehen. Die folgend wiedergegebenen Zitate von Gemeindemitgliedern aus Inanda sollen dies verdeutlichen (vgl. DGC 2018):

> Touristen, die in Gebiete wie eNanda oder KwaMashu kommen, tragen direkt zur Stärkung der lokalen Wirtschaft bei. Dank der Reisegruppen, die uns mit Durban Green Corridors besuchen, habe ich ein zusätzliches Einkommen, von dem ich leben und mich gleichzeitig immer noch um meine Gemeinde kümmern kann. (Lokaler Sangoma, traditioneller Heiler in Inanda)

> Reisende durch meine Heimatstadt zu führen, gibt mir die Möglichkeit, meine Arbeit mit meiner Leidenschaft zu verbinden und zur kulturellen und ökologischen Bewusstseinsbildung beizutragen. (Sanele, Kulturführer aus Inanda)

> Touristen, die nach Inanda kommen, haben sowohl auf mich persönlich als auch auf unseren DGC Standort großen Einfluss. Durch die Tourismuseinkünfte können wir unsere Infrastruktur verbessern und an unserem Standort in einen Bikepark und Kanu-Teams für unsere Kinder investieren. (Nomonde, lokale Standortmanagerin in Inanda)

Die Zusammenführung von Unternehmen, Verknüpfung von Produkten und Erstellung kompletter Reiseangebote bieten mehreren Kleinunternehmen gleichzeitig die Chance der Teilhabe, Entwicklung und Vermarktung, während ansonsten häufig nur eines oder sehr wenige Unternehmen Begünstigte solcher Projekte sind. Hieraus ergeben sich sowohl Kooperationsmöglichkeiten als auch -schwierigkeiten, und der Erfolg des Projektes hängt maßgeblich von der weiteren Zusammenarbeit und dem Austausch zwischen den Beteiligten nach der Projektlaufzeit ab.

Eine Schlüsselrolle für die Vermittlung der einzelnen Angebote, die Zusammenstellung von Gesamtangeboten sowie das Management des *Responsible Tourism Networks* und seiner Mitglieder übernimmt DGC. Da es sich neben dem nachhaltigen Tourismus in weiteren Bereichen wie Jugendförderung, Umweltschutz und -bildung engagiert, besteht eine Herausforderung darin, genügend zeitliche sowie finanzielle Ressourcen für die weitere Entwicklung zur Verfügung zu haben. Ein Risiko besteht folglich darin, dass DGC aufgrund eines Mangels an Personal bzw. Mitarbeitern die durch das Projekt implementierten Systeme und Ressourcen zur nachhaltigen Reisegestaltung nicht weiter betreuen kann. Aufgrund der engen Zusammenarbeit von DGC mit der Stadt Durban kann jedoch stark von einer weiteren Unterstützung und Förderung des nachhaltigen Tourismusvorhabens seitens der Stadt ausgegangen werden.

Herausforderungen bestehen in der weiteren Netzwerk- und Öffentlichkeitsarbeit, die entscheidend für eine erfolgreiche Etablierung der Angebote ist. Besondere Bedeutung hat hier die weiterführende Kommunikation mit Reiseveranstaltern und DMC sowie der Auf- und Ausbau von Kooperationen mit weiteren Tourismusakteuren und Organisationen (z. B. Durban Tourism).

Eine weitere Herausforderung, die aufgrund der alltagsnahen Begegnungen zwischen Touristen und Einheimischen an ihrem Wohnort entsteht, ist das verantwortungsvolle Management dieser Angebote, um negative Auswirkungen auf Bewohner und Umwelt zu vermeiden sowie langfristig authentische Erfahrungen und beidseitige Zufriedenheit zu gewährleisten. Da die Reiseleiter selbst aus den jeweiligen Gemeinden stammen, sind sie mit kulturellen und gesellschaftlichen Besonderheiten vertraut und können positiv auf das Verhalten Reisender einwirken. Die direkte Nähe schafft zudem eine vertraute Basis, wodurch sich Gemeindemitglieder eher bei möglichen Anliegen oder Problemen bezüglich touristischer Aktivitäten an sie wenden. Zudem verfügen die einheimischen Guides über umfassende Kenntnisse der Gegend und können wertvollen Input zur weiteren Angebotsgestaltung geben.

Ein Risiko gemeindebasierter Tourismusprojekte stellt die Monostrukturierung durch Tourismus und folglich die Abhängigkeit der Gemeinden vom Tourismus dar. Da es sich bei diesem Projekt weniger um die Neuschaffung eines Angebots in einer einzelnen Gemeinde, sondern vielmehr um die Weiterentwicklung und Vermarktung bereits bestehender Kleinunternehmen in mehreren Gemeinden handelt, besteht dieses Risiko weniger. Auch sind traditionelle Berufe wie das Kunsthandwerk Teil des touristischen Angebotes, jedoch nicht alleinig von diesem abhängig.

Das Fortbestehen vieler CBT-Initiativen und -Projekte scheitert häufig an unzureichender Vermarktung der Angebote (vgl. Aderhold 2011), folglich zu geringer Tourismuseinkünfte und schließlich einer Unwirtschaftlichkeit des Vorhabens. Dieser Herausforderung wurde bereits im Laufe des Projektes begegnet, indem DGC den Fokus auf das Marketing bestehender anstelle der Schaffung neuer Angebote legte und hierfür eine Plattform einrichtete. Bei Projekten der internationalen Entwicklungszusammenarbeit ist es stets ein großes Risiko, ob und inwiefern sich die geschaffenen Angebote nach Abschluss der geförderten Projektlaufzeit selbst tragen, auf dem Markt positionieren und ausreichend Nachfrage generieren können. Da die Angebote von DGC bereits von südafrikanischen Touristen in Anspruch genommen werden, ist diesbezüglich keine alleinige Abhängigkeit vom internationalen Markt gegeben.

## 6.5 Fazit und Ausblick

Im Rahmen des Projektes entstand in Durban für das Management nachhaltiger Tourismusprodukte ein prozessorientiertes Tourismusnetzwerk anstelle einer oftmals teuren Zertifizierung. Es entwickelte sich ein System, das leicht nachvollziehbar, nachhaltig nutzbar und vielversprechend für eine weitere verantwortungsvolle Tourismusentwicklung in Durban ist. Dieses bietet kleinen und mittleren Unternehmen gleichzeitig Vermarktung und Unterstützung sowie dem Reisenden Transparenz.

Durch die Einrichtung eines *Responsible Travel Desks* schufen die Verantwortlichen Kapazitäten zur Organisation nachhaltiger Reisen, zur Betreuung Reisender sowie zur Koordination der Mitglieder des Netzwerks. Die hinzugewonnenen Anbieter führen zu einem diversifizierterem Angebot. Somit ist DGC künftig in der Lage, der erwarteten Nachfrage einen effektiven Service zu bieten und Kunden professionell zu betreuen.

Die Gestaltung der Angebote im Rahmen des Projektes hat zur nachhaltigen Tourismusentwicklung in Durban und zur Bewusstseinsbildung bei den beteiligten Akteuren beigetragen, welches sie im Rahmen des *Responsible Tourism Networks* weiterentwickeln können. Durch die geschaffenen Ressourcen, Systeme und Kriterien für ein verantwortungsvolles Tourismusmanagement verfügen die Partner in Durban auch nach Abschluss des Projektes über wirksame Instrumente zur Gewährleistung von Nachhaltigkeit und eines direkten Stakeholder-Nutzens.

Die Akteure haben lokales Kunsthandwerk als Marketinginstrument für das nachhaltige Tourismusprodukt identifiziert und angepasst. Sobald es durch Fairtrade-Importeure in Läden wie *Contigo* oder Weltläden gelangt, kann dieses mit entsprechenden Informationen zur Vermarktung der Durban-Reise ausgestattet werden. Zudem entwickelte *Africa!Ignite* touristische Kunsthandwerksprodukte weiter. Der Besuch der WOWZULU Marketplaces, Begegnungen mit lokalen Kunsthandwerkern und ein Kunsthandwerk-Workshop sind feste Bestandteile der Reise, wodurch eine Förderung lokalen Kunsthandwerks und zusätzliches Einkommen durch die Reise gewährleistet sind. DGC hat mögliche Verkaufs- und Vermarktungsorte für das Handwerks- und Tourismusprodukt sowie relevante Stakeholder, insbesondere deutsche Reiseveranstalter, identifiziert und ein erstes Interesse für die Produkte geschaffen. Der Grundstein für deutschsprachige Website- und Social-Media-Aktivitäten ist gelegt sowie entsprechende Printmaterialien gestaltet, die künftig nutzbar sind.

Mit dem Projekt wurde die Grundlage geschaffen, die Gebiete rund um Durban zukünftig internationalen Besuchern besser zugänglich zu machen. Viele informelle Kleinunternehmen sind nun auch im Internet sichtbar und haben erstmals die Möglichkeit, von einem breiteren Publikum wahrgenommen zu werden. Das Projekt hat gezeigt, dass der Tourismus in der Region das Potenzial hat, mehr Beschäftigung und Einkommen zu erzielen. Die Stadt Durban beabsichtigt nun, verstärkt Angebote zur Qualifizierung und Weiterbildung bereitzustellen, um noch besser auf die Anforderungen internationaler Reisender eingehen zu können.[2]

## Literatur

Aderhold, P. (2011). „Community Based Tourism": Marktchancen und Risiken. Beitrag auf Tourism Watch. Abgerufen am 16.01.19 von https://www.tourism-watch.de/content/community-based-tourism-marktchancen-und-risiken.

---

2 Weiterführende Informationen zum Projekt siehe https://durbangreencorridor.co.za/ oder www.durbangreencorridor.de.

Asker, S., Boronyak, L., Carrard, N. und Paddon, M. (2010). *Effective Community Based Tourism: A Best Practice Manual*. APEC Tourism Working Group. Sustainable Tourism Cooperative Research Centre. Australia. Abgerufen am 16.01.19 von http://www.aknl.net/APEC%20Effective%20Community%20Based%20Tourism%20WEB.pdf.

Bäker, J. (2015). *Fair Trade im Tourismus. Eine systematische Darstellung vom Konzept des Fairen Handels im Tourismus*. AV Akademikerverlag, Saarbrücken.

Beyer, M. (2014). *Tourism Planning in Development Cooperation: A Handbook*. Deutsche Gesellschaft für Internationale Zusammenarbeit (GIZ). Abgerufen am 16.01.19 von https://www.giz.de/fachexpertise/downloads/giz2014-en-tourism-handbook.pdf.

DGC (Durban Green Corridors) (2018). Dein Ticket zu Durbans grünsten Abenteuern. Broschüre.

Goodwin, H. und Santilli, R. (2009). Community-Based Tourism: a success? ICRT Occasional Paper 11. Abgerufen am 16.01.19 von https://haroldgoodwin.info/uploads/CBTaSuccessPubpdf.pdf.

UNWTO (World Tourism Organization) (2018). UNWTO Tourism Highlights, 2018 Edition. Abgerufen am 16.01.19 von https://www.e-unwto.org/doi/pdf/10.18111/9789284419876. Madrid.

Kerstin Heuwinkel, Julie Cheetham, Ruth Crichton und Sean Privett

# 7 Von Fynbos bis Fußball – Verantwortung als Grundlage für einen nachhaltigen Tourismus am Beispiel des Grootbos Private Nature Reserve und der Grootbos Foundation in Südafrika

**Zusammenfassung:** Dieses Kapitel zeigt anhand einer Fallstudie den Zusammenhang zwischen Verantwortung und nachhaltiger (Geschäfts-)Entwicklung im Tourismus. Anstatt auf die Erfüllung eines langen Kriterienkatalogs (z. B. Global Sustainable Tourism Criteria) hinzuarbeiten, sind ein umfassendes Verantwortungsgefühl und die Einbeziehung eines kontinuierlichen Feedbacks von Communities, Mitarbeitenden und anderen Anspruchsgruppen entscheidend und sollten ein zentrales Element der Unternehmensphilosophie und -strategie sein. Fraglich ist somit die strikte Planbarkeit von Nachhaltigkeit. Vielmehr wird unter dem Begriff des „Progressive Tourism" diskutiert, wie basierend auf persönlichen Überzeugungen und der Umsetzung grundlegender Prinzipien touristische Leistungen verantwortungsvoll angeboten werden können. Die Bedeutung einer gesunden finanziellen Basis darf dabei nicht übersehen werden. Zu diskutieren ist somit, ob und wie erfolgreiche Modelle auf andere Unternehmen übertragen werden können.

**Schlagwörter:** Tourismus, Nachhaltigkeit, Verantwortung, Südafrika, Unternehmertum

## 7.1 Einführung

Das Grootbos Private Nature Reserve (Grootbos) in Gansbaai, Südafrika, ist eines von weltweit zehn Global Ecosphere Retreats® (GER)[1] und damit ein Vorzeigeprojekt für nachhaltigen Tourismus[2]. Obwohl Grootbos stellvertretend für nachhaltigen und verantwortungsvollen Tourismus im Luxussegment gesehen wird, stand nachhaltiger Tourismus nicht von Beginn an auf der Agenda. Touristische Dienstleistungen waren zunächst ein Zufallsprodukt, das sich mehr und mehr entwickelte. In den ersten zehn Jahren liefen Geschäfts-, Umweltschutz- und Sozialprojekte parallel in einer Organisation. 2003 wurde die Grootbos Foundation als Stiftung gegründet und führt seitdem

---

1 GER ist ein Baustein von The Long Run (vgl. The Long Run 2019).
2 Die Diskussion darüber, ob und inwieweit Tourismus nachhaltig sein kann, wurde an anderer Stelle ausführlich geführt, vgl. exemplarisch Lane 2009.

https://doi.org/10.1515/9783110626032-007

die Umwelt- und Sozialprojekte durch. Was mit dem Schutz der Fynbos[3] begann, hat zu zahlreichen Projekten und Tochtergesellschaften geführt, z. B. der Football Foundation 2008. Im Mittelpunkt der Fallstudie stehen die folgenden Fragen:

- Was sind die Hintergründe und entscheidenden Faktoren für die Entstehung des auf nachhaltige Entwicklung ausgerichteten Geschäftsmodells?
- Welche Bedeutung hat der Baustein Tourismus in dieser Entwicklung?
- Sind die Erkenntnisse der Fallstudie auf andere Unternehmen im Tourismus übertragbar?

Das Kapitel beginnt mit der Geschichte des Grootbos Private Nature Reserve und der Grootbos Foundation. Die Fallstudie beschreibt und analysiert die Geschichte, Veränderungen und Innovationen. Ein besonderer Fokus liegt auf interaktiven und iterativen Prozessen mit Communities, Mitarbeitenden und anderen Stakeholdern. Die Autor(inn)en werden die Geschichte so erzählen, dass verantwortungsvoller Tourismus eine Kombination aus einer speziellen Haltung und konkreten Praktiken ist. „Es ist die Art und Weise wie wir bei Grootbos arbeiten und nicht die Bearbeitung einer langen Checkliste." (Lutzeyer 2019) Wenn Grootbos ein Mensch wäre, wäre es ein aufgeschlossener Mensch, der in der Lage ist, auf seine Umgebung – Natur und Gesellschaft – zu hören und sich an die Bedürfnisse anzupassen. Die Methode wird im nächsten Abschnitt vorgestellt. Anschließend beschreiben die Autor(inn)en die Geschichte des Grootbos Private Nature Reserve und der Grootbos Foundation. Sie werden mit einer Analyse der Partnerschaften fortfahren. Eine Diskussion wird den letzten Teil dieses Kapitels bilden.

## 7.2 Methode

Als zentrale Methode haben die Autor(inn)en eine Einzelfallstudie gewählt. Fallstudien werden nach Yin (2003, S. 13 f.) wie folgt definiert: „A case study is an empirical inquiry that investigates a contemporary phenomenon within its real-life context, especially when the boundaries between phenomenon and context are not clearly evident." Fallstudien nach Yin lassen sich in einer mittleren Position zwischen deduktiven, theoriegeleiteten Methoden und empirisch-induktivem Vorgehen einerseits und zwischen objektiven, funktionalistischen Herangehensweisen und den interpretativen, eher subjektiven Paradigmen andererseits anordnen (vgl. Borchardt und Göthlich 2007, S. 34). Die Grundlage ist das interpretative Paradigma und damit ein verstehender Ansatz. Angestrebt wird ein theoriegeleitetes Vorgehen im Gegensatz zur theoriefreien *Grounded Theory* und quantitative Methoden werden nicht ausgeschlossen

---

**3** Mit dem Begriff Fynbos (feiner Busch) wird der Großteil der Vegetation des Cape Floral Kingdoms bezeichnet. Es handelt sich um ein Biom mit unterschiedlichen Typen von Fynbos. Viele der Pflanzen wachsen nur in diesem Teil der Welt.

(a. a. O.). Somit verbindet die Fallstudie die Stärken der jeweiligen Ansätze. Kritiker bemängeln diese Mehrdeutigkeit.

Fallstudien eignen sich immer dann, wenn das „Wie" und „Warum" im Mittelpunkt der Untersuchung stehen. Die hier vorliegende Einzelfallstudie wird zeigen, wie und warum sich in einer recht abgelegenen Region ein mehrfach für Nachhaltigkeit ausgezeichnetes Resort entwickeln konnte. Darüber hinaus wird das Element der Persönlichkeit besondere Berücksichtigung finden.

Grundlage für die Fallstudie waren Dokumente der Grootbos Foundation. Dazu zählen Jahresberichte, Befragungen, Planungsunterlagen und Broschüren. Ergänzend wurden Gespräche mit Verantwortlichen, Mitarbeitenden und Volunteers geführt. Mehrere Aufenthalte vor Ort ermöglichten einen tieferen Einblick in die Arbeitsweise.

## 7.3 Fallstudie: Grootbos Private Nature Reserve und Grootbos Foundation

While I am extremely proud of the world-class tourism business we have developed at Grootbos, I am even more proud of our achievements in conservation and community upliftment. We have always been innovative and have been inspired to contribute to South Africa's future in terms of developing knowledge and skills amongst all South Africans. It has been a long walk to make Grootbos what it is today, and our journey is far from over. Call it luck or destiny, but it all comes from that unique view, remarkable natural assets and a dream to create something valuable out of apparently nothing – and in our case dreams sometimes do come true. (Lutzeyer 2017)

### 7.3.1 Hintergrund und Geschichte

Michael Lutzeyer, Gründer von Grootbos, wuchs in einem bürgerlichen Haushalt auf. Während der Jahre der südafrikanischen Apartheid war seine Mutter politische Aktivistin und Mitglied von Black Sash, einer gewaltfreien Frauenbewegung, die sich für die Menschenrechte und insbesondere die Menschenrechte der nicht weißen, benachteiligten Bürger des Landes einsetzte (Schlüsselfaktoren → familiäre Prägung, Verantwortungsbewusstsein, politisches Engagement).

1991 entdeckte die Familie Lutzeyer einen kleinen Bauernhof an den Fynboshängen mit Blick auf die Walker Bay Bucht und kaufte die Farm. 1994 verkaufte Michael seine Geschäftsanteile in Kapstadt und beschloss, auf seiner Farm Selbstversorgerunterkünfte für Freunde und Familie anzubieten. Neben der finanziellen Basis war die persönliche Anwesenheit vor Ort entscheidend. Lutzeyer (2019) formuliert es wie folgt: „Without the funding generated by selling up in Cape Town, and without being personally full time on the property to drive the vision of Grootbos, it would not have gotten off the ground." (→ finanzielle Basis, persönliche Anwesenheit, Beherbergung entsteht)

Von Anfang an war es die Vision der Lutzeyers, trotz bescheidener Anfänge aus dem, was sie hatten, etwas Einzigartiges zu erschaffen. Harte Arbeit, Begeisterung, Ehrlichkeit, Unterstützung durch Freunde, Investoren und ein starker Familienzusammenhalt sowie die Gewinnung und Bindung von Gleichgesinnten waren nach eigenen Aussagen das Erfolgsrezept von Grootbos. Heiner, Michaels Vater, investierte sein Geld in den ursprünglichen Kauf von Grootbos. Neben der finanziellen Unterstützung hat er einen Großteil seines Ruhestandes in die methodische Fotografie und Identifizierung der Grootbos-Flora investiert. Lutzeyer (2017) nennt die folgenden Punkte als entscheidende Kriterien: „[…] Kombination aus harter Arbeit, Enthusiasmus, Vision und starker familiärer Zusammenarbeit." (→ finanzielle Basis, persönliches Engagement, Werte/Arbeitsethos)

Michael wurde zunächst von der in seinen Worten atemberaubenden Natur mit Fynbos und alten Milkwood-Bäumen angezogen. Erst 1996, als Michael den Fynbos-Enthusiasten Sean Privett traf, erkannte Michael das wahre Ausmaß der Biodiversität vor seiner Haustür. Sean öffnete die Augen für die Vielfalt und Einzigartigkeit der Fynbos sowie für die komplexen symbiotischen Beziehungen zwischen Pflanzen, Insekten und Tieren, die auf dem Anwesen ihren Platz gefunden hatten, und für die Rolle, die Grootbos für den Naturschutz in der Region spielen konnte. Grootbos hat benachbarte Grundstücke integriert und beherbergt 817 Pflanzenarten, darunter sechs neu entdeckte. 1999 spielte Grootbos eine zentrale Rolle bei der Zusammenführung einer Gruppe gleichgesinnter, auf Naturschutz ausgerichteter Grundbesitzer zur Walker Bay Fynbos Conservancy (WBFC). Diese ist seitdem auf 38 Mitglieder und mehr als 19.333 ha unter Naturschutz stehende Fläche angewachsen (vgl. Grootbos 2019). (→ Zusammentreffen von zwei Enthusiasten, Fokus: Fynbos, Vernetzung mit anderen Akteuren)

Im Jahr 1995 fiel die Entscheidung, das Modell der Beherbergung zu verändern und Luxus-Unterkünfte im Fünf-Sterne-Bereich anzubieten. Die Einnahmen aus dem touristischen Angebot sollten auf diese Weise gesteigert werden. Die Garden Lodge wurde 1996 eröffnet und 2006 die Forest Lodge. Heute erstreckt sich Grootbos über 2.500 ha und verfügt über 27 Suiten in zwei Lodges und zwei private Villen für Gruppen. Eine Suite für zwei Personen kostet zwischen 950 und 1500 € pro Nacht (inklusive Vollpension). Die Entscheidung für den Luxusbereich wurde bewusst getroffen. Auf diese Weise sollte der hohe Anspruch im Bereich des Umweltschutzes auf den Tourismus übertragen werden. Ebenfalls wollte man Gäste aus Europa[4] anziehen. Michael und seine Familie beabsichtigen zu zeigen, dass es eine Alternative zum traditionellen „Big Five"-Safari-Resort[5] gibt. (→ Übertragung der Ansprüche auf den Tourismus, Entwicklung eines alternativen Luxusresorts-Tourismus mit dem Fokus auf Fynbos und Meerestiere)

---

**4** Dass diese Entscheidung zwangsläufig Langstreckenflüge bedingt, ist Grootbos bewusst.
**5** Bei Big Five-Safari-Resorts handelt es sich um Gebiete, in denen die Big Five beobachtet werden können. Der natürliche Lebensraum der Big Five sind allerdings afrikanische Savannen und nicht das Western Cape.

Im Jahr 2002 wurde eine Sozialagenda aufgestellt. Grootbos glaubte, dass nachhaltige Lebensgrundlagen auf der Basis von Naturschutz und Ökotourismus entwickelt werden können. Das *Green Futures Horticulture and Life Skills College* wurde gegründet und bot das erste Programm in Südafrika an, das darauf abzielte, arbeitslose Jugendliche vor Ort auszubilden. Die Ausbildung kombiniert Grundwissen im Gartenbau heimischer Pflanzen und grundlegende Kompetenzen (*Life Skills*) wie Computerkenntnisse und den Erwerb einer *Learner Licence* (Vorstufe des Führerscheins). Die Grootbos Foundation wurde 2003 als unabhängige NGO gegründet, um die von Grootbos unterstützten Naturschutz- und Sozialprojekte durchzuführen. Die Vision ist, nachhaltige Lebensgrundlagen zu schaffen und das *Cape Floral Kingdom* zu beschützen. Die Foundation ordnet ihre Arbeiten in drei Rahmenprogramme ein:

– *Green Futures* umfasst alle konservatorischen Arbeiten, einschließlich der *Horticultural and Life Skills* Programme, *Hospitality and Tourism Training* und *Conservation Projects* wie *Alien Clearing*[6], Wiederaufforstung, ökologische Forschung, die Einrichtung des *Walker Bay Fynbos Conservancy* und die Förderung der Entwicklung eines *Cape Agulhas Conservation Corridor*.
– Siyakhula bedeutet „Wir wachsen" und umfasst alle Geschäftsentwicklungs- und Qualifizierungsprojekte der Stiftung, einschließlich *Growing the Future* der Masakhane Community Farm. Weiterhin werden lokale Klein- und Kleinstunternehmen gefördert.
– Die 2008 als Tochtergesellschaft der Grootbos Foundation gegründete Football Foundation konzentriert sich auf den Bereich Sport für Entwicklung und bietet jährlich mehr als 9.651 Kindern im Alter zwischen 6 und 18 Jahren Sporttraining und Bildungsmaßnahmen an (vgl. Grootbos 2019). Die lokalen Coaches und internationale Freiwillige arbeiten an 20 Schulen und 6 Standorten in der gesamten Overberg Region.

Die Grootbos Foundation befasst sich mit der Förderung nachhaltiger Lebensgrundlagen und nicht nur mit dem Umweltschutz (vgl. Laeis 2017). Der Grund dafür sind schwerwiegende sozioökonomische Probleme. Ein Gini-Index von 63 im Jahr 2014 zeigt in Südafrika einen der größten Unterschiede zwischen Arm und Reich in der Welt (vgl. The World Bank Group 2019). Bis zu 52 % aller südafrikanischen Haushalte leiden regelmäßig unter Hunger, in städtischen Gebieten sogar bis zu 70 % (vgl. Laeis 2017). Ein weiteres Problemfeld ist eine HIV-Prävalenz bei Erwachsenen von 18,9 % (vgl. UNAIDS 2017).

---

**6** Beim Alien Clearing werden Pflanzen, die nicht ursprünglich aus der Region stammen, entfernt. Beispiele dafür sind Kiefern und Eukalyptus.

### 7.3.2 Progressiver Tourismus und Balanced Scorecard

Grootbos verwendet den Begriff des progressiven Tourismus, um eine neue Unternehmensphilosophie zu definieren, die im Mittelpunkt der gesamten Grootbos-Erfahrung steht. Es geht darum, die eigenen Handlungen so auszurichten resp. Handlungen zu ermöglichen, die jemand anderem/der Umwelt zu Gute kommen resp. diese schützen. Um die Anforderungen aus unterschiedlichen Bereichen miteinander abzustimmen, setzt Grootbos das 4C-Modell von The Long Run[7] als Balanced Scorecard ein. Das Modell bezieht sich auf die folgenden vier Felder:

(1) **Conservation:** Ziel des Naturschutzes ist es, die Größe der unter Naturschutz stehenden Fläche zu erhöhen, ökologische Forschung zu betreiben und das Cape Floral Kingdom (UNESCO-Welterbe seit 2004) zu erhalten. Zu den wichtigsten Ergebnissen gehört die Erhaltung der Integrität des Fynbos-Lebensraums und der damit verbundenen Landschaften im Bereich der *Walker Bay*. Dies geschieht durch ökologische Untersuchungen in benachbarten Grundstücken, um schutzwürdige Tier- und Pflanzenarten zu identifizieren, die in diesen Lebensräumen leben. Hinzu kommen die Zusammenarbeit mit Grundeigentümern innerhalb der WBFC und ein Clearing-Programm sowie die Entwicklung von Tourismusprodukten und ökologischer Forschung. Diese Arbeit mit einer Reihe von wichtigen Partnern soll zu einem ökologischen Korridor führen, der darauf abzielt, etwa 50.000 ha gefährdeten Fynbos zu erhalten.

Grootbos arbeitet intern daran, seinen $CO^2$-Fußabdruck zu verringern, indem es den Energieverbrauch, den Wasserverbrauch und die Abfallwirtschaft überwacht und erneuerbare Energien einführt (vgl. Heuwinkel 2018a).

(2) **Community** bezieht sich auf die Tatsache, dass die Mehrheit aller Projekte durch Bedürfnisse der Communities angestoßen wird. Zu den Projekten gehören die Ausbildung von Fachkräften in den Bereichen Gartenbau, Hauswirtschaft und Service. Die *Masakhane Community Farm* bietet landwirtschaftliche Ausbildung und Raum für die lokale Gemeinschaft, um ihre eigenen Lebensmittel anzubauen, die sie zur Ergänzung ihrer Ernährung oder zum Verkauf verwenden können. Ein wesentlicher Aspekt ist die Stärkung von Frauen (*Female Empowerment*), da diese häufig alleinstehend und für die Kinder verantwortlich sind. Ausreichende und gute Ernährung sind drängende Probleme. Die Foundation bietet auch außerschulische Sportaktivitäten und Umweltbildungsprogramme sowie ein High-School-Programm mit 20 lokalen Grundschulen und sechs lokalen Schulen an.

(3) **Culture** adressiert die Schaffung von sinnlichen Erlebnissen für Gäste wie das Naturerleben und die gastronomische Kultur. Eine Aktivität richtet sich auf die *Klipgat Cave*, eine Höhle mit archäologischer Bedeutung. Dieses Feld ist bisher der am wenigsten entwickelte Bereich. Drängender sind die sozialen und gesundheitlich re-

---

7 The Long Run geht auf die Zeitz Foundation zurück. Es handelt sich um eine Initiative für nachhaltige Entwicklung (The Long Run 2019).

levanten Themen. Hinzu kommt, dass zentrale Kompetenzen für diesen Bereich nicht in der Foundation vorhanden sind.

**(4) Commerce** wird als Schlüssel zu den drei anderen Feldern gesehen. Handel, Geschäftsmöglichkeiten und Arbeitsplätze sollen geschaffen werden. Um dieses zu erreichen, bietet Grootbos erstens Ausbildungen und Mitarbeiterschulungen an. Zweitens wird versucht, Arbeiten an lokale Handwerker zu vergeben und lokale Materialien zu nutzen. Lebensmittel werden aus einem Umkreis von 50 km bezogen, um lokale Produzenten und Lieferanten zu unterstützen.

Produkte, die üblicherweise im Luxussegment erwartet werden, nicht aber regional verfügbar sind, sollen, wenn möglich nicht angeboten werden. Gleiches gilt für ökologisch bedenkliche Produkte wie Garnelen oder bedrohte Fischarten. Die Speisekarte in den Restaurants wird dementsprechend angepasst und kommuniziert. Bedingung dafür, dass dieses Vorgehen von den Gästen akzeptiert wird, ist eine positive Einstellung derselben gegenüber Umweltschutz und Nachhaltigkeit sowie die Bereitschaft auf Statussymbole zu verzichten resp. über das eigene Verhalten zu reflektieren.

Bei *Growing the Future* handelt es sich um eine Farm die von der Grootbos Foundation nach ökologischen Prinzipien betrieben wird, um Arbeitsplätze für die Communities zu schaffen und Einkommen für die Projekte der Foundation zu generieren. Dies hat auch zur Aufnahme von selbst erzeugten Lebensmitteln in das Grootbos-Menü geführt. Das bereits bestehende Angebot von Grootbos soll durch weitere Produkte der Foundation ergänzt werden. Auf diese Weise kann die Foundation eigenständig Einkommen erwirtschaften.

Wie Tab. 7.1 deutlich zeigt, geht es darum, die Geschäftsanforderungen von Grootbos mit lokalen Lieferanten zu verknüpfen und nach Möglichkeit Projekte für die Foundation zu initiieren, um den Aufbau von Kapazitäten in den Communities zu ermöglichen. Waren, Dienstleistungen und Personal werden für Grootbos in Projekten der Foundation entwickelt. Dadurch werden Arbeitsplätze geschaffen, Kapazitäten und Fähigkeiten in den Communities aufgebaut und Einnahmen für die Foundation generiert. Somit besteht die Wertschöpfungslogik der Foundation nicht allein in dem NPO-üblichen Wertshop, sondern auch in der klassischen Wertkette (Helmig und Boenigk 2012, S. 84 ff.). Hinzu kommen in einem starken Maße Wertnetzwerke (vgl. Kapitel 7.3.3).

Die Foundation erwirtschaftet rund 50 % der Einnahmen durch den Verkauf von Produkten oder durch Dienstleistungen. Hauptabnehmer ist Grootbos selbst. Die restlichen Gelder werden durch ein professionelles Fundraising (Vollzeitstelle innerhalb der Foundation) generiert.

### 7.3.3 Akteure und Netzwerke

In diesem Abschnitt werden die wichtigsten Akteure und Netzwerke beschrieben. Neben der zuvor beschriebenen Grootbos Foundation wird die Zusammenarbeit mit

**Tab. 7.1:** Produkte der Grootbos Foundation (Quelle: eigene Darstellung).

| Produkt | Beschreibung |
|---|---|
| Honig | 297 Bienenstöcke, die Honig für den Verkauf an die Küchen und Einrichtungen der Lodge liefern. |
| Wasser | Abfüllung von Still- und Sprudelwasser in Mehrweg-Glasflaschen vom Aquifer im Reservat zum Verkauf an Lodges. |
| Amenities | Produktpalette, die mit Grootbos Honig und Fynbos-Ölen entwickelt wurde, für den Einsatz in den Lodges. |
| Schmucksortiment, Handwerk, Kerzen | Sortiment entwickelt für den Verkauf in Lodges. |
| Bio-Gemüse, Kräuter, Eier, Schweinefleisch, Konserven | Erzeugnisse der Foundation Farm und Community Farm, die für den Verkauf zu Marktpreisen (oder darüber) angeboten werden. |
| Einheimische Baumschulen und Landschaftsbau-Dienstleistungen | Pflanzen, aus den Green Futures-Baumschulen werden an die Öffentlichkeit und an Grootbos zur Landschaftsgestaltung in den Gärten verkauft. Anbau von Bäumen, die von Grootbos-Gästen im Rahmen eines Aufforstungsprogramms gepflanzt werden. |

Communities, Gästen, NGOs, Regierungen und Freiwilligen untersucht sowie das Zusammenspiel von Grootbos und der gleichnamigen Foundation (vgl. Abb. 7.1).

**Communities**

Grootbos und die Foundation versuchen, die Bedürfnisse der Communities in der Umgebung zu verstehen. Durch regelmäßige Treffen mit den Communities sollen Bedarfe ermittelt werden. Dabei ist zu beachten, dass sich die Hierarchien innerhalb der Communities sehr voneinander unterscheiden und kulturelle Besonderheiten die Umsetzung mancher Themen erschweren. Soziale Probleme wie illegaler Handel mit Abalone (Seeschnecken), Drogenkonsum und Gewalt gegen Frauen sind zumeist innerhalb der Communities tabuisiert und können von Grootbos nicht direkt adressiert werden. Ebenfalls können sich Konflikte ergeben, wenn sich Communities gegenüber anderen Communities benachteiligt fühlen. Dennoch entwickeln sich aus den Problemlagen der Communities die meisten Projekte, z. B. hat der Mangel an landwirtschaftlichen Flächen die Entwicklung von gemeindebasierten und häuslichen Gartenlösungen vorangetrieben. Um die Problemlagen besser erkennen und analysieren zu können, wird jährlich eine Befragung durchgeführt und ausgewertet.

Die Grootbos Foundation engagiert sich in den Communities durch eine Vielzahl von Projekten, von denen das größte, sprich die größte Anzahl teilnehmender Personen, die Football Foundation ist. Diese arbeitet an sechs kommunalen Standorten in der Region und an 20 Schulen. Die Football Foundation erreicht mit ihren

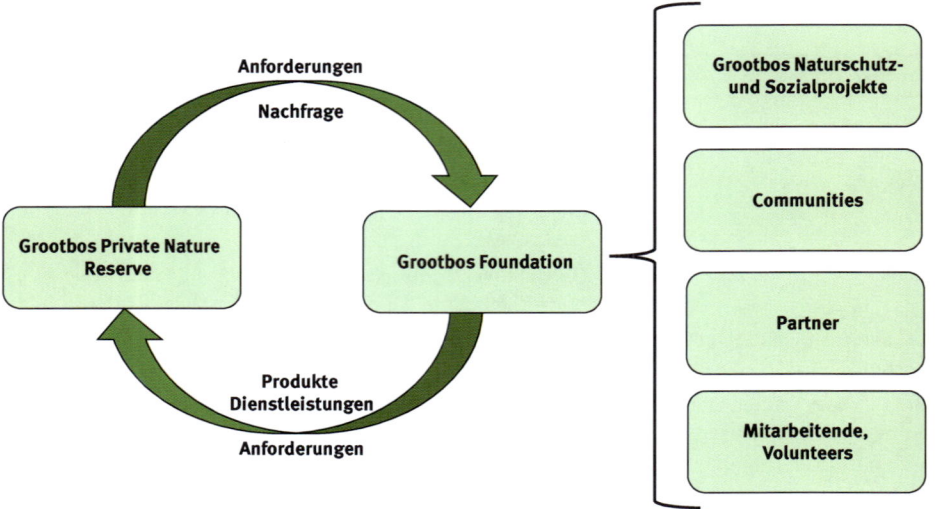

**Abb. 7.1:** Zusammenspiel von Grootbos und Grootbos Foundation (Quelle: eigene Darstellung).

Schul-, Nachmittags- und Ferienprogrammen über 9.000 Kinder. Sie bieten dringend benötigte Kapazitäten in Schulen, die über zu wenig Ressourcen verfügen. Die Foundation nutzt diese Programme, um zentrale Themen wie Umweltschutz und HIV/Aids-Prävention zu kommunizieren.

Im Jahr 2009 initiierte die Grootbos Foundation das Programm *Growing the Future* (siehe oben), das in einem einjährigen Kurs zehn Frauen in Landwirtschaft und Tierhaltung unterrichtete. Nach drei Jahren und 30 Absolventinnen wurde deutlich, dass die ausgebildeten Frauen ihre Fähigkeiten aus Mangel an verfügbarem Land nicht mit nach Hause nehmen konnten, um ihr eigenes Gemüse anzubauen. Dies führte zu einer systematischen Bedarfsanalyse auf Basis eines standardisierten Fragebogens. Die Befragung wurde 2012 zum ersten Mal durchgeführt, um die Ernährungssicherheit in den Gemeinden Masakhane und Blompark zu messen. Die Umfrage ergab, dass über 75 % der Teilnehmer Lebensmittelsicherheit als mäßig bis sehr unsicher bewerten (Grootbos Foundation 2013). Grootbos wandte sich an das Landwirtschaftsministerium, um Hilfe zu erhalten. Eine Reihe von Haushalten wurde als potenzielle Empfänger von Hausgärten an Bord geholt. Sie verhandelten mit der Overstrand Gemeinde, um ein geeignetes Stück Land zu erwerben. Im Jahr 2016 stellte ein lokales Unternehmen ein 2.000 m² großes Grundstück in der Nähe der Gemeinde Masakhane für den Aufbau einer Gemeinschaftsfarm zur Verfügung. Nachdem die Grootbos-Stiftung eine erste Spende von 100.000 ZAR (circa 6.500 €) für den Aufbau des Hofes erhalten hatte, erkannte sie bald, dass sie eine Verankerung in der Gemeinde brauchte. Neben den Hütten war nicht ausreichend Platz, um Gemüsegärten mit sehr begrenztem Zugang zu Wasser zu schaffen. Dies führte zu dem Projekt, das der Gemeinde auf einem zentralen Platz landwirtschaftliche Kleingärten zur Verfügung stellte (vgl. Abb. 7.2). Grootbos arbeitete mit dem Landwirtschaftsministerium zusammen, um einen fünftägigen Lehrplan (*Urban Farming Training*) aufzustellen, der als Training für Mitglieder der Community angeboten wird. Nach Abschluss erhalten die Teilnehmenden ein Hochbeetkontingent, in dem sie den Anbau ihres eigenen Gemüses üben können, und viele Teilnehmende erhalten Unterstützung beim Aufbau von Permakulturgärten, um Lebensmittel zu Hause anzubauen. Die Erzeugnisse werden selbst genutzt, innerhalb der Community oder an die Lodges verkauft. Bisher hat Grootbos 138 Teilnehmende – meist Frauen – geschult. Von diesen bewirtschaften mehr als 35 Personen regelmäßig ihre Kleingärten und verkaufen ihre Überschussprodukte (Grootbos 2019).

**Abb. 7.2:** Masakhane Community Farm (© Kerstin Heuwinkel).

Ein weiteres Beispiel für ein Projekt, das aus den Ergebnissen der Umfrage hervorging, ist das Schwimm- und Kanutraining für Kinder. Obwohl das Meer nur einige Hundert Meter entfernt ist, können die wenigsten Kinder schwimmen. In einem in der Nähe gelegenen Fluss wird seit 2017 Schwimmunterricht angeboten. Dieser wird ergänzt durch ein Kanutraining. Beabsichtigt wird der Ausbau des Kanuprojekts, in dem die Boote demnächst selbst gebaut und im Rahmen des Baus handwerkliche Fähigkeiten vermittelt werden. Schwierig sind Auswahl und Beschaffung des Baumaterials.

## Gäste

Grootbos bietet bewusst luxuriöse Unterkünfte an, um trotz der begrenzten Bettenanzahl ausreichend Einnahmen zu generieren. Neben dem finanziellen Aspekt lässt sich eine Korrelation zwischen Einkommen, Bildung und Offenheit für das Thema Nachhaltigkeit erkennen (vgl. Heuwinkel 2018a). Mit zunehmender Bildung steigt das Interesse an Nachhaltigkeit sowie die Bereitschaft, die Umwelt zu schonen und zu schützen (vgl. Chafe 2005). Problematisch in diesem Bereich ist häufig die Diskrepanz zwischen Einstellung und tatsächlichem Verhalten (vgl. Juvan und Dolnicar 2014). Es darf nicht vergessen werden, dass eine Reise eine besondere Zeit ist und viele Menschen trotz guter Absichten während einer Reise nicht nachhaltig agieren (vgl. Heuwinkel 2018b).

Ein weiterer Grund für die Ausrichtung auf das Luxus-Segment ist, dass über die privaten Netzwerke der Gäste weitere Personen interessiert und Spenden generiert werden. Kritisch zu hinterfragen sind einige der angebotenen Services wie Allrad-Touren, Rundflüge und private Pools. Hinzu kommt, dass einige der Luxusgüter nicht wie gefordert aus der Region kommen. Schließlich bedingt die Fokussierung auf Gäste aus Übersee die Anreise mit dem Flugzeug. Dieser Aspekt wird regelmäßig diskutiert und eine Sichtweise ist, dass Fernreisen und Nachhaltigkeit nicht vereinbar sind. Wenn nachhaltiger Tourismus jedoch per se Flugreisen ausschließt, verlieren weltweit Projekte in diesem Bereich ihren Status als nachhaltiges Produkt. Das zeigt, dass eine differenzierte und nuancierte Betrachtung von Tourismus erforderlich ist.

Luxusunterkünfte stehen schnell unter dem Verdacht, dass sie mehr negative als positive Effekte auf Umwelt, Wirtschaft und Gesellschaft haben (vgl. Gollub et al. 2003; Weaver und Lawton 2002). Diese Einschätzung basiert auf einem in mehreren Studien nachgewiesenen absolut höheren Ressourcen-Verbrauch, z. B. Wasser (vgl. Deng und Burnett 2002), Energie (vgl. Gössling 2010; Bohdanowicz et al. 2011), sowie einer hohen $CO_2$-Emission und hoher Müllproduktion (vgl. Savener 2015). Eine differenzierte und auf Übernachtungen bezogene Betrachtung des Energieverbrauchs relativiert jedoch diese Aussagen in Bezug auf Energie. So zeigt Malhado (2010, S. 33) dass der Energieverbrauch pro Übernachtung mit steigendem Serviceangebot (Sterne) sinkt. Gründe dafür sind, dass solche Hotels zumeist über ein professionelles Management und Monitoring verfügen. Auf diese Weise können Einsparpotentiale erkannt und genutzt werden. Der wesentliche Beweggrund ist allerdings weniger der Umweltschutz als die Kosteneinsparungen für das Unternehmen und somit die Gewinnsteigerung (vgl. Heuwinkel 2017). Ein weiterer Aspekt ist, dass gehobene Unterkünfte aufgrund der in vielen Fällen guten finanziellen Grundausstattung eher in der Lage sind, in neue umweltschonende und ressourcensparende Technologien zu investieren und dies durch CSR-Berichte zum Ausdruck zu bringen (vgl. Accor 2019).

Die durchschnittliche Aufenthaltsdauer in den Grootbos Lodges beträgt 2,7 Nächte (vgl. Grootbos 2019). Es ist das Ziel, die Aufenthaltsdauer zu verlängern. Da der Großteil der Gäste Grootbos als Element einer Rundreise plant, ist die Umsetzung nicht trivial. Die jährliche Auslastung liegt bei rund 75 %, wobei die saisonalen Schwankungen zwischen Südafrika-Winter und -Sommer variieren. Die Zahl der Direktbuchungen steigt von Jahr zu Jahr, da Grootbos den Schwerpunkt auf die Entwicklung von Websites und digitalem Marketing legt. Im Jahr 2016 lag der Prozentsatz der Direktbuchungen gegenüber Reisemittlern und Veranstaltern bei etwa 30:70 (vgl. Grootbos 2016b). Die Direktbuchung wird nicht nur wegen der höheren Gewinnspanne angestrebt, sondern auch weil dadurch eine Kommunikation im Sinne der Unternehmensphilosophie von Grootbos möglich ist. Ebenfalls können auf diesem Wege längere Aufenthalte angeboten werden.

Die Gäste von Grootbos werden im Rahmen der Tour *Living the Future* mit den Aktivitäten und Projekten der Stiftung vertraut gemacht. Dies ist im Wesentlichen ein Rundgang durch die nahegelegene Community in Kombination mit einer Besichtigung der Naturschutzprojekte. Im Jahr 2016 haben 38 % der Grootbos-Gäste an einer dieser Touren teilgenommen (vgl. Grootbos 2016b). 2018 waren es 25 % (vgl. Grootbos 2019). Diese Entwicklung steht im Widerspruch zum erklärten Ziel, dass alle Gäste an dieser Tour teilnehmen. Die gesunkene Beteiligung zeigt, dass in diesem Bereich weitere Aktivitäten erforderlich sind. Eine Befragung der Gäste konnte bisher nicht umgesetzt werden, obwohl sich daraus interessante Aufschlüsse über Erwartungen und Selbstverständnis ableiten ließen (vgl. Heuwinkel 2018b). Es wäre weiterhin zu untersuchen, ob und wie die Tour in Konkurrenz zu anderen Angeboten steht. Sehr prominent beworben wird aktuell das Shark Cage Diving.

Seit 2016 erhebt Grootbos eine Schutzgebühr pro Gast und Nacht (100 ZAR = 6 €). Diese Mittel werden für Schutzmaßnahmen und die Forschung verwendet. Die Gäste von Grootbos sind eine wichtige Quelle der Finanzierung und der Ressourcen für die Foundation. Sie kaufen indirekt Waren und Dienstleistungen, die von der Stiftung verkauft werden, indem sie sich bei Grootbos aufhalten (siehe Tab. 7.1).

Die Gäste können über *Pack for a Purpose* einen direkten Beitrag leisten oder direkt Waren von der Stiftung kaufen, z. B. Schmuck und Geschenke in den Lodge-Galerien. Darüber hinaus spenden die Gäste bei Grootbos und bei der *Living the Future*-Tour. Nach Aussagen der Verantwortlichen sollen die Gäste jedoch nicht mit den Umwelt- und Sozialthemen belästigt werden. Es ist ein ständiges Abwägen zwischen Annäherung und Distanz. Begriffe wie Township-Tourismus werden bewusst vermieden. Laut Laeis (2017) inspirierte die Tatsache, dass immer mehr Gäste nach der Herkunft der Speisen fragten, und der Druck der sozialen Probleme Grootbos 1999 dazu, *Growing the Future* zu initiieren. Eine systematische Einbeziehung der Anregungen von Gästen findet jedoch nicht statt.

Neben der finanziellen Unterstützung profitiert die Grootbos Foundation von der Beziehung zu den Gästen auf verschiedene Weise. So ermöglichen sie wichtige Kontakte zu Geberorganisationen, direkt oder über ihre eigenen Netzwerke, die zu einmaligen oder langfristigen Finanzierungsbeziehungen führen können. Viele Gäste werden zu Botschaftern der gemeinnützigen Programme und ermutigen junge Freiwillige aus der ganzen Welt, die Programme zu unterstützen und daran teilzunehmen (siehe folgendes Kapitel).

### Mitarbeitende und Freiwillige

85 % der Grootbos-Mitarbeitenden kommen aus den Communities. Viele werden in dem *Green Futures College* der Foundation geschult und beginnen danach ihre Karriere bei Grootbos. Die Grundidee ist, dass alle Mitarbeitenden die Vision teilen sollen und dass jeder dazu beitragen kann. Zwei aktuelle Beispiele zeigen wie die Vision von allen Teammitgliedern aufgenommen wurde und sie persönliche Verantwortung übernehmen: Der *Head of Housekeeping* hat wiederbefüllbare und wiederverwendbare Kaffeepads entwickelt, die mit lokalem Kaffee gefüllt werden können und die umweltschädlichen Pads ersetzen. Dadurch wurden lokale Kapazitäten aufgebaut und neue Arbeitsplätze geschaffen. Zudem beschloss das Food & Beverage-Team, Plastikstrohhalme aus den Grootbos Lodges zu entfernen und durch einen Maissirup-basierten Trinkhalm zu ersetzen.

Trotz dieser Einzelerfolge ist die Implementierung nachhaltigen Verhaltens eine alltägliche Herausforderung. Aspekte wie Mülltrennung oder die sorgsame Nutzung von Ressourcen wie Wasser und Energie muss kontinuierlich kommuniziert und erlernt werden. 2019 wurde in der Foundation die Stelle einer *Sustainable Managerin* eingerichtet, die das Verhalten der Mitarbeitenden kontrollieren soll. Viele Verhaltensweisen, die für die Arbeit auf Grootbos wichtig sind, werden in den Communities nicht erlernt. Es ist somit ein sehr behutsames Vorgehen erforderlich. Ein grundlegendes Problem für Mitarbeitende ist der Weg zum Arbeitsplatz, da Grootbos abseits liegt und kein ÖPNV existiert. Viele Personen müssen auf Mitfahrgelegenheiten hoffen oder die lange Strecke zu Fuß gehen. Grootbos organisiert zeitweise Shuttle-Services.

Das Freiwilligenprogramm der Grootbos Foundation begann 2006. 50–60 internationale Freiwillige bieten jedes Jahr die dringend benötigte zusätzliche Kapazität für die Foundation-Programme. Die zentrale Rolle der Freiwilligen besteht darin, die Teilnahme lokaler Kinder und Jugendlicher an verschiedenen Sportarten zu fördern und sich gleichzeitig mit Themen wie Gesundheit, Kriminalität und sozialer Integration von Kindern mit unterschiedlichem kulturellem Hintergrund durch sportliche Aktivitäten zu befassen. Sie werden von Projektmanagern der Foundation geleitet und arbeiten mit Organisationen wie lokalen Gesundheitsbehörden, Schulen, Sportverbänden und Regenerationsinitiativen sowie in Partnerschaft mit dem Managementteam der Stiftung zusammen.

Kritisch ist, dass die teilnehmenden Kinder alle drei bis sechs Monate mit neuen Bezugspersonen in Kontakt kommen und eine Beziehung zu diesen aufbauen müssen. Aus diesem Grund wird zunehmend versucht, lokale Jugendliche auszubilden, damit diese die Betreuung der Sportprogramme übernehmen können. Problematisch ist die Finanzierung der Umstellung des Programms. Weiterhin ist das Freiwilligenprogramm ein Element des Networkings mit Einrichtungen in Deutschland. Häufig sind die teilnehmenden Jugendlichen Kinder von Gästen oder Mitglieder in Partnereinrichtungen, wie einem Hockey-Club aus Hamburg. Auch an dieser Stelle schwanken die Entscheidungen zwischen ethischen Überlegungen und Geschäftsinteressen. In Zeiten, in denen Volunteer-Tourismus negative Schlagzeilen macht, ist eine kritische Betrachtung des eigenen Programms essentiell (vgl. Rudolf 2018).

**Lokale Unternehmen als Partner**

Im Raum Overberg arbeitet Grootbos mit einer Reihe von Partnerunternehmen zusammen. Einige der Unternehmen wurden von Grootbos gegründet (vgl. Tab. 7.2).

**Tab. 7.2:** Partner der Grootbos Foundation (Quelle: Grootbos Foundation 2019).

| Partner | Bezug |
| --- | --- |
| Dyer Island Cruises & Marine Dynamics associated nature conservation trust DICT | Gehört zu 25 % Grootbos. Ziel ist der Schutz der Meerestiere, die durch das Shark Cage Diving belastet werden. |
| Lokale Auftragnehmer | Klempner, Elektriker, Maler, Fliesenleger, Pflege von Mountainbike-Wegen, Brennholzversorgung, Straßen- und Tiefbau wie Start- und Landebahn, Straßenunterhaltung usw. |
| Lokale Kunstschaffende | Können ihre Werke in Grootbos ausstellen. |
| Walker Bay Fynbos Conservancy | Vorsitz: Sean Privett. Gebiet mit 19.333 ha und 38 verschiedenen Landbesitzern. |
| Flower Valley Conservation Trust | Sean Privett und Michael Lutzeyer sind Mitglieder im Kuratorium. |

### 7.3.4 Management

Ein integraler Bestandteil der Grootbos-Planung ist die langfristige Akkreditierung als „Global Ecosphere Retreat" (GER) und die damit verbundene jährliche Geschäftsplanung basierend auf dem 4C-Modell (vgl. Kapitel 7.2). Für jede Kategorie werden Meilensteine definiert. Es finden vierteljährliche Sitzungen statt und die Updates werden in Zwischenberichte eingespeist. Ein Bericht wird jährlich erstellt und bei The Long Run eingereicht.

Grootbos setzt darüber hinaus einen speziellen Managementplan ein, der alle vier Jahre aktualisiert wird. Im Rahmen dessen wird ein jährlicher Arbeitsplan erstellt, der die Bereiche Alien Clearing, Brandmanagement, Biodiversitätsmanagement und Nachhaltigkeitstracking abdeckt.

Zudem ist Grootbos von The Long Run, Fair Trade and Tourism und National Geographic's Unique Lodges of the World akkreditiert. Frühere Mitgliedschaften resp. Akkreditierungen wurden gekündigt, da die Regularien nicht zur Arbeitsweise von Grootbos passten.

Grundsätzlich wird versucht, die unterschiedlichen Zielsetzungen und Anforderungen miteinander abzustimmen und bei Konflikten eine gute Entscheidung zu treffen. Diese gute Entscheidung beruht inzwischen zu einem Großteil auf den bisher gesammelten Erfahrungen.

## 7.4 Fazit: Entscheidende Kräfte

In den vorherigen Abschnitten fanden sowohl die Geschichte von Grootbos als auch der Ansatz des progressiven Tourismus und involvierte Akteure und Netzwerke besondere Berücksichtigung. Nachfolgend werden jene Kräfte beschrieben, die von den Autor/-innen als wesentlich für die Entwicklung angesehen werden.

### Werte, Ethos und Charisma

Die Entstehung von Grootbos ist eng an Persönlichkeiten gebunden, die ihre Faszination für die Landschaft, Flora und Fauna mit Werten verbanden und die den Aufbau des Private Nature Reserve ermöglichten. Charisma und persönliche Präsenz werden als zentrale Aspekte beschrieben. Häufig findet sich der Begriff der Enthusiasten. Sowohl Mitarbeitende in unterschiedlichen Bereichen als auch Volunteers beschreiben, dass insbesondere von Michael Lutzeyer und Sean Privett sehr viel Kraft und Begeisterung ausgehen, die motivieren. Das persönliche Engagement wird von den Communities respektiert und ermöglicht einen vertrauensvollen Umgang.

### Unternehmertum

Die ersten Jahre des Grootbos Private Nature Reserve sind geprägt von Unternehmertum. Der Ankauf des Geländes und die Entwicklung des touristischen Produkts – letzteres in einem ungewöhnlichen, da sehr abgelegenen Umfeld – sind Beispiele für unternehmerisches Handeln. Die Familie Lutzeyer war von der Landschaft fasziniert und hatte keinen Businessplan für ein Tourismusunternehmen im Kopf. Sean Privett war ein zweiter Akteur, der sich beteiligte. Der Schwerpunkt lag auf dem Schutz des Fynbos. Die finanzielle Grundlage durch den Verkauf von Geschäftsanteilen und persönliches Vermögen erlaubte grundlegende Investitionen. Die Positionierung im Luxusbereich garantiert Einnahmen und ermöglicht Exklusivität.

### Nachfrage von außen (Demand-Pull)

Die treibende Kraft, die auf Grootbos wirkt, ist die Natur resp. das Gefühl der Verantwortung für das *Cape Floral Kingdom*. Um diese Einstellung mit anderen zu teilen, muss der Wert der Pflanzen- und Tierwelt vermittelt und die Notwendigkeit des Schutzes verstanden werden. Menschen müssen einen Mehrwert für sich erkennen. Ein Weg, um dieses zu erreichen, ist das Angebot einer Aus- und Weiterbildung in der Gartenarbeit. Da die Ausbildung in einem Fach nicht ausreicht, muss eine Sozialagenda aufgestellt werden, die eine Vielzahl von Projekten umfasst. Ebenfalls müssen Frauen berücksichtigt werden und es werden Angebote für diese geschaffen. Frauen können jedoch nur an Projekten teilnehmen, wenn sie wissen, dass die Kinder versorgt werden. Somit entstehen Sport- und Freizeitprogramme für Kinder.

Um diese Vielzahl von Aktivitäten managen zu können, wurde die Grootbos Foundation gegründet und führt seitdem die Umwelt- und Sozialprojekte durch. Somit hat Grootbos die Nachfrage gebündelt und in eine separate Organisation überführt. Die Foundation wirkt als treibende und regulierende Kraft auf die unternehmerische Tätigkeit und verbindet Naturschutz und Sozialprojekte mit den wirtschaftlichen Überlegungen. Die Partnerschaft zwischen Grootbos und der Foundation ist somit ein zentraler Aspekt. Die Stiftung fungiert als Nachfrage-Pull (vgl. Hjalager 1994), weil sie Anforderungen definiert, wie Grootbos das Geschäft führen soll. Darüber hinaus verbindet sie Grootbos mit den Communities und anderen Interessengruppen. Damit initiiert die Foundation Veränderungen und unterstützt verantwortungsvolles Handeln.

## Tourismus

Der Grootbos Tourismus entstand wie beschrieben zunächst zufällig. So sollten anfangs für Freunde und Familie Unterkunftsmöglichkeiten geschaffen werden, wenn diese die Lutzeyers besuchten. Die schöne Lage sprach sich herum und zunehmend kamen Anfragen von Fremden. Die Einnahmen stiegen und das Potenzial des Tourismus wurde erkannt. Ein Kriterium war jedoch immer die Verträglichkeit des Tourismus mit dem Schutz der Natur. Die Gäste sollten Respekt vor der Natur haben. Weiterhin sollten die Gebäude in die Landschaft passen. Somit entwickelte sich ein exklusives Resort im Hochpreissegment. Die positive Einschätzung des Luxus-Segments ging einher mit einer Missbilligung des auf Massen zugeschnittenen Tourismus.

Grundsätzlich können Gäste, die nach neuen Produkten und Dienstleistungen suchen, Nachfrageimpulse auslösen. Einerseits können es Einzelpersonen sein, die nach alternativen Möglichkeiten suchen, ihren Urlaub zu verbringen. Andererseits können größere Gruppen und sogar eine ganze Generation den Markt aufgrund unterschiedlicher Bedürfnisse, z. B. eines verantwortungsvollen Tourismus, verändern. Bei Grootbos sind es die anspruchsvollen Gäste sowie zunehmend Volunteers, die nach einer sinnvollen Beschäftigung fragen. Die Herausforderung besteht darin, diese Forderungen so zu formulieren und umzusetzen, dass sie sich gut in die Geschäftstätigkeit von Grootbos eingliedern. Beispielsweise würden Volunteers gerne neue Projekte anstoßen. Das macht jedoch nur Sinn, wenn diese weitergeführt werden können, sprich, wenn entsprechende personelle und finanzielle Ressourcen zur Verfügung stehen.

## Cluster

Der Ansatz des Clusters geht auf Marshalls Konzept des *Industrial District* zurück. Dieser besteht aus einer Reihe von Unternehmen, die formal unabhängig sind (vgl. Hjalager 2000, S. 201). Erfolgreiche *Industrial Districts* profitieren von lokalen Netzwerken, Nähe und gemeinsamem Wissen. Soziologen sprechen von Sozialkapital. Sozialkapital ist „[…] die Summe der tatsächlichen und potenziellen Ressourcen, die in das Beziehungsnetz eines Individuums oder einer sozialen Einheit eingebettet, über dieses zugänglich und daraus abgeleitet sind" (Nahapiet und Ghoshal 1998, S. 243). Sozialkapital schafft Vertrauen und ermöglicht die Durchsetzung von Normen (vgl. Coleman 1994, S. 97). Obwohl sich das klassische Konzept des *Industrial District* auf das verarbeitende Gewerbe und die Landwirtschaft konzentriert, kann es auf den Tourismus übertragen werden (vgl. Hjalager 2000, S. 200).

Die Partnerschaft von Grootbos und der Foundation mit lokalen Akteuren ist ein Cluster, das sich auf den Schutz des Fynbos und die Unterstützung der Communities konzentriert. Das Unternehmen (Grootbos) und die Foundation sind eng miteinander und mit lokalen Unternehmen, NGO und Gemeinschaften verbunden (vgl. Abb. 7.1). Insgesamt bilden sie eine touristische Dienstleistungskette. Daher sind die Foundation und andere Unternehmen entscheidend für die Erbringung von Dienstleistungen bei Grootbos.

Grootbos dient als Institution der Sozialisation (z. B. Garten- und Schulprogramme, Frauenförderung, Sportprogramme für Kinder, HIV/Aids-Prävention, Ernährung), die ihr Ethos und die Verantwortung gegenüber Kooperationspartnern durchsetzt. Der Austausch von Werten und Normen schafft Nähe und gegenseitiges Verständnis. Dies ist die Grundlage für ein kreatives Umfeld, in dem andere Akteure bereit sind, ein Risiko einzugehen und ein Unternehmen zu gründen.

Darüber hinaus spielt Grootbos eine wichtige Rolle, wenn es um die Schaffung und den Austausch von Erfahrungen geht. Die Bildungsprogramme schaffen eine solide Wissensbasis und beinhalten eine Strategie zur Vermittlung desselben. Das 2018 gegründete *Grootbos Environmental Center* soll zukünftig ein Platz für interessierte Wissenschaftler sein und die Grootbos Erfahrungen verfügbar machen.

## 7.5 Diskussion: Grootbos ein Modell für andere?

Das Fallbeispiel hat einige Aspekte dargestellt, die wesentlich für die Entwicklung von Grootbos waren. Es stellt sich nun die Frage, ob sich Grootbos an anderer Stelle wiederholen lässt resp. ob es Faktoren gibt, die beispielsweise bei allen der zehn *Global Ecosphere Retreats* anzutreffen sind.

Was sicherlich für alle zutrifft ist die enge Verzahnung mit dem natürlichen Umfeld, die sowohl Grundlage als auch Bedingung für alle Aktivitäten ist. Grootbos ist eingebettet in eine Landschaft, die weltweit einmalig und besonders schützenswert ist. Zu untersuchen wäre, ob dieses Eingebettet-Sein übertragbar auf andere Umfelder ist. Zu beachten ist hierbei, dass der „Wert" des Fynbos erst durch die Anstrengungen von Grootbos erkannt wurde. Demnach könnte jedes Umfeld als Ausgangspunkt dienen, wenn sich Menschen finden, die sich dafür begeistern.

Das Zufallsprodukt Tourismus hat sich als treibende Kraft etabliert. Zunächst war es eine zusätzliche Finanzierungsmöglichkeit. Inzwischen ist es ein Vorzeigemodell mit erheblichem Medieninteresse. Die besondere Gästestruktur wird aktuell noch nicht systematisch genutzt. Eine Besonderheit besteht darin, dass Grootbos ein Fünf-

Sterne-Resort ist. Dadurch können vergleichsweise hohe Einnahmen generiert und attraktive Beziehungen aufgebaut werden. Darüber hinaus war Grootbos die erste Luxusunterkunft in der Region und konnte von der Exklusivität profitieren. Weiterhin stellt der angebotene Luxus die eigentliche Attraktion dar. Die Vorstellung, dass ein Drei-Sterne-Resort ähnlich erfolgreich ist, fällt schwer. Zu untersuchen ist in dem Bereich die Relation zwischen der Attraktion Luxus und weiteren Attraktionen wie die Walbetrachtung und das *Shark-Cage-Diving*.

Grootbos bezieht seine Stärke durch die Verknüpfung mit seinem Umfeld und durch die bündelnde Kraft der Foundation, die als Korrektiv wirkt. Da Grootbos und die Foundation in einem strukturschwachen Gebiet agieren, besteht wenig oder keine Konkurrenz und somit eine weitere Stärkung der Exklusivität. In den kommenden Jahren wird zu beobachten sein, welche Auswirkungen die steigende Konkurrenz in der Region haben wird.

Schließlich ist aufgrund des starken persönlichen Einflusses der Gründer die Replizierbarkeit fraglich. Über Jahre hinweg war die Kombination aus persönlichem Verantwortungsgefühl, Expertise und Charisma die wesentliche Kraft. Eine erste Forschungsfrage, die sich aus dieser Erkenntnis ableitet, ist, ob und inwieweit das persönliche Verantwortungsgefühl ein zentrales Element des nachhaltigen Tourismus ist. Als Zweites ist zu untersuchen, welche ergänzenden Faktoren resp. Zustände hinzukommen müssen, damit sich die Kräfte entfalten können. Ohne die finanzielle Grundlage hätte sich Grootbos so nicht entwickeln können und die abgeschiedene Lage schaffte den Raum, um das Modell des progressiven Tourismus Schritt für Schritt und geleitet durch die Anforderungen der Region zu entwickeln.

Erste Ansätze für die Weiterführung, Weitergabe und Übertragung der Arbeiten finden sich in dem 2018 gegründeten *Grootbos Environmental Center*. Dort wird daran gearbeitet, das Wissen zu dokumentieren, um es an andere weitergeben zu können. Das Center bietet darüber hinaus Unterkunftsmöglichkeiten für forschende Menschen, die sich für einen der von Grootbos behandelten Bereiche interessieren. Ob und wie die innere Überzeugung und die besondere Haltung übertragen werden können, wird sicherlich eine entscheidende Frage sein.

## Literatur

Accor (2019). Planet 21. 2016–2020. Abgerufen am 24.06.2019 von https://group.accor.com/en/Search/Search?query=csr.

Bohdanowicz, P., Zientara, P. und Novotna, E. (2011). International hotel chains and environmental protection: An analysis of Hilton's we care! programme (Europe 2006–2008). *Journal of Sustainable Tourism*, 19(7):797–816.

Borchardt, A. und Göthlich, S. E. (2007). Erkenntnisgewinnung durch Fallstudien. In Albers, S., Klapper, D., Konradt, U., Walter, A. und Wolf, J., Hrsg., *Methodik der empirischen Forschung*. Gabler, Wiesbaden.

Chafe, Z. (2005). Consumer Demand and Operator Support for Socially and Environmentally Responsible Tourism. CESD/TIES Working Paper No. 104.

Coleman, J. (1994). Social Capital in the Creation of Human Capital. *American Journal of Sociology*, 94(Supplement).

Deng, S. M. und Burnett, J. (2002). Water use in hotels in Hong Kong. *International Journal of Hospitality Management*, 21:57–66.

Gössling, S. (2010). *Carbon management in tourism: Mitigating the impacts on climate change.* Routledge, London.

Gollub, J., Hosier, A. und Woo, G. (2003). *Using Cluster-Based Economic Strategy to Minimize Tourism Leakages.* UNWTO, Madrid.

Grootbos Foundation (2012). Umtana Survey Results. Internes Dokument.

Grootbos Foundation (2013). Community Needs Assessment. Peri-Urban Food Security in Gansbaai. Internes Dokument.

Grootbos Foundation (2015). Community Survey 2015. Internes Dokument.

Grootbos Foundation (2016a). Grootbos Sustainability Case Study V1. Internes Dokument.

Grootbos Foundation (2016b). Annual Activity Plan. Internes Dokument.

Grootbos Foundation (2019). Annual Report. Internes Dokument.

Helmig, B. und Boenigk, S. (2012). *Nonprofit Management*. Vahlen, München.

Heuwinkel, K. (2017). CSR, Tourismus und Gesundheit. Neue Märkte, neue Verantwortung. In Lund-Durlacher, D., Fifka, M. S. und Reiser, D., Hrsg., *CSR und Tourismus*. Springer Gabler, Berlin, Heidelberg.

Heuwinkel, K. (2018a). CSR in Luxusunterkünften – Verantwortung als Element des Change Managements, dargestellt am Beispiel des Grootbos Private Nature Reserve. In Ehlen, T. und Scherhag, K., Hrsg., *Aktuelle Herausforderungen in der Hotellerie*, Schriften zu Tourismus und Freizeit, Band 22, S. 345–360. ESV-Verlag, Berlin.

Heuwinkel, K. (2018b). *Tourismussoziologie*. UVK, München.

Hjalager, A.-M. (1994). Dynamic innovation in the tourism industry. *Progress in Tourism and Hospitality Management*, 6:197–224.

Hjalager, A.-M. (2000). Tourism destinations and the concept of industrial districts. *Tourism & Hospitality Research*, 3:199–213.

Juvan, E. und Dolnicar, S. (2014). The attitude-behaviour gap in sustainable tourism. *Annals of Tourism Research*, 48:76–95.

Laeis, G. (2017). Agriculture and food sourcing. In Legrand, W., Sloan, P. und Chen, J. S., Hrsg., *Sustainability in the hospitality industry. Principles of sustainable operations*, S. 197–226. Routledge, London, 3. Aufl.

Lane, B. (2009). Thirty years of sustainable tourism: Drivers, progress, problems – And the future. In Gössling, S., Hall, C. und Weaver, D., Hrsg., *Sustainable tourism futures*, S. 19–32. Routledge, New York.

Lutzeyer, M. (2017). Internes Dokument der Grootbos Foundation.

Lutzeyer, M. (2019). Persönliches Gespräch im März 2019. Grootbos Foundation, Gansbaai, Südafrika.

Malhado, A. (2010). The real costs of tourism to climate change: An analyses in the $CO_2$ emission from transport, hospitality and attraction sectors. Unveröffentlichte Masterarbeit an der Technischen Universität München.

Nahapiet, J. und Ghoshal, S. (1998). Social Capital, Intellectual Capital and the Organizational Advantage. *Academy of Management Review*, 23(2).

OECD (Organisation for Economic Co-operation and Development) (2005). Oslo Manual Guidelines for Collecting and Interpreting Innovation Data, 3. Edition. Abgerufen am 12.03.2019 von http://www.oecd-ilibrary.org/science-and-technology/oslo-manual_9789264013100-en.

OECD (2015). *Innovation Policies for Inclusive Growth*. OECD Publishing, Paris.

Privett, S. (2016). Persönliches Gespräch am 13. Oktober 2016. Grootbos Private Nature Reserve, Gansbaai, Südafrika.

Rudolf, C. (2018). Analyse des Freiwilligenprogramms der Grootbos Foundation. Unveröffentlichte Masterarbeit an der Hochschule für Technik und Wirtschaft des Saarlandes.

Savener, A. (2015). Luxury and sustainability in tourism accommodation – an exploration of how to reconcile apparently incompatible objectives using a case study approach. BEST EN Think Tank XV. Abgerufen am 12.06.2019 von https://researchonline.jcu.edu.au/43131/6/43131-Hay-2015.pdf.

The Long Run (2019). The Long Run – Story. Abgerufen am 13.03.2019 von https://www.thelongrun.org/.

UNAIDS (2017). Global AIDS Monitoring. Abgerufen am 11.03.2019 von http://www.unaids.org/en/resources/documents/2017/2017_data_book.

Weaver, D. und Lawton, L. (2002). *Tourism Management*. Wiley, Milton, 2. Aufl.

The World Bank Group (2019). GINI Index South Africa. Abgerufen am 09.03.2019 von https://data.worldbank.org/indicator/SI.POV.GINI?locations=ZA.

Yin, R. (2003). *Case Study Research: Design and Methods*. Sage Publications, London.

Rainer Hartmann

# 8 Kolonialerbe und Tourismus in den ehemaligen deutschen Kolonien Namibia und Tansania

**Zusammenfassung:** Koloniales Kulturerbe spielt in der Identitätsbildung der postkolonialen Zeit immer eine ambivalente Rolle und ist somit auch in Hinblick auf eine touristische Inwertsetzung[1] durch Heterogenität und Dissonanz geprägt. Das stellt für postkoloniale Gesellschaften eine besondere Herausforderung dar. Der vorliegende Beitrag geht der Frage nach, ob koloniales Erbe überhaupt geeignet ist, adäquat für den Tourismus in Wert gesetzt zu werden und wenn ja, wie mit Dissonanzen umgegangen werden kann. Auf Basis von Marktanalysen in Namibia und Tansania sollen Hinweise für eine nachhaltige Vermarktung (vgl. Hartmann 2018, S. 68 ff.) gegeben werden. Im Ergebnis konnte bestätigt werden, dass bauliche oder auch intangible Elemente der Kolonialzeit schwierige oder sogar unerwünschte Objekte darstellen. Ohnehin ist deren Potenzial als nur sehr gering einzustufen. Vor diesem Hintergrund ist eine touristische Inwertsetzung des deutschen Kolonialerbes in Namibia und Tansania kaum oder nur mit allerhöchster Sensibilität zu tolerieren. Die Beziehung zwischen der postkolonialen Welt des Tourismus und den Touristen aus der ehemaligen Kolonialmacht darf niemals durch Unterwürfigkeit und bedingungslose Wunscherfüllung geprägt sein. Zudem ist immer die Perspektive der von der Kolonialisierung Betroffenen zu integrieren.

**Schlagwörter:** deutsches Kolonialerbe, Namibia, Tansania, Kulturerbe, ambivalente Wahrnehmung, Dissonanz

## 8.1 Koloniales Erbe und Tourismus

In zahlreichen ehemalige Kolonien existieren bis heute Kulturerbestätten, die aufgrund von negativen Ereignissen in der Kolonialgeschichte, wie z. B. Unterdrückung und Vertreibung indigener Bevölkerungsgruppen, Kriegen und/oder Landraub, historisch belastet sind und daher in der Identitätsbildung der postkolonialen Zeit eine ambivalente Rolle spielen. Das gilt auch für das Branding und die Vermarktung dieser Länder bzw. Orte als touristische Destinationen. Zudem herrschen vonseiten der Touristen sehr unterschiedliche Images von den ehemaligen Kolonien vor. Die Ambivalenz in der Wahrnehmung des kolonialen Kulturerbes stellt sich somit auch als ein Problem der interkulturellen Kommunikation dar. Rodrian (2009, S. 91) konstatiert:

---

[1] Inwertsetzung wird in diesem Beitrag nicht als bloße Kommodifizierung bzw. Kommerzialisierung verstanden, sondern auch als Prozess der Nutzung des kolonialen Erbes zur Identitätsbildung bzw. als Gegenstand für Bildungszwecke und die historische Aufarbeitung des Kolonialismus.

https://doi.org/10.1515/9783110626032-008

„Kolonialzeitliches Erbe ist durch Heterogenität und Dissonanz geprägt." Er stellt die These auf, dass kolonialzeitliche Elemente für Touristen eher schwierige oder sogar unerwünschte Objekte darstellen und dort sowohl positiv-nostalgische als auch ablehnend-kritische Sichtweisen aufeinandertreffen. Das erschwere eine authentische und ausgewogene Darstellung des Kolonialerbes. „Es besteht die Gefahr einer Verklärung oder Trivialisierung oder – um Touristen nicht zu verschrecken – einer Verharmlosung unerwünschter Aspekte." (Rodrian 2009, S. 91) Damit stelle die touristische Inwertsetzung des Kolonialerbes für postkoloniale Gesellschaften eine besondere Herausforderung bzw. ein Dilemma dar: „Es erinnert an die historische Unterdrückung und Ausbeutung und widerspricht damit der Leitidee, eine postkoloniale unabhängige nationale Identität aufzubauen." (Rodrian 2009, S. 91)

Besonders drastisch wird die Ambivalenz an Kulturstätten deutlich, die unter dem Zeichen des Sklavenhandels oder von Gewaltherrschaft standen wie z. B. die Festungen und Schlösser von Volta und Accra in Ghana, die seit 1979 zum UNESCO-Welterbe gehören. Ähnliches gilt für die Townships in Südafrika und Namibia, als persistente Strukturen des ehemaligen Apartheidsystems, die inzwischen systematisch vom Tourismus erschlossen werden und explizit in nationalen Strategiepapieren erwähnt sind.[2] Im Jahr 2017 wurde mit Asmara, der Hauptstadt Eritreas, „eine modernistische Stadt Afrikas" als Kulturerbestätte in die UNESCO-Welterbeliste aufgenommen, die im Zuge der italienischen Kolonialpolitik der 1930er Jahre ausschließlich für italienische Siedler errichtet wurde. Das nahezu vollständig erhaltene urbane Ensemble ist ein außergewöhnliches Beispiel für modernistische Stadtplanung im afrikanischen Kontext (vgl. Bader 2016). Aufgrund des historischen Kontextes dauerte es mehr als 10 Jahre, bis die eritreische Regierung sich entschloss, den entsprechenden Antrag bei der UNESCO zu stellen. Verstanden die Eritreer das historische Asmara zunächst als Ausdruck der Ideen des kolonialen Italiens, so wurde es im Laufe der Zeit auch als Teil der eritreischen Identität und als Bezugspunkt im Bemühen um Unabhängigkeit interpretiert (vgl. DUK 2019a). Ähnlich verhält es sich mit der 2017 in die UNESCO-Welterbeliste eingetragenen Stätte von M'banza Kongo in Angola. Sie umfasst zum einen archäologische Relikte des ehemaligen Königreichs Kongo, das vom 14. bis zum 19. Jh. bestand, und zum anderen Bauten der portugiesischen Kolonialzeit, deren Entstehung teilweise parallel zur Zeit des Kongoreiches erfolgte (vgl. DUK 2019b).

Im Zuge der Betrachtung von Phänomenen des *Dark Tourism* – dem Tourismus an Orte des gegenwärtigen oder ehemaligen Schreckens – wird auf Stätten des Kolonialerbes bislang nicht als eigene Kategorie eingegangen. Sie werden angeführt, wenn es um „Geisterstädte" geht (z. B. Kolmannskop, Namibia), oder könnten in die Rubriken „Friedhöfe", „Gefängnisse", „militärische Anlagen" eingeordnet werden (vgl. Quack und Steinecke 2012). Eine differenzierte Betrachtung der kolonialgeschichtlichen Hintergründe bliebe bei dieser Form der Subsumierung allerdings aus. Es bleibt eine ober-

---

**2** Vgl. Kapitel 5 zum Townshiptourismus in Windhoek.

flächliche und funktionale Interpretation aus der Sichtweise der Kolonisatoren. Der vorliegende Beitrag ist daher als Diskussionsgrundlage und gleichzeitiges Plädoyer für die Betrachtung von Kolonialerbestätten als spezifische, eigenständige Form des *Dark Tourism* zu verstehen, die spezifischen Rahmenbedingungen unterliegt.

Völlig pragmatisch betrachtet könnte koloniales Kulturerbe als „a contemporary product shaped from history" betrachtet werden (Tunbridge und Ashworth 1996, S. 20). Durch die Inszenierung dieses Kulturerbes entstehen allerdings sowohl unterdrückte als auch privilegierte Sichtweisen (vgl. Graham et al. 2000, S. 33). Die unterschiedliche Wahrnehmung ist vor allem durch gesellschaftliche Determinanten, aber auch individuelle Wertvorstellungen geprägt (vgl. Graham et al. 1996). Es ist davon auszugehen, dass ehemalige Kolonialherren und die indigene Bevölkerung das Kolonialerbe deutlich unterschiedlich interpretieren. Denn es steht in einer sensiblen und problematischen Beziehung zu den aktuellen Gesellschaften der postkolonialen Nationen, da es Unterdrückung, Besetzung und ungleiche Machtbeziehungen repräsentiert (vgl. Rodrian 2011, S. 27 und Henderson 2001, S. 254).

Für den Tourismus besteht die Gefahr, dass das Kolonialerbe nur aus der europäischen Perspektive interpretiert wird. „Im Kontext von kolonialem Erbe ist folglich nicht nur die Bewahrung und Präsentation der Vergangenheit von Bedeutung, sondern auch ein aktueller Kampf um politische und kulturelle Macht und eine ethnische, regionale oder nationale Identität." (Rodrian 2011, S. 27) Es ist demnach nicht nur ein Symbol von Imperialismus und Unterdrückung, sondern auch ein touristischer Raum, der inszeniert und in Wert gesetzt wird. Deshalb kann das Kolonialerbe auch als „dissonantes Heritage" verstanden werden (vgl. Rodrian 2011, S. 27 f.).

Die Frage bleibt, ob koloniales Erbe überhaupt geeignet ist, adäquat für den Tourismus in Wert gesetzt zu werden? Und wenn ja, wie in der interkulturellen Kommunikation im Zuge des Tourismus mit Dissonanzen umgegangen werden kann? Um diese Fragen für Namibia und Tansania zu beantworten, muss zunächst geklärt werden, welchen Stellenwert das deutsche Kolonialerbe von Seiten des Angebots hat und wie es gegenwärtig in den Tourismus eingebunden ist. Zudem ist von Seiten der Nachfrage zu klären, wie das Kolonialerbe von deutschen Namibia- bzw. Tansania-Reisenden eingeschätzt wird?

Das **Ziel der Studie** ist es, anhand von Analysen des Angebots und der Nachfrage in den ehemaligen deutschen Kolonien Namibia und Tansania die Ambivalenz des Kolonialerbes und seiner touristischen Nutzung zu hinterfragen. Im Ergebnis soll unter anderem auf der Basis des jeweiligen Stellenwertes der Kolonialerbestätten deren mögliche nachhaltige Vermarktung[3] diskutiert werden.

---

3 Nachhaltiges Marketing ist nicht einseitig kommerziell ausgerichtet – und damit auf ökonomische Zielgrößen fokussiert –, sondern zielt auch auf eine Verbesserung der Lebensqualität durch die Pflege und Erhaltung der sozialen und natürlichen Lebensgrundlagen. Idealerweise werden ökonomische, ökologische und soziale Ziele in das nachhaltige Marketingkonzept integriert und wirken komplementär zusammmen (vgl. Hartmann 2018, S. 68 ff.).

Das methodische Vorgehen umfasst einen Mix verschiedener Forschungsansätze, zunächst im Rahmen einer ausführlichen Sekundäranalyse (*Desktop Research*) zum Thema „Tourismus und Kolonialerbe" und zu Orten mit entsprechenden Relikten in Tansania und Namibia. Der Fokus der Analyse liegt dabei auf der aktuellen touristischen Inwertsetzung, dem Stand der Vermarktung von touristischen Produkten und der Frage von entsprechenden Ambivalenzen.

Im Rahmen der Feldforschung (Primäranalysen) sind als Erhebungsmethoden eine Reihe von informellen Expertengesprächen mit Vertretern der Angebotsseite in den ausgewählten Destinationen sowie sieben leitfadengestützte, qualitative Interviews mit Touristen in Tansania erfolgt. Eine ausführliche Befragung von Touristen in Namibia wurde bereits von Rodrian (2009) vorgenommen. Diese Interviews werden flankiert von Beobachtungen anhand spezifisch erarbeiteter Vor-Ort-Checks (mit Checklisten) in den Destinationen: Daressalam, Bagamoyo, Lushoto, Soni, Arusha (Tansania) und ergänzend Kigali (Ruanda) sowie Tsumeb, Namutomi, Windhoek, Swakopmund, Duwisib, Lüderitz und Kolmannskop (Namibia) (vgl. Tabellen 8.1 und 8.2). Die Expertengespräche und auch die systematischen Beobachtungen vor Ort wurden dokumentiert, transkribiert und im Zuge einer qualitativen Inhaltsanalyse ausgewertet.

## 8.2 Die deutsche Kolonialherrschaft und ihr Kulturerbe

Die deutsche Kolonialherrschaft in **Südwestafrika** (dem heutigen Namibia) begann 1883 mit dem Erwerb der Lüderitzbucht und eines weiteren Küstenstreifens durch den Bremer Kaufmann Adolf Lüderitz. 1884 wurden diese Gebiete offiziell zum deutschen Schutzgebiet erklärt, was international durch die Kongoakte manifestiert wurde. Sie bildete das Schlussdokument der sogenannten Kongo-Konferenz in Berlin 1884/85, bei der die damaligen Kolonialmächte in Afrika den Kontinent unter sich aufteilten. Neben Deutsch-Südwestafrika (Namibia) erhielt das Deutsche Reich Deutsch-Ostafrika (heutiges Tansania [ohne Sansibar], Ruanda und Burundi), Kamerun und Togo als Kolonialgebiete (vgl. Kapitel 1.2 und Abb. 1.3).

Bis 1890 wurden die Grenzen von Deutsch-Südwestafrika durch Verträge mit Portugal und England festgelegt. Im Jahr 1903 lebten etwa 4.600 Europäer (davon 3.000 Deutsche) in der Kolonie. Neben der Schutztruppe und Verwaltungsbeamten, die etwa ein Drittel der deutschen Bevölkerung ausmachten, siedelten sich auch Kaufleute, Landwirte und Handwerker dort an. Zur Sicherung der Landnahme wurden im Hinterland schon ab 1890 diverse Festungen und Militärstationen errichtet. Im Jahr 1903 gab es zudem 276 Farmen von Deutschen und anderen Europäern in Deutsch-Südwestafrika. Swakopmund wurde der Haupthafen der Kolonie und durch eine Eisenbahn mit der Hauptstadt Windhoek verbunden. Beide Orte wurden infolge der wachsenden deutschen Bevölkerung zunehmend verstädtert und erhielten zahlreiche repräsentative Bauwerke. Auch die Hafenstadt Lüderitz profitierte vom Zuzug deutscher Siedler.

Dort fanden sie zusätzlich zu den Hafenaktivitäten 1908 Diamanten, was zu einem regelrechten Wirtschaftsboom führte.

In den Jahren nach der Niederschlagung der Aufstände der Herero und der Nama (1904–1907), die heute als Völkermord betrachtet werden, erhielt die Kolonie schließlich die stärkste Prägung durch die Deutschen. Der Widerstand seitens der indigenen Bevölkerung in Namibia war brutal gebrochen und die deutschen Kolonialherren konnten diese ungehemmt beherrschen. Dazu gehörten die Inhaftierung in Arbeitslagern, Deportationen, willkürliche Erschießungen sowie Landenteignungen und Konfiszierungen von Vieh. Das Resultat war die Besiedlung des ganzen Hochlands und der Ausbau der Infrastruktur. Die schwarze Bevölkerung wurde unter sklavenähnlichen Bedingungen zur Arbeit gezwungen. Im Jahr 1910 lebten ca. 15.000 Europäer, davon 12.300 Deutsche, in Südwestafrika. Das fruchtbare Hinterland im südlichen und zentralen Namibia teilten sich 1.330 deutsche Landwirte und 337 Obst- und Gemüsebauern. Die bauliche Entwicklung konzentrierte sich vor allem auf die Städte Windhoek, Swakopmund, Lüderitz und Keetmanshoop. Zudem ließen die Kolonialherren von Zwangsarbeitern ein Eisenbahnnetz von über 2.000 km Länge bauen.

Die deutsche Kolonialherrschaft endete in Südwestafrika bereits 1915 mit der Niederlage gegen südafrikanische Truppen. Bis zum Ende des Ersten Weltkriegs wurde etwa die Hälfte der deutschen Bevölkerung nach Deutschland geschickt. Doch viele von ihnen kehrten später in ihre afrikanische Heimat, die 1918–1990 unter südafrikanischer Verwaltung stand, zurück (zu Südwestafrika vgl. Emmerich 2013; Graichen et al. 2005; Hofmann 2013, S. 67 f.; Scheerer 2011, S. 11 f.).

Die bauliche Substanz aus der Kolonialzeit blieb anschließend weitgehend unangetastet und wurde 1948 sogar von der Historischen Denkmalkommission als kulturelles Erbe gesichert, was zu einem Aufleben der deutschen Kultur führte. Gleichzeitig sicherte das Apartheidsystem die wirtschaftliche und politische Macht der Deutsch-Namibier. Auch nach der Unabhängigkeit Namibias 1990 wurde das deutsche Kolonialerbe nicht angetastet, auch wenn seitdem die „schwarzen Aspekte" der Landesgeschichte stärker in den Fokus gerückt wurden. Lediglich die deutsche Straßenbenennung und -beschilderung sowie markante Denkmäler, wie z. B. die Reiterstatue in Windhoek, mussten weichen (vgl. Rodrian 2009, S. 31 ff.).

Heute zählt die weiße Gemeinde in Namibia etwa 127.000 Personen (6 % der Bevölkerung) mit deutschem, englischem oder burischem Hintergrund. Diese kontrolliert die namibische Wirtschaft inklusive des Tourismusangebots und dominiert das kulturelle Leben in den Kernstädten. Die Weißen stellen den Großteil der reichsten 5 % der Bevölkerung und erwirtschaften über 71 % des BIP. Die ungleiche Einkommensverteilung in Namibia, die durch einen Gini-Index von ca. 60 gekennzeichnet ist (CIA 2019), zählt neben der in Südafrika und Botsuana zu den extremsten weltweit. Diese ungleiche Kapital- und Besitzverteilung zwischen Schwarzen und Weißen ist eine der schwersten Bürden der deutschen Kolonialzeit, die sich nur sehr schwer und extrem langsam überwinden lassen wird (vgl. Scheerer 2011, S. 11 f.).

Insgesamt betrachtet wird das deutsche Kolonialerbe in Namibia in der Fachliteratur negativ konnotiert. Zwar wurden Basis-Infrastrukturen geschaffen, die heute noch genutzt werden und aus gesamtökonomischer Sicht als positiv für die Entwicklung des Landes betrachtet werden könnten, aber trotzdem überwiegen die negativen Aspekte der Kolonialherrschaft wie Unterdrückung, Völkermord und Imperialismus. Somit kann das Kolonialerbe nicht als ambivalent, sondern als Träger negativer Empfindungen betrachtet werden (vgl. Scheerer 2011, S. 20; Rodrian 2009, S. 85).

In **Ostafrika** begann die deutsche Kolonialherrschaft 1884 mit dem Abschluss von Schutzverträgen durch Vertreter der Gesellschaft für deutsche Kolonisation unter Leitung von Carl Peters. Auch dort wurden die Grenzen durch Verträge mit anderen europäischen Mächten und Sansibar bis 1890 abgestimmt. Erste Hauptstadt wurde 1891 Bagamoyo, die schon ein knappes Jahr später von Daressalam aufgrund ihres großen, natürlichen Hafenbeckens abgelöst wurde. Zunächst blieb die Zahl der europäischen Siedler in der Kolonie noch sehr gering, 1895 waren es ca. 600, von denen 80 % Deutsche waren. Die Hälfte von ihnen lebte in Daressalam, weitere an der Küste, z. B. in Bagamoyo, Tanga und Pagani. In den 1890er Jahren gründeten die Deutschen weitere Militär- und Missionsstationen. Bis 1905 lebten bereits ca. 1.900 Europäer (80 % Deutsche) in Deutsch-Ostafrika und deren Zahl stieg bis 1913 auf ca. 5.300.

Ähnlich wie in Namibia war die deutsche Kolonialzeit auch in Ostafrika durch Gewaltherrschaft, Landraub, Ausbeutung und Zwangsarbeit der lokalen Bevölkerung gekennzeichnet. Der größte und längste Krieg war die Niederschlagung des Maji-Maji-Aufstandes (1905–1907), bei dem sich sonst verfeindete, afrikanische Stämme zu einer Streitmacht gegen die deutschen Kolonialherren zusammenschlossen. Nach zwei Jahren „Buschkrieg" und damit verbundenem Hunger und Seuchen hatten bis zu 300.000 Afrikaner ihr Leben verloren. Auf der Seite der Kolonialmacht starben 15 deutsche und ca. 400 afrikanische Soldaten (sog. Askari) (vgl. Emmerich 2013, S. 194 ff.).

Im Vergleich zu Deutsch-Südwestafrika zog es weniger Privatpersonen nach Ostafrika. Erst in der letzten Phase der Kolonialherrschaft kamen mehr und mehr deutsche Kaufleute, Landwirte, Handwerker etc., was zu einem enormen ökonomischen Aufschwung führte, der sich dank des Ausbaus der Bahnverbindungen ins Hinterland auch dort bemerkbar machte. Neben Daressalam und Tanga entstanden weitere städtische Zentren wie das heutige Lushoto oder Moshi und Morogoro. Die Kämpfe des Ersten Weltkriegs zogen sich in Ostafrika bis 1918 hin, als die Deutschen schließlich britischen, belgischen und portugiesischen Truppen unterlagen (zu Ostafrika vgl. Hofmann 2013, S. 189 f.; Emmerich 2013; Graichen et al. 2005).

## Dekolonisation

Der Großteil der Deutschen in den ehemaligen Kolonien verlor nach dem Ersten Weltkrieg seine Existenzgrundlage. Bis zum Abschluss des Versailler Vertrages 1919 durften die Zivilisten zumeist bleiben und ihr Eigentum behalten. Dann wurden die deutschen Landwirte enteignet und ausgewiesen. Die einzige Ausnahme machte Südafrika, das etwa der Hälfte der deutschen Siedler in Südwestafrika ein Bleiberecht einräumte. In den anderen ehemaligen Kolonien war es für Deutsche erst Jahre später wieder möglich, zurückzukehren und zu investieren, was nur Wenige wahrnahmen. Die Rückgabe der Kolonien blieb während der Weimarer Republik ein brennendes Thema (vgl. Graichen et al. 2005, S. 376 ff.). „Zu keiner Zeit fand die Kolonialidee in Deutschland so einhellig Zuspruch wie nach der Dekolonisierung." (Graichen et al. 2005, S. 379) Die Duldungspolitik Südafrikas gegenüber deutschen Siedlern nach dem Ersten Weltkrieg und das spätere Apartheidsystem führten dazu, dass die zuvor am intensivsten von Deutschen besiedelte Kolonie Südwestafrika bis heute am stärksten von materiellem und immateriellem deutschen Kulturerbe durchdrungen ist (vgl. Rodrian 2009, S. 23).

Insgesamt besteht das koloniale Erbe aus einer Vielzahl von Festlegungen und Strukturen, die bis heute nachwirken. Vor allem die Grenzziehungen der europäischen Kolonialmächte, die ohne Rücksicht auf die afrikanische Bevölkerung und lokale Ethnien vollzogen wurden, sind eine schwere Bürde. Da sich selbst größere Stammesverbände nicht als „Volk" im europäischen Sinne verstehen, fällt es vielen afrikanischen Staatsmächten schwer als solche zu regieren und eine gemeinsame Identität zu entwickeln. „Diese multiethnische Grundlage ist der Keim für instabile Regierungen und das Aufkommen von Diktaturen." (Emmerich 2013, S. 269) Hinzu kommt das Fehlen demokratischer Traditionen, das es Diktatoren erleichterte, an die Macht zu kommen. Auch aus der Rolle der Rohstofflieferanten für die Kolonialmächte sind die meisten afrikanischen Staaten nicht wirklich herausgewachsen. Bis heute sind sie mit ihren Rohstoffen der Preispolitik des Weltmarktes unterworfen und waren gleichzeitig nicht in der Lage, ein tragfähiges verarbeitendes Gewerbe aufzubauen (vgl. Emmerich 2013, S. 267 ff.).[4]

Auch in Bezug auf den Tourismus beeinflussen Klischees, Sehnsüchte und Stereotypen, die während der Kolonialzeit geprägt wurden, bis heute das Denken europäischer Reisender: Sie träumen „von einer bunten, exotischen Welt oder einem Ort, an dem man der Zivilisation entfliehen kann." (Emmerich 2013, S. 278)

## 8.3 Tourismus und Kolonialerbe in Namibia

Breitwieser (2016, S. 48 ff.) geht davon aus, dass die Ermöglichung von Mobilität eine Grundvoraussetzung für den Tourismus in Namibia gewesen sei. Damit klammert er den frühen Tourismus, der sich während der Kolonialzeit in Deutsch-Südwestafrika ereignete, als Nischenerscheinung bzw. Interesse Einzelner aus – ausgeschlossen beruflich bedingte (inkl. Militär und Handel) und Besuchsreisen. Trotzdem wurde die infrastrukturelle Basis für den späteren Tourismus in dieser Zeit gelegt. Erst in den

---

4 Vgl. Kapitel 1 zur wirtschaftlichen Entwicklung in Afrika.

1920er Jahren – unter südafrikanischer Herrschaft – war Namibia per Dampfschiff für eine größere Anzahl von Menschen erreichbar und es bestanden Weiterreisemöglichkeiten per Bahn. „Hier kann der Anfang der Geschichte des touristischen Reisens in Namibia festgelegt werden." (Breitwieser 2016, S. 49)

Die sogenannte „Denver Expedition" 1925 setzte einen Meilenstein in der Touristifizierung Namibias, indem durch schriftliche Berichte, Fotos und Filme über die Reise ein wachsender Markt von potenziellen Touristen in Europa und Übersee angesprochen wurde. Leitendes Motiv war der „Edle Wilde", der die Wünsche und Fantasien der Menschen in der zunehmend technisierten Welt anregte. Ein weiteres Leitmotiv des frühen Tourismus war die Jagd auf exotische Tiere. Erst in den 1950er Jahren setzte eine dynamischere Entwicklung des organisierten Tourismus ein, der bis zur Unabhängigkeit sehr stark von Gästen aus Südafrika geprägt war (vgl. Breitwieser 2016, S. 50 ff.). Bis zum Jahr 1988 wuchs die Zahl der Touristen in Namibia auf 100.000, nach der Unabhängigkeit stieg diese dann schnell weiter an (vgl. Tab. 8.1).

**Tab. 8.1:** Tourismus-Ankünfte in Namibia 1988–2015 (Quelle: Rodrian 2009, S. 36; UNWTO 2018).

| Jahr | 1988 | 1993 | 1997 | 2002 | 2007 | 2010 | 2015 |
|------|------|------|------|------|------|------|------|
| Ankünfte | 100.000 | 255.000 | 500.000 | 757.000 | 928.000 | 984.000 | 1.388.000 |

In den letzten Jahren bewegte sich die Zahl der internationalen Ankünfte in Namibia von 2013–2017 kontinuierlich von 1,17 auf 1,5 Mio. zu. Mit mehr als 123.000 Ankünften (8,2 % Marktanteil) war Deutschland – abgesehen von den Nachbarstaaten Südafrika, Angola und Sambia – das wichtigste Herkunftsland von Touristen (vgl. UNWTO 2018). Zugleich machen die Deutschen nach den Südafrikanern, knapp vor den Angolanern und mit großem Abstand zu anderen Europäern, die zweitgrößte Gruppe von Urlaubsreisenden in Namibia aus (vgl. Republic of Namibia 2018). Der Marktanteil deutscher Touristen erreicht mit etwa einem Drittel einen dominanten Anteil aller überseeischen Gäste, was ein einmaliges Phänomen im afrikanischen Tourismus darstellt. Darüber hinaus stellen die deutschen Touristen, die in ihrer soziodemografischen Struktur viele Merkmale eines klassischen Kulturtouristen zeigen, ein hervorragendes Nachfragesegment für Stätten des deutschen Kolonialerbes dar (vgl. Rodrian 2009, S. 39 f.).

In der Wertschöpfung (BIP) rangiert der Tourismus in Namibia knapp hinter dem Bergbau, als Beschäftigungsfeld hat er denselben bereits überflügelt. Laut WTTC (2018a) macht der Gesamtbeitrag des Tourismus zum BIP und zur Beschäftigung in Namibia jeweils 14 % aus. Das ist doppelt so viel wie der Durchschnitt aller Staaten in Afrika südlich der Sahara. Absolut gesehen liegen die Erlöse aus dem Tourismus allerdings noch unter dem Durchschnitt aller Staaten in der Region. Der Gesamtbeitrag zum BIP beträgt 1,8 Mrd. US-$ und die offizielle Anzahl an Arbeitsplätzen 98.000.

Räumlich konzentriert sich der Tourismus in Namibia auf die durch Straßen erschlossenen Korridore der Großschutzgebiete, auf Windhoek als Eingangstor mit seinem internationalen Flughafen sowie auf Swakopmund, aufgrund seiner Lage am Atlantik und des kulturellen Erbes. In dieser Kernzone des „weißen Namibias", das seit der Kolonialzeit von Deutschen bzw. Europäern/weißen Südafrikanern bewirtschaftet und dominiert wurde, ist auch das Gros der Beherbergungsbetriebe zu finden (vgl. Rodrian 2009, S. 41 f.). Dabei werden die in Namibia sehr starken sozialen Disparitäten deutlich sichtbar und „das ökonomische Ungleichgewicht [...] durch die differierende Partizipation an der Wachstumsbranche Tourismus zementiert" (Rodrian 2009, S. 42). Die aktuelle Tourismusstrategie versucht diesen Strukturen mit partizipativen Ansätzen entgegenzusteuern.

### 8.3.1 Angebotsseite

In der aktuellen Tourismusstrategie Namibias (2016–2026) wird dem Kulturerbe im Rahmen des Destination Managements eine gewisse Bedeutung zugesprochen: „Ensure the protection and preservation of Namibia's cultural heritage" (Republic of Namibia 2016, S. 16). Kernthemen zur Umsetzung dieses Ziels sind der Community Based Tourism und der Townshiptourismus[5]. Das koloniale Kulturerbe wird mit keinem Wort erwähnt und die entsprechenden Orte tauchen in der reich bebilderten Broschüre visuell nicht auf. Dagegen soll Swakopmund eine Rolle als Ziel für den avisierten Filmtourismus spielen, Lüderitz wird als potenzieller Kreuzfahrthafen und Messe-Standort gesehen (vgl. Republic of Namibia 2016).

Sehr deutlich wird an dieser Stelle die Fokussierung der namibischen Regierung, der kolonialen Vergangenheit – inklusive der südafrikanischen Zeit – keinen größeren Stellenwert einzuräumen, sondern die nationale Identität auch im Tourismus über die Thematisierung der afrikanischen Ethnien und die gegenwärtigen Lebensumstände zu lenken.

Auf der deutschsprachigen Homepage des Namibia Tourism Board (2019) sind nur wenige Hinweise auf das koloniale Kulturerbe des Landes zu finden. Die Rubriken „Geschichte" und „Kultur" weisen kurz auf einige Daten hin und auf „die Weißen" als Bevölkerungsgruppe. In der Mediathek/Bildergalerie finden sich ein Foto vom deutschen Fort in Namutoni/Etosha und eines von einer deutschen Villa in Lüderitz, die beide unbeschriftet sind. Als mögliche Reiseziele bleiben die deutsch geprägten Orte Namibias unerwähnt.

Allerdings finden sich im deutschsprachigen *Namibia Magazin*, das in die Homepage integriert ist, eine ganze Reihe von Hinweisen auf die deutsche Kolonialgeschichte als touristischer Attraktion. Das betrifft die Hauptstadt Windhoek mit ihrer „wilhelminischen Kolonialarchitektur"; Swokopmund, dessen gut erhaltene Kolonialarchitektur an ein Seebad an der Nordsee erinnere; oder die Küstenstadt Lüderitz mit ihrer

---

5 Vgl. Kapitel 5 zum Townshiptourismus in Windhoek.

„prachtvollen Kolonialarchitektur". Namibia mache es seinen deutschsprachigen Besuchern besonders leicht mit der Bevölkerung zu kommunizieren, da es der Staat in Afrika sei, in dem die meisten Einheimischen Deutsch sprächen. Zudem wird auf den deutschen Einfluss beim Essen (Brot, Sauerkraut, Frikadellen und Weißwürste) und beim Bierbrauen hingewiesen (vgl. Namibia Tourism Board 2019).

An dieser Stelle unterliegt das koloniale Erbe einer deutlichen Ambivalenz: Einerseits bringt die Kolonialvergangenheit noch heute gesellschaftspolitische Kontroversen und Spannungen zwischen Deutschland und Namibia mit sich. Andererseits scheinen die negativen Aspekte als Folge der Kolonialherrschaft für das Namibia Tourism Board kein Hindernis zu sein, deutsche Touristen – als wichtigste überseeische Urlaubergruppe – verstärkt zu umwerben.

Bei seiner systematischen Untersuchung zur touristischen Inwertsetzung des deutschen Kolonialerbes in Namibia kam Prantl (2004) zu dem Ergebnis, dass 19 von 72 untersuchten Objekten zu einem hohen Grad touristisch in Wert gesetzt waren. Zwei Drittel davon liegen in den urbanen Räumen Namibias und der Großteil in der zentralen Kernzone des Tourismus – Windhoek und Swakopmund ragen hier deutlich heraus. Ausnahmen bilden Lüderitz und Keetmanshoop im Süden des Landes, denen Prantl (2004) ein hohes Potenzial an weiterer Inwertsetzung bescheinigt. Es bleibt jedoch fragwürdig, ob eine weitere Inwertsetzung des baulichen deutschen Kolonialerbes die Nachfrage erhöhen würde. Rodrian (2009, S. 44) konstatiert, „dass die gebaute Substanz mit hohem kulturtouristischen Potenzial als Attraktion das touristische Angebot Namibias bereichert". Die Einschätzungen Prantls konnten von Seiten des Autors bei einer Vorort-Analyse in Namibia 2018 stichprobenartig bestätigt werden (vgl. Tab. 8.2). Die periphere Lage von Lüderitz und Kolmannskop führen dazu, dass diese Orte weitgehend vom Pauschaltourismus verschont bleiben und deshalb ein deutliches Potenzial an weiterer touristischer Inwertsetzung aufweisen.

Die touristische Inwersetzung des Kolonialerbes in Namibia sieht Rodrian (2011, S. 27) als fortgeschritten und das Potenzial als weitestgehend ausgeschöpft an. Es stelle sich nur noch die Frage, wie das Kolonialerbe touristisch inwertgesetzt werden könne. Doch genau über die Art und Weise der Dokumentation und Inszenierung lassen sich nachfrageseitig ggf. noch Zielgruppen ansprechen. Und auch durch die stärkere Einbindung von Lüderitz und Kolmannskop in Veranstalterreisen ließe sich noch ein vorhandenes Potenzial ausschöpfen (vgl. Prantl 2004).

Die Beantwortung der Frage, welchen Stellenwert das koloniale Kulturerbe als touristische Attraktion in Namibia aus der Sicht des Angebots, d. h. der Regierung und auch der privaten Tourismusunternehmen, haben soll, ist nicht eindeutig zu beantworten. Gegenwärtig verdrängt das Namibia Tourism Board das Kolonialerbe aus dem internationalen Branding, stellt es für den extrem wichtigen deutschen Reisemarkt jedoch in den Fokus des Angebots.

**Tab. 8.2:** Orte mit Kolonialerbe in Namibia (Stichprobe) (Quelle: eigene Erhebungen und Iwanowski 2018).

| Ort mit Kolonialerbe | Charakter | Erschließung/ Attraktionen | Dokumentation |
|---|---|---|---|
| Windhoek | 1890 Errichtung der deutschen Feste und Sitz der deutschen Kolonialverwaltung, 1902 Bahnverbindung mit Swakopmund als Entwicklungsimpuls; im Zentrum moderne, europäisch anmutende Großstadt; heute ca. 450T Einwohner | Im Zentrum des Landes, internationaler Airport; hohe Dichte an architektonischen Reminiszenzen an die deutsche Kolonialzeit in „weißen Vierteln" und viele deutsche Straßennamen; deutsche Geschäfte und Infrastruktur | Unabhängigkeitsmuseum, Stadtmuseum Windhoek, Alte Feste (zur Zeit geschlossen), Christuskirche, Tintenpalast, alter Bahnhof (vgl. Abb. 8.1), Windhoeks „Burgen" – alle z. T. mit Führungen zu besichtigen |
| Swakopmund | Seit 1893 als künstlicher Hafen angelegt und später zum wichtigsten Hafen („Eingangstor") der Kolonie ausgebaut; sehr vom Tourismus geprägter Küstenort; heute ca. 45T Einwohner | Gute Straßen- und auch Bahnanbindung, internationaler Airport in Walvis Bay (30 km); deutliche Prägung durch deutsche Kolonialarchitektur, Straßennamen und Geschäfte im Zentrum | Swakopmund Museum („Heimatmuseum") |
| Lüderitz | 1883 Ausgangspunkt deutscher Kolonisierung, erst ab 1908–1914 maßgebliche städtische Entwicklung (Bahnverbindung) und Diamantenboom; ruhige, eher verschlafene Küstenstadt; heute ca. 12T Einwohner | Gute Straßen- und auch Bahnanbindung, nationaler Flughafen, jedoch abgelegen im Südwesten des Landes; zahlreiche z. T. sehr gut erhaltene und zu besichtigende historische Gebäude: Felsenkirche, Bahnhof, Goerke-Haus | Museum für Geschichte und Naturkunde mit vielen Exponaten aus der Kolonialzeit („Heimatmuseum"); Goerke-Haus als Beispiel gehobener Wohnarchitektur; Felsenkirche (mit Informationen) (vgl. Abb. 8.2) |
| Kolmannskop | Seit 1908 wohnten hier ca. 300 überwiegend deutsche Familien vom Diamantenabbau, 1930 Schließung der Mine, 1957 Aufgabe der Siedlung, seit den 1980er Jahren ein Freilichtmuseum als „Geisterstadt" | Ca. 15 km von Lüderitz entfernt und gut per Pkw erreichbar; diverse Gebäude aus der Gründerzeit, die langsam vom Dünensand zugeweht werden | Regelmäßige Öffnungszeiten und Führungen; kleines Museum |

**Abb. 8.1:** Relikt deutscher Kolonialherrschaft: Bahnhof von Windhoek (© Rainer Hartmann).

**Abb. 8.2:** Relikt deutscher Kolonialherrschaft: Felsenkirche und Wohnhaus in Lüderitz (© Rainer Hartmann).

## 8.3.2 Nachfrageseite

Die touristische Nachfrage, mit explizitem Bezug zum deutschen Kolonialerbe, ist von Rodrian (2009) im Zuge seiner Dissertation sehr intensiv analysiert worden. Daher stützt sich dieser Beitrag auf dessen Befragungsergebnisse und die daraus abgeleiteten deutschen Touristentypen in Namibia. Insgesamt befragte Rodrian 103 deutsche Touristen in Namibia, um deren Wahrnehmungen und Ansichten bezüglich des Kolonialerbes zu erforschen.

Rodrian (2009, S. 134 ff., und 2011, S. 31 f.) stellt fest, dass die Bedeutung des deutschen Kolonialerbes als touristische Sehenswürdigkeit für die Reiseentscheidung sowie die Planung der Reiseroute in Namibia kaum eine Rolle spielt. Es ist eine reine Nebenattraktion und viele Touristen besuchen die Kolonialbauten nur zufällig, spontan oder „nebenbei". Trotzdem empfinden sie das deutsche Kulturerbe als präsent und setzen sich damit auseinander. Viele empfinden dabei neben dem rationalen Interesse eine emotionale Dissonanz. Ein Großteil der Befragten zeigte sich an einer tieferen Auseinandersetzung mit dem Kolonialerbe interessiert. Gleichzeitig konnte Rodrian (2009) herausarbeiten, dass das deutsche Kolonialerbe auf der emotionalen Ebene von vielen als schwierig und störend empfunden wird. Die Touristen können sich hier in jene mit einer neutralen und jene mit einer dissonanten Wahrnehmung differenzieren lassen. Allen gemein ist der Wunsch nach einer kritischen Inszenierung der deutschen Kolonialzeit. Das bestätigt die Aussage von Marschall (2004), dass kulturinteressierte Reisende Interesse an einer kontextualisierten Darstellung aufweisen. Das Hauptmedium für Reiseinformationen der deutschen Touristen in Namibia war der schriftliche Reiseführer, persönliche Reiseleiter werden wenig in Anspruch genommen.

In der Reihenfolge ihrer Häufigkeit hat Rodrian (2009, S. 134 ff.) folgende deutsche Touristentypen in Namibia herausgearbeitet:

- Sightseeing-Touristen (33 %) haben nur ein geringes Interesse am Kolonialerbe und weisen ihm folglich keinen hohen touristischen Stellenwert zu. Das Kolonialerbe wird als Nebenattraktion und historisches Relikt wahrgenommen. Positive und negative Aspekte der Kolonialzeit werden anerkannt, rufen aber keine Dissonanz hervor.
- Historisch motivierte Touristen (25 %) haben großes Interesse an der deutschen Kolonialvergangenheit Namibias. Für sie ist es eine Touristenattraktion und ein bedeutendes Reisemotiv. Sie sehen das Kolonialerbe als Relikt der Vergangenheit und erkennen die negativen Aspekte der Vergangenheit und der Gegenwert zumeist an. Es wird neutral und emotional distanziert betrachtet.
- Spontane Heritage-Touristen (16,5 %) sind sehr am Kolonialerbe interessiert, auch wenn es für sie kein ausschlaggebendes Reisemotiv darstellt. Sie nehmen das Kolonialerbe als dissonantes Phänomen wahr, da die Konfrontation damit eher spontan und häufig unvorbereitet geschieht. Trotz der negativen Wahrnehmung plädieren sie für die Erhaltung des Kolonialerbes, unter dem Vorbehalt, dass nicht nur die weiße Geschichte des Landes erzählt wird.

– Klassische Heritage-Touristen (13,5 % aller Befragten). Sie zeichnen sich durch einen bewussten und kritischen Umgang mit dem deutschen Kolonialerbe aus und bewerten es eher negativ. Sie messen dem Erbe, das bewusst in die Reiseplanungen einbezogen wird, einen hohen touristischen Stellenwert bei.
– Kritiker oder Anti-Heritage-Touristen (12 %) zeigen nur ein geringes Interesse am Kolonialerbe und sehen darin nur eine geringe Bedeutung als touristische Attraktion. Sie betrachten es sehr kritisch, lehnen deutsches Kolonialerbe in Namibia generell ab und verschließen sich der Thematik.

Die von Rodrian (2009, S. 167) interviewten Touristen in Namibia vereint die „Suche nach einer außergewöhnlichen und romantischen Erfahrung". Die meisten von ihnen befürworten eine Aussöhnung, Aufarbeitung und Aufklärung des deutschen Kolonialerbes. Ihr Blick darauf ist zumeist kritisch, jedoch solle es erhalten bleiben und sich nicht über die afrikanischen und unabhängigen Elemente Namibias stellen.

### 8.3.3 Die Rolle von Reisemittlern und Mediatoren

Das Image eines Reiseziels und die entsprechenden Einstellungen und Erwartungen von Touristen unterliegen einer Vielzahl von Einflussfaktoren. Neben allgemeinen, unspezifischen Informationen aus den Medien (online und offline) spielen für die direkte Reiseentscheidung eigene Erfahrungen und die Berichte von Verwandten und Bekannten die größte Rolle. Immer stärker wird auch das Internet (Social Media mit „virtuellen Freunden" und *Influencern*), während Reisemittler (Reisebüros oder -veranstalter) deutlich weniger Bedeutung haben. Das gilt auch für Reiseführer und journalistische Berichte (TV, Zeitungen) über Destinationen (vgl. FUR 2013).[6]

Um die Bedeutung des Kolonialerbes für Touristen in Namibia zu untersuchen, haben Rodrian (2009 und 2011) Reiseführer und Reiseleiter sowie Scheerer (2011) deutsche Reiseunternehmer befragt. Es ging darum herauszuarbeiten, welche Rolle diese Mittler und Mediatoren bei der Bildung von Images und Einstellungen deutscher Touristen einnehmen. Rodrian (2009, S. 38 f.) geht davon aus, dass Reiseführer und Reiseleiter vor Ort eine wichtige Rolle beim Filtern, Bündeln und Lenken der touristischen Wahrnehmung spielen. Er stellt allerdings fest, dass sich die beiden Mediatoren in ihrer Darstellung der Kolonialvergangenheit unterscheiden. Gedruckte Reiseführer zeichnen ein deutlich kritischeres und umfangreicheres Bild als die Guides vor Ort. Diese würden „ein einfacher zu konsumierendes und temporäres ‚Kolonialerbe light' produzieren" und auf die „Vermittlung eines gemeinsamen, friedlichen Images Namibias" abzielen (Rodrian 2011, S. 38). Die Guides gehen damit vermeintlich der Gefahr aus dem Weg, die romantischen Reisemotive zu konterkarieren und das Wohlbefin-

---

6 Vgl. Kapitel 2 zum Afrika-Image der Deutschen.

den der Touristen zu beeinträchtigen, indem innere Konflikte oder Schuldbewusstsein hervorgerufen werden (vgl. Salazar 2006, S. 834 ff.).

Scheerer (2011, S. 39) arbeitete heraus, dass Reiseunternehmer das deutsche Kolonialerbe in Namibia noch heute als präsenten und prägenden Faktor wahrnehmen, wenngleich sie es nur als touristische Nebenattraktion einschätzen. Sie bewerten das Kolonialerbe aus heutiger Sicht als positiv für das Land Namibia – ganz im Gegensatz zu den Touristen vor Ort, die das deutsche Kolonialerbe ambivalent und zum Teil als sehr negativ wahrnehmen. Das macht deutlich, wie unterschiedlich das Kolonialerbe von den Stakeholdern des Tourismus in Namibia betrachtet wird. Mit diesen verschiedenen Zuschreibungen im Rahmen des Tourismusmarketings umzugehen, stellt sich als eine große Herausforderung dar.

## 8.4 Tourismus und Kolonialerbe in Tansania

Analog zur Entwicklung in Namibia hat sich auch der Tourismus in Tansania erst im Zuge der deutschen Kolonialherrschaft langsam entwickelt und war zu Beginn ganz auf die Bedürfnisse des Beobachtens und Jagens exotischer Tiere ausgerichtet. Diese Entwicklung war seit den 1930er Jahren dann eng mit der Geschichte des Artenschutzes und der Ausweisung von Wildreservaten in Ostafrika verwoben. Seitdem entschieden immer Instanzen von außen (z. B. die UNESCO), welches die wertvollsten Natur- und auch Kulturerbestätten Tansanias seien. Auch wenn Fotosafaris die Jagd seit den 1950ern weitgehend ablösten, kamen die meisten Touristen nach wie vor nach Tansania, um die „Big Five" zu sehen (vgl. Salazar 2006, S. 839 f.).

Aufgrund der Fertigstellung des Flughafens in Daressalam 1962 und der Neugründung eines Nationalparks begann Anfang der 1960er die Startphase des modernen Tourismus in Tansania. Zudem wurde 1965 mit dem *Kilimanjaro Hotel* das erste Luxushotel Tansanias errichtet. Hieran schließt sich die sogenannte Boomphase von 1969 bis 1976 an, in der vor allem staatliche Großinvestitionen getätigt wurden. Ende der 1970er Jahre stagnierte der Tourismus schließlich (vgl. Scherrer 1988, S. 72 ff.). Tansania blieb immer im Schatten des infrastrukturell weitaus besser entwickelten Nachbarn Kenia. So kam auch der Hauptstrom der Besucher nur für einen Abstecher zum Kilimandscharo oder eine Safari aus Kenia, um anschließend wieder dort an der Küste zu entspannen (vgl. Meier 2008). Doch bis 2005 stieg die Anzahl der Touristen immerhin auf 590.000 und bis 2010 auf 754.000 (vgl. UNWTO 2018).

In jüngster Zeit ist die Zahl der internationalen Ankünfte in Tansania von 2013–2017 kontinuierlich von 1,1 auf 1,3 Mio. angewachsen. Damit rangiert das Land heute fast auf Augenhöhe mit Kenia auf dem 15. Rang innerhalb Afrikas. Mit mehr als 58.370 Ankünften (4,4 % Marktanteil) waren die Deutschen nach den US-Amerikanern und den Briten – abgesehen von den Nachbarstaaten Tansanias Kenia und Burundi – das drittgrößte Herkunftsland von Touristen (vgl. UNWTO 2018).

Einer Marktforschungsstudie zufolge konzentriert sich die touristische Nachfrage gegenwärtig auf die USA, Großbritannien, Italien, Deutschland und die Niederlande, wobei die italienischen Gäste hauptsächlich die Insel Sansibar besuchen. Der Marktanteil deutscher Gäste wird mit 4,7 % bestätigt. Wie in Namibia ist ein Altersschwerpunkt bei 45–64 Jahren auszumachen. Insgesamt gaben zwei Drittel der deutschen Gäste an, zum Urlaub nach Tansania zu reisen, und 56 % haben eine Pauschalreise unternommen (nach Sansibar: 71 %). Die Reiselänge betrug im Durchschnitt 12 Tage (bei Urlaubsreisenden 14 Tage). Als Hauptaktivität gaben 35 % aller Tansaniareisenden „Wildlife" an, 23 % „Beach", 7 % „Culture". Bei den Wildlife-Touristen ist der Pauschalreiseanteil mit 73 % mit Abstand am höchsten, gefolgt von „Mountain Climbing" mit 71 % und „Beach" mit 46 %. Kulturreisende hatten hingegen nur einen Pauschalreiseanteil von 33 % (vgl. MRNT 2018).

In Tansania stellt der Tourismus den wichtigsten Devisenbringer dar. Der absolute Beitrag zum BIP beträgt 4,7 Mrd. US-$. Zudem schafft der Tourismus ca. 1 Mio. Arbeitsplätze. Damit rangiert Tansania deutlich über dem Durchschnitt aller Staaten in Afrika südlich der Sahara und ist jeweils die Nummer drei hinter Südafrika und Kenia. Relativ betrachtet bewegt sich der Anteil des Tourismus am BIP nur leicht über dem Durchschnitt aller Staaten in der Region: Der Gesamtbeitrag des Tourismus zum BIP macht 9 % aus und der zur Beschäftigung 8 % (vgl. WTTC 2018b).

Wie in Namibia ist es auch in Tansania möglich, historische Orte der deutschen Kolonialzeit zu bereisen und sogar mit historischen Verkehrsmitteln in die Zeit Deutsch-Ostafrikas einzutauchen. Die Strecke der Central Railway entspricht der ehemaligen „Deutsche Mittelland-Eisenbahn" und auf dem Lake Tanganyika verkehrt noch immer die historische M.V. Liemba (ehemals „Graf von Götzen") (vgl. Eiletz-Kaube und Kaube 2017). Das deutsche Kolonialerbe in Tansania sowie dessen Überreste werden sogar vereinzelt von deutschen Reiseanbietern als Rundreisen angeboten, z. B. vom Veranstalter Afrika Intensiv (2019) als „Spurensuche Deutsch-Ostafrika". Unter anderem in Daressalam und in Bagamoyo (als ehemalige Hauptstädte von Deutsch-Ostafrika) existieren noch bauliche Relikte aus der deutschen Kolonialzeit. Neben dem dominanten Natur- bzw. Safari-Tourismus Tansanias (Kilimandscharo, Serengeti, Ngorongoro, Selous u. a.) spielt auch das Kulturerbe eine wichtige Rolle für den dortigen Tourismus, allem voran Sansibar mit seiner *Stone Town*, die seit 2000 UNESCO-Weltkulturerbe ist (vgl. UNESCO 2019a).

## 8.4.1 Angebotsseite

Das Kolonialerbe hat im Rahmen der touristischen Vermarktung Tansanias eine kaum wahrnehmbare Bedeutung. Im bis dato gültigen Tourismus-Masterplan des Landes von 2002 ist festgeschrieben, dass sich die zukünftige Entwicklung des Tourismus auf Kernbereiche bezieht, zu denen u. a. die historische Stadt Bagamoyo, als Teil einer

*Coastal Development Zone*, zählt. Ein Masterplan zur Restaurierung und Konservierung historischer Gebäude in Bagamoyo wurde bereits erstellt und mit ersten Baumaßnahmen begonnen (Pflasterung von Straßen, Restaurierung der Boma). Bagamoyo wird neben der historischen Bedeutung als Ort des Sklavenhandels sowie Anlaufpunkt für fremde Mächte und Abenteurer jedoch vor allem ein Potenzial als Strand-Destination zugeschrieben (vgl. The United Republic of Tanzania 2002).

Auf der zentralen Website des Tanzania Tourism Board (2019) finden sich unter den Stichworten „Cultural Tourism Destinations" oder „Historical Sites" zahlreiche Hinweise auf die deutsche Kolonialzeit, z. B. in Daressalam, Bagamoyo, Lushoto, Arusha und Iringa. Bagamoyo wird fälschlicherweise als „one of UNESCO's World Heritage Sites" angepriesen. Und das, obwohl die Stadt jahrelang den Sprung auf die Liste des UNESCO-Weltkulturerbes nicht geschafft hat. Seit 2006 steht Bagamoyo als Teil der zentralen Sklaven- und Elfenbein-Handelsroute Tansanias auf der vorläufigen Liste (*Tentative List*) (vgl. UNESCO 2019b).

Eine Integration der Kolonialerbestätten in Pauschalreiseangebote deutscher Reiseveranstalter ist, abgesehen vom Angebot von *Afrika Intensiv* (s. o.), kaum festzustellen. *Chamäleon Reisen* bietet eine „Usambara"-Reise an, bei der Lushoto, Bagamoyo und Pangani auf dem Programm stehen. Neben diesen Nischenangeboten steuern manche Veranstalter nach Recherchen des Autors noch Arusha als Ausgangspunkt für Safaris im Norden des Landes an.

Eine Analyse der Angebotssituation an verschiedenen Orten, gestützt durch Informationen aus einem aktuellen Reiseführer (Eiletz-Kaube und Kaube 2017) gibt einen Einblick in die gegenwärtigen Möglichkeiten, das Kolonialerbe Tansanias als Tourist zu erkunden (vgl. Tabelle 8.3).

Im Vergleich zu Namibia ist das Kolonialerbe in Tansania deutlich weniger präsent und ausgeprägt. Zudem kann die touristische Inwertsetzung als minimal bezeichnet werden. Nach den eigenen Beobachtungen und Interviews des Autors zu urteilen, ist das Potenzial des kolonialen Kulturerbes in Tansania als deutlich geringer einzuschätzen als in Namibia, aber bislang auch nur in kleinsten Ansätzen ausgeschöpft. Ähnlich wie für Namibia konstatiert ließen sich auch in Tansania – je nach Art und Weise der Dokumentation und Inszenierung – noch Zielgruppen ansprechen, für die das koloniale Kulturerbe ein beiläufiges Reisemotiv sein könnte.

Auch in Tansania sind es weitgehend öffentliche Gebäude mit infrastrukturellen Funktionen (Bahnhöfe, Postämter), die für Touristen zu besichtigen sind. Hinzu kommen Kirchen und militärische bzw. Verteidigungsanlagen (z. B. Boma). Der Stellenwert des kolonialen Kulturerbes ist aus der Sicht der Angebotsseite als sehr gering einzustufen. Zu stark sind die international bekannten Zugpferde des Tansania-Tourismus (Kilimandscharo, Serengeti, Sansibar) und zu schwach ist die gegenwärtige Aufbereitung der kolonialen Relikte. Eine besondere Ausrichtung der Kommunikation auf deutsche Touristen ist seitens des Tanzania Tourism Board nicht festzustellen.

**Tab. 8.3:** Orte mit Kolonialerbe in Tansania (Stichprobe) (Quelle: eigene Erhebungen und Eiletz-Kaube und Kaube 2017).

| Ort mit Kolonialerbe | Charakter | Erschließung/ Attraktionen | Dokumentation |
|---|---|---|---|
| Daressalam | 1892–1918 Hauptstadt der Kolonie Deutsch-Ostafrika; bis 1974 Hauptstadt der brit. Kolonie bzw. von Tansania; heute geistiges und wirtschaftliches Zentrum des Landes mit ca. 5,5 Mio. Einwohnern | Sehr gute Erreichbarkeit, internationaler Airport; Historische Bauten: Kirchen St. Joseph's Cathedral und Azania Front Lutheran Church, dt. Bahnhof (1905), dt. Post, City Hall, Missionskrankenhaus u. a. | National Museum of Tanzania (wenige Exponate, unzusammenhängend); keine Beschilderung bzw. Wegeführung; Stadtführungen |
| Bagamoyo | 1888 deutsches „Hauptquartier"; 1891–1892 erste Hauptstadt von Deutsch-Ostafrika; im 19. Jh. einer der bedeutendsten Umschlagplätze für den Sklavenhandel in Ostafrika; sehr verschlafenes, wenig attraktives ländliches Zentrum; heute ca. 50T Einwohner | Mit öffentlichen Bussen erreichbar (70 km von Daressalam); historische Bausubstanz weitgehend verfallen und kaum aufbereitet: Old Fort, Boma (vgl. Abb. 8.3), dt. Post, dt. Friedhof, div. verfallene Wohn- und Geschäftshäuser | Kein Museum, keine Dokumentation; wenig Beschilderung bzw. Wegeführung; lokale Guides |
| Lushoto | 1895–1918 begehrtes Siedlungsgebiet der Deutschen („Wilhelmstal"); angenehmes Klima, malariafrei (Sommerfrische); quirlige Provinzstadt; heute ca. 100T Einwohner | 33 km nördlich der Hauptstraße Tanga–Arusha; z. T. gut restaurierte historische Bausubstanz: Postamt (vgl. Abb. 8.4), Bezirksamt, Wohnhäuser, Kirchen u. a. | Kein Museum, keine Dokumentation; wenig Beschilderung bzw. Wegeführung; lokale Guides |
| Arusha | Seit 1886 errichtete die deutsche Kolonialregierung ein Fort und gründete 1900 die Garnisonsstadt; Landwirtschaft, v. a. Kaffeeanbau, wurde intensiviert; regionales Zentrum in Reichweite der wichtigsten Nationalparks; heute ca. 420T Einwohner | Zentrum im NW des Landes, nationaler Flughafen; wenig historische Gebäude: dt. Fort/Boma (frisch restauriert), einige Wohn-/Geschäftshäuser | Museum in der Boma mit vielen Exponaten zur Kolonialgeschichte; lokale Guides |

**Abb. 8.3:** Relikt deutscher Kolonialherrschaft: Die Boma in Bagamoyo (© Rainer Hartmann).

**Abb. 8.4:** Relikt deutscher Kolonialherrschaft: Das Postamt von Lushoto (© Rainer Hartmann).

## 8.4.2 Nachfrageseite

Entgegen der Quellenlage für Namibia liegen keine wissenschaftlichen Studien vor, die Aussagen zur Ambivalenz in der Wahrnehmung des kolonialen Kulturerbes durch Touristen in Tansania erlauben. Daraus ließe sich ableiten, dass dem kolonialen Kulturerbe in Tansania zumindest aus der Sicht des globalen Tourismus kein großer Wert als touristische Ressource beigemessen wird. Um zumindest annähernd vergleichbare Aussagen zu der Untersuchung in Namibia machen zu können, hat der Autor stichprobenartig sieben strukturierte Leitfadeninterviews mit deutschen Touristen in Tansania durchgeführt, deren Ergebnisse hier kurz dargestellt werden:

– Das Reisemotiv aller Befragten war „Urlaub", sie waren 2–3 Wochen im Land unterwegs und Individualreisende, die Teile der Reise durch Mittler organisiert hatten. Keiner hatte intensiven Kontakt zu Einheimischen (abgesehen von Dienstpersonal).

– Vier von sieben Touristen war vor der Planung der Reise nicht bekannt, dass Tansania eine deutsche Kolonie war.

– Außer einem erfahrenen Tansania-Reisenden ist den Befragten das deutsche Kolonialerbe nur sporadisch und zufällig begegnet. Der Besuch desselben hatte für sie keinen Stellenwert. Der Ausnahmeproband hatte auf seinen vorherigen 5–6 Reisen diverse Orte mit deutschem Kolonialerbe besucht, bedingt durch persönliche Kontakte zu deutschen Missionsstationen.

– Das Kolonialerbe wird von zwei männlichen Befragten als baulich und technisch interessant wahrgenommen. Die Deutschen hätten „etwas auf die Beine gestellt" und schließlich auch „die Sklaverei abgeschafft" (Interview 3). Eine Befragte verbindet mit der Kolonialzeit „sehr viel Negatives und Grausames" (Interview 1).

– Zur Frage der Bedeutung des Kolonialerbes schrieben vier von sieben Befragten der Kolonialzeit eher etwas Gutes zu: „positive Entwicklungsimpulse bezüglich der Infrastruktur" (Interview 1 und Interview 2). Eine Befragte blieb bei ihrer negativen Konnotation. Die deutsche Kolonialzeit sei „viel zu wenig im Bewusstsein der Menschen" (Interview 1), unter anderem weil es auch in der Schule nicht thematisiert werde.

– Keiner der Befragten störte sich am deutschen Kolonialerbe in Tansania und ebenfalls keiner empfand als Deutscher ein Schuldgefühl gegenüber der tansanischen Bevölkerung.

– Bezüglich der Erhaltung des (gebauten) Kolonialerbes gingen die Meinungen stark auseinander. Drei Befragte hielten es für erhaltenswert, um damit einen Teil der tansanischen Geschichte an authentischen Orten zu dokumentieren und Geschichte zu vermitteln. Für zwei Befragte war es nicht wichtig, aber trotzdem „schade, dass sich nicht darum gekümmert wird" (Interview 2).

– Das Potenzial für den Tourismus wurde von den Befragten als gering eingeschätzt. Das koloniale Kulturerbe sei zu wenig relevant im Vergleich zu den anderen Attraktionen Tansanias. An Orten, die gut an die größeren Touristenströme des Landes angebunden sind, gäbe es das Potenzial, die Kulturerbestätten in Form von Führungen oder als Teil von Studienreisen erlebbar zu machen, als eine „Reise in die Vergangenheit" (Interview 3) bzw. um „Geschichte hautnah" zu erleben (Interview 1).

– Soziodemografie: Das Geschlechterverhältnis war ausgeglichen (3w/4m), das Alter der Befragten lag gleichmäßig verteilt zwischen 31 und 53 Jahren. Die Bildungsabschlüsse reichten von der Realschule (1) über das Abitur/eine Ausbildung (2) bis zum Studium (4).

Verglichen mit den Touristentypen, die Rodrian (2009) am Beispiel von Namibia herausgearbeitet hat, sind in Tansania in der Hauptsache „Sightseeing-Touristen" anzutreffen. Ihr Interesse am deutschen Kolonialerbe ist sehr begrenzt und der Stellenwert desselben sehr gering. Es sind kaum Dissonanzen erkennbar und das Kolonialerbe wird – aufgrund seiner im Vergleich zu Namibia extrem geringen Ausprägung – eher als positiver Entwicklungsimpuls konnotiert.

Vereinzelt lassen sich Merkmale des „Spontanen Heritage-Touristen" erkennen, wenn einzelne Befragte stärker am Kolonialerbe interessiert sind, ohne dass es ein ausschlaggebendes Reisemotiv darstellen würde. Das Kolonialerbe wird von zumindest einer Person als dissonantes Phänomen wahrgenommen. Es solle aber trotzdem als ein wichtiger Eckpfeiler der Geschichte erhalten bleiben und erlebbar gemacht werden.

## 8.5 Fazit und Ausblick: Deutsches Kolonialerbe und Tourismus – Chancen und Herausforderungen

Im Zuge der Untersuchungen des Angebots und der Nachfrage des Tourismus in Namibia und Tansania konnte deutlich bestätigt werden, dass kolonialzeitliches Erbe durch Heterogenität und Dissonanz geprägt ist und entsprechende bauliche oder auch intangible Elemente schwierige oder sogar unerwünschte Objekte darstellen. Die Interviews mit Touristen in beiden Ländern haben bestätigt, dass koloniales Kulturerbe sowohl positiv-nostalgisch als auch negativ ablehnend betrachtet wird (vgl. auch Rodrian 2009).

Grill (2019, S. 251 ff.) geht davon aus, dass die Wunschbilder der Deutschen von der Kolonialzeit „zählebig" sind und Jahrzehnte überdauern. Die deutsche Kolonialzeit werde von ihnen bis heute im Allgemeinen verharmlost, wenn sie überhaupt im Bewusstsein der Menschen enthalten ist. „Unterdessen sind hundert Jahre seit dem Ende der Kolonialzeit vergangen, doch jenseits der kollektiven Amnesie sind die verharmlosenden Stereotype so verbreitet wie eh und je. Sie geistern durch Geschichtsbücher, Zeitungsberichte oder Fernsehfilme." (Grill 2019, S. 252 f.)[7] Aus Sicht der afrika-

---

7 Vgl. Kapitel 2 zum Afrika-Image.

nischen Bevölkerung sei die deutsche Kolonialzeit eine fundamentale Erschütterung oder gar ein „Höllensturz [...], der in Unterjochung, Vertreibung, Massenmord und der Zerstörung ihrer Lebensgrundlagen gipfelte." (Grill 2019, S. 253 f.)

Vor diesem Hintergrund ist eine touristische Inwertsetzung des deutschen Kolonialerbes in Namibia und Tansania kaum oder nur mit allerhöchster Sensibilität zu tolerieren. Sie stellt für die postkolonialen Gesellschaften eine besondere Herausforderung bzw. ein Dilemma dar, weil es immer an die historische Unterdrückung und Ausbeutung erinnert (vgl. Rodrian 2009, S. 91). Doch die Frage bleibt, ob es der Leitidee, eine postkoloniale unabhängige nationale Identität aufzubauen, vollkommen widerspricht?

Graham et al. (2000, S. 24) gehen davon aus, dass bei der Wirkung oder Interpretation jeden Kulturerbes auf unterschiedliche Menschen Dissonanzen entstehen. Bei touristischen Attraktionen treffen die Vorstellungen Fremder, die einen Ort oft nur oberflächlich wahrnehmen, mit denen der Einheimischen, die eine Kulturstätte ggf. noch aktiv nutzen oder als heiligen Ort verehren, aufeinander. Relikte der Kolonialzeit sind dementgegen für die Völker Afrikas in der Regel extrem negativ konnotiert und lösen bei Touristen aus Europa gemischte Gefühle aus. Um dieser Problematik vollständig aus dem Weg zu gehen, müsste man die kolonialen Relikte aus dem „Sichtfeld" der Besucher entfernen und die Vergangenheit verdrängen. Doch damit ist beiden Seiten nicht geholfen, denn die Verschmelzung von kolonialem Kulturerbe und der gegenwärtigen postkolonialen Kultur ist sehr vielfältig und z. B. im Stadtbild von Windhoek oder Lüderitz unverkennbar. Die Kolonialzeit wirkt nach und ist Bestandteil der neuen postkolonialen Nationen. Nicht zuletzt bestehen die zwischen den Kolonialmächten vereinbarten Grenzen bis heute.

Wie bereits einleitend beschrieben, verstanden auch die Eritreer das historische Asmara zunächst als Ausdruck der Ideen des kolonialen Italiens und interpretierten es erst später als Teil der eritreischen Identität und ein Bezugspunkt im Bemühen um Unabhängigkeit. Henderson (2004, S. 114) konstatiert, es sei ein Problem der touristischen Nutzung und der Interpretation von Kolonialerbestätten, sicherzustellen, dass die Gebäude der neuen, unabhängigen Nation zugeschrieben werden und nicht (mehr) den vormaligen Kolonialmächten. Der Anspruch auf Sorgfalt erhöhe sich, je deutlicher es um Gebäude geht, die frühere Repression und Gewaltherrschaft verkörpern.

Aber soll oder kann der Tourismus bei der Aufarbeitung der Vergangenheit einen sinnvollen und konstruktiven Beitrag leisten? In jedem Fall ist dabei „eine differenzierte, umfassende und abwägende Darstellung des kolonialen Heritage notwendig" (Rodrian 2009, S. 91). Und es müsse von allen Stakeholdern darauf geachtet werden, dass keine Verklärung oder Verharmlosung der brutalen Kolonialgeschichte stattfinde.

In welchem Maße ehemalige Kolonialbauten eine Dissonanz bei den Besuchern auslösen, hängt auch davon ab, welche Bedeutung diese während der Kolonialzeit hatten (Festungen, öffentliche und Verwaltungsgebäude, Geschäftshäuser, Kirchen,

Wohngebäude, Infrastruktur etc.) und wie sie heute genutzt werden. Das spielt auch für die symbolische Bedeutung der Gebäude aus Sicht der Einheimischen eine wichtige Rolle (vgl. Henderson 2004, S. 119 f.).

Missionierung und Kolonisierung haben den Menschen in Afrika nach dem Trauma der Sklaverei den letzten Rest ihres Selbstwertgefühls geraubt (vgl. Grill 2019). „Afrikaner und Afrikanerinnen verinnerlichten jene Unterlegenheit, die die Kolonialherren postulierten. Sie wirkt nach in ihren Heimatländern und in der afrikanischen Diaspora [...], überall, wo Nachfahren der Sklaven leben." (Grill 2019, S. 259) Bezogen auf den Tourismus, kann nur eine Thematisierung der Stärken afrikanischer Kulturen und des Unabhängigkeitskampfes gegen die Kolonialmächte helfen, diese Barrieren in den eigenen Köpfen zu überwinden. Nicht das, was die ursprüngliche Kultur zerstört hat, sondern das, was die heutige Kultur stark macht, muss dem interessierten Besucher vermittelt werden.

Die Beziehung zwischen der postkolonialen Welt des Tourismus (in Namibia und Tansania) und den Touristen aus den ehemaligen Kolonialmächten darf nicht durch Unterwürfigkeit und bedingungslose Wunscherfüllung geprägt sein, sondern durch die Kooperation gleichwertiger Partner in einem fortlaufenden Austausch über die Gestaltung des Tourismus vor Ort (vgl. Henderson 2004, S. 122).

Es darf demnach keine Verschonung der Touristen geben, um diesen das sonst verklärte, positive Bild von Namibia und Tansania nicht zu verderben. Gut vorbereitete und informierte Touristen erwarten eine kritische Auseinandersetzung mit der Kolonialzeit und andere, die bis dahin eine verklärte Vorstellung hatten, müssen mit den Realitäten konfrontiert werden. Wichtig erscheint hier, dass alle touristischen Stakeholder sich in einer konzertierten Vorgehensweise in die gleiche Richtung bewegen. Rodrian (2009) hat bereits differenziert, dass die deutsche Kolonialzeit in Namibia in Reisebüchern deutlich kritischer betrachtet wird, als örtliche Guides diese an die Touristen vermitteln. Scheerer (2011) zeichnet ein noch unkritischeres Bild, das deutsche Reiseveranstalter vermeintlich von der Kolonialzeit in Namibia haben. In Tansania ergaben die Interviews mit Touristen ein verklärteres Bild, als es in Namibia vorherrschte. Das könnte mit der sehr viel geringeren Präsenz des deutschen Kolonialerbes in den Stadtbildern zusammenhängen. Die südafrikanische Mandatszeit hat das deutsche Kolonialerbe in Namibia konserviert und auch nach einem Jahrhundert unmittelbar erlebbar gemacht.

Marschall (2004, S. 100) zufolge tendieren Kulturtouristen zu einer ganzheitlichen, politisch ausgewogenen, kontextualisierten Darstellung, die es ihnen ermöglicht, die komplexen Realitäten eines Landes zu verstehen, welche die Geschichte und die Menschen geprägt haben. Das betreffe auch Bauwerke und Kulturerbestätten, die mit den dunklen Seiten der Geschichte verbunden sind. Auch sie plädiert aufgrund der möglichen Dissonanzen bei der touristischen Inwertsetzung solcher Orte dafür, größte Sorgfalt walten zu lassen.

Ein nachhaltiger Lösungsansatz für ehemalige Kolonien bestünde darin, sich vom Versuch der weltweiten Homogenisierung des touristischen Angebots – im Sinne eines Kulturimperialismus – zu entziehen und sich auf ihre nationalen Identitäten (der postkolonialen Zeit) und den daraus resultierenden Angeboten für den Tourismus zu konzentrieren. Das würde die Chancen erhöhen, ein individuelles und damit authentisches Bild vom eigenen Land zu zeichnen und dieses zu vermarkten. Und das trotz des gegenläufigen Trends, dass sich Reiseziele weltweit an die „homogenizing corporate culture of tourism" (Salazar 2006, S. 834) anpassen. Dessen Ergebnis ist eine gleichförmige Vermarktung ganzer Weltregionen, z. B. vom südlichen und östlichen Afrika als romantische Savannenlandschaft mit wilden Tieren und Naturvölkern. Was als lokales Erbe gilt, wird zunehmend auf globaler Ebene definiert, unter anderem in Gestalt der UNESCO-Welterbe-Liste. Das Auflebenlassen lokaler oder regionaler Identitäten und Gegendiskurse über das Natur- und Kulturerbe wären geeignete Antworten (vgl. Salazar 2006, S. 834). Schwer zu sagen und schon gar nicht zu generalisieren bleibt, ob und wenn ja welche Rolle das koloniale Kulturerbe dabei spielen kann.

Konkreter Ansatzpunkt wäre als erster Schritt eine veränderte und von allen Seiten berücksichtigte Informationspolitik, die extrem sensibel und kritisch bei der Interpretation kolonialen Kulturerbes vorgeht. Voraussetzung für das Verständnis der Zeitläufte ist es, sowohl bei schriftlicher als auch mündlicher Darstellung immer die Perspektive der von der Kolonialisierung Betroffenen zu integrieren (vgl. Rodrian 2011, S. 38 f.). Das betrifft Print- und Online-Werbetexte von Reiseveranstaltern in Deutschland, das Briefing von Reiseleitern vor Ort, die Publikation von Reiseführern und auch die vollständige Dokumentation der Kolonialerbestätten durch Informationstafeln und ggf. Leitsysteme vor Ort.

Je deutlicher ein Ort mit dem Schrecken der kolonialen Gewaltherrschaft in Verbindung steht, desto notwendiger ist es ggf. Gegenpole (*Counter Discourses*) zu schaffen, z. B. durch die Präsentation afrikanischer bzw. postkolonialer Persönlichkeiten oder die Würdigung afrikanischer Opfer (vgl. Marschall 2004, S. 95 ff.). Grundsätzlich eignen sich alle Stätten für eine solche Interpretation. Bei der Auswahl geeigneter Orte für die Inwertsetzung durch den Tourismus muss jedoch sehr sensibel auf die Botschaft, die von den jeweiligen Orten ausgeht, geachtet werden. Bahnhöfe, Postämter und Kirchen sind ggf. leichter zu interpretieren als Orte des Schreckens (Gefängnisse, Galgenbäume, Festungen etc.). Aber letztendlich ist jedes Bauwerk aus der Kolonialzeit ein Symbol der Unterdrückung der afrikanischen Bevölkerung, da es in der Regel durch den Einsatz von Zwangsarbeitern erbaut wurde.

Der potenzielle Stellenwert des kolonialen Erbes für das Tourismusmarketing von Namibia und Tansania ist als verhältnismäßig gering einzuschätzen. Wie schon Rodrian (2009) für Namibia resümierte, ist eine stärkere Fokussierung auf dieses Thema in beiden Ländern nicht zu empfehlen. Trotzdem sollte das heute noch unmittelbar sichtbare Kolonialerbe – und das betrifft Namibia deutlich stärker als Tansania – konzertiert und mit einer sehr großen Sorgfalt dahingehend neu und unmissverständlich interpretiert werden, dass auf keiner Seite Zweifel darüber bleiben, welchen historischen Schaden der Kolonialismus in diesen afrikanischen Ländern angerichtet hat. Gleichzeitig muss der Blick auf die postkoloniale Zeit gerichtet sein und aus der Interpretation der historischen Orte eine neue Kraft und ein Selbstbewusstsein geschöpft werden, Gegenwart und Zukunft soweit es die globalen Rahmenbedingungen zulassen selbst in die Hände zu nehmen bzw. sich für die Änderungen dieser letztendlich durch den Kolonialismus geschaffenen Strukturen einzusetzen. Das kleine Ruanda hat beispielsweise 2018 einen mutigen Schritt nach vorne gewagt und sich durch die Einführung von Schutzzöllen für importierte Altkleider auf einen Handelskrieg mit den USA eingelassen. Es möchte die heimische Textilindustrie schützen und weiterentwickeln (vgl. Wallstreet online 2018).

„Hundert Jahre nach dem Ende des Alptraums ist es Zeit, den postkolonialen Diskurs des globalen Südens aufzunehmen und Antworten auf diese Fragen zu finden. Vielleicht können wir dann eines fernen Tages den ewigen Kolonialisten in uns überwinden [...]." (Grill 2019, S. 274)

## Literatur

Afrika Intensiv (2019). Spurensuche Deutsch-Ostafrika. Abgerufen am 18.06.2019 von https://afrika-intensiv.de/tours/spurensuche-deutsch-ostafrika/.

Bader, V. S. (2016). *Moderne in Afrika: Asmara – Die Konstruktion einer italienischen Kolonialstadt 1889–1941*. Gebr. Mann, Berlin.

Breitwieser, L. (2016). *Die Geschichte des Tourismus in Namibia. Eine heterotopische Topologie der Technik*. Basler Afrika Bibliographien (Basel Southern Africa studies, 10). Brandes und Apsel, Frankfurt a. M., Basel.

CIA (Central Intelligence Agency) (2019). The World Factbook. Abgerufen am 18.03.2019 von https://www.cia.gov/library/publications/the-world-factbook/rankorder/2172rank.html.

DUK (Deutsche UNESCO-Kommission) (2019). Asmara eine modernistische Stadt Afrikas. Abgerufen am 18.03.2019 von https://www.unesco.de/kultur-und-natur/welterbe/welterbe-weltweit/asmara-eine-modernistische-stadt-afrikas-neue.

DUK (2019). M'banza Kongo – Relikte der Hauptstadt des ehemaligen Königreichs Kongo. Abgerufen am 18.03.2019 von https://www.unesco.de/kultur-und-natur/welterbe/welterbe-weltweit/mbanza-kongo-relikte-der-hauptstadt-des-ehemaligen.

Eiletz-Kaube, D. und Kaube, K. (2017). *Tansania. Die Welt auf eigenen Wegen entdecken*. DuMont Reiseverlag, Ostfildern, 4. Aufl.

Emmerich, A. (2013). *Die Geschichte der Deutschen in Afrika. Von 1600 bis in die Gegenwart*. Ed. Fackelträger, Köln.

FUR (Forschungsgemeinschaft Urlaub und Reisen) (2013). Reiseanalyse 2013. Kiel.

Graham, B., Ashworth, G. und Tunbridge, J. (2000). *A Geography of Heritage. Power, Culture and Economy*. Arnold, London/New York.

Graichen, G., Gründer, H. und Diedrich, H. (2005). *Deutsche Kolonien. Traum und Trauma*. 4. Ullstein, Berlin.

Grill, B. (2019). *Wir Herrenmenschen. Unser rassistisches Erbe: Eine Reise in die deutsche Kolonialgeschichte*. Siedler, München.

Hartmann, R. (2018). *Marketing in Tourismus und Freizeit*. 2. UVK (UTB-Reihe), München.

Henderson, J. C. (2001). Built Heritage and Colonial Cities. *Annals of Tourism Research*, 29(1):254–257.

Henderson, J. C. (2004). Tourism and British colonial heritagein Malaysia and Singapore. In Hall, C. M. und Tucker, H., Hrsg., *Tourism and Postcolonialism*, S. 113–125. Routledge, London/New York.

Hofmann, M. (2013). *Deutsche Kolonialarchitektur und Siedlungen in Afrika*. Imhof, Petersberg.

Iwanowski, M. (2018). *Namibia*. Iwanowski's Reisebuchverlag, Dormagen, 30 Aufl.

Marschall, S. (2004). Commodifiying heritage: post-apartheid monuments and cultural tourism in South Africa. In Hall, C. M. und Tucker, H., Hrsg., *Tourism and Postcolonialism*, S. 95–112. Routledge, London/New York.

Meier, S. (2008). Tansania. Tourismus. Abgerufen am 27.02.2019 von http://www.the-gnu.net/tansania/tansania_eco-tour.shtml.

MNRT (Ministry of Natural Resources and Tourism) (2018). Tanzania Tourism Sector Survey 2017. International Visitor´s Exit Survey Report. Abgerufen am 27.02.2019 von https://www.nbs.go.tz/nbs/takwimu/trade/International_Visitors_Exit_Survey_2017.pdf.

Namibia Tourism Board (2019). Homepage. Abgerufen am 27.02.2019 von https://www.namibia-tourism.com/.

Prantl, D. (2004). Die touristische Inwertsetzung des deutschen Kolonialerbes dargestellt am Beispiel Namibia. Unveröffentlichte Diplomarbeit, zitiert in Rodrian 2009.

Quack, H.-D. und Steinecke, A., Hrsg. (2012). *Dark Tourism. Faszination des Schreckens*. Selbstverlag des Faches Geographie, Universität Paderborn, Paderborn. Paderborner Geographische Studien zu Tourismusforschung und Destinationsmanagement, Band 25.

Republic of Namibia, Ministry of Environment and Tourism (2018). Tourist Statistical Report 2017. Windhoek.

Republic of Namibia, Ministry of Environment and Tourism (2016). National Sustainable Tourism Growth and Investment Promotion Strategy 2016–2026, Executive Summary. Windhoek.

Rodrian, P. (2009). Das Erbe der deutschen Kolonialzeit in Namibia im Fokus des Tourist Gaze deutscher Touristen. Würzburger Geographische Arbeiten 102.

Rodrian, P. (2011). Heritage als Konstruktion touristischer Mediatoren: Die Darstellung des deutschen Kolonialerbes in Namibia durch Print-Reiseführer und Reiseleiter. *tw Zeitschrift für Tourismuswissenschaft*, 3(1):25–41.

Salazar, N. (2006). Touristifying Tanzania. Local Guides, global discourse. *Annals of Tourism Research*, 33(3):833–852.

Scheerer, L. (2011). Die Ambivalenz des deutschen Kolonialerbes in Namibia aus der Sicht deutscher Reiseunternehmer. Masterarbeit, Universität Bonn. Bachelorarbeit.

Scherrer, C. P. (1988). Tourismus und selbstbestimmte Entwicklung – ein Widerspruch. Das Fallbeispiel Tansania. Berlin.

Tanzania Tourism Board (2019). Homepage. Abgerufen am 18.02.2019 von https://www.tanzaniatourism.go.tz/.

The United Republic of Tanzania, Ministry of Natural Resources and Tourism (2002). Tourism Masterplan, Strategy und Actions. Final Summary Update. Daressalam.

Tunbridge, J. und Ashworth, G. (1996). Dissonant Heritage: The Management of the Past as a Resource in Conflict. Chichester.

UNESCO (2019a). United Republic of Tanzania. Abgerufen am 18.02.2019 von https://whc.unesco.org/en/statesparties/tz.

UNESCO (2019b). Tentative Lists. Abgerufen am 18.02.2019 von https://whc.unesco.org/en/tentativelists/2095/.

UNWTO (UN World Tourism Organization) (2018). *Yearbook of Tourism Statistics dataset [Electronic]*. UNWTO, Madrid.

Wallstreet online (2018). US-Handelskrieg mit Ruanda um Altkleider. Abgerufen am 02.05.2019 von https://www.wallstreet-online.de/nachricht/10589970-hat-s-trump-noetig-us-handelskrieg-ruanda-altkleider.

WTTC (World Travel & Tourism Council) (2018a). TRAVEL & TOURISM ECONOMIC IMPACT 2018 NAMI-BIA. Abgerufen am 28.02.2019 von https://www.wttc.org/-/media/files/reports/economic-impact-research/countries-2018/namibia2018.pdf.

WTTC (World Travel & Tourism Council) (2018b). TRAVEL & TOURISM ECONOMIC IMPACT 2018 Tan-zania. Abgerufen am 28.02.2019 von https://www.wttc.org/-/media/files/reports/economic-impact-research/countries-2018/tanzania2018.pdf.

Florian Carius

# 9 Der Beitrag des Tourismus zum Erreichen der UN-Nachhaltigkeitsziele – Erkenntnisse aus dem Nationalpark und UNESCO-Biosphärenreservat Jozani-Chwaka Bay in Sansibar, Tansania

**Zusammenfassung:** In Entwicklungsländern sind Anwohner von Schutzgebieten verhältnismäßig stark durch den Naturschutz benachteiligt. Schutzgebietsverwaltungen sind daher gefordert, Teilhabe zu ermöglichen, einen Nutzen zu stiften und Alternativen für den Lebensunterhalt aufzuzeigen. Diese Studie beschäftigt sich mit der Rolle von Naturtourismus in diesem Kontext. Einnahmen aus dem Nationalpark Jozani-Chwaka Bay in Sansibar werden hälftig zwischen staatlichen und zivilgesellschaftlichen Institutionen der Anwohner geteilt. Dies schafft eine Grundlage für erfolgreiches Schutzgebietsmanagement und sowohl individuelle als auch kollektive Vorteile für die Einwohner des umgebenden gleichnamigen UNESCO-Biosphärenreservats. Die Ergebnisse zeigen, dass die Strukturen und Prozesse als Good Governance gelten können. Die Einheimischen profitieren in verschiedener Weise materiell wie auch immateriell vom Schutzgebiet über direkte Beschäftigung, die Stärkung des gesellschaftlichen Zusammenhalts bis hin zu Ökosystemleistungen. Naturschutz trägt – vor allem durch die Verteilung der Besucher-Einnahmen – vielfältig zu allen 17 UN-Nachhaltigkeitszielen bei. Es wird deutlich, wie nachhaltiger Tourismus über die monetären Einnahmen hinaus Vorteile schafft und welche Bedeutung der Anwohner-Beteiligung und dem institutionellen Zusammenspiel der zentralen Akteure zukommt.

**Schlagwörter:** Tourismus-Einnahmen, Sustainable Development Goals (SDGs), Biosphärenreservat, Nationalpark, Partizipation, Tansania

## 9.1 Theoretische Einführung

Im Jahr 2015 hat die UN-Generalversammlung die *Agenda 2030 für nachhaltige Entwicklung* beschlossen (UN 2015), aus der sich 17 Nachhaltigkeitsziele (*Sustainable Development Goals*) mit 169 Zielvorgaben ableiten (vgl. Tab. 9.1). Der Tourismus ist in drei Zielvorgaben erwähnt (Ziele 8, 12 und 14), allerdings wird ihm das Potenzial zugetraut, direkt oder indirekt zu allen Zielen beizutragen (vgl. UNWTO 2015) – was durch diese Fallstudie belegt wird.

Sowohl Nationalparks als auch Biosphärenreservate können als touristische Destinationen fungieren. Nationalparks erhalten die ökologische Integrität großflächiger Naturräume mit ihren jeweiligen Charakteristika wie z. B. beeindruckende Land-

https://doi.org/10.1515/9783110626032-009

schaften oder besondere Tier- und Pflanzenarten, die Besucher anziehen und dadurch Naturschutz finanzieren. Biosphärenreservate gehen weit über den Gebietsschutz hinaus und beanspruchen, ganzheitliche Modellregionen für nachhaltige Entwicklung zu sein. Jedoch ergibt sich aus einer harmonischen Mensch-Umwelt-Beziehung nicht selbstverständlich eine touristische Attraktion (vgl. Job et al. 2017). Synergien zwischen beiden Konzepten lassen sich dort erwarten, wo Nationalparks Besucher in die Kernzone eines Biosphärenreservats ziehen. Die daraus resultierenden Vorteile können dann an die Einwohner verteilt werden.

Der Erhalt von Biodiversität kann langfristig nur gelingen, wenn die Akteure vor Ort vom Nutzen und seiner gerechten Verteilung überzeugt sind (vgl. Salum 2009). Effektive Schemata für die Verteilung von Besucher-Einnahmen aus Schutzgebieten sind daher essenziell, um die langfristige Unterstützung der Anwohner zu sichern (vgl. Spenceley et al. 2019).

Nachhaltige und inklusive Tourismusentwicklung erfordert folglich die Berücksichtigung der heterogenen Interessen der Einheimischen und ihre Beteiligung an Entscheidungsprozessen sowie ihre Vertretung in Steuerungsgremien (vgl. Baumgartner 2008). Partizipation zahlt sich aus: Beschlüsse basieren auf allem verfügbaren Wissen, sind demokratisch legitimiert und gesellschaftlich akzeptiert. Die Beteiligung trägt zu vernünftiger Zusammenarbeit bei, stärkt Partnerschaften, erhöht die Unterstützung durch die Akteure, bildet Vertrauen und Glaubwürdigkeit, fördert Gleichheit, Pluralismus und Good Governance. Sie ermöglicht Konfliktlösungen, baut Kapazitäten auf, fördert Eigenverantwortung, befähigt Bürger und marginalisierte Gruppen und macht damit das Management effektiver (vgl. Amer et al. 2015). Konstitutive Elemente von Good Governance sind Rechtsstaatlichkeit, die Einhaltung der Menschenrechte, Korruptionsvorbeugung, Demokratie, Kooperation, Transparenz, Rechenschaftspflicht, technische Kapazitäten und Einsatz, Effektivität, Effizienz und die Nachhaltigkeit von Ressourcen (vgl. Borrini-Feyerabend et al. 2013; UNWTO 2013).

Das Sekretariat des Übereinkommens über die biologische Vielfalt (CBD 2004) hat seine Vertragsstaaten angeregt, Besucher-Einnahmen anteilig in den Betrieb von Schutzgebieten zu investieren. Zahlreiche internationale Leitfäden für Naturtourismus empfehlen die Beteiligung von Anwohnern durch Anhörung bei Entscheidungsfindungen und die Vertretung in Steuergremien sowie den Zugang zu Vorteilen einschließlich der Verteilung monetärer Einnahmen (vgl. Amer et al. 2015, S. 35 ff. und 48 f.; Beyer 2014, S. 68; CBD 2004; Denman 2001; Gebhard et al. 2007; Leung et al. 2018, S. 73 ff.; Tapper 2007, S. 15, 39 f. und 75; UNEP und UNWTO 2005, S. 65; UNWTO 2013, S. 20). Jedoch fehlt meist die Anleitung, wie denn solche Verteilungsschemata gestaltet werden sollen – wobei es auf Details ankommt (vgl. Spenceley et al. 2019).

Dies unterstreicht den Bedarf, gute Praxisbeispiele zu analysieren, um Erfahrungen mit anderen Gebieten für eine mögliche Nachahmung zu teilen. Zudem gibt es wenig wissenschaftliche Evidenz, wie die verteilten Besucher-Einnahmen zu nachhaltiger Regionalentwicklung beitragen.

Im Folgenden werden die Governance-Strukturen und -prozesse der Verteilung von Besucher-Einnahmen analysiert, wie sie in einem Fallstudiengebiet mit einem Nationalpark als Kernzone eines größeren Biosphärenreservats gewachsen sind. Darüber hinaus wird untersucht, wofür die Einheimischen die Gelder ausgeben und inwiefern die Ergebnisse dieser Investitionen zu den 17 UN-Nachhaltigkeitszielen beitragen.

Erkenntnisse aus anderen Verteilungsprogrammen von Schutzgebietsverwaltungen sowie privaten Tourismusbetrieben in Afrika südlich der Sahara wurden von Spenceley et al. (2019) zusammengestellt. Vier Schlüsselkomponenten kennzeichnen erfolgreiche Verteilungsschemata: Schutzgebietsvertreter müssen deutlich die Vor- und Nachteile für Einheimische kommunizieren, Anreize sollten angemessen sein für die Höhe der Bedrohung der Biodiversität, Einheimische sollten bei der Umsetzung des Verteilungsschemas einbezogen werden und ausreichend fachliche und institutionelle Unterstützung muss gegeben sein.

## 9.2 Das Fallstudiengebiet

Der Nationalpark und das Biosphärenreservat *Jozani-Chwaka Bay* auf Sansibars Hauptinsel Unguja in Tansania wurden für die Fallstudie ausgewählt, da die beispielhafte Verteilung von Besucher-Einnahmen in ihren Grundzügen bekannt war (vgl. Amer et al. 2015, S. 49; Archabald 2000; Khatib 2000, S. 180). Der Nationalparkeingang liegt 35 km südöstlich von Sansibar-Stadt, ca. 1 km außerhalb des Dorfs Jozani (vgl. Abb. 9.1). Sansibars Touristenankünfte haben sich von 22.000 1985 auf mehr als 520.000 2018 gesteigert – hauptsächlich aus Italien, Deutschland und Großbritannien (vgl. Himmel 2016; OCGS 2019). Der Wald von Jozani ist das größte Urwald-Relikt Sansibars (vgl. DFNR/Zanzibar 2015) und Schlüsselgebiet für die Biodiversität der Küstenwälder Ostafrikas (vgl. CEPF 2005), einem von 36 Biodiversitäts-Hotspots von globaler Bedeutung (vgl. Conservation International 2019).

Der Wald von Jozani wurde von den Dorfbewohnern 1920 an einen indischen Investor verkauft und 1948 von der britischen Kolonialverwaltung erworben, die dort 1960 ein Waldschutzgebiet errichtete (vgl. Finnie 2003). In den 1980er Jahren wurde das Naturschutzgebiet *Jozani-Chwaka Bay* ausgewiesen (vgl. DFNR/Zanzibar 2015) und 1997 auf die Vorschlagsliste zum Welterbe Tansanias gesetzt (vgl. UNESCO WHC 1997). Ein großes Naturschutz- und Entwicklungsprojekt führte 2004 zur Ausweisung von Sansibars bislang einzigem Nationalpark mit einer Fläche von 5.000 ha (vgl. DFNR/Zanzibar 2015). 2016 wurde das Biosphärenreservat *Jozani-Chwaka Bay* mit einer Fläche von 21.274 ha durch die UNESCO anerkannt (vgl. UNESCO MAB ICC 2016).

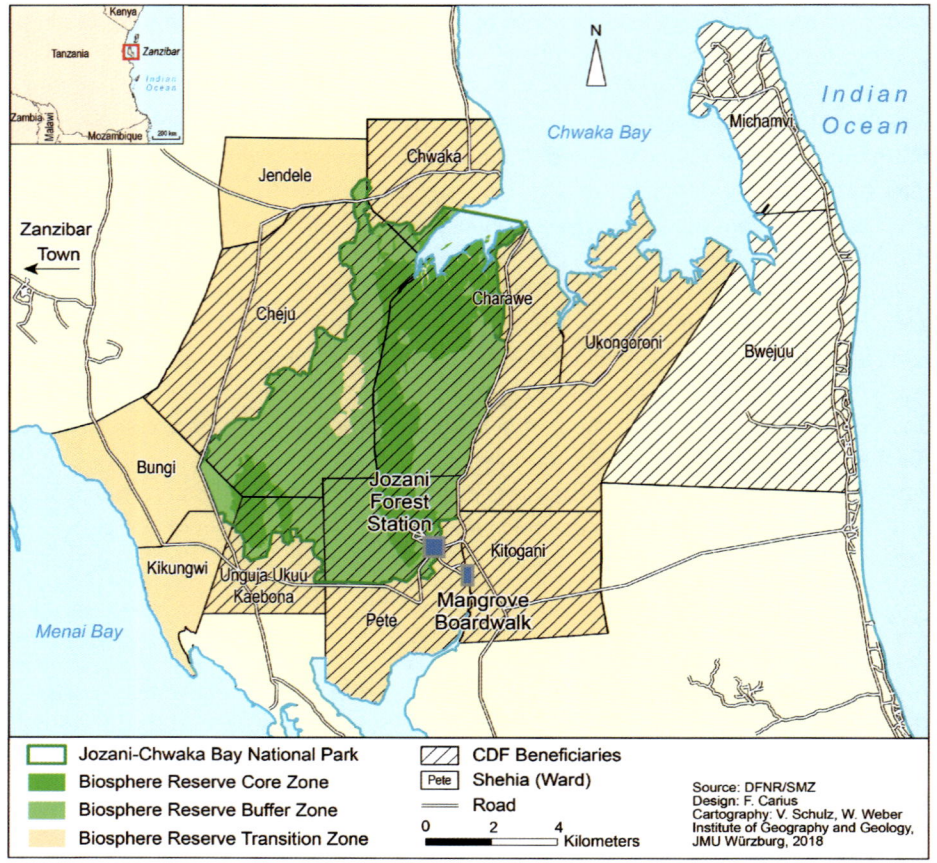

**Abb. 9.1:** Karte des Nationalparks und Biosphärenreservats Jozani-Chwaka Bay, aus der die CDF-Begünstigten sowie die beiden Hauptattraktionen hervorgehen: Der Wald von Jozani sowie der Mangrovensteg bei Pete (Quelle: Carius und Job 2019).

Seine 16.500 Einwohner verteilen sich auf zehn Gemeinden (mit jeweils ein bis zwei Dörfern), die den Nationalpark umgeben.

Tourismus begann in den 1990er Jahren – hauptsächlich durch die Gelegenheit angekurbelt, die endemischen Sansibar-Stummelaffen (*Piliocolobus kirkii*) zu beobachten (vgl. Abb. 9.2). Sie sind die Hauptattraktion im Wald von Jozani, Sansibars führender Ökotourismus-Destination (vgl. DFNR/Zanzibar 2015). Der Mangel an Großsäugern macht diesen Nationalpark weniger attraktiv im Vergleich zu den Naturtourismus-Destinationen von Weltrang in der ostafrikanischen Savanne (Serengeti etc.), aber durchaus vergleichbar mit vielen anderen Waldschutzgebieten in Afrika.

**Abb. 9.2:** Sansibar-Stummelaffe (© Florian Carius).

## 9.3 Methodik

Folgende Fragestellungen wurden im Fallstudiengebiet untersucht: (1) Durch welche Governance-Strukturen und -prozesse werden Besucher-Einnahmen des National-parks Jozani-Chwaka Bay mit den Einwohnern des umgebenden Biosphärenreservats geteilt? (2) Wofür investieren die Einheimischen das Geld? (3) Inwiefern tragen die-se Investitionen zum Erreichen der UN-Nachhaltigkeitsziele bei? Um die Fragen zu beantworten, wurden in allen Gemeinden, die derzeit von Besucher-Einnahmen pro-fitieren, 13 semistrukturierte Interviews persönlich mit Schlüsselinformanten von Regierungsstellen, gemeindebasierten zivilgesellschaftlichen Organisationen und Gremien der kommunalen Selbstverwaltungen durchgeführt. Innerhalb dieser Insti-tutionen wurden Repräsentanten auf Basis ihres Involvierungsgrades in die Gelder-verteilung und ihrer exekutiven Funktion ausgewählt. Zu den Interviewten gehör-ten der Direktor des Biosphärenreservats (Leiter der terrestrischen Schutzgebiete in Sansibars Forstamt DFNR), der Direktor des Nationalparks (Leiter der Schutzge-bietsverwaltung vor Ort), der Direktor der *Jozani Environmental Conservation Asso-ciation* (JECA), der Geschäftsführer des örtlichen Kleinbauern-Verbands (UWEMAJO) sowie die Sekretäre von neun kommunalen Naturschutzkomitees. Die ersten vier Informanten wurden auf Englisch interviewt, die übrigen Interviews wurden von

Suaheli ins Englische übersetzt. Die Interviews dauerten im Durchschnitt jeweils zwei Stunden.

Teilnehmende Beobachtung bei Vor-Ort-Begehungen, informelle Diskussionen mit verschiedenen Akteuren und die fotografische Dokumentation im Fallstudiengebiet ergänzten die Interviews, um die Ergebnisse zu triangulieren. Die dokumentierten Informationen wurden einer qualitative Inhaltsanalyse unterzogen[1] (vgl. Carius und Job 2019).

## 9.4 Die Genese und Verteilung von Besucher-Einnahmen

Die Station am Wald von Jozani ist derzeit der einzig entwickelte Besuchereingang zum Nationalpark. Besucher werden täglich von 7:30 bis 17:00 Uhr am Besucherzentrum empfangen, in dem jeweils staatlich und zivilgesellschaftlich Angestellte Dienst haben. Auswärtige zahlen mittlerweile für den Eintritt 25.000 tansanische Schilling bzw. 12 US-$, während Tansanier zum halben Preis Zutritt erlangen; Kinder jeweils um die Hälfte ermäßigt. Die Eintrittsgelder wurden von der Regierung in den frühen 1990er Jahren eingeführt. Deren Zahlung ermöglicht Besuchern den Zutritt zum Wald von Jozani als zentralem Teil des Nationalparks sowie zum Mangroven-Steg der Gemeinde von Pete unweit außerhalb des Nationalparks, doch innerhalb des Biosphärenreservats (vgl. Abb. 9.1). Alles in Begleitung eines im Preis inkludierten Gästeführers.

Alle Begünstigten treffen sich halbjährlich, um die Buchhaltung der Einnahmen abzunehmen. Dabei hat keine Partei jemals versickertes Geld bemerkt. Während des Haushaltsjahres von Juli 2017 bis Juni 2018 wurden 59.206 Besucher im Nationalpark gezählt, die 1.019.927.230 tansanische Schilling (äquivalent zu 447.111 US-$) Eintritt zahlten. Besucherzahlen und damit Einnahmen sind über die letzten drei Jahre signifikant angestiegen (vgl. Abb. 9.3). Die Nationalparkverwaltung betreibt kein Marketing, daher erklären sich die gestiegenen Besucherzahlen durch die flächendeckende Darstellung in Reiseführern und auf Online-Plattformen für Reisende (TripAdvisor etc.), auf denen der Nationalparkbesuch sehr gut bewertet wird.

Von der Einführung in den frühen 1990er Jahren bis 1997 gingen alle Besucher-Einnahmen direkt an das Finanzministerium Sansibars (vgl. Makame und Boon 2008). 1996 ermunterte ein Gesetz die Aufteilung der Einnahmen, 1997 wurde sie von den Anwohner-Gemeinden gefordert und von der Regierung bis 2001 umgesetzt (vgl. Jambiya et al. 2004). Eine Situationsanalyse aus den frühen Jahren des Nationalparks (Jumah et al. o. J.) identifizierte Bauern als vom Naturschutz meist-benachteiligte

---

[1] Für die Feldforschung wurde durch das Zanzibar Research Committee eine Genehmigung erteilt. Die Datenerhebung fand im August 2016 statt. Die angewendeten Methoden können ein mögliches Bias bezüglich der Informationsquellen, der Informationsvermittler und des Interviewers/Auswerters nicht ausschließen.

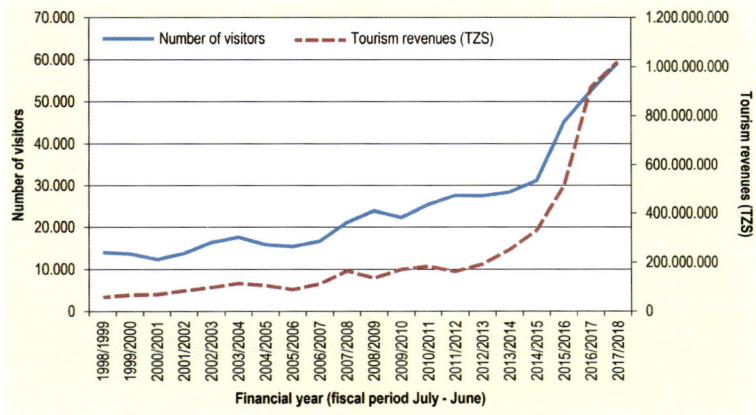

**Abb. 9.3:** Besucheranzahl und Einnahmen in tansanischen Schilling (TZS) für den Nationalpark Jozani-Chwaka Bay über die vergangenen 20 Jahre (Quelle: Carius und Job 2019, S. 835).

Gruppe und folglich wurde deren Anteil erhöht. Nach einigen Anpassungen über die Jahre verbleiben seit 2009 50 % der Einnahmen bei der Regierung (32 % für die Nationalparkverwaltung und 18 % für DFNR), während die übrigen 50 % an zivilgesellschaftliche Organisationen verteilt werden (30 % für die Kleinbauern, 4 % für den örtlichen Umweltschutzverein, 8 % für den Gemeinde-Entwicklungsfonds [Community Development Fund, CDF] und 8 % für das kommunale Naturschutzkomitee von Pete für den Mangrovensteg) (vgl. Abb. 9.4).

In einer öffentlichen Verteilungszeremonie werden die Ergebnisse der Einnahmen-Sammlung alle sechs Monate durch den zuständigen Minister Sansibars offiziell verkündet und Schecks an die Empfänger ausgehändigt. Teilnehmende Journalisten berichten über die Neuigkeiten. Alle Begünstigten treffen sich außerdem monatlich

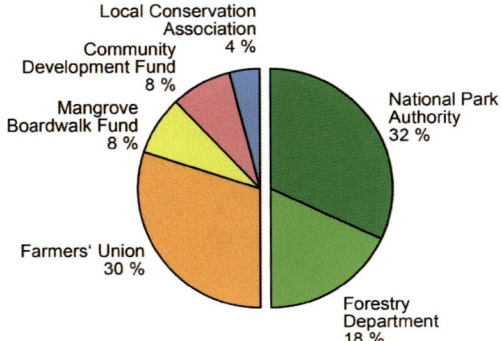

**Abb. 9.4:** Aufteilung der Besucher-Einnahmen aus dem Nationalpark Jozani-Chwaka Bay (Quelle: Carius und Job 2019, S. 836).

zu Sitzungen des Nationalpark-Beirats, auf denen alle teilnehmenden Parteien über relevante Maßnahmen berichten.

Die Nationalparkverwaltung ist eine staatliche Einrichtung unter dem Dach des DFNR, deren Mitarbeiter zu mehr als 90 % aus den Gemeinden im Biosphärenreservat rekrutiert wurden. Die 32 % der Besucher-Einnahmen, welche die Nationalparkverwaltung einbehält, werden für das Schutzgebietsmanagement entsprechend des Managementplans (vgl. Finnie 2003) sowie der jährlichen Arbeitspläne ausgegeben. DFNR ist eine nachgeordnete Behörde von Sansibars Ministerium für Landwirtschaft, natürliche Ressourcen, Vieh und Fischerei mit 736 Mitarbeitern. Die 18 % der Besucher-Einnahmen, welche beim DFNR verbleiben, werden für Reisekosten, Spesen für Veranstaltungen im Nationalpark, die Ausstattung der Naturschutz-Abteilung und Waldbrandbekämpfung eingesetzt.

Rund 100 Kleinbauern um den Nationalpark sind Mitglied im Verband *Umoja wa Wenye Mashamba Jozani* (UWEMAJO). Die Mitgliedschaft basiert auf der Lage der Flurstücke in fünf Gemeinden. Auf der halbjährlichen Generalversammlung werden bisherige und neue Investitionen der 30 % Besucher-Einnahmen diskutiert und beschlossen. 20 % davon werden als Mitgliedsbeitrag einbehalten zur Deckung operativer Kosten und für die Schaffung von Lebensunterhalts-Alternativen (z. B. Schildkröten-Gehege, Gästeführungen und Treibhäuser). Die verbliebenen 80 % werden auf Basis der Flurstück-Größe bar an die Mitglieder ausgezahlt, als pauschale Kompensation für Wild-Fraßschäden an der Ernte.

Die einzelnen Bürger von neun Gemeinden um den Nationalpark sind konstitutionelle Mitglieder von JECA, repräsentiert durch ihr Naturschutzkomitee.[2] Die 4 % der Besucher-Einnahmen für JECA decken die operativen Kosten des Vereins ab. Sein Leitungskomitee entscheidet über die Verwendung und berichtet vierteljährlich an sein Exekutivkomitee. JECA betreibt zudem einen Souvenir-Laden am Nationalparkeingang mit Artikeln aus lokalen Manufakturen.

8 % der Besucher-Einnahmen fließen in den Gemeinde-Entwicklungsfonds (CDF) und werden von JECA an neun Gemeinden verteilt (vgl. Abb. 9.4), wobei 10 % davon bei JECA zur Deckung von Gemeinkosten für das Controlling der Investitionsprojekte und Schulungsmaßnahmen für die Naturschutzkomitee-Mitglieder verbleiben. Die Naturschutzkomitees berichten an JECA über die Mittelverwendung und JECA legt dem DFNR Rechenschaft ab. Auf der Jahreshauptversammlung berichtet JECA seinen Mitgliedern über den Bezug und die Verwendung von Besucher-Einnahmen. Die Fonds-Mittel werden den Naturschutzkomitees bereitgestellt, sobald deren Projektantrag durch JECA bewilligt wurde. Bis zu 40 % der Mittel werden für Naturschutz eingesetzt, mindestens 60 % für Entwicklung.

---

2 In Abstimmung mit dem DFNR wurden in allen Gemeinden um den Nationalpark Naturschutzkomitees durch eine Satzung konstituiert. Die je 25 bis 38 Mitglieder werden für mehrere Jahre von der Gemeindeversammlung durch alle Bürger gewählt.

Nur sieben der neun vom Entwicklungsfonds profitierenden Gemeinden sind Teil des Biosphärenreservats. Michamvi und Bwejuu beziehen aufgrund ihrer entsprechenden Relevanz für den Erhalt dieses Ökosystems Entwicklungsfonds-Mittel als Anrainer der Bucht von Chwaka. Im Gegensatz dazu sind die westlichen Gemeinden Bungi, Kikungwi und Jendele Teil des Biosphärenreservats, aber bisher vom CDF ausgeschlossen (vgl. Abb. 9.1). Diese konzeptionellen Ungereimtheiten in den räumlichen Zuschnitten von Biosphärenreservat, CDF-Begünstigten und dem Einflussbereich von UWEMAJO und JECA lassen sich nur durch die historische Entwicklung verstehen.

Das Naturschutzkomitee und das Entwicklungskomitee der jeweiligen Gemeinde entscheiden gemeinsam über die Investition der Besucher-Einnahmen in Abstimmung mit dem Bürgermeister. Einige Maßnahmen wurden über mehrere Finanzierungsperioden gefördert. Zudem werden CDF-Investitionen manchmal von Regierungsinvestitionen ergänzt und umgekehrt. Eine Delegation der beiden Komitees überwacht den Umsetzungsfortschritt. Nach Abschluss der Maßnahme berichtet der Bürgermeister an JECA. Die Gemeindeversammlung wird ebenfalls informiert und kann Projektvorschläge für künftige Investitionen einbringen. Arme, Frauen sowie Junge und Alte profitieren am meisten von den CDF-Investitionen innerhalb der Gemeinden.

Bisher gibt es nur in den drei Gemeinden mit Strandzugang Touristenunterkünfte, während in anderen Gemeinden teils Unterkünfte in Planung sind. Abgesehen davon findet in den Dörfern keine Tourismusentwicklung statt, obwohl kleinere Touristenattraktionen (z. B. Tropfsteinhöhlen) in der unmittelbaren Umgebung zu finden sind. Nach ihrer eigenen Einschätzung sind die Besucher-Einnahmen aus dem Nationalpark der einzige Weg, wie die Bewohner des Biosphärenreservats vom Tourismus profitieren.

Die Gemeinde Pete erhält seit 1996 einen Teil der Einnahmen zum Unterhalt des Mangrovenstegs, mittlerweile 8 %. Diese werden zwischen Naturschutz- und Entwicklungskomitee aufgeteilt, über die variierenden Anteile entscheiden der Bürgermeister und der Ältestenrat der Gemeinde mit.

## 9.5 Beiträge zu den UN-Nachhaltigkeitszielen

Die großzügige paritätische Aufteilung der Besucher-Einnahmen zwischen den staatlichen und zivilgesellschaftlichen Organisationen scheint beispiellos in Afrika zu sein. Der folgende Überblick zeigt auf, wie die Bemühungen um Naturschutz und Entwicklung im Biosphärenreservat *Jozani-Chwaka Bay* nach Abgleich der 169 Zielvorgaben zu allen 17 UN-Nachhaltigkeitszielen beitragen (vgl. UN 2015). Voraussetzung dafür ist die Good Governance im Naturtourismus, indem die verteilten Besucher-Einnahmen Investitionen und höhere Akzeptanz von Naturschutzmaßnahmen und damit langfristige Wirkungen ermöglichen (vgl. Tab. 9.1).

**Tab. 9.1:** Ausgewählte tourismusinduzierte Beiträge durch Naturschutz und Entwicklung im Biosphärenreservat Jozani-Chwaka Bay zu den UN-Nachhaltigkeitszielen (Quelle: eigene Erhebungen).

| UN-Nachhaltigkeitsziel | Tourismusinduzierte Beiträge durch Naturschutz und Entwicklung |
|---|---|
| 1) Armut in allen ihren Formen und überall beenden. | Lokale zivilgesellschaftliche Organisationen haben Spar- und Kreditprogramme aufgelegt. |
| 2) Den Hunger beenden, Ernährungssicherheit und eine bessere Ernährung erreichen und eine nachhaltige Landwirtschaft fördern. | Der Wald ist ein Wildtier-Refugium, wodurch Mensch-Wildtier- Konflikte auf landwirtschaftlichen Flächen gemindert werden: Landwirte werden für Fraßschäden von Wildtieren kompensiert. |
| 3) Ein gesundes Leben für alle Menschen jeden Alters gewährleisten und ihr Wohlergehen fördern. | Der Gemeinde-Entwicklungsfonds ermöglicht Investitionen in Krankenhaus-Infrastruktur und die Beschaffung von Medizin, wodurch gängigen Krankheiten und Epidemien vorgebeugt wird. |
| 4) Inklusive, gleichberechtigte und hochwertige Bildung gewährleisten und Möglichkeiten lebenslangen Lernens für alle fördern. | Der Gemeinde-Entwicklungsfonds ermöglicht Investitionen in die Infrastruktur, den Betrieb und die Ausstattung von Kindergärten, Grund- und weiterführenden Schulen, deckt Lehrergehälter und Schuluniformen ab. |
| 5) Geschlechtergleichstellung erreichen und alle Frauen und Mädchen zur Selbstbestimmung befähigen. | Frauen sind in nennenswertem Umfang in kommunalen Naturschutzkomitees und Nationalpark-Jobs repräsentiert. |
| 6) Verfügbarkeit und nachhaltige Bewirtschaftung von Wasser und Sanitärversorgung für alle gewährleisten. | Der Gemeinde-Entwicklungsfonds verbessert die Wasserversorgung, sanitäre Anlagen und Bewässerungssysteme. |
| 7) Zugang zu bezahlbarer, verlässlicher, nachhaltiger und zeitgemäßer Energie für alle sichern. | Der Gemeinde-Entwicklungsfonds finanziert ländliche Elektrifizierung durch den Bau von Stromleitungen. |
| 8) Dauerhaftes, inklusives und nachhaltiges Wirtschaftswachstum, produktive Vollbeschäftigung und menschenwürdige Arbeit für alle fördern. | Der Nationalpark *Jozani-Chwaka Bay* bietet direkte Beschäftigung sowie Geschäftsmöglichkeiten, wodurch der Lebensstandard gehoben wird. |
| 9) Eine belastbare Infrastruktur aufbauen, inklusive und nachhaltige Industrialisierung fördern und Innovationen unterstützen. | Der Gemeinde-Entwicklungsfonds hat ein Computer-Zentrum ausgestattet. |
| 10) Ungleichheit innerhalb von und zwischen Staaten verringern. | Auswärtige Besucher des Nationalparks Jozani-Chwaka Bay sorgen für den Fluss von Finanzkapital von Industrie- in Entwicklungsländer. |
| 11) Städte und Siedlungen inklusiv, sicher, widerstandsfähig und nachhaltig machen. | Der Gemeinde-Entwicklungsfonds investiert in den Betrieb von Straßen und Transportfahrzeugen, wodurch die Sicherheit im Straßenverkehr erhöht wird. |

**Tab. 9.1:** (Fortsetzung)

| UN-Nachhaltigkeitsziel | Tourismusinduzierte Beiträge durch Naturschutz und Entwicklung |
|---|---|
| 12) Für nachhaltige Konsum- und Produktionsmuster sorgen. | Das Besucher-Informationszentrum veranschaulicht den ökologischen Fußabdruck des Tourismus und regt zu nachhaltigem Konsumverhalten an. |
| 13) Umgehend Maßnahmen zur Bekämpfung des Klimawandels und seiner Auswirkungen ergreifen. | Der Gemeinde-Entwicklungsfonds trägt zu Klimaschutz (Wiederaufforstung von terrestrischen Wäldern und Mangroven als $CO_2$-Speicher) und Klimawandel-Anpassung (Pflanzung von Alleen entlang der Straßen, wodurch die Aufheizung des Asphalts minimiert wird) bei. |
| 14) Ozeane, Meere und Meeresressourcen im Sinne einer nachhaltigen Entwicklung erhalten und nachhaltig nutzen. | Fischerei ist im Nationalpark-Teil der Bucht von Chwaka verboten, wodurch die Fischbestände dieses Meeresökosystems sich erholen. |
| 15) Landökosysteme schützen, wiederherstellen und ihre nachhaltige Nutzung fördern, Wälder nachhaltig bewirtschaften, Wüstenbildung bekämpfen, Bodenverschlechterung stoppen und umkehren und den Biodiversitätsverlust stoppen. | Der Gemeinde-Entwicklungsfonds finanziert die Wiederaufforstung und Patrouillen der Naturschutzkomitees in den Gemeinde-Forsten, um u. a. gegen illegalen Holzeinschlag vorzugehen. |
| 16) Friedliche und inklusive Gesellschaften im Sinne einer nachhaltigen Entwicklung fördern, allen Menschen Zugang zur Justiz ermöglichen und effektive, rechenschaftspflichtige und inklusive Institutionen auf allen Ebenen aufbauen. | Der Aufbau von zivilgesellschaftlichen und staatlichen Institutionen fördert konstruktive Zusammenarbeit und Good Governance. |
| 17) Umsetzungsmittel stärken und die globale Partnerschaft für nachhaltige Entwicklung wiederbeleben. | Der Nationalpark-Beirat ist ein wichtiges Forum zur Abstimmung von Maßnahmen zwischen Vertretern von Staat und Zivilgesellschaft. |

Das Potenzial des Tourismus, zu allen UN-Nachhaltigkeitszielen beizutragen, konnte belegt werden. Geld kann jegliche Entwicklung finanzieren und es ist daher nicht verwunderlich, dass Tourismus durch die Verteilung der Besucher-Einnahmen zu allen 17 Zielen beitragen kann. Jedoch ist es bemerkenswert, dass es in diesem einen Fall zivilgesellschaftlichen und staatlichen Akteuren vor Ort gelungen ist, gemeinsam zum Erreichen der Ziele beizutragen ohne sie überhaupt zu kennen. Die Fähigkeit der lokalen Akteure, zu den Nachhaltigkeitszielen beizutragen, sollte daher nicht unterschätzt werden. Zudem wurde gezeigt, dass die Nachhaltigkeitsziele – als in einem breit angelegten globalen Beteiligungsprozess erarbeiteter internationaler Standard – tatsächlich die Entwicklungsprioritäten auf kommunaler Ebene treffen und insbesondere in einem Schutzgebiets-Kontext relevant sind (vgl. Job et al. 2017).

## 9.6 Schlussfolgerungen

Die Verteilung von Besucher-Einnahmen im Nationalpark und Biosphärenreservat *Jozani-Chwaka Bay* lässt einige Schlussfolgerungen bezüglich der Theorie und Praxis von nachhaltiger Regionalentwicklung in einem Schutzgebiets-Kontext zu. Das Modell ist aufgrund folgender Faktoren erfolgreich:

1. Es gibt wenig Personalfluktuation (teils durch den Inselcharakter und die politische Teilautonomie Sansibars). Job-Rotation innerhalb der Verwaltung ermöglicht zwar wechselnde Aufgaben, aber mit Bezug zum selben Thema. Good Governance-Strukturen und -Prozesse beugen Korruption vor.

2. Über 90 % der Nationalpark-Mitarbeiter wurden aus den Gemeinden im Biosphärenreservat rekrutiert. Dies verwässert die übliche Dichotomie Regierung vs. Gemeinde, hat vorige Konflikte überwunden und den Boden für gemeinsame Bestrebungen bereitet.

3. Die Beteiligung der Einwohner in Governance und Management kostet Zeit, aber zahlt sich aus. Partizipation kann wichtiger sein als die tatsächliche Höhe der geteilten Tourismus-Einnahmen.

4. Auf Grundlage einer Situationsanalyse seitens der Verwaltung wurde das Verteilungsschema für die Besucher-Einnahmen konzipiert, die Begünstigte identifizierte und deren Anteil kalkulierte. Diese wissenschaftliche Studie war transparent und von den lokalen Akteuren akzeptiert, was die Anfälligkeit für Neid reduzierte.

5. Die Besucher-Einnahmen werden unter Institutionen verteilt, deren Mandat über Geldverteilung hinausgeht. Sie sind legitimiert zu und widmen sich mehreren Zwecken, was ihre institutionelle Nachhaltigkeit erhöht.

6. Die Verteilung von Besucher-Einnahmen befähigt die Gemeinden vor Ort, gemäß ihren Prioritäten zu investieren. Keine Regierungsstelle nimmt Einfluss auf die Investitionsbeschlüsse der zivilgesellschaftlichen Institutionen.

7. Unabhängige Investitionen erhöhen die Eigenverantwortung für die erzielten Ergebnisse. Investitionen der Gemeinden orientieren sich am Nachhaltigkeitsprinzip und ergänzen größere Regierungsinvestitionen und umgekehrt.

8. Investitionen werden überwacht und evaluiert von den Investoren, was nicht unabhängig in wissenschaftlicher Hinsicht ist, aber die Reflexion der Beschlüsse und des Fortschritts fördert.

9. Die paritätische Aufteilung der Besucher-Einnahmen zwischen staatlichen und zivilgesellschaftlichen Institutionen wird von allen Begünstigten als gerecht empfunden. Obwohl die Bürger die Vorteile schätzen, ist die Höhe des verteilten Geldes ihrer Wahrnehmung nach trotzdem nicht ausreichend, um die Benachteiligung durch Naturschutz (z. B. Fraßschäden durch Wildtiere) zu kompensieren.

10. Tourismus mobilisiert finanzielle Ressourcen in bemerkenswertem Umfang, welche von allen Begünstigten umfänglich in Naturschutz und Entwicklung des Nationalparks und Biosphärenreservats reinvestiert werden. Die Besucher-Einnahmen stiften einen kollektiven Nutzen für die Gemeinden im Biosphärenreservat und einen gerecht verteilten individuellen Profit für die am meisten Benachteiligten.

11. Eintrittsgelder sind ein marktbasierter Ansatz zur Genese von Einnahmen ohne die Schaffung von Geber-Nehmer-Abhängigkeiten. Keine Entwicklungszusammenarbeit ist erforderlich für Fortschritt in den Dörfern.

12. Die ideale Beziehung zwischen Nationalpark und Biosphärenreservat schafft die erwarteten konzeptionellen Synergien, indem der Nationalpark Besucher anzieht und das Biosphärenreservat als räumlicher Rahmen für die faire Verteilung der materiellen und immateriellen Vorteile für seine Bewohner fungiert.

In Anbetracht der Charakteristika der Situation vor Ort hinsichtlich Anwendbarkeit und Übertragbarkeit auf andere Begebenheiten können die obigen Erkenntnisse Praktikern und Wissenschaftlern eine Handreichung für die Gestaltung erfolgreicher Verteilungsschemata für Besucher-Einnahmen in Sansibar, Tansania, Afrika oder anderen Entwicklungsländern sein.

## 9.7 Fazit

Die Studie hat gezeigt, dass Naturtourismus im Nationalpark *Jozani-Chwaka Bay* eine Erfolgsgeschichte darstellt, die Einheimischen wohl bekannt ist, im Gegensatz zur Welt der Wissenschaft oder zur internationalen Öffentlichkeit. Der Nationalpark und das Biosphärenreservat *Jozani-Chwaka Bay* können als gutes Praxisbeispiel hinsichtlich der Verknüpfung von Naturschutz und Tourismus für nachhaltige Regionalentwicklung auf der Grundlage von Good Governance dienen. Tourismus war der Schlüsselfaktor, der einen Prozess im Biosphärenreservat in Gang gesetzt hat und der auf der Basis von Naturschutz im Nationalpark als nachhaltig im Sinne der UN-Ziele gelten kann. Er stiftet über die Genese von Einnahmen hinaus einen Nutzen und der Naturschutz trägt jenseits von Ökosystemleistungen Früchte.

Forschungsdesiderate umfassen (1) die Möglichkeiten der Diversifizierung und Qualitätssteigerung des Tourismusprodukts, um auch touristische Übernutzung einzelner Orte vorzubeugen, (2) die Untersuchung der Rolle der Verteilung von Besucher-Einnahmen zur Minderung von Mensch-Wildtier-Konflikten und (3) eine konzeptionelle Betrachtung des institutionellen Zusammenspiels von überlappenden Nationalparks und Biosphärenreservaten.

## Danksagung

Mein Dank gilt der Revolutionsregierung von Sansibar, insbesondere dem Forstamt DFNR und dem Zanzibar Research Committee für die Forschungsgenehmigung. Weiterhin dem Deutschen Akademischen Austauschdienst (DAAD) für das erhaltene Forschungsstipendium. Ich danke allen Schlüsselinformanten für den vorbehaltlosen Austausch von Erkenntnissen und allen Unterstützern der Feldforschung, insbesondere Ali Ali Mwinyi, Mgeni Sheha Ali, Tahir Abass Haji und Mzee Khamis Mohammed. Prof. Dr. Hubert Job und seinem Team an der Universität Würzburg danke ich insbesondere für die ertragreiche Forschungszusammenarbeit bezüglich Sansibar.

## Literatur

Amer, W., Ashong, S. und Tiomoko, D. (2015). *Management Manual for UNESCO Biosphere Reserves in Africa: A practical guide for managers*. German Commission for UNESCO, Bonn.

Archabald, K. L. (2000). Can revenue sharing save wildlife? A case study of Jozani-Chwaka Bay Conservation Area Zanzibar, Tanzania. Unveröffentlichte Masterarbeit an der University of Wisconsin, Madison.

Baumgartner, C. (2008). *Nachhaltigkeit im Tourismus: Von 10 Jahren Umsetzungsversuchen zu einem Bewertungssystem*. StudienVerlag, Innsbruck.

Beyer, M. (2014). *Tourism Planning in Development Cooperation: A Handbook. Challenges – Consulting Approaches – Practical Examples – Tools*. GIZ, Eschborn.

Borrini-Feyerabend, G., Dudley, N., Jaeger, T., Lassen, B., Broome, N. P., Phillipsund, A. und Sandwith, T. (2013). *Governance of Protected Areas: From understanding to action*. IUCN, Gland.

Carius, F. und Job, H. (2019). Community involvement and tourism revenue sharing as contributing factors to the UN Sustainable Development Goals in Jozani-Chwaka Bay National Park and Biosphere Reserve, Zanzibar. *Journal of Sustainable Tourism*, 27(6):826–846.

CBD (2004). *Guidelines on Biodiversity and Tourism Development*. Secretariat of the Convention on Biological Diversity, Montreal.

CBD (2010). *Strategic Plan for Biodiversity 2011–2020 and the Aichi Targets*. Secretariat of the Convention on Biological Diversity, Montreal. Abgerufen am 30.08.2019 von: https://www.cbd.int/doc/strategic-plan/2011-2020/Aichi-Targets-EN.pdf.

CEPF (2005). *Eastern Arc Mountains & Coastal Forests of Tanzania & Kenya – Ecosystem Profile (2nd ed.)*. Critical Ecosystem Partnership Fund, Nairobi. Abgerufen am 30.08.2019 von: https://www.cepf.net/sites/default/files/final.easternarc.ep_.pdf.

Conservation International (2019). Biodiversity Hotspots. Abgerufen am 30.08.2019 von: http://www.conservation.org/how/pages/hotspots.aspx.

Denman, R. (2001). *Guidelines for community-based ecotourism development*. WWF, Gland.

DFNR/Zanzibar (2015). *Proposed Jozani-Chwaka Bay National Park to be Biosphere Reserve (JCBNP-BR) Zanzibar [Jozani-Chwaka Bay Biosphere Reserve Nomination Dossier]*. Ministry of Agriculture and Natural Resources – Department of Forestry and Non-Renewable Natural Resources, Zanzibar.

Finnie, D. (2003). *Jozani – Chwaka Bay National Park – General Management Plan*. Department of Commercial Crops, Fruits and Forestry, Zanzibar.

Gebhard, K., Meyer, M. und Roth, S. (2007). *Sustainable Tourism Management Planning in Biosphere Reserves – A methodology guide*. ETE, Bonn. Abgerufen am 30.08.2019 von: https:

//www.oete.de/images/dokumente/projekt_gef/ETE_Sustainable_Tourism_Management_
Planning_2007.pdf.

Himmel, S. (2016). Challenges and prospects for sustainable tourism in small island developing
states – the case of Zanzibar. Unveröffentlichte Masterarbeit an der Hochschule Bremen.

Jambiya, G., Puri, J. und Risby, L. A. (2004). *The nature and role of local benefits in GEF programme areas; case study Tanzania – Zanzibar: Jozani-Chwaka Bay Conservation Project*. GEF, Washington DC. Abgerufen am 30.08.2019 von: http://www.easternarc.or.tz/groups/webcontent/
documents/pdf/Local_Benefits_Case_Study_Tanzania_Biodiversity.pdf.

Job, H., Becken, S. und Lane, B. (2017). Protected Areas in a neoliberal world and the role of tourism
in supporting conservation and sustainable development: an assessment of strategic planning,
zoning, impact monitoring, and tourism management at natural World Heritage Sites. *Journal of
Sustainable Tourism*, 25(12):1697–1718.

Jumah, S. M., Othman, W. J., Said, T. A. und Hakim, O. F. (o. J.). Resource Use Conflicts between Agri-
cultural Production and Jozani and Chwaka Bay National Park Authority. Department of Commercial Crops, Fruits and Forestry, Zanzibar. Unveröffentlichte Studie.

Khatib, A. H. (2000). Ecotourism in Zanzibar, Tanzania. In Dieke, P. U. C., Hrsg., *The political economy of tourism development in Africa*, S. 167–180. Cognizant Communication Corporation,
Elmsford, NY.

Leung, Y., Spenceley, A., Hvenegaard, G. und Buckley, R. (2018). *Tourism and visitor management in
protected areas: Guidelines for sustainability*. Best Practice Protected Area Guidelines Series
No. 27. IUCN, Gland.

Makame, M. K. und Boon, E. K. (2008). Sustainable Tourism and Benefit-Sharing in Zanzibar: The
Case of Kiwengwa-Pongwe Forest Reserve. *Journal of Human Ecology*, 24(2):93–109.

OCGS (2019). Office of Chief Government Statistician. Abgerufen am 30.08.2019 von: http://www.
ocgs.go.tz/.

Salum, L. A. (2009). Ecotourism and biodiversity conservation in Jozani-Chwaka Bay National Park,
Zanzibar. *African Journal of Ecology*, 47:166–170.

Spenceley, A., Snyman, S. und Rylance, A. (2019). Revenue sharing from tourism in terrestrial African protected areas. *Journal of Sustainable Tourism*, 27(6):720–734.

Tapper, R. (2007). *Managing Tourism & Biodiversity: User's Manual on the CBD Guidelines on Biodiversity and Tourism Development*. CBD, Montreal.

UN (2015). *Transforming our World: The 2030 Agenda for Sustainable Development (A/RES/70/1)*.
United Nations, New York. Abgerufen am 30.08.2019 von: https://sustainabledevelopment.
un.org/content/documents/21252030%20Agenda%20for%20Sustainable%20Development%
20web.pdf.

UNEP und UNWTO (2005). *Making tourism more sustainable: a guide for policy makers*. UNEP and
UNWTO, Paris and Madrid.

UNEP-WCMC und IUCN WCPA (2019). World Database on Protected Areas (WDPA). Abgerufen am
30.08.2019 von: https://protectedplanet.net/.

UNESCO MAB ICC (2016). *28th Session, Lima/Peru, 18–19 March 2016, FINAL REPORT. (No.
SC-16/CONF.228/13)*. UNESCO, Paris. Abgerufen am 30.08.2019 von: http://www.unesco.org/
new/fileadmin/MULTIMEDIA/HQ/SC/pdf/SC-16-CONF-228-12_final_en_v2.pdf.

UNESCO WHC (1997). Jozani–Chwaka Bay Conservation Area. Abgerufen am 30.08.2019 von: http:
//whc.unesco.org/en/tentativelists/850/.

UNWTO (2013). *Sustainable Tourism for Development Guidebook: Enhancing capacities for Sustainable Tourism for development in developing countries*. UNWTO, Madrid.

UNWTO (2015). *Tourism and the Sustainable Development Goals*. UNWTO, Madrid. Abgerufen am
30.08.2019 von: http://cf.cdn.unwto.org/sites/all/files/pdf/sustainable_development_goals_
brochure.pdf.

Kirsten Focken und Reinhard Woytek

# 10 Naturtourismus im südlichen und östlichen Afrika – Anspruch und Wirklichkeit

**Zusammenfassung:** Eine nähere Betrachtung der Länder im südlichen und östlichen Afrika, insbesondere der Mitgliedsländer der SADC (*Southern African Development Community*) und der EAC (*East African Community*) zeigt, dass der Tourismus ein bedeutender Wirtschaftsfaktor ist, jedoch nicht alle Erwartungen erfüllt. Dies betrifft insbesondere die Erwartung, Einkünfte für große Teile der Bevölkerung zu generieren. Gleichzeitig soll der Tourismus zum Naturschutz beitragen und generell die Lebensqualität der Bevölkerung steigern. Unterschiedliche Interessenlagen und eine Verknappung des verfügbaren Landes erschweren eine koordinierte Tourismusentwicklung zunehmend. Viele Projekte in der Region fokussieren sich auf eine kleine Zielgruppe und vernachlässigen die wirtschaftlichen und politischen Konsequenzen. Es fehlen integrierte, langfristig ausgerichtete und realistische Initiativen der Tourismusentwicklung. Eine detaillierte Betrachtung und Beispiele aus Botsuana, Namibia und Tansania verdeutlichen diese Notwendigkeit. Erfolgsfaktoren sind ein professioneller und kompetenter Privatsektor, gemeinsame Ansätze in der Verantwortung von lokalen Gemeinden sowie transparente Rahmenbedingungen und Regeln von Regierungen. Die regionale Integration ist ein weiterer Erfolgsfaktor für ein diversifiziertes Angebot und den Austausch von erfolgreichen Initiativen sowie der erfolgreichen Vermarktung von Afrikas Tourismus über Landesgrenzen hinaus.

**Schlagwörter:** Naturtourismus, Wirtschaftsentwicklung, integrierte Tourismusentwicklung, Landnutzungskonflikte

## 10.1 Einleitung

Das große wirtschaftliche Potenzial des Tourismus als direkte Einkommensquelle für Länder und Menschen in Afrika basiert auf der Vielzahl und Diversität von Naturlandschaften, Fauna und Flora. Viele Regierungen und Unternehmen in Afrika profitieren bereits von den steigenden Touristenzahlen. Eine Rede des südafrikanischen Präsidenten, Cyril Ramaphosa, verdeutlicht das Potenzial und die Erwartungen an den Tourismus. Er erwähnt darin die zahlreichen afrikanischen Tourismus-Highlights, darunter 135 UNESCO-Welterbestätten auf dem afrikanischen Kontinent, und spricht vom Tourismus als dem „Neuen Gold" (vgl. Indaba 2019).

Gleichzeitig stagniert die Wirtschaft bei stark steigender Bevölkerung in den meisten Ländern Afrikas. Das rasante Bevölkerungswachstum führt zu einem zunehmenden Wettbewerb um knappe Ressourcen wie Land und Natur. Die Entwicklung des Tourismus generell und insbesondere ein naturnaher Tourismus in Entwicklungsländern wird seit vielen Jahren als ein wichtiger Treiber der wirtschaftlichen Entwicklung

https://doi.org/10.1515/9783110626032-010

und auch des Naturschutzes angesehen. Unter Naturtourismus wird jede Art von Reisen verstanden, die mit dem Besuch von naturnahen Landschaften und Wildtieren als Motivation verknüpft ist (vgl. Beckert 2014). Im südlichen und östlichen Afrika sind dies insbesondere Nationalparks und Schutzgebiete, aber auch ökologisch fragile Systeme wie Inseln. Die Ankünfte und Einkommen sowie auch die Wettbewerbsfähigkeit des Tourismus in süd- und ostafrikanischen Ländern sind jedoch weitestgehend unter dem globalen Durchschnitt (vgl. WEF 2017).[1]

Eine große Anzahl an Projekten und Initiativen unterstützen die Entwicklung des Naturtourismus und der an Nationalparks angrenzenden Gemeinden. Diese Projekte legen den Fokus zumeist auf die Entwicklung von Produkten und Dienstleistungen, um Einkünfte von den Besuchern zu erlangen. Inwiefern solche Tourismusprojekte und die daraus resultierenden steigenden Besucherzahlen einen positiven Einfluss auf Entwicklungsländer ausüben, wird intensiv diskutiert. Die kritischen Argumente wie auch die Vorteile sind ökonomisch, ökologisch und sozial bedingt. Aus ökonomischer Sicht erweist sich die Verteilung der Einkünfte und Gewinne als das größte Problem. Dies hängt mit der Struktur des Sektors zusammen, da in den meisten Ländern wenige große Unternehmen, zumeist internationale, hohe Renditen durch den Tourismus erreichen, aber die meisten Menschen nicht davon profitieren. Es ist auch damit verbunden, dass es in vielen Ländern keine klaren Landnutzungsrechte gibt und somit Regierungen und Eliten die Rechte zur Nutzung für den Tourismus für sich beanspruchen. Zudem bringt der Tourismus zweifelsohne negative ökologische und soziale Begleiterscheinungen durch die Nutzung von Ressourcen, den Bau von Infrastruktur und andere menschliche Einflüsse mit sich. Besonders fragile Ökosysteme wie Strände, Berge oder Wälder werden häufig zerstört, um Raum für Touristen zu schaffen. Aus sozialer Sicht ist der Kontrast der Lebensweisen und die Tendenz, arme Menschen als Attraktion darzustellen, sehr fraglich und führt häufig zu Missgunst und Kriminalität.

Im Folgenden werden diese Argumente im Detail anhand von Daten, Fakten sowie Erfahrungen der Autoren im östlichen und südlichen Afrika untersucht. Es werden Beispiele dargestellt und daraus ableitend Empfehlungen ausgesprochen, wie ein besseres Verständnis der Ziele und Erwartungen sowie der Realitäten des Naturtourismus erreicht werden kann. Das Ziel ist es, konkrete Ansätze aufzuzeigen, um die Natur und Tierwelt im Einklang mit den Bedürfnissen sowohl der lokalen Gemeinden als auch der Touristen zu halten.

---

1 Vgl. Kapitel 1 zum Tourismus in Afrika.

## 10.2 Bedeutung und Entwicklung des Tourismus in der Region

Für die Betrachtung werden Zahlen und Analysen der betreffenden Länder sowie der Regionalorganisationen SADC und EAC genutzt. Diese beiden Regionalorganisationen haben ähnliche Ziele, wobei die Integration in der SADC primär auf die wirtschaftliche Entwicklung und Koordinierung von Maßnahmen in Bereichen wie Naturschutz, Frieden, Sicherheit und Infrastruktur abzielt. Die 16 Mitgliedsländer sind sehr heterogen und nicht alle Entscheidungen werden im Konsens getroffen. Demgegenüber haben die sechs ostafrikanischen Länder der EAC das vertraglich vereinbarte Ziel, eine politische Föderation zu werden (vgl. Abb. 10.1 zur geografischen Lage der Mitgliedsstaaten). In beiden Regionen bleibt allerdings die Umsetzung der Integration hinter den Zielen zurück und wird durch nationalstaatliche Interessen sowie durch Konflikte in den Ländern gehemmt (vgl. ECDPM 2016). Dies gilt auch für eine Kooperation in der Tourismusentwicklung und im Naturschutz.

**Abb. 10.1:** Geografische Lage der Mitgliedsstaaten der EAC und SADC (Quelle: Rainer Hartmann, Grafik: Franziska Knopp).

Die Wirtschaft in vielen Ländern des südlichen und östlichen Afrika ist in den letzten zehn Jahren gewachsen, hängt aber nach wie vor primär vom Export von Rohstoffen ab. Die industrielle Entwicklung stagniert und die meisten Konsumgüter werden importiert (vgl. UNCTAD 2017). Trotzdem haben sich das Leben und auch die wirtschaftlichen Aktivitäten in den letzten Jahren modernisiert. Die meisten Menschen besitzen ein Mobiltelefon, das vom Telefonieren über den Austausch von Informationen und Nachrichten bis zum Bezahlen genutzt wird. Demgegenüber stehen Regierungen mit langwierigen und komplizierten Prozessen sowie nach wie vor ungenügenden Leistungen für die Bürger, insbesondere hinsichtlich Bildung und Gesundheit. Die Infrastruktur und andere Rahmenbedingungen für Unternehmen sind ebenfalls nicht ausreichend entwickelt. Bevölkerungswachstum, hohe Arbeitslosigkeit und Armut führen auch zu Druck auf die Ressource Land.

Das südliche und östliche Afrika bietet mit seinen Nationalparks und Naturreservaten die weltweit größte Diversität von Großfauna, was jährlich steigende Touristenströme anzieht. Noch handelt es sich hierbei, bezogen auf den globalen Tourismus, um einen Nischenmarkt. So macht der Anteil der Touristen in Afrika südlich der Sahara lediglich 2 % des gesamten globalen Tourismusmarktes aus. Im südlichen Afrika sind die Hauptdestinationen Südafrika, Simbabwe, Namibia, Botsuana, Mosambik und Mauritius (vgl. UNWTO 2018). Neben den Nationalparks sind die Strände ein Hauptziel der Touristen. Im östlichen Afrika sind Tansania und Kenia die Hauptziele für Nationalparks. Andere Länder wie Uganda und Ruanda haben spezielle Angebote, insbesondere für Gorilla-Safaris, und einen relativ hohen Anteil an Besuchern von Konferenzen und auf Geschäftsreisen (vgl. WTTC 2018).

Insgesamt berichtet die **SADC-Region** ca. 28 Mio. Touristenankünfte in 2017, von denen ca. 28 % nach Südafrika reisten. Dies generierte ca. 20 Mrd. US-$ direkte Einkünfte aus dem Tourismus, was 2,8 % des BIP der Region entsprach (vgl. WTTC 2018). Indirekte Einkünfte waren wesentlich höher und lagen bei 8,2 % des BIP. Mehr als 6 Mio. Arbeitsplätze hängen vom Tourismus ab (6,1 %) (vgl. Cronje 2016). Von den 16 SADC-Staaten sind Südafrika, Tansania, Namibia und Botsuana die führenden hinsichtlich der Touristenankünfte und auch in Hinblick auf die Bedeutung für die Wirtschaft und die Natur. Die Seychellen, Mauritius und Botsuana haben die höchsten Einkünfte relativ zu der Einwohnerzahl und eine entsprechend hohe Relevanz hinsichtlich des BIP und der Beschäftigung.

Es gibt 18 grenzüberschreitende Parks in der SADC (Transfrontier Conservation Areas = TFCA), wobei noch nicht alle Vereinbarungen formalisiert wurden (acht Parks haben Verträge und vier formale Absichtserklärungen, die anderen arbeiten noch nicht systematisch zusammen). Das Ziel ist ein gemeinsames Management und die Vermarktung der Parks durch die Entwicklung von Masterplänen und Finanzierungsoptionen, die Harmonisierung der Regeln und die gemeinsame Ausbildung. Die TFCA spielen eine wichtige Rolle in der gemeinsamen Tourismusentwicklung sowie beim Naturschutz der SADC-Länder. Obwohl Protokolle und Pläne entwickelt wurden, sind viele TFCA jedoch noch nicht ausreichend entwickelt, was häufig an unzureichender Kooperation und mangelnder Umsetzung der regionalen Vereinbarungen in den Ländern liegt.

Im **östlichen Afrika** ist der internationale Tourismus insbesondere für Tansania, Kenia, Ruanda und auch Uganda bedeutend. In diesen Ländern beträgt der direkte Beitrag zum BIP 3–5 % (vgl. WTTC 2018). Statistiken über Reisende in der Region enthalten allerdings auch Flüchtlinge aus den Nachbarländern. Es ist dennoch davon auszugehen, dass der Anteil der internationalen Freizeitreisenden und Parkbesucher in Tansania und Kenia am höchsten ist. Diese Märkte entwickeln sich jedoch auch in Ruanda und Uganda sehr schnell. So hat Ruanda die Entwicklung des Tourismus als ein wichtiges Ziel definiert. Insgesamt zählte die EAC-Region etwas mehr als 5,7 Mio. Touristenankünfte im Jahr 2017, was 8 % der gesamten internationalen Ankünfte in afrikanischen Ländern ausmacht und weniger als 0,5 % der globalen Touristenankünfte (vgl. UNWTO 2018). Ostafrika hat damit eine ähnliche Zahl an Besuchern wie Tunesien und Ägypten und nur halb so viele wie Marokko oder Südafrika. In Anbetracht des großen Angebotes an Natur, Wildtieren und Meer sind diese Zahlen sehr gering und belegen, dass noch ein großes Potenzial besteht. Die EAC hat ebenso wie die SADC Pläne und Strategien zur gemeinsamen Tourismusentwicklung und zum Naturschutz, aber bisher wenig konkrete Maßnahmen umgesetzt.

Die unzureichende Datenlage erschwert es, allgemeingültige Aussagen zu den Formen und Motiven der Reisenden zu machen. Christie et al. (2014) unterscheidet die Arten von Reisen nach Afrika südlich der Sahara nach den Motiven Freizeit, Geschäftsreise, Besuch von Freunden und Verwandten und andere. Allerdings sind die Definitionen und Grenzen nicht sehr klar. Fernreisende aus Europa, Amerika und Asien verbringen 5–10 Tage in einem Park und dann häufig noch ein paar Tage am Meer. Klassische Kombinationen sind das Festland Tansanias und Sansibar, Parks und Meer in Kenia oder Parks und Meer in Südafrika. Laut UNWTO (2018) sind 36 % der Touristen nach Afrika derartige Freizeitreisende, Geschäftsreisende machen 25 % der internationalen Ankünfte aus und 20 % besuchen Freunde und Verwandte. In der Praxis wird beobachtet, dass es schwierig ist, Besucher nur einer Kategorie zuzuordnen, da Geschäftsreisende häufig während desselben Aufenthalts auch Freizeitreisende sind. Viele Reisende kommen zu einer Konferenz oder Veranstaltung und besuchen danach einen Park oder eine Insel. Da es wenig offizielle und vergleichbare Statistiken zu den Besuchern von Nationalparks in Afrika gibt, können nur Annahmen gemacht werden, dass je nach Land ein großer Anteil der Reisenden von Übersee auch einen Park besucht, insbesondere in Tansania oder Botsuana.

Zusammenfassend betrachetet ist der Naturtourismus in Afrika ein bedeutender Faktor für die Wirtschaft mit aufsteigender Tendenz. Allerdings ist dies weder qualitativ noch quantitativ konkret erfasst, was eine exakte Analyse der Herausforderungen und Potenziale erschwert. Beides gibt es zweifelsohne genügend. Zudem besteht ein starker Wettbewerb für hochpreisige Safaris und Lodges innerhalb der Länder und zwischen den Ländern, zum Beispiel zwischen Südafrika und Botsuana oder Tansania und Kenia. Diese werden meistens von internationalen Tourismusunternehmen gemanagt. Aufgrund der hohen notwendigen Investitionen für die Lodges und auch den Transport ist vor allem in den Parks und Schutzgebieten nur ein hochpreisiger Tourismus wirtschaftlich tragfähig.

Für die zukünftige Entwicklung bedarf es einer besseren Analyse des Angebotes und der Nachfrage. Hierbei reichen die vorliegenden Daten sicherlich nicht aus, es müssen auch die Motivationen der Besucher, die Anforderungen der Bevölkerung sowie die Struktur der Anbieter und Eigentümer genauer betrachtet werden.

## 10.3 Integrierter Ansatz für Tourismus, Landnutzung und Wirtschaftsentwicklung

Um Tourismus zu betreiben, stellen die Länder südlich der Sahara umfangreiche Flächen für Parks, Reservate und den Naturschutz bereit, weit mehr als dies in den meisten Industrieländern der Fall ist. Dies ist hervorzuheben, da die Länder ein starkes Bevölkerungswachstum aufweisen. So ist zum Beispiel der größte grenzüberschreitende terrestrische Naturschutzraum der Welt, KAZA (Kavango-Zambezi), welchen sich Angola, Botsuana, Namibia, Sambia und Simbabwe teilen, so groß wie Spanien. Die größten Nationalparks und Schutzgebiete im östlichen und südlichen Afrika wie z. B. das Selous Game Reserve (Tansania), der Krugerpark (Südafrika) und die Serengeti (Tansania) sind vergleichbar mit den Flächen größerer deutscher Bundesländer. Deshalb stellen auch die steigenden Zahlen an Touristen noch keine signifikante Bedrohung für die Natur dar.

Neben anderen Wirtschaftszweigen ist der Tourismus nur eine mögliche Form der Landnutzung und das schafft viele Probleme. Konflikte mit wilden Tieren stellen in den Grenzbereichen von Schutzgebieten und landwirtschaftlich genutzten Flächen häufig eine Gefahr für Menschen und deren Lebensraum dar. So kann eine Elefantenherde in einer Nacht die Jahresernte einer Familie vernichten. Durch die meist extraktive, mäßig produktive Landwirtschaft sowie illegale Landnutzungsformen wie die Wilderei wird die Artenvielfalt bedroht, die durch den Tourismus erhalten werden soll. Die Jagd auf Tiere hat erheblich zugenommen, getrieben von lokalen Bedürfnissen sowie steigender internationaler Nachfrage. Eine einheitliche Regelung in der SADC und der EAC existiert nicht. Einige Länder haben Gebiete für den Jagdtourismus ausgewiesen und ein paar wenige, beispielsweise Kenia, verbieten die Jagd nach Wildtieren generell.

Um den Problemen der Landnutzung durch die lokale Bevölkerung entgegen zu wirken, entwickeln viele Länder, häufig unterstützt von internationalen Organisationen, Projekte in den Randgebieten von Nationalparks. Das Ziel dieser Projekte ist der Schutz der Parks wie auch die Einkommensentwicklung, insbesondere durch Tourismus. Dies wird jedoch aufgrund einer fortschreitenden Nutzung von Land sowie fehlender Arbeitskräfte und finanzieller Ressourcen für den Tourismus eine immer größer werdende Herausforderung. Eine naturnahe und nachhaltige Tourismusentwicklung ist schwer durchsetzbar, wenn die Bevölkerung keinen Nutzen hat oder diesen nicht erkennen kann.

Somit ist der Tourismus wie kaum ein anderer Wirtschaftsbereich von hohen Erwartungen geprägt, die seiner Entwicklung zahlreiche Hürden in den Weg stellen:

– Wirtschaftliche Entwicklung unterstützen und langfristige Gewinne erzielen: neue Touristen gewinnen und binden; Steuern für den Staat, die Provinzen und die Gemeinden einbringen; für die Zielländer werben und Investoren gewinnen.
– Lokales Wirtschaftswachstum fördern und lokale Ökonomien an die Tourismuswertschöpfungskette anbinden: Arbeits- und Ausbildungsplätze schaffen; Produkte entwickeln, die von Touristen konsumiert werden; sicherstellen, dass (Anrainer-)Gemeinden vom Tourismus profitieren oder andere Vorteile erhalten.
– Einen Beitrag zur Erhaltung der natürlichen Ressourcen sowie der Biodiversität leisten.

Diese Erwartungen werden von den unterschiedlichen Stakeholdern mit divergierenden Interessen teils explizit, teils implizit an den Tourismussektor herangetragen und unterschiedlich bewertet. Die Anbieter von Tourismusprodukten sind in der Regel privat bzw. halbstaatlich organisiert, die o. g. Erwartungen werden allerdings zum größten Teil von öffentlicher und staatlicher Seite artikuliert. Diese Situation spiegelt gewachsene strukturelle Rahmenbedingungen und den jeweiligen politischen Diskurs wider.

Ein ständiger Interessensabgleich zwischen privatwirtschaftlichen, staatlichen und Nonprofit-Akteuren ist notwendig. Der Begriff Abgleich ist bewusst gewählt, da es einen Ausgleich zwischen so vielen verschiedenen Interessen kaum geben kann. Erschwert wird dieser Prozess dadurch, dass die Tourismusanbieter kaum organisiert sind. Hinzu kommen Anrainergemeinden, die zahlreich und in sich nicht homogen sind sowie häufig ihre Interessen nicht ausreichend vertreten können. Zudem besteht bei den zahlreichen Vertretern des Naturschutzes keine Einigkeit über die jeweils am besten geeignete Form desselben. Und letztlich sind auch die beteiligten staatlichen Organe divergierenden politischen Zwängen unterworfen.

Eine derart komplexe Interessenlage legt zunächst nahe, subsidiäre Ansätze zu verfolgen, um jeweils vor Ort die ideale Form eines nachhaltigen Tourismus zu entwickeln. Eine effektive und effiziente Umsetzung des Subsidiaritätsprinzips wiederum erfordert Rahmenbedingungen, innerhalb derer die Akteure über genügend Anreize verfügen Geschäftsmodelle zu entwickeln, um die eigenen Ziele zu erreichen. Zu diesen Rahmenbedingungen gehören:

– Einfacher Zugang zu den Märkten durch dezentrale Flughäfen, nicht nur über ein oder zwei Großflughäfen; regionale und nationale Flugverbindungen über diese Kleinflughäfen in der Nähe der Parks.
– Eine gut ausgebaute Infrastruktur (v. a. Straßen, Häfen, Energie- und Gesundheitsversorgung).

–  Vereinfachte Einreiseformalitäten für internationale Reisende.
–  Bessere Rahmenbedingungen für Unternehmen: mehr Spielraum für Unternehmensentscheidungen; Rechtssicherheit; Schutz der Natur und insbesondere Erhaltung des Wildtierbestandes; geringe Steuerbelastung; Arbeitserlaubnis für internationale Fachkräfte; vereinfachter Geldtransfer und Erleichterung von Investitionen und Neugründungen.[2]

Von parknahen Flughäfen und Naturschutz abgesehen gelten diese Rahmenbedingungen auch allgemein als Voraussetzung für Wirtschaftentwicklung. Dies zeigt, dass der Tourismus eng mit anderen produzierenden und Dienstleistungssektoren verknüpft ist. Diese These unterstützt eine Studie der Universität Florida, die im Jahr 2017 die indirekten ökonomischen Effekte (u. a. Einkommen und Jobs) des Kruger Nationalparks errechnet hat. In dessen Umfeld lagen die indirekten ökonomischen Effekte mit 40 % über denen, die direkt im Park entstanden. Wenn der Kruger Park auch nicht repräsentativ für die meisten Parks in der Region ist, so zeigt diese Zahl doch was möglich ist (vgl. Chidakel 2019).

Eine wichtige Rolle für die Tourismusentwicklung und den damit verbundenen Naturschutz spielen internationale und bilaterale Organisationen. Eine Vielzahl von Projekten arbeitet mit lokalen Gemeinden und Anbietern zusammen, um Tourismusprodukte zu entwickeln und zu vermarkten. Meistens werden diese Organisationen von externen Experten und Beratern gegründet und finanziert. Eine große Herausforderung ist die Nachhaltigkeit, da die Gemeinden häufig nicht in der Lage sind, die Projekte fortzusetzen bzw. daraus gewinnträchtige Produkte zu entwickeln. Zahlreiche Projekte verbessern den Schutz der Nationalparks und Wildtiere und häufig arbeiten große Tourismusanbieter dabei mit Naturschutzorganisationen zusammen, um die Hauptattraktionen zu bewahren.

Einige Organisationen versuchen Konzepte des professionellen Destinationsmanagements zu entwickeln, die vor allem in Europa sehr gut funktionieren (vgl. Lässer und Beritelli 2013). Das Kernelement ist hierbei eine DMO (*Destination Management Organisation*), welche die Interessen aller Beteiligten vertritt und sich sowohl um die ökonomischen Interessen als auch um die sozialen und ökologischen Belange der Destination kümmert. Diese Praxis ist allerdings in vielen Entwicklungsländern ebenso unbeständig wie einzelne Projekte, wenn diese ausschließlich durch externe Experten und Berater initiiert werden. Obwohl die Koordination der Stakeholder eine sehr wichtige Rolle spielt, haben nur wenige Initiativen Erfolg. Das liegt daran, dass die Motivation zur Teilnahme meistens kurzfristig und auf die finanzielle Unterstützung aus den Projekten gerichtet ist, anstatt sich aus der erforderlichen Entschlossenheit zu speisen, den gegenwärtigen Zustand vor Ort zu ändern. Dies trifft auf die Vertreter des Staates, des Privatsektors und auch auf viele Nicht-Regierungsorganisationen (NGO) zu.

---

2  Vgl. Kapitel 1 zu den Rahmenbedingungen des Tourismus in Afrika.

Das Problem einer ausgewogenen und nachhaltigen Entwicklung von Tourismusdestinationen im südlichen und östlichen Afrika kann somit, ähnlich wie die Entwicklung eines nachhaltigen wirtschaftlichen Wachstums, nur bewältigt werden, wenn alle Beteiligten langfristig denken und handeln. Diese Ausrichtung wird zwar offiziell allerorts propagiert, aber die Realität sieht oft anders aus. Alle internationalen Organisationen, die den Naturtourismus unterstützen, sollten hier konsequenter agieren und die Motivation und Beweggründe der Beteiligten genau betrachten. Dies ist sicherlich nicht einfach, aber im Zweifelsfall kann es besser sein, eine Initiative vorerst nicht zu unterstützen und zunächst ein belastbares Nachhaltigkeitskonzept zu entwickeln. Hier gibt es noch ein großes Potenzial für neue, alternative Wege der Entwicklungszusammenarbeit.

## 10.4 Fallbeispiele für eine integrierte Tourismusentwicklung

Die folgenden Beispiele veranschaulichen unterschiedliche Ansätze der Entwicklung des Naturtourismus in Botsuana, Namibia und Tansania. In Namibia und Tansania steht der Staat als Akteur im Vordergrund, in Botsuana ein privater Betreiber. Die Beispiele spiegeln Akteure wider, die in der Region unterschiedliche Rollen für das wirtschaftliche Handeln spielen und verschiedene Ziele verfolgen: einerseits der Staat mit seinem starken Gestaltungswillen und einem mehr oder weniger ausgeprägten Entwicklungsmandat und andererseits private Betreiber, denen es gegen alle bürokratischen Widrigkeiten gelingt, erfolgreiche Angebote aufzubauen und zu betreiben.

### 10.4.1 Erfolg durch privates Unternehmertum in Botsuana

Im Norden Botsuanas, innerhalb des Chobe Nationalparks, hat ein unabhängiger, privater Betreiber über zwei Jahrzehnte eine Lodge aufgebaut, die viele lokale Arbeitsplätze geschaffen hat, insbesondere für Frauen aus den umliegenden Dörfern. Die Lodge wurde ausgezeichnet für ihren Ökotourismus und bietet Gästen ein einmaliges Fotografier-Erlebnis mit jahreszeitabhängigem Wildreichtum (vgl. Abb. 10.2). Durch die Attraktivität für Touristen wird indirekt auch ein Beitrag zur Erhaltung der Wildtiere geleistet, da die lokale Bevölkerung aufgrund des Tourismus nicht mehr gezwungen ist, zur Sicherstellung ihres Lebensunterhalts in den Park einzudringen.

Der Aufbau der Lodge war für den Gründer ein schwieriger Weg. Über mehr als 20 Jahre hinweg hat dieses Unternehmen nicht nur erhebliche Investitionen erfordert, sondern auch eine ständige von vielen Rückschlägen gezeichnete Auseinandersetzung mit der Bürokratie. Dabei gilt diese in Botsuana im Vergleich mit anderen Ländern noch als relativ investitionsfreundlich.

Einer der wichtigsten Erfolgsfaktoren war die Standortwahl: Das Umfeld der Lodge bietet Wildreichtum, ist gut zugänglich und nur etwa 45 Minuten vom lokalen

**Abb. 10.2:** Szene am Chobe River nahe der Chobe Lodge (© Rainer Hartmann).

Flughafen Kasane entfernt (mit Anbindung an Gaborone und Johannesburg). Zudem liegt sie nur etwa 100 km von den Victoria Falls entfernt (mit Anbindung an Harare, Nairobi, Addis Abeba und den Mittleren Osten) und im Herzen des grenzüberschreitenden Naturschutzgebiets KAZA.

In Kasane hat sich aufgrund des günstigen Klimas eine gartenbauliche Versorgungsstruktur entwickelt, die Frischgemüse für die Lodges und Hotels bereitstellt. So entstehen Wertschöpfungsketten, die wiederum zu lokalem Wirtschaftswachstum und zur Schaffung von Arbeitsplätzen beitragen. Die *Chobe Lodge* ist damit ein Vorreiter in Kasane. Allerdings wird der Großteil an nachgefragten Lebensmitteln und anderen Waren für Touristen nach wie vor überwiegend aus Südafrika importiert.

Wesentlich für die Erfahrung der Gäste ist eine rundum erstklassige Betreuung bei Speisen, Touren, Begleitprogrammen und der Bereitstellung von Hintergrundinformationen. Dies erfordert eine hohe Kompetenz im fachlichen, interkulturellen und interpersonellen Bereich beim Personal. Diese Kompetenz lässt sich nicht allein in der formalen Berufsausbildung erlangen. Sie erfordert vielmehr den unnachgiebigen Einsatz der Personalleitung über mehrere Jahre hinweg und schließlich auch die Personalbindung. Viele gut gemeinte Projekte scheitern oft daran, dass nicht genügend in Personal investiert wird. Der Unterschied zwischen dem Alltag der Einwohner in den Anrainergemeinden und der Welt des Hochpreistourismus ist für Touristen aus hoch entwickelten Ländern kaum vorstellbar. Diese erwarten zurecht eine preiswürdige Dienstleistung, die der in Europa oder den USA im gleichen Preissegment in nichts nachsteht. Diese Lücke zu schließen ist eine der wesentlichen Herausforderungen der Personalentwicklung.

Ein weiterer wichtiger und sicher schwer übertragbarer Erfolgsfaktor der *Chobe Lodge* ist die endlose Geduld des Gründers. Ebenso hilfreich wie schwer übertragbar sind seine früheren jahrelangen Erfahrungen mit dem Naturschutz in Botsuana und das daraus entstandene Netzwerk in der Administration des Landes, sowohl innerhalb als auch außerhalb des Tourismussektors. Als weiterer Erfolgsfaktor ist die Begeisterung des Betreibers für die Naturlandschaft und die Menschen zu sehen, gepaart mit kaufmännischer Kompetenz, verfügbarem Kapital und dem Marktzugang.[3]

### 10.4.2 Naturschutz und Tourismus in Kommunen Namibias

Der Einzelbetrachtung einer erfolgreichen Lodge in Botsuana steht die nun folgende Betrachtung des *Community Conservancy*-Ansatzes in Namibia gegenüber. In diesem Abschnitt geht es darum, wie sich eine Gemeindeentwicklung im Einklang mit Naturschutz – im Gegensatz zu einem schnellen profitorientierten Wirtschaftswachstum – positiv auf die Erfüllung der Erwartungen hinsichtlich der Beteiligung am Tourismus auswirkt. „Kommunale *Conservancies* sind in Namibia seit 1998 eine wesentliche Komponente und integraler Teil eines breiteren Community-based Natural Resources Management-Programms. Sie eröffnen der Bevölkerung ländlicher Räume zudem die Möglichkeit, ihren Lebensstandard durch eine nachhaltige Nutzung des Wildbestandes für Safari-Tourismus, Trophäenjagd und Fleisch zu verbessern." (Vorlaufer 2007, S. 26)

Ausgangspunkt in Namibia ist die koloniale Vergangenheit und anschließende Abhängigkeit von Südafrika. Nach der Unabhängigkeit 1990 verpflichtete sich die Regierung, Naturschutz und Gemeindeentwicklung als verbindliche Ziele in der Verfassung zu manifestieren. Regierungsseitig entstand ein starker Gestaltungswille, jedoch mit der Prämisse, die Gemeinden selbst entscheiden zu lassen, welchen Weg sie gehen wollten. Nicht-touristische Wege umfassen beispielsweise die Wildtierhaltung zur Fleischgewinnung (*Game Farming*) oder Forst- oder Fischereinutzung. Modelle mit Tourismusbezug umfassen Fotosafaris, Trophäenjagd, Eventtourismus, Abenteuerurlaub, Angeln und Fischen sowie Ökotourismus (Wandern, Lernen, Kulturbegegnungen) (vgl. MET und NASCO 2018). Reiseveranstalter integrieren bereits Besuche in Gemeinden, die erfolgreich Naturschutz betreiben, in ihre Touren. Darüber können zusätzliche Einkommensmöglichkeiten für die Bevölkerung entstehen. Diese Formen des gemeindebasierten Natur- und Umweltschutzes stellen attraktive Nischen für den Tourismus dar, die zunehmend auf internationalen Messen wie der ITB Berlin angeboten werden.

---

3 Vgl. das Beispiel Grootbos, Südafrika, in Kapitel 7.

Das *Community Conservancy*-Modell in Namibia ist vergleichbar mit öffentlich-privaten Partnerschaften und gilt weitestgehend als erfolgreicher Entwicklungsansatz. Insbesondere das Ziel der Erhaltung bzw. Erhöhung der Biodiversität wird häufig erreicht, ebenso wie eine Einkommenssteigerung für die lokalen Gemeinschaften und die Schaffung von Arbeitsplätzen. Die mancherorts beachtlichen Erlöse investieren die Kommunen meist in öffentliche soziale Einrichtungen wie Schulen, Dorfkliniken, Spielplätze o. Ä. Investitionen in profitorientierte wirtschaftliche Aktivitäten sind eher die Ausnahme.

Besonders hervorzuheben ist in Namibia der Spielraum, den die Kommunen bei der vertraglichen Gestaltung von Lizenzvergaben für Investoren wie Tourunternehmer, Lodgebetreiber oder Jagdanbieter haben. Die Konzessionierung der *Conservancies* erfolgt durch das Ministerium für Umwelt und Tourismus auf Antrag und nach Erfüllung von festgelegten Kriterien, wie z. B. dem Nachweis der Kommunen, die nicht geringen operativen, rechtlichen und administrativen Anforderungen zu erfüllen. Hinzuzufügen ist, dass die Gemeinden hierbei häufig Unterstützung durch internationale Organisationen erhalten, sowohl bei der Antragsstellung als auch bei der Umsetzung. Die Kosten dieser Unterstützung werden allerdings nicht immer in der ökonomischen Gesamtbetrachtung berücksichtigt, was sich auf die Nachhaltigkeit auswirken kann.

Zahlreiche namibische *Community Conservancies* erzielen auch Einkommen durch die Trophäenjagd. Die hohen Lizenzgebühren daraus kommen auch den Kommunen zugute. Der Abschuss ikonischer Tierarten wie Elefanten oder Löwen kann fünfstellige US-$-Beträge einbringen. Studien zeigen, dass die umstrittene Jagd den Wildbestand nicht negativ beeinträchtigt, sondern sogar einen Beitrag dazu leistet, diesen nachhaltig zu managen (vgl. Chidakel 2019).

### 10.4.3 Abgabenorientiertes Management von Schutzgebieten in Tansania

In Tansania existiert Naturtourismus seit mehr als 50 Jahren und die Hauptdestinationen (Serengeti, Kilimandscharo und Sansibar) sind hinsichtlich der touristischen Infrastruktur, wie Straßen, Hotels und Lodges, relativ gut entwickelt. Es gibt eine große Anzahl von Lodges und Hotels, die in der Regel erfolgreich geführt und gemanagt werden. Die meisten gehören internationalen Hotelgruppen oder Ausländern, die in Tansania leben. Der Tourismus in Tansania ist einer der wichtigsten Devisenbringer. 2017 haben mehr als 1,3 Mio. internationale Touristen 2,3 Mrd. US-$ an Einnahmen generiert. Damit sind die Einnahmen pro Tourist wesentlich höher als in Kenia. Mehr als 60 % der Touristen in Tansania besuchten die Serengeti oder den Ngorongoro-Krater. Die Besucherzahlen waren niedriger als die des Kruger Nationalparks in Südafrika, allerdings ist der Besuch der Parks in Tansania im Vergleich zu Südafrika oder Botsuana ungefähr doppelt so teuer.

**Abb. 10.3:** Tarangire Nationalpark in Tansania (© Rainer Hartmann).

Die Hauptattraktivität der tansanischen Nationalparks ist deren Reichtum an Wildtieren. Eine Fahrt durch die Parks garantiert eine unmittelbare Begegnung mit Löwen, Elefanten, Zebras und zahlreichen Arten von Antilopen (vgl. Abb. 10.3). Wildtiere und Parks gehören dem tansanischen Staat und die Gemeinden haben grundsätzlich ein Nutzungsrecht. Die Regierung hat unterschiedliche Formen von Schutzzonen und entsprechend unterschiedliche Abgaberegelungen und Zuständigkeiten definiert (Nationalparks, *Game Reserves*, *Wildlife Management Areas*, *Game Controlled Areas* und *Open Areas*). Die Verantwortung für den Naturschutz wie auch den Tourismus trägt das Ministry of Natural Resources and Tourism. In diesem Ministerium gibt es unterschiedliche Abteilungen und Organisationen, wie zum Beispiel TANAPA (Tanzania National Parks Authority) und TAWA (Tanzania Wildlife Management Authority). Viele Abgaben und auch die Richtlinien für die Zahlung wurden in den letzten Jahren erhöht bzw. geändert. Dies führt zu Problemen für einheimische und internationale Tourismusunternehmen, da die Kosten häufig sehr kurzfristig steigen und sich nicht direkt in Preiserhöhungen niederschlagen können. Vor allem für kleinere Unternehmen ist es dadurch noch schwieriger geworden, Gewinne durch das Anbieten von Touren in den Parks zu erzielen. Internationale Investoren zahlen zwar höhere Lizenzen als lokale Unternehmen, aber zusätzliche Regeln, wie die Mindestanzahl von Safariautos, erschweren die Situation kleinerer Unternehmen im Wettbewerb. Die Kosten für Autos und andere Ausrüstung sind in Tansania sehr hoch und die Finanzierungsmöglichkeiten sehr begrenzt. Internationale Investoren haben häufig ein großes Angebot an Lodges in den Schutzzonen, gut ausgestattete Safariautos und mehrsprachige Tourguides. Die meisten Lodges in den Nationalparks gehören zum Luxussegment mit Preisen von mindestens 500 US-$ pro Nacht und Person. Daneben gibt es auch günstigere Lodges und Campsites außerhalb der Parks.

Offiziell werden die Einnahmen, die aus Abgaben und Lizenzen generiert werden, zwischen den lokalen Gemeinden und der nationalen Regierung aufgeteilt. Doch die Distrikte in der Serengeti und Ngorongoro verlangen zusätzliche Abgaben von privaten Lodges und Anbietern von Safaris. Die Höhe und Kalkulation sind allerdings nicht transparent und es liegen keine offiziellen Informationen hierzu vor. Zudem unterstützen viele Lodges die angrenzenden Gemeinden direkt durch Projekte wie den Bau von Schulen, Gesundheitszentren, dem Anbau von Obst und Gemüse oder die Herstellung von Souvenirs. In einigen Gemeinden übernimmt der Privatsektor damit Aufgaben, die eigentlich in der Verantwortung der Distriktverwaltung liegen. In der Annahme, dass die Distrikte einen bedeutenden Anteil der Abgaben aus dem Tourismus bekommen, stellt sich die Frage, wo das Geld bleibt? Es gibt wenige von der Regierung unterstützte Projekte und Programme, die es den Menschen ermöglichen oder vereinfachen am Tourismus teilzuhaben, und selbst grundlegende Bedürfnisse wie Gesundheit und Bildung werden nur sehr einschränkt befriedigt.

Die umliegenden Gemeinden der Serengeti und des Ngorongoro-Kraters versuchen weitere Angebote zu entwickeln, um auch direkt vom Tourismus zu profitieren (vgl. GIZ 2018). Es gibt bereits einige kulturelle Attraktionen wie die *Maasai Bomas* oder das *Ikoma Cultural Centre* im Dorf Nyichoka. Hier besteht für Touristen die Möglichkeit, lokale Lebensformen kennen zu lernen. Einige Dörfer haben Tanzgruppen gebildet, die auch in den Lodges auftreten. Im Ngorongoro District wurde ein *Handicraft Centre* gegründet, das Produkte in den naheliegenden Lodges verkauft. Im Gebiet des Lake Natron gibt es lokale Angebote wie Wandertouren und Camping. Die Tourguides haben sich hier organisiert und ein Besucherzentrum gegründet. Weitere Potenziale bestehen hinsichtlich lokaler Produkte wie Fruchtsäfte oder lokal hergestellte Textilien. Ein altes Fort am Eingang des Serengeti Parks könnte restauriert werden und lokale Produkte zum Verkauf anbieten sowie eine Ausstellung beinhalten. Eine Evaluierung dieser Produkte und Möglichkeiten kommt jedoch zu dem Schluss, dass die Menschen und Gemeinderegierungen weder genügend Motivation aufweisen noch über die notwendigen Kenntnisse verfügen, professionelle Angebote zu entwickeln (vgl. GIZ 2018). Es bedarf zweifelsohne einer langfristigen Planung und Entwicklung, um dies zu ändern. Der Fokus der nationalen und regionalen Regierungen liegt jedoch auf der kurzfristigen Steigerung der Einnahmen aus Abgaben und Lizenzen.

Zusammenfassend kann festgestellt werden, dass der Naturtourismus in Tansania, insbesondere in und um die bekannten Nationalparks, hinsichtlich der Anzahl der Touristen, des Bekanntheitsgrads und auch der Generierung von Einnahmen erfolgreich ist. Es gibt allerdings wenig konkrete Informationen über die Verteilung und insbesondere die Verwendung der Einnahmen. Viele Menschen leben weiterhin in Armut und die meisten Projekte, die sowohl den Tourismus entwickeln als auch die Lebensbedingungen für die lokale Bevölkerung verbessern, sind von privaten oder staatlichen internationalen Investoren bzw. Organisationen gegründet worden und werden von diesen auch maßgeblich finanziell unterstützt. Die Entwicklung von Strategien und komplexen Konzepten für Lizenzen und Abgaben hat daran nichts geändert. Hierzu bedarf es eines offenen und kooperativen Vorgehens der unterschiedlichen Regierungsbehörden. Diese Konzepte sollten auch die bestehenden und noch zu entwickelnden Landnutzungspläne beinhalten. Die Konflikte um die Landnutzung werden, bedingt durch die wachsende Bevölkerung und notwendige Weideflächen für den steigenden Viehbestand, zunehmen.

Insgesamt betrachtet ist der Naturtourismus in Tansania einerseits ein Erfolg, da er relativ hohe Einnahmen generiert und die Regierung bemüht ist, diesen mit eigenen Ressourcen zu bestreiten. Andererseits sind die oben genannten ökonomischen, ökologischen sowie sozialen Wirkungen diffus und es scheint keinen Einklang der verschiedenen Interessen zu geben. Viele Menschen vor Ort profitieren nach wie vor nicht direkt vom Tourismus, müssen aber Einschränkungen in ihrem Lebensraum hinnehmen.[4]

## 10.5 Grenzen in der Region und zwischen den Akteuren überwinden

Die beschriebenen Initiativen und Entwicklungen verdeutlichen, dass es integrierter Ansätze bedarf, um den Herausforderungen des Tourismus in Afrika gerecht zu werden und es der Bevölkerung vor Ort zu ermöglichen, davon zu profitieren. Private und öffentliche Organisationen müssen für den Schutz der Natur sowie die Entwicklung von Infrastruktur und die Verbesserung der Rahmenbedingungen für Investoren zusammenarbeiten. Länder und Regionen müssen Regeln und Prozesse für die Nutzung der Destinationen entwickeln und für deren Einhaltung sorgen.

In den betrachteten Ländern ist der Tourismus ein wichtiger ökonomischer Faktor, allerdings kann vom Tourismus nicht erwartet werden, alleine ökonomischen Nutzen für die Bevölkerung zu erbringen. Vielmehr muss der Tourismus Teil einer gesamtwirtschaftlichen Entwicklung sein, wesentlich getragen vom privaten Sektor und ermöglicht durch die Schaffung von Rahmenbedingungen einer investitionsfreundlichen Politik. Was für die landwirtschaftliche Entwicklung gilt – eine Straße ist meist die wirkungsvollste Investition – gilt auch für den Tourismus. So wie eine Straße in der Regel nicht nur für Traktoren und Lastkraftwagen gebaut wird, ist sie auch nicht nur für Touristen zu bauen.

Entscheidungsträger in Afrika müssen erkennen, dass der Naturtourismus eine nachhaltige Einkommensquelle sein kann, die aber nicht bis zu ihrer Erschöpfung

---

4 Vgl. dazu das positive Beispiel aus Sansibar in Kapitel 9.

ausgebeutet werden darf. Der südafrikanische Regierungschef hat mit seiner jüngsten programmatischen Erklärung zur *Biodiversity Economy* Investitionen in Tourismus, Prospektion und *Game Farming* gefordert, um in seinem Land über 360.000 Arbeitsplätze zu schaffen – Tourismusentwicklung als Teil einer vom Privatsektor betriebenen und von zurückhaltenden Regierungen ermöglichten wirtschaftlichen Entwicklung (vgl. Republic of South Africa 2019).

In die Überlegungen der regionalen Entscheidungsträger sollte nicht zuletzt einfließen, dass in der Region ein wachsender, zahlungskräftiger Mittelstand existiert, der sehr viel mehr als bisher für die Natur der Region begeistert werden kann. Noch sind die Lodges und Safarifahrzeuge fast ausschließlich von Touristen aus Übersee belegt. Ein nachhaltiger Naturtourismus braucht aber auch lokale und regionale Reisende, deren Erfahrungen und Wahrnehmungen der einzigartigen Natur schließlich zu einer stärkeren Identifikation mit derselben führen können und somit zur Erhaltung dieser wertvollen Ressource beitragen.

Da sich viele Nationalparks über Staatsgrenzen erstrecken, ist das Potenzial einer grenzüberschreitenden Koordinierung des Tourismus sehr groß. Die wichtigsten Länder des Naturtourismus sind Mitglieder in regionalen Organisationen, im Falle Tansanias sogar in zwei (EAC und SADC). Beide Organisationen haben die Tourismusentwicklung und den Naturschutz als Prioritäten definiert und bereits entsprechende Pläne und Strategien entwickelt. Es findet ein regelmäßiger Austausch von Regierungsbehörden statt, allerdings ist die Umsetzung wenig vorangeschritten. Viele große Unternehmen sind in mehreren Ländern tätig. Jedoch zeigt eine länderübergreifende Betrachtung der regionalen Gemeinschaften SADC und EAC, dass ein durch den Tourismus induziertes Wirtschaftswachstum hinter den Erwartungen zurückbleibt. Auch die Verteilung der Landrechte sowie der Schutz der Wildtiere sind unzureichend und führen zu immer größeren Problemen und Konflikten. Regierungen müssen gemeinsam mit dem Privatsektor konsistente Strategien entwickeln und für eine transparente Umsetzung und Kontrolle derselben sorgen. Und sie müssen sich selbst zu einer strikten Durchsetzung von Regeln und Gesetzen sowie einer transparenten Verteilung der Einkünfte durch den Tourismus verpflichten. Eine Harmonisierung dieser Regeln in den Regionalorganisationen und eine Vereinfachung der Reisemöglichkeiten zwischen den Ländern kann die Entwicklung beschleunigen. Nicht zuletzt sollte die notwendige Diversifizierung der Destinationen und deren Vermarktung durch die Intensivierung der regionalen Zusammenarbeit vorangetrieben werden.

## Literatur

Beckert, N. (2014). *Nachhaltiger Tourismus in Subsahara-Afrika. Anspruch und Wirklichkeit eines neuen Konzepts zur Armutsminderung. Das Beispiel Namibia*. (Berliner Studien zur Politik in Afrika 17). Peter Lang, Berlin. (German Edition).

Chidakel, A. (2019). The Economic Impact of the Greater Kruger National Park. School of Natural Resources and Environment, Unveröffentlichte Studie an der University of Florida. Gainesville.

Christie, I., Fernandes, E., Messerli, H. und Twining-Ward, L. (2014). *Tourism in Africa. Harnessing Tourism for Growth and Improved Livelihoods*. World Bank, Washington DC.

Cronje, J. B. (2016). *International regulatory cooperation in the SADC tourism services sector*. tralac, Stellenbosch.

Cronje, J. B. (2017). *Development and regulation of tourism for mutual benefit in the Southern African Development Community (SADC)*. tralac, Stellenbosch.

ECDPM (European Centre for Development Policy Management) (2016). The political economy of regional integration in Africa. Abgerufen am 15.5.2019 von https://ecdpm.org/dossiers/political-economy-regional-integration-africa-peria/.

GIZ (Deutsche Gesellschaft für Internationale Zusammenarbeit) (2016). *Assessment of the development of non-consumptive tourism activities under Tanzania Wildlife Management Authority (TAWA)*. GIZ, Daressalaam.

GIZ (2018). *Tourism Potential in Serengeti and Ngorongoro Districts, Tanzania*. GIZ, Daressalaam.

Indaba (2019). President Cyril Ramaphosa at Africa's Travel Indaba. Abgerufen am 15.5.2019 von https://www.indaba-southafrica.co.za/.

Lässer, C. und Beritelli, P. (2013). St. Gallen Consensus on Destination Management. *Journal of Destination Marketing & Management*, 2(1):46–49.

MET (Ministry of Environment and Tourism) und NACSO (Namibian Association of CBNRM Support Organisations) (2018). *The state of community conservation in Namibia – a review of communal conservancies, community forests and other CBNRM activities (Annual Report 2017)*. MET and NACSO, Windhoek.

Republic of South Africa (2019). National Biodiversity Economy Strategy (NBES). Abgerufen am 15.5.2019 von https://www.environment.gov.za/sites/default/files/reports/nationalbiodiversityeconomystrategy.pdf.

Twining-Ward, L., Li, W., Bhammar, H. und Wright, E. (2018). *Supporting Sustainable Livelihoods through Wildlife Tourism. Tourism for Development*. World Bank, Washington DC.

UNCTAD (United Nations Conference on Trade and Development) (2017). *Economic Development in Africa. Tourism for Transformative and Inclusive Growth*. United Nations, New York and Geneva.

UNWTO (2018). World Tourism Barometer. Abgerufen am 5.1.2019 von www.e-UNWTO.org.

Vorlaufer, K. (2007). Kommunale Conservancies in Namibia: Ansätze der Biodiversitätssicherung und Armutsbekämpfung? Abgerufen am 3.5.2019 von https://www.erdkunde.uni-bonn.de/archive/2007/kommunale-conservancies-in-namibia-ansaetze-der-biodiversitaetssicherung-und-armutsbekaempfung.

WTTC (World Travel & Tourism Council) (2018). Country reports. Abgerufen am 10.1.2019 von https://www.wttc.org/economic-impact/country-analysis/country-reports/.

WEF (The World Economic Forum) (2017). The Travel and Tourism Competitiveness Report 2017. Abgerufen am 1.3.2019 von https://www.weforum.org/reports/the-travel-tourism-competitiveness-report-2017.

Manuel Bollmann

# 11 Afrikatourismus: Ein Grenzfall für die Entwicklungszusammenarbeit?

**Zusammenfassung:** Im südlichen Afrika soll laut Geberorganisationen seit Mitte der 1990er Jahre wahlweise der Tourismus zur Finanzierung von Schutzgebieten oder Schutzgebiete als Grundlage für die Generierung von Einkommen durch Tourismus dienen. Um diese Zielsetzungen aufzuarbeiten, wurden im Rahmen einer Analyse verschiedene Entwicklungsansätze des Tourismus mit den Grundfragen der nachhaltigen Entwicklung abgeglichen und deren Relevanz für die *Sustainable Development Goals* (SDG) hinterfragt. Zudem werden die Vor- und Nachteile der Tourismusentwicklung als ein umweltökonomisches Instrument unter Zuhilfenahme des Resilienz-Konzeptrahmens diskutiert.

**Schlagwörter:** Tourismus und Entwicklung, südliches Afrika, Resilienz, Schutzgebiete

## 11.1 Tourismus als Entwicklungsfaktor?

Tourismus hat als Instrument der Entwicklungszusammenarbeit über die vergangenen drei Jahrzehnte eine interessante Entwicklung vollzogen. Sinnbildlich lässt sich diese Entwicklung daran ablesen, dass dem Tourismus ab Mitte der 1980er Jahre immer wieder verschiedene Vorsilben und Begriffe vorangestellt wurden, um die Zielrichtung seiner Instrumentalisierung in der Entwicklungspolitik zu unterstreichen: Sanfter Tourismus, Ökotourismus, Agrotourismus, *Pro-Poor Tourism*, *Fair Trade Tourism*, *Responsible Tourism*, Nachhaltiger Tourismus und *Inclusive Tourism*.

Nachhaltiger Tourismus – als Oberbegriff – hat die Chance, als Schlüsselsektor zu einer Reihe von Zielen für nachhaltige Entwicklung, den SDG der Unites Nations, beizutragen. Neben seinen positiven Wirkungen auf Ökonomie und Arbeitsmarkt wird der Tourismus jedoch auch mit 4,9 % der globalen Treibhausgasemissionen in Verbindung gebracht und daher als wichtiger Faktor für den anthropogenen Klimawandel angesehen – ein schwieriger Spagat.

Naturschutz und Tourismus haben besonders in Afrika ein sich gegenseitig verstärkendes Verhältnis: Ohne Naturschutz würde der Tourismus sein wichtigstes Produkt verlieren. Ohne touristische Konsumenten stünden weniger finanzielle Mittel zur Finanzierung von Naturschutzbemühungen zur Verfügung. Finanzmittel von nationalen Regierungen und internationalen Gebern für die Einrichtung und Erhaltung von Schutzgebieten sowie Einnahmen von Tourismusunternehmen werden jedoch nicht systematisch eingesetzt, um die Lebensgrundlagen vor Ort zu sichern und die Beschaffung lokaler und nachhaltiger Güter und Dienstleistungen zu fördern. In der globalen öffentlichen Entwicklungszusammenarbeit (engl.: *Official Development Assis-*

https://doi.org/10.1515/9783110626032-011

*tance*) hat der Tourismus in den letzten Jahren allerdings keine bedeutende Rolle gespielt. 2014 betrug der Anteil an den öffentlichen Ausgaben nur 0,5 % aller *Aid for Trade*-Mittel und lediglich 0,13 % der gesamten Entwicklungszusammenarbeit (vgl. UNWTO 2014). Stellt man daher den Beitrag des Tourismus zu den SDG infrage, bezieht sich das nicht nur auf Effizienz und Effektivität, sondern auch auf die Relevanz desselben.

Im Jahr 2005 sorgte eine Studie der GTZ (Deutsche Gesellschaft für Technische Zusammenarbeit) für reichlich Diskussionsstoff (vgl. Brot für die Welt 2005). Die Frage war, inwieweit All-Inclusive-Tourismus als Mittel zur Armutsbekämpfung dienen kann? Eine unveröffentlichte Präsentation des Autors Klaus Lengefeld trug den Titel „Armutsbekämpfung in Bikini und Badelatschen". Das Hauptargument der Studie bestand darin, dass All-Inclusive-Resorts in Entwicklungsländern zahlreiche Jobs entstehen lasse und deswegen gut für die Entwicklung sei (vgl. Lengefeld 2007). Investitionen in Hotelinfrastruktur, so das Argument weiter, führten zu höheren Gewinnen durch Tourismuseinkünfte und Beschäftigung, was wiederum in der lokalen Wirtschaft und der weiteren Destination verteilt würde. Tatsächlich sind fast überall in der Welt die meisten Tourismusjobs – wenn auch nicht notwendigerweise schlecht bezahlt – saisonal, bieten also nur über begrenzte Zeiträume hinweg Einkommen (vgl. ILO 2010). Zudem können politische Konflikte, wie zuletzt in Ägypten, Tunesien oder der Türkei, Regionen, die sich wirtschaftlich und kulturell zu Tourismusdestinationen entwickelt haben, kurzerhand in Geisterstädte mit großer Reserve für Arbeitskräfte im Tourismus verwandeln (vgl. Rapoza 2015). Nicht zuletzt ignoriert All-Inclusive-Tourismus weitgehend die Integration der lokalen Interessenvertreter, also die Frage, welchen Tourismus die Einheimischen bevorzugen. Trotzdem rühmte sich die Weltbank in den 1990er Jahren für große Investitionen in den Massentourismus, wie z. B. das Megaresort *Puerto Plata* in der Dominikanischen Republik (vgl. World Bank 1991). Effektiv zeichnete dieses Resort den Entwicklungsweg des Landes hin zum Massentourismus vor. Laut Weltbank sei *Puerto Plata* bis heute ein einwandfreies Modell zur Planung und Replizierung in anderen Weltregionen, inklusive Afrika (vgl. Christie et al. 2013, S. 148).

Im Jahr 2002 wurde auf dem Weltgipfel für nachhaltige Entwicklung in Johannesburg die *ST-EP-Initiative* als gemeinsame Idee der Welttourismusorganisation (UNWTO) und der Konferenz für Handel und Entwicklung der Vereinten Nationen (UNCTAD) gegründet. Die Abkürzung steht für „Sustainable Tourism – Eliminating Poverty". Ziel der durch eine Stiftung unterstützten Initiative ist es, in Anlehnung an die Millenniums-Entwicklungsziele (MDG) die Verbindung zwischen nachhaltigem Tourismus und Armutsbekämpfung herzustellen (vgl. UNWTO 2019). Allerdings hat die *ST-EP-Initiative* nie Daten veröffentlicht, die zeigen könnten wie es zu ihrem erklärten Ziel, die MDG zu erreichen, beigetragen hat. Eine externe Bewertung der ersten zwölf ST-EP-Projekte zeigt, dass keine signifikanten Einkommen schaffende Wirkungen erzielt wurden. Ein weiterer Kritikpunkt ist, dass die Projektvorschläge häufig nicht das Ergebnis integrativer Beteiligungsprozesse vor Ort waren, sondern von Tourismusexperten oder Ministerien ersonnen wurden (vgl. GIZ 2010). Weil das *ST-EP*-Programm eines der prominentesten internationalen Geberinitiativen der 2000er Jahre war, wirft diese Kritik nicht nur ernsthafte Fragen über die Effektivität von Geberprogrammen bei der Zielerreichung von armutsmindernden Effekten durch den Tourismus auf, sondern auch, wie ernst die Projektbeteiligung der lokalen Bevölkerung genommen wurde.

Bei vielen geberfinanzierten Projekten bleibt unklar, wie viele Mittel tatsächlich in nachhaltige Tourismusentwicklung fließen. Wird nachhaltiger Tourismus oder Ökotourismus von Regierungen und Investoren vielleicht nur als Label genutzt, das jegliche Substanz in Bezug auf die eigentliche Bedeutung vermissen lässt? Um diese Frage zu beantworten, muss auch die Rolle der UNWTO sowie des World Travel & Tourism Councils (WTTC) und deren Effektivität zur Erreichung eines nachhaltigen Tourismus hinterfragt werden.

Um den o. g. Fragen nachzugehen, hat der Autor 100 ausgewählte Expertinnen und Experten, die im Bereich des nachhaltigen Tourismus aktiv sind, zu den wesentlichen Herausforderungen und Widersprüchen desselben als Mittel zur Erreichung der SDG befragt (vgl. Bollmann 2017). Als weiterer Ansatz wurden drei Fallstudien zur nachhaltigen Tourismusentwicklung bearbeitet. Diese befinden sich alle im südlichen Afrika, um einen Vergleich der Ansätze in einem regionalen Kontext zu ermöglichen. Es handelt sich dabei um Regionen mit Schutzgebieten, welche ein dominantes Tourismusprodukt in der Region des südlichen Afrika darstellen.

## 11.2 Nachhaltiger Tourismus und Resilienz

Auf lokaler Destinationsebene, wo zu Beginn einer Entwicklung Anstrengungen unternommen wurden, den Tourismus nachhaltig zu entwickeln, können sich langfristig dennoch unbeabsichtigte kumulative negative Auswirkungen ergeben. Gerade Reiseziele in Entwicklungs- und Schwellenländern erleben immer wieder Aufwärts- und Abwärts-Zyklen. Forscher haben versucht, Modelle zur Entwicklung und zur Bewertung der kurz- und langfristigen Auswirkungen des Tourismus zu entwickeln. Das bekannteste ist der *Tourist Area Cycle of Evolution* von Butler (1980). In der Phase der Reife überschreiten Tourismusdestinationen demnach häufig ihre Tragfähigkeit. Die darauffolgende Degeneration in der Wertschöpfung manifestiert sich in unterschiedlichen Formen. Oft wird sie anhand von Indikatoren beobachtet, die sich auf Umweltauswirkungen beziehen, wie z. B. übermäßiger Wasserverbrauch oder überhöhtes Abfallaufkommen durch Touristen (vgl. Epler Wood 2017).

Basierend auf dem Modell des *Tourist Area Cycle of Evolution* soll in diesem Beitrag anhand von Fallbeispielen die Übertragung von Konzepten des Resilienz-Konzeptrahmens auf den Tourismus diskutiert werden. „Zentral für diesen Begriff ist eine Auffassung von Resilienz als laufender, evolutionärer Anpassungsprozess an veränderliche externe Umweltfaktoren mit dem Ziel des Erhalts von Struktur, Funktionen,

Beziehungen und Identität eines Systems." (Deimling und Raith 2016, S. 6) Béné et al. (2014) kritisieren zwar, dass Resilienz-Konzepte mittlerweile zu breit angewandt werden und damit mit der Übernutzung des Nachhaltigkeitsbegriffes vergleichbar seien. Die Anwendung des Konzepts der Resilienz scheint als Ausgangspunkt für die Untersuchung der sozioökonomischen Dimension der Tourismusentwicklung aber zweckmäßig.

Deimling und Raith (2016, S. 6) haben den Begriff der regionalen Resilienz untersucht und ein weitgehendes Einvernehmen mit dem Begriffsverständnis von Nachhaltigkeit festgestellt. Demnach ist „Resilienz angesichts multipler Krisen und Bedrohungsszenarien eine zunehmend bedeutende Eigenschaft von urbanen wie ländlichen/peripheren Räumen", die

- „den Imperativ der Nachhaltigkeit nicht ersetzt, aber doch – etwa um Aspekte der regionalen Krisenfestigkeit – ergänzt, [...]
- dabei nicht nur die Fähigkeit zur Wiederherstellung (*Bouncebackability*), sondern auch zur Selbsterneuerung einer Region in Bezug auf ihre Funktionen, Strukturen, Identitäten und Beziehungen bzw. Wechselwirkungen beinhaltet, [...]
- dabei nicht als Zustand, sondern als laufender Prozess aufzufassen ist, der über reine Anpassung hinaus auch Lernen, Selbststeuerung und -erneuerung und somit ggf. Transformation umfasst", und [...] „dabei allgemein durch Eigenschaften wie Diversität, Modularität, Redundanz und straffe Feedbacks/kurze Wege gefördert wird." (Deimling und Raith 2016, S. 6)

Während einer der Hauptkritikpunkte am Resilienz-Konzeptrahmen die Entpolitisierung von Entwicklungsherausforderungen ist (vgl. Cannon und Müller-Mahn 2010), bezieht sich der Ansatz dieser Arbeit auf die Anwendung desselben lediglich auf das Modell des *Tourist Area Cycle of Evolution*. Die Frage ist, welche gesellschaftspolitischen Auswirkungen verursachen touristische Entwicklungsprojekte und -prozesse und wie können sich Destinationen vor den negativen Auswirkungen schützen?

## 11.3 Fallstudie 1: Africa Safari Lodge Foundation

Die Arbeit der Africa Safari Lodge Foundation (ASF) bezieht sich im Wesentlichen auf zwei SDG (vgl. BMZ 2019a): „Landökosysteme schützen, wiederherstellen und ihre nachhaltige Nutzung fördern, Wälder nachhaltig bewirtschaften, Wüstenbildung bekämpfen, Bodenverschlechterung stoppen und umkehren und den Biodiversitätsverlust stoppen" (SDG 15) und „Dauerhaftes, inklusives und nachhaltiges Wirtschaftswachstum, produktive Vollbeschäftigung und menschenwürdige Arbeit für alle fördern" (SDG 8). Die Mission der Stiftung ist es, hauptsächlich im südlichen Afrika „das ländliche Wirtschaftswachstum, die Eigenverantwortung der Bevölkerung, die Entwicklung von Kompetenzen und die Schaffung von Arbeitsplätzen durch verantwortungsbewusste und proaktive Formen des Tourismus und des Naturschutzes" in

Schutzgebieten (*Protected Areas*) zu fördern (vgl. ASF 2017). Die ASF arbeitet an den Schnittstellen von Schutzgebieten, den Anrainergemeinden und Tourismusunternehmen. Involviert sind 28 Gemeinden in Mosambik, Südafrika und Namibia mit mehr als 48.000 Mitgliedern in Kooperationen, 22 Privatunternehmen, 11 Regierungsbehörden und 25 Geberpartnern. Als Erfolge verbucht die Stiftung Neuinvestitionen von knapp 52 Mio. US-$, 922 neue Vollzeitstellen vor Ort mit einer jährlichen Lohnsumme von etwas mehr als 4,4 Mio. US-$ und einem jährlichen Einkommen durch Dividenden oder Mieten von mehr als 3,4 Mio. US-$ für die Partnergemeinden (vgl. ASF 2017). Im Wesentlichen fungiert die ASF als Vermittler zwischen Gemeinden, Regierungen und privaten Unternehmen, um den Nutzen für alle Parteien zu maximieren. In der Regel ist der Staat Eigentümer des Landes und die Gemeinden, die von der Verwendung der Ressourcen in den Schutzgebieten abhängig sind, liegen entweder innerhalb der Schutzgebiete oder direkt an deren Grenzen.

Die von ASF insbesondere im südlichen Afrika unterstützten Projekte sind nur einige von vielen, bei denen Regierungen Landrechte an Gemeinden übertragen oder Konzessionsverträge mit privaten Pächtern und Landbesitzern schließen, um ein Tourismusunternehmen wie eine Safari Lodge zu gründen. Immer mehr Stimmen im südlichen Afrika befürworten seit langem die vollständige Übertragung von Landrechten auf Gemeinden als das beste Mittel für das Management natürlicher Ressourcen (vgl. Murphree 1993; Steiner und Rihoy 1995; Bond 2001). Die Erfahrung zeigt, dass die Kombination dieses Ansatzes mit einer starken Unterstützung für den Marktzugang durch die nationalen Regierungen und einer engen Beteiligung des Privatsektors gut funktioniert (vgl. Mitchell und Ashley 2010). Insgesamt ist die Bilanz jedoch ausbaufähig. Selbst in Namibia, das oft als Aushängeschild des gemeindebasierten Tourismus gilt, gibt es Probleme mit der de facto Übertragung von Rechten auf lokale Gemeinschaften. Stattdessen wurde ein langsamer Prozess der Rezentralisierung einiger touristischer Ressourcen und Erträge zum Nachteil der Gemeinden beobachtet (vgl. Lapeyre 2010, S. 100).

In den letzten zehn Jahren wurden in staatlichen oder kommunalen Schutzgebieten im südlichen Afrika eine breite Palette unterschiedlicher Konzessionsvereinbarungen ausgearbeitet. Wyman et al. (2011, S. 916) weisen darauf hin, dass entscheidende Aspekte für das Funktionieren solcher Vereinbarungen die Prüfung der Rentabilität vorgeschlagener Geschäftsmodelle sowie das Verständnis aller Beteiligten von der klaren Definition der rechtlichen und finanziellen Verantwortlichkeiten sind. In ländlichen Gebieten, in denen Schutzgebiete üblicherweise angesiedelt sind, füllt ASF damit eine kritische Kapazitätslücke im Sinne einer Transaktionsberatung. Sie hilft auch bei der Mobilisierung von Finanzierungsquellen, bietet Schulungen für Naturführungen, das Gastgewerbe und die lokale Tourismusplanung an.

Eine Befragung von Experten in der Entwicklungszusammenarbeit hat ergeben, dass die Mehrheit positive Auswirkungen des Tourismus auf den Naturschutz erkennt. 75 % der Experten waren sehr optimistisch oder optimistisch, dass die Einnahmen aus dem Tourismus zur Finanzierung von Schutzgebieten beitragen können. 56 % der

Experten sahen die mögliche Beschäftigungsförderung durch Tourismus in Schutzgebieten sehr optimistisch oder optimistisch. Bezüglich des Beitrags der Einnahmen
aus dem Tourismus zum Wirtschaftswachstum in der Umgebung von Schutzgebieten
waren allerdings nur 43 % der Experten sehr optimistisch oder optimistisch (vgl. Bollmann 2017). Das entspricht auch der Einschätzung der International Union for Conservation of Nature (IUCN), die ein großes Potenzial für den Tourismus zur Finanzierung
von Schutzgebieten sieht (vgl. Spenceley et al. 2017). Insbesondere Konzessionen für
staatliches oder kommunales Land, das privaten Lodge-Betreibern zugeteilt wurde,
haben in den letzten Jahren an Dynamik gewonnen (vgl. Eagles et al. 2009; Mitchell
und Ashley 2010).

## 11.4 Fallstudie 2: Transfrontier Parks Destinations und Fair Trade Tourism

Die Transfrontier Parks Destinations (TFPD bezeichnen sich als „consortium of like-
minded associates who are business-oriented social entrepreneurs." (TFPD 2019)
Sie sind bezüglich der Verwaltung, dem Marktzugang und dem Betrieb von Lodges
zum Nutzen der lokalen Gemeinschaften vergleichbar mit dem Ansatz der ASF. Während beide Organisationen einen ähnlichen konzeptionellen Ansatz zur nachhaltigen
Tourismusentwicklung verfolgen, basiert ihr Geschäftsmodell allerdings auf unterschiedlichen Interventionspunkten. Die ASF konsultiert die Interessengruppen der
Gemeinde bevor eine Entwicklungsmaßnahme durchgeführt wird und hilft durch
ihre professionelle Rechtsberatung bei der Minimierung von Risiken. TFPD engagiert sich dagegen **nachdem ein Projekt gescheitert** ist. Das Konsortium betreibt
13 Lodges und Camps in Südafrika, die meisten davon im Rahmen von Konzessionen auf kommunalen Grundstücken. Das Interessante an ihrem Modell ist, dass sie
defizitäre Tourismuseinrichtungen übernehmen, die ursprünglich mit Mitteln von
Regierungsbehörden im Rahmen von Programmen für soziale Investitionen in Gemeinden gefördert wurden. Damit haben sie 170 Vollzeitstellen im ländlichen Raum
mit einem Gesamteinkommen von 9 Mio. ZAR geschaffen. Seit seiner Gründung 2004
bis 2015 hat TFPD 100 Mio. ZAR in Schutzgebietstourismus-Einrichtungen investiert
und weitere 150 Mio. ZAR veranschlagt (vgl. O'Leary 2015).

Alle von TFPD durchgeführten Vorgänge wurden von unabhängiger Seite nach
dem *Fair Trade Tourism* (FTT)-Standard zertifiziert, der 250 Kriterien verwendet, die
sich auf Themen wie Arbeitsrecht, lokale Wirtschaftskreisläufe, kulturelles Erbe und
Umweltschutz beziehen (vgl. FTT 2019). Seit 2001 hat FTT über 100 Unternehmen in
Südafrika, Mosambik und Madagaskar zertifiziert. Obwohl Strambach und Surmeier
(2013, S. 15) zu dem Schluss kommen, dass dieser „Standard gut in den nationalen institutionellen Kontext integriert ist und gleichzeitig eine Antwort auf die globalen Anforderungen nach gerechteren und nachhaltigeren Tourismuspraktiken bietet", sind
diese Unternehmen nur ein minimaler Anteil der Tourismusbetriebe in Schutzgebie-

ten. FTT wird institutionell von der südafrikanischen Regierung zwar immer wieder gerne beratend bei Fragen der Tourismuspolitik eingebunden, aber nicht finanziell unterstützt. Die Unternehmen zahlen an FTT für die Zertifizierung nur einen symbolischen Betrag, einen weitaus höheren Betrag kassieren unabhängige Berater bei der Überprüfung, ob die Standards tatsächlich wie angegeben eingehalten werden. Der Anteil, den die Einkünfte aus der Zertifizierung und Beratung am Gesamtbudget von FTT ausmachen, beträgt nur 5 %. Somit ist FTT – wie auch ASF – in hohem Maß auf die (nachlassende) internationale Unterstützung von Geberorganisationen angewiesen.

## 11.5 Fallstudie 3: Transfrontier Conservation Areas – eine neue „Ideologie" für Frieden und Natur

Wenn auch nicht in erster Linie auf den Tourismus ausgerichtet, waren in den letzten Jahren die 18 angekündigten Transfrontier Conservation Areas (TFCA) die wichtigste Initiative, die sich auf die Tourismusentwicklung in der südafrikanischen Entwicklungsgemeinschaft (SADC) auswirkte. Eine TFCA ist ein „Gebiet über zwei oder mehr internationale Grenzen hinweg, in dem die natürlichen und kulturellen Ressourcen von den beteiligten Regierungen oder Behörden gemeinsam verwaltet werden." (Republik of South Africa 2016) Sie verbinden Schutzgebiete verschiedener IUCN-Kategorien in allen 16 SADC-Mitgliedstaaten miteinander (vgl. Abb. 11.1).

Die Ursprünge des ersten dieser TFCA, des Great Limpopo Transfrontier Park (GLTP), gehen auf das Jahr 1991 zurück, als der damalige Leiter des World Wildlife Fund (WWF) Südafrika, Anton Rupert, dem damaligen Präsident von Mosambik, Joaquim Chissano, die Einrichtung eines „Peace Parks" zwischen Mosambik und Südafrika vorschlug (vgl. Spenceley und Schoon 2007).

Chissano hoffte auf Investitionen in die nach zwei Jahrzenten Krieg völlig am Boden liegende Wirtschaft seines Landes. Rupert teilte eine Leidenschaft mit einem großen Teil der postkolonialen weißen Oberschicht in Afrika: Die legendäre Mischung aus Abenteuer und Romantik der afrikanischen Tierwelt und Landschaften. Deren Schutz war schon in Zeiten der Burenrepublik Transvaal ein hohes Anliegen der weißen Minderheitsherrschaft, die in dieser Zeit auch den Kruger Nationalpark (1898) und in den Jahren danach viele weitere Schutzgebiete gründeten. In Südafrika ging diese Entwicklung parallel zu einem der aus Sicht der schwarzen Mehrheitsbevölkerung Südafrikas größten Traumas ihrer Geschichte einher: Der Enteignung von 87 % ihrer Landesflächen (vgl. Natives Land Act 1913) und der späteren Errichtung von Reservaten bzw. sogenannten Bantustans. Ob sie nun zu gunsten eines weißen Landwirtes oder eines Naturschutzgebietes aus ihren Dörfern vertrieben wurden, dürfte der jeweiligen afrikanischen Dorfgemeinschaft egal gewesen sein. Schlimmer war die Tatsache, dass sie durch die Ausgrenzung aus den neu entstandenen Schutzgebieten auch den Zugang zu den, für ihren Lebensunterhalt teils wichtigen, Jagdgebieten verloren. Die

**Abb. 11.1:** Geografische Lage der TFCA Großschutzgebiete (Quelle: Peace Parks Foundation 2019).

Befürchtung der weißen Südafrikaner, die Schutzgebiete könnten nach dem Fall des Apartheidregimes aufgelöst werden, traten nicht ein. In einem Südafrika unter Nelson Mandela stand diese Frage niemals ernsthaft im Raum:

> Ich kenne keine politische Bewegung, keine Philosophie und keine Ideologie, die mit dem Friedensparkkonzept, wie wir es heute sehen, nicht übereinstimmt. Es ist ein Konzept, das von allen angenommen werden kann. In einer Welt voller Konflikte und Spaltungen ist Frieden einer der Eckpfeiler der Zukunft. Peace Parks sind in diesem Prozess nicht nur in unserer Region, sondern möglicherweise auf der ganzen Welt Bausteine." (Nelson Mandela, 04.10.2001; Quelle: GLTP 2015)

Seitdem wurden TFCA – die auch als „Peace Parks" bezeichnet werden – nicht nur von den Regierungen vieler SADC-Mitgliedstaaten gefeiert. Einige der größten internationalen Geber, darunter die Europäische Komission, die Weltbank, USAID und das Deutsche Bundesministerium für wirtschaftliche Entwicklung und Zusammenarbeit (BMZ) treiben sowohl über die Kreditanstalt für Wiederaufbau (KfW) als auch die Deutsche Gesellschaft für Internationale Zusammenarbeit (GIZ) den Aufbau und das Management der TFCA voran. Die finanzielle und technische Hilfe fließt entweder über die Peace Parks Foundation, die SADC oder über die bilaterale Finanzierung von Regierungen. Das Konzept des Tourismus als friedensfördernde Kraft findet auch anderswo breite Resonanz. Die WTTC (2016) betont, dass Länder mit einem nachhaltigen Tourismussektor tendenziell friedlicher sind als andere. Die gemeinnützige Organisation *International Institute For Peace Through Tourism* (IIPT) widmet sich eigens der Förderung von Tourismusinitiativen, die dazu beitragen, eine friedliche und nachhaltige Welt zu schaffen (vgl. IIPT 2019). Die These, dass Tourismus demokratische Werte und Menschenrechte stärken sowie den Frieden fördern kann, wird auch von zwei Dritteln der befragten Experten unterstützt (vgl. Bollmann 2017). Aber die TFCA sollen viel mehr als nur Frieden schaffen. Laut GIZ spielen TFCA auch „eine Schlüsselrolle bei der Bewältigung der gegenwärtigen und zukünftigen Herausforderungen des Klimawandels." (GIZ 2015, S. 1) Auch hier sahen 72 % der befragten Experten einen positiven Zusammenhang zwischen naturschutzbezogenem Tourismus und Klimaschutz (vgl. Bollmann 2017).

Das wichtigste Ziel der TFCA ist die Beseitigung von Grenzzäunen, um die Zugkorridore für Wildtiere, insbesondere für Elefanten, zu öffnen und gleichzeitig das nachhaltige Management von Ökosystemen und die Durchsetzung von Wildtiergesetzen zu unterstützen. Doch die Beseitigung von Grenzzäunen erleichtert nicht nur die Grenzüberschreitung für wildlebende Tiere, sondern auch für Wilderer. Der starke Anstieg der Wilderei in Afrika im letzten Jahrzehnt steht im Zusammenhang mit der wachsenden Nachfrage nach illegalen Wildtierprodukten, insbesondere in Asien (vgl. WWF 2015). Die massive Ausweitung von Großschutzgebieten und TFCA im südlichen Afrika im selben Zeitraum (vgl. Büscher et al. 2016), die häufig zu Vertreibungen, Zugangsbeschränkungen zu Ressourcen und letztendlich zu einer Beraubung bereits verarmter Gemeinden führte, wird jedoch weithin nicht als eine der Ursachen für den Anstieg der Wilderei gesehen (vgl. Dowie 2009). Vielmehr wird davon ausgegangen, dass die Einnahmen aus dem Tourismus dazu beitragen, dass die TFCA sich eines Tages finanziell selbst tragen (vgl. Duffy 2015, S. 15). Die Tourismusinfrastruktur in den meisten TFCA ist jedoch ungleich verteilt. Im Great Limpopo Transfrontier Park befinden sich z. B. die meisten Unternehmen auf südafrikanischer Seite, während in Mosambik trotz zwei Jahrzehnten technischer Hilfe und millionenschwerer Investitionen keine wesentlichen Einnahmequellen durch den Tourismus geschaffen wurden. Im mosambikanischen Teil des Parks existiert nur eine professionell geführte Lodge, die Platz für zehn Gäste bietet, während es auf südafrikanischer Seite Hunderte gibt. Daher ist es nicht verwunderlich, dass insbesondere Parkanrainer in Mosambik Schutzgebiete hauptsächlich als Sperrgebiete betrachten, die sie an der Landwirtschaft, Jagd, Fischerei und der Besiedlung hindern.

Obwohl Hunderte von Millionen US-$ in TFCA-Projekte investiert wurden, sind die Parkbehörden häufig immer noch unterbesetzt, schlecht ausgestattet, von den Regierungen unterfinanziert und können somit die Integrität ihrer Nationalparkgrenzen nicht aufrechterhalten (vgl. Büscher 2010, S. 647). Die Dorfbewohner dringen auf der Suche nach Nahrungsmitteln, Brennholz und landwirtschaftlichen Nutzflächen in Parks ein und jagen geschützte Tiere, um überleben zu können (vgl. Hulme und Murphree 2001). Insbesondere innerhalb der beiden größten TFCA, Great Limpopo und Kavango-Zambezi (KAZA), macht die Wilderei von Nashörnern und Elefanten weiterhin Schlagzeilen und führt zu wachsenden Investitionen in Sicherheitskräfte. Solche Entwicklungen haben wiederum dazu geführt, dass vor einer „Militarisierung des Naturschutzes" gewarnt wird (vgl. Duffy et al. 2017), die an eine „koloniale Erzählung von Gewalt" erinnert (vgl. Bluen 2016) – wohl kaum gute Vorzeichen für die Schaffung von Frieden durch Tourismus.

Von den vielen Millionen Euro, die seit 1996 in TFCA investiert wurden, setzte man abgesehen von Infrastrukturverbesserungen und Marketingmaßnahmen nur sehr wenig Geld für systematische Strategien zur Tourismusentwicklung ein, insbesondere nicht für den personellen Kapazitätsaufbau in Schlüsselkompetenzen, die in der Tourismusbranche benötigt werden, oder finanzielle Anreize für Betreiber (vgl. Sparrow 2011; Silva und Khatiwada 2014). Mehrere Autoren haben eine Diskrepanz zwischen der „großen Entwicklungstheorie" und ihrer Anwendbarkeit auf lokale Realitäten festgestellt, insbesondere bei der lokalen Wirtschaftsentwicklung und den Landbesitzstrukturen in den betroffenen Gemeinden (vgl. Barrow und Murphree 2001; Junck 2011; Büscher et al. 2016). Die meisten Tourismusprojekte, die von internationalen Gebern unterstützt werden, sind eher symbolisch und werbewirksam als einem nachhaltigen Plan zu folgen, um TFCA zu wettbewerbsfähigen Tourismuszielen zu machen. Dazu gehören ein- bis zweimal im Jahr stattfindende Mountainbike-Events wie *Desert Knights* und *Tour de Tuli* sowie andere gut gemeinte Aktivitäten wie Wandern und Kanufahren. Einen systematischen Ansatz zur Tourismusentwicklung in TFCA entwickelt die GIZ erst seit 2019 in einer kleineren Projektkomponente (vgl. BMZ 2019).

Es ist bezeichnend, dass die mit 444.000 km$^2$ größte TFCA Kavango-Zambezi (KAZA), die mit 35,5 Mio. € allein durch den größten Geber BMZ finanziert wird und über die es heißt, dass das Hauptziel die nachhaltige Entwicklung des Tourismus und der Wirtschaft in den teilnehmenden Ländern und der Erhalt der biologischen Vielfalt sei (vgl. BMZ 2019), noch immer kein einziges Tourismusentwicklungsprojekt erarbeitet hat. Wie bei anderen TFCA wird einfach davon ausgegangen, dass Umweltschutz- und Infrastrukturinvestitionen richtungsweisend sind und die Tourismusbranche folgen wird, um lokalen Gemeinden Arbeitsplätze und Einkommen zu bieten (vgl. Büscher 2005, S. 176). Aus diesen Gründen argumentieren Büscher (2010) und Duffy (2015), dass der Ansatz der TFCA bzw. Peace Parks in Bezug auf die Erhaltung und Entwicklung der Natur im Grunde einer neoliberalen Denkschule folgt.

Zusammenfassend konnte kein Beweis dafür gefunden werden, dass die internationale Unterstützung der TFCA trotz vieler Hinweise auf eine nachhaltige Tourismusentwicklung einen inhaltlichen Ansatz als treibende Kraft für Beschäftigung und Einkommen verfolgt. Und obwohl der Tourismus seit langem als wichtigstes Instrument für den Naturschutz und die lokale Entwicklung genannt wird, sind Maßnahmen zur Bekämpfung von Wilderei in internationalen Geberportfolios deutlich sichtbarer als die Unterstützung lokaler Teilhabe durch Tourismusentwicklung. Während es in BMZ-finanzierten Programmen praktisch kein separates Budget gibt, um die lokalen wirtschaftlichen Vorteile einer nachhaltigen Tourismusentwicklung in der TFCA direkt voranzutreiben, werden Millionen für die Bekämpfung der Wilderei bereitgestellt (vgl. BMZ 2015).

## 11.6 Nachhaltiger Tourismus, unterwegs zur Resilienz?

Luthe und Wyss (2014, S. 162) haben den Forschungsstand zur Resilienz im Tourismus-bereich zusammengefasst und dabei festgestellt, dass es sowohl an quantitativer als auch an qualitativer Datenanalyse mangelt. Insbesondere fehle es an Forschungser-gebnissen, die quantitative Netzwerkanalysen mit qualitativen Daten ergänzen. Hall et al. (2017) bringen im Kontext der Tourismusentwicklung Resilienzprobleme mit ver-wandten Schlüsselkomponenten wie Verwundbarkeit, Anpassung, Netzwerken, Sys-temen, Wandel und sozialem Kapital in Verbindung. Das Konzept der Resilienz wurde auch von der UNWTO verwendet, allerdings hauptsächlich im Zusammenhang mit Krisenreaktionen, wie Klimanpassung von Destinationen, die extremen Wettererei-nissen, Naturkatastrophen oder politischen Umwälzungen und Terrorismus ausge-setzt sind. Es ist jedoch noch nicht erkennbar, dass in diesen UNWTO-Diskursen die Resilienz in Bezug auf soziale Reaktionen zum Ausdruck kommt (vgl. UNWTO 2018). Zur Frage, ob der Tourismus die Bevölkerung in Regionen mit ansonsten geringen Einkommensmöglichkeiten widerstandsfähiger gegen Armut machen kann, äußerten sich 69 % der befragten Experten sehr optimistisch oder optimistisch (vgl. Bollmann 2017).

Dieser Beitrag fokussiert auf die Analyse von Prozessen der Tourismusentwick-lung und des Tourismusmanagements im Zusammenhang mit Lodges und Schutzge-bieten im südlichen Afrika. Die Fallbeispiele stellen die relevantesten Initiativen für eine nachhaltige Tourismusentwicklung in der Region dar. Keines von ihnen steht re-präsentativ für den gesamten Panarchy-Konzeptrahmen von Gunderson und Holling (2002): Das **Konzept der Panarchie** bietet einen Rahmen, der komplexe Systeme von Mensch und Natur als dynamisch organisiert und strukturiert über Raum- und Zeit-skalen hinweg unter Berücksichtigung ihrer Resilienz charakterisiert (vgl. Abb. 11.2). Im Folgenden soll aufgezeigt werden, dass jedes der o. g. Fallbeispiele in der Logik des Konzeptrahmens – unter Berücksichtigung des *Tourism Area Life Cycles* – wiederzu-finden ist.

In allen analysierten Fallstudien wird die Absicht erklärt, nachhaltigen Touris-mus zu implementieren. Je nach Ansatz bietet der Panarchy-Konzeptrahmen die Mög-lichkeit, diese Fälle an einem anderen Punkt des Kreislaufs zu verorten. Tourismus-destinationen durchlaufen in ihrer Entwicklung in der Regel Aufwärts- und Abwärts-Zyklen, sei es ein Großschutzgebiet wie KAZA oder eine einzelne Lodge innerhalb eines Schutzgebietes, wie die TFPD- und ASF-Fälle. Aus wirtschaftlicher Sicht wäre das optimale Szenario, einen Punkt auf dem Kontinuum zu erreichen, an dem die Wertschöpfung maximiert und das Management stabilisiert wird, bei gleichzeitiger Minimierung der Risiken. Doch ein solches statisches Gleichgewicht widerspricht je-der Resilienzperspektive: Entwicklung manifestiert sich in einem komplexen System von Stabilität und Wandel im Laufe der Zeit, in dem eine touristische Entwicklung in eine sich ständig verändernde wirtschaftliche, soziale und ökologische Umgebung

## ↑ Value created

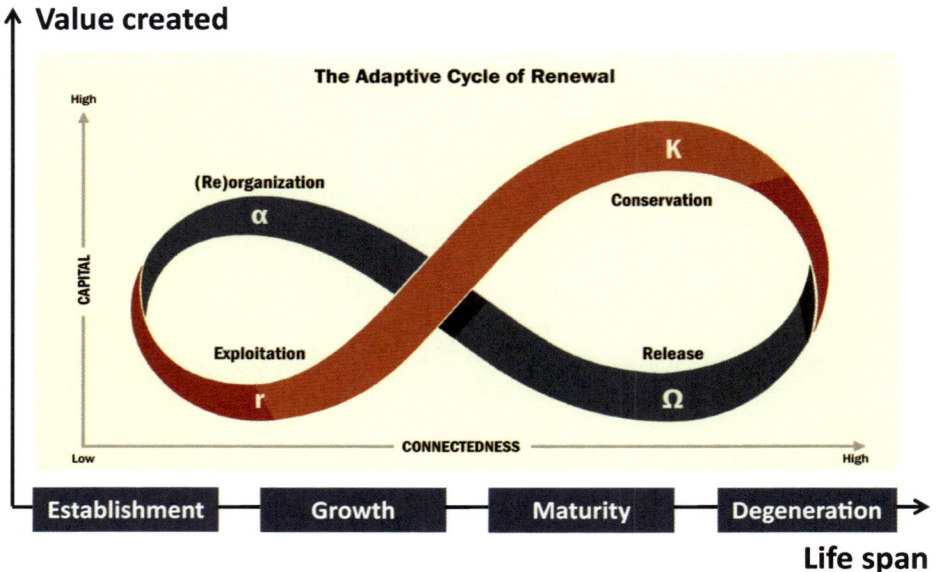

**Abb. 11.2:** Resilienz im Tourist Area Cycle of Evolution (Quelle: eigene Darstellung nach Gunderson und Holling 2002, S. 34 und Butler 1980, S. 7).

einfließt. Die Beispiele TFPD, ASF und FTT bieten strukturierte Interventionen an verschiedenen Punkten im Kontinuum einer Tourismusentwicklung:

- **Transfrontier Parks Destinations** (TFPD) greift die Lücken fehlgeschlagener touristischer Infrastrukturentwicklungen (in der Regel Lodges oder Camps) auf, die zuvor Gemeinden zur Verfügung gestellt wurden, und übernimmt im Rahmen von Konzessionsvereinbarungen die Kosten für Renovierung, Verwaltung und Vermarktung. Sie übernehmen zu einem Zeitpunkt, nachdem Investitionen erfolgt sind, Erwartungen enttäuscht wurden und die touristischen Benefits des Naturschutzes für die Gemeinden im Wesentlichen ausgeblieben sind. Auf diese Weise setzt TFPD in der **Release-Phase** des Entwicklungskontinuums an (vgl. Abb. 11.2) und arbeitet professionell mit Interessengruppen der Gemeinde als Rechteinhabern zusammen, um das Tourismusprodukt neu zu organisieren.
- Die **Africa Safari Lodge Foundation** (ASF) konzentriert sich darauf, eine rechtlich und soziokulturell umfassende Grundlage für den Tourismus zu schaffen, die auf der Vermittlung zwischen interessierten Parteien und der Bereitstellung von Rechtsberatung basiert, um solide und gerechte Konzessionsvereinbarungen zu entwickeln. Sie unterstützt auch die Entwicklung wirtschaftlich tragfähiger Tourismusprodukte und bietet Schulungen zu Schlüsselkompetenzen an, um den lokalen Interessengruppen die Möglichkeit zu geben, sich erfolgreich im touristischen Arbeitsumfeld zu positionieren. Daher liegt der Ausgangspunkt in der Tätigkeit von ASF **vor dem Stadium der *Exploitation*** (vgl. Abb. 11.2), indem eine

starke rechtliche und soziokulturelle Grundlage geschaffen wird, auf der die Entwicklung des Tourismus beruht.

– **Fair Trade Tourism** (FTT) baut Kapazitäten in bestehenden und funktionierenden Tourismusunternehmen auf, die seit mindestens einem Jahr voll funktionsfähig sein müssen. Diese Unternehmen unterhalten eine vertragliche Beziehung mit FTT, um Unterstützung bei der Umsetzung von Nachhaltigkeitskriterien zu erhalten. Dies umfasst die Unterstützung der Geschäftsentwicklung bei der Ausarbeitung einer breiten Palette von Richtlinien und Umsetzungspraktiken. Damit unterstützt FTT die Unternehmen in der **Phase der *Conservation*** (vgl. Abb. 11.2).

## 11.7 Fazit

Carl von Clausewitz (1832) traf die berühmte Aussage, dass „Krieg die Fortsetzung der Politik mit anderen Mitteln ist". In modernen politischen Reden und Schlagzeilen ist es seit langem üblich, gesellschaftspolitischen Problemen den Krieg zu erklären. In Bezug auf die dargestellte Situation der TFCA im südlichen Afrika könnte man folgern, dass militärische Lösungen gegen die Wilderei gesucht werden, weil die Versuche eine sozialpolitische Lösung zu finden erschöpft sind. Das spitzt die in vielen Umweltschutzkreisen noch immer stark verbreitete Festungsmentalität zu, nach der Schutzgebiete nur bestand haben können, wenn sie sich wehrhaft von der umliegenden Bevölkerung abschotten.

Diese Feststellungen konterkarieren die Erkenntnis, dass die Herausforderungen des Tourismus und des Naturschutzes, einschließlich wirtschaftlicher, ökologischer und soziokultureller Faktoren, in einem Resilienzrahmen verstanden werden müssen. Im Idealfall würde eine Kombination der Instrumente von TFPD, ASF und FTT die Umsetzung und Kontrolle der Nachhaltigkeit von Tourismusbetrieben in Schutzgebieten sehr gut unterstützen. Damit würde auch die Widerstandsfähigkeit der Tourismusbetriebe unter Berücksichtigung aller betroffenen Akteure und Umgebungen verbessert. Gegenwärtig ist jedoch bei größeren, von Gebern finanzierten Programmen wie den TFCA nur ein lückenhafter Einsatz solcher Instrumente und kaum finanzielle Unterstützung für deren Umsetzung zu verzeichnen. Um die lokale Wirtschaft und das soziale Umfeld profitieren zu lassen, liefern Instrumente wie ASF einen Präzedenzfall für eine Entwicklung, die Risiken minimiert.

Viele Erkenntnisse von ASF wurden in die neuen Richtlinien für Konzessionen von IUCN aufgenommen, um typische Fehler von Beginn an zu vermeiden (vgl. Spenceley et al. 2017). Das TFPD-Management hat in einem Ex-Post-Szenario die Vorteile von Tourismuseinrichtungen für die lokale Wirtschaft neu und als erfolgreich bewertet. FTT bietet einen Rahmen für ein kontinuierliches Monitoring, das dazu beitragen kann, die Nachhaltigkeit der Unternehmen zu maximieren und die Risiken für lokale wirtschaftliche, soziokulturelle und ökologische Effekte, die durch Auf- und Abschwünge im Lebenszyklus der Tourismusunternehmen entstehen, zu minimieren.

Das gilt sowohl für deren eigene wirtschaftliche Widerstandsfähigkeit als auch für die der betroffenen Menschen in ihrem direkten Umfeld. Demnach sollten Programme zur Umsetzung der SDG im Tourismus – wie die TFCA im südlichen Afrika – künftig solche Instrumente zur Unterstützung der Resilienz auf breiter Basis einbeziehen.

## Literatur

ASF (The African Safari Foundation) (2017). About us. Abgerufen am 28.06.2019 von www.asl-foundation.org/pages/about-us.

Barrow, E. und Murphree, M. (2001). Community conservation: from concept to practice. In Hulme, D. und Murphree, M., Hrsg., *African Wildlife and Livelihoods: The Promise and Performance of Community Conservation*, S. 24–37. J. Currey, Oxford.

Béné, C., Newsham, A., Davies, M., Ulrichs, M. und Godfrey-Wood, R. (2014). Resilience, Poverty and Development. *Journal of International Development*, 26(5):598–623.

Bluen, K. (2016). Rhino War. A colonial narrative of violence. *Business Day*, 28.07.2016. Abgerufen am 30.06.2019 von www.pressreader.com/south-africa/business-day/20160728/281771333556243.

BMZ (Bundesministerium für wirtschaftliche Zusammenarbeit und Entwicklung) (2015). New alliances in the fight against poaching. Abgerufen am 30.06.2019 von www.bmz.de/20150601-1en.

BMZ (2019a). 17 Ziele für nachhaltige Entwicklung. Abgerufen am 24.06.2019 von https://www.bmz.de/de/ministerium/ziele/2030_agenda/17_ziele/index.html.

BMZ (2019b). KAZA – Naturschutz über alle Grenzen hinweg. Abgerufen am 27.06.2019 von http://www.bmz.de/webapps/tourismus/index.html#/de/beispiele/kaza.

Bollmann, M. (2017). Examining the case for tourism development as an instrument for sustainable economic growth. Unveröffentlichte Masterarbeit an der School of Oriental and African Studies, University of London.

Bond, I. (2001). Campfire and the Incentives for Institutional Change. In Hulme, D. und Murphree, M., Hrsg., *African Wildlife and Livelihoods: The Promise and Performance of Community Conservation*, S. 227–243. James Currey, Oxford.

Brot für die Welt (2005). Streitgespräch: All-inclusive als Armutsbekämpfung? Abgerufen am 24.06.2019 von https://www.tourism-watch.de/de/schwerpunkt/streitgespraech-all-inclusive-als-armutsbekaempfung.

Büscher, Bram (2005). Peace parks in Southern Africa: bringers of an African Renaissance? *The Journal of Modern African Studies*, 43(02):159–182.

Büscher, B. (2010). Seeking Telos' in the Transfrontier? Neoliberalism and the Transcending of Community Conservation in Southern Africa. *Environment and Planning*, 42:644–660.

Büscher, B., Fletcher, R., Brockington, D., Sandbrook, C., Adams, W., Campbell, L., Corson, C., Dressler, W., Duffy, R., Gray, N., Holmes, G., Kelly, A., Lunstrum, E., Ramutsindela, M. und Shanker, K. (2016). Half-Earth or Whole Earth? Radical ideas for conservation and their implications. *Oryx. International Journal of Conservation; Flora and Fauna International*, 51(3):407–410.

Butler, R. (1980). The Concept of a Tourist Area Cycle of Evolution. Implications for Management of Resources. *Canadian Geographer*, 24(1):5–12. Abgerufen am 24.06.2019 von https://www.researchgate.net/publication/228003384_The_Concept_of_A_Tourist_Area_Cycle_of_Evolution_Implications_for_Management_of_Resources.

Cannon, T. und Müller-Mahn, D. (2010). Vulnerability, resilience and development discourses in context of climate change. *Natural Hazards*, 55:621–635.

CBD (Convention on Biological Diversity) (2004). Guidelines on Biodiversity and Tourism Development. Montreal.

CBD (2012). COP 11 Decisions. Eleventh meeting of the Conference of the Parties to the Convention on Biological Diversity, 8–19 October 2012 in Hyderabad, India. Abgerufen am 24.06.2019 von www.cbd.int/decisions/cop//?m=cop-11.

Christie, I., Fernandes, E., Messerli, H. und Twining-Ward, L. (2013). The Dominican Republic – Defying the Odds Puerto Plata. In *Tourism in Africa: Harnessing Tourism for Growth and Improved Livelihoods*, S. 139–149. The World Bank, Washington D.C.

Clausewitz, C. v. (1832). *Vom Kriege*. Ferd. Dümmler, Berlin.

Deimling, D. und Raith, D. (2016). Regionale Resilienz als alternative ökonomische Perspektive nachhaltiger Regionalentwicklung. Graz: Amt der Steiermärkischen Landesregierung. Abgerufen am 28.06.2019 von https://www.researchgate.net/publication/314950554_Regionale_Resilienz_als_alternative_okonomische_Perspektive_nachhaltiger_Regionalentwicklung.

Max-Neef, M. (2010). Democracy Now Interview. Abgerufen am 28.06.2019 von www.youtube.com/watch?v=iFqU8lKrzeA.

Dowie, M. (2009). *Conservation Refugees*. MIT Press, Cambridge.

Duffy, R. (2000). *Killing for Conservation: Wildlife Policy in Zimbabwe*. James Currey, Oxford.

Duffy, R. (2015). Nature-based tourism and neoliberalism: concealing contradictions. *Tourism Geographies*, 17(4):529–543.

Duffy, R., Dickinson, H. und Joanny, L. (2017). Foreign 'conservation armies' in Africa may be doing more harm than good. *The Conservation*, 12.07.2017. Abgerufen am 29.06.2019 von https://theconversation.com/foreign-conservation-armies-in-africa-may-be-doing-more-harm-than-good-80719.

Epler Wood, M. (2017). *Sustainable Tourism on a Finite Planet: Environmental, Business and Policy Solutions*. Routledge, Albingdon.

FTT (Fair Trade Tourism) (2019). Our certification standard and criteria. Abgerufen am 29.06.2019 von www.fairtrade.travel/Our-certification-standard-and-criteria.

GIZ (Deutsche Gesellschaft für Internationale Zusammenarbeit) (2015). Climate Change Adaptation Training for SADC Transfrontier Conservation Areas. Abgerufen am 29.06.2017 von www.giz.de/en/downloads/giz2015-en-sadc-training-factsheet.pdf (nicht mehr verfügbar).

GLTP (Great Limpopo Transfrontier Park) (2015). Remembering Nelson Mandela, founding patron of Peace Parks Foundation. Abgerufen am 29.06.2019 von www.greatlimpopo.org/2015/07/remembering-nelson-mandela-founding-patron-of-peace-parks-foundation.

Gunderson, L. und Holling, C. (2002). *Panarchy: Understanding Transformations in systems of humans and nature*. Island Press, Washington DC.

Hall, C., Prayag, G. und Amore, A. (2017). Tourism and Resilience. Individual, Organisational and Destination Perspectives. Abgerufen am 29.06.2019 von www.multilingual-matters.com/display.asp?K=9781845416294.

Hulme, D. und Murphree, M. (2001). *African Wildlife and Livelihoods – The Promise and Performance of Community Conservation*. James Currey, Oxford.

IIPT (International Institute for Peace Through Tourism) (2019). Mission Statement. Abgerufen am 29.06.2019 von www.iipt.org/AboutUs.html.

ILO (International Labour Organization) (2010). Developments and challenges in the hospitality and tourism sector. Issues paper for discussion at the Global Dialogue Forum for the Hotels, Catering, Tourism Sector. Geneva, 23–24 November 2010.

Junck, M. (2011). Pro-poor tourism needs sustainable land use. *Rural 21*, 4:26–27.

Lapeyre, R. (2010). The conflicting distribution of tourism revenue as an example of insecure land tenure in Namibian communal lands. In Anseeuw, W. und Alden, C., Hrsg., *The Struggle Over Land in Africa: Conflicts, Politics and Change*. HSRC Press, Cape Town.

Lengefeld, K. (2007). Masse und Klasse. Welchen Tourismus brauchen die Entwicklungsländer? *Eins Entwicklungspolitik*, 1–2. Abgerufen am 24.06.2019 von http://www.entwicklungspolitik.org/home/02-03-007-01/.

Mitchel, J. und Ashley, C. (2010). *Tourism and Poverty Reduction: Pathways to Prosperity*. Routledge, London.

Murphree, M. (1993). Communities as Resource Management Institutions. Gatekeeper Series No. 36, Sustainable Agriculture Programme. International Institute for Environment and Development, London.

O'Leary, G. (2015). The perspectives of a trans-border tourism operator. Presentation at the 4th Annual Conference of the Sustainable Tourism Certification Alliance; Durban, South Africa, 7 May 2015.

Peace Parks Foundation (2019). Map of TFCA. Abgerufen am 29.06.2019 von https://www.peaceparks.org/about/our-journey/.

Rapoza, K. (2015). Russian Tourists Turn Parts of Egypt Into Ghost Town. *Forbes*, 15.11.2015. Abgerufen am 26.08.2019 von www.forbes.com/sites/kenrapoza/2015/11/15/ussian-tourists-turn-parts-of-egypt-into-ghost-town/#40f28bc460e7 (nicht mehr verfügbar).

Republic of South Africa (2016). Transfrontier Conservation Areas (TFCAs). Programme of work in protected areas. Abgerufen am 29.06.2019 von www.cbd.int/doc/meetings/pa/paws-2016-01/other/paws-2016-01-day2d-en.pdf.

Silva, J. und Khatiwada, L. (2014). Transforming Conservation into Cash Nature Tourism in Southern Africa. *Africa Today*, 61(1):17–45.

Sparrow, A. (2011). Creating income while wildlife is protected. *Rural 21*, 4:28–30.

Spenceley, A. und Schoon, M. (2007). Peace Parks as Social Ecological Systems: testing environmental Resilience in Southern Africa. In Ali, S., Hrsg., *Peace Parks: Conservation and Conflict Resolution*, S. 83–104. MIT Press, Cambridge.

Spenceley, A., Snyman, S. und Eagles, P. (2017). Guidelines for tourism partnerships and concessions for protected areas: Generating sustainable revenues for conservation and development. Abgerufen am 29.06.2019 von https://www.cbd.int/tourism/doc/tourism-partnerships-protected-areas-web.pdf.

Steiner, A. und Rihoy, E. (1995). A review of lessons and experiences from natural resources management programmes in Botswana, Namibia, Zambia and Zimbabwe". In Rihoy, E., Hrsg., *The Commons without the Tragedy? Strategies for community based natural resource management in Southern Africa. Proceedings of the Regional Natural Resources Management Programme Annual Conference in Kasane, Botswana, April 3–6 1995*. SADC Wildlife Technical Coordination Unit, Lilongwe, Malawi.

Strambach, S. und Surmeier, A. (2013). Knowledge dynamics in setting sustainable standards in tourism – the case of 'Fair Trade in Tourism South Africa'. *Current Issues in Tourism*, 16(7–8):736–752.

TFPD (Transfrontier Parks Destinations) (2019). About us. Abgerufen am 29.06.2019 von www.tfpd.co.za/about.

UNWTO (UN World Tourism Organization) (2014). UNWTO calls for increased support for tourism in the development agenda. Press Release 14029, 28. April 2014. Abgerufen am 29.06.2019 von http://media.unwto.org/press-release/2014-04-28/unwto-calls-increased-support-tourism-development-agenda.

UNWTO (2018). Resilience of Tourism Development. Abgerufen am 29.06.2019 von rcm.unwto.org.

UNWTO (2019). Tourism and Poverty Alleviation. Abgerufen am 24.06.2019 von http://step.unwto.org/en.

World Bank (1991). Puerto Plata Tourism Projects. Abgerufen am 24.06.2019 von http://projects. worldbank.org/P006982/puerto-plata-tourism-project?lang=en&tab=documents&subTab= projectDocuments.

WTTC (World Travel & Tourism Council) (2016). Tourism as a driver of peace. Abgerufen am 24.06.2019 von https://zh.wttc.org/-/media/files/reports/special-and-periodic-reports/ tourism-as-a-driver-of-peace--full-report-copyrighted.pdf.

WWF (World Wildlife Fund) (2015). *The hard truth: How Hong Kong's ivory trade is fuelling Africa's elephant poaching crisis*. WWF, Hong Kong.

Wyman, M., Barborak, J., Inamdar, N. und Stein, T. (2011). Best Practices for Tourism Concessions in Protected Areas: A Review of the Field. *Forests*, 2:913–928.

Burghard Rauschelbach

# 12 Die Rolle des Afrika-Tourismus in der deutschen Entwicklungspolitik – eine kritische Analyse

**Zusammenfassung:** Afrika ist seit langem Gegenstand der internationalen Entwicklungspolitik. Es gibt zahlreiche traditionelle Beziehungen zu Ländern des afrikanischen Kontinents. Spätestens seit dem Afrikagipfel in Berlin 2018 stößt auch die deutsche Afrikapolitik auf ein wachsendes Interesse. Damit stellt sich auch die Frage, welche Rolle der Tourismus dort als explizite Aufgabe der deutschen Entwicklungspolitik spielen kann. In einem Exkurs werden touristische Zertifizierungssysteme für Nachhaltigkeit, die in Afrika kursieren, betrachtet.

**Schlagwörter:** Deutsche Entwicklungspolitik, Afrikapolitik, Afrika-Tourismus, Zertifizierungen, nachhaltiger Tourismus

## 12.1 Afrika-Tourismus, Afrikas Tourismus – ein grundlegendes Missverständnis?

Das Image Afrikas als Reiseziel ist vorgeprägt durch die Erzählungen von Abenteurern, Entdeckern, Forschungsreisenden und Kaufleuten sowie schließlich von Kolonisatoren, Verwaltungsbeamten und Ingenieuren.[1] Zoologische Gärten und völkerkundliche Museen zeigen ein Abbild der verschiedenen Wahrnehmungen außerhalb des Kontinents. Dem entspricht, dass der Afrika-Tourismus überwiegend als internationaler Fernreisetourismus mit einseitiger Quellland-Zielland-Beziehung in Zusammenhang gebracht wird. Die Länder Afrikas werden nicht als Kooperationspartner, sondern als Destinationen für Europäer oder andere Übersee-Touristen wahrgenommen. Afrika wird somit als Ganzes zum Bündel touristischer Produkte, abgestimmt auf Marktbedürfnisse und Kundenvorstellungen von außen. Letztlich spiegeln sich darin Reisende als Zielgruppen wider, die in ihrer Erscheinung sehr unterschiedlich sind: Konferenzteilnehmer, Individual-Rucksacktouristen, moderne Abenteurer, organisierte Gruppenreisende und alle möglichen Mischformen. Schließlich sind da noch die sogenannten Expatriates, in Afrika tätige Mitarbeiter von internationalen Organisationen und Unternehmen. Sie alle eint die Eigenschaft, dass sie kapitalkräftig sind und Devisen nach Afrika bringen. Auch die deutsche tourismusbezogene Entwicklungspolitik zielt vorwiegend auf diese Touristentypen, während die Reisenden des regionalen und nationalen Reiseverkehrs mit ihren ganz unterschiedlichen Anforderungen vernachlässigt werden. Mit der Zunahme des Flugverkehrs wächst auch die Bedeutung des innerafrikanischen Tourismus und des Tourismus aus Asien.[2]

---

1 Vgl. Kapitel 8 zu Kolonialerbe und Tourismus.
2 Vgl. Kapitel 1 zur Tourismusentwicklung in Afrika.

https://doi.org/10.1515/9783110626032-012

Afrika ist für Europäer wie kaum ein anderer Kontinent von Stereotypen besetzt, über deren Widersprüchlichkeit und Klischeecharakter leicht hinweggesehen wird.[3] Das Grunddilemma besteht in dem Unverständnis der kulturellen, sozialen und politischen Vielfalt, die kein Pendant zum heutigen Europa hat. Die gegenwärtig bestehende Einigkeitsidee eines EU-Europa findet noch keine Entsprechung in Afrika. Ein übergreifendes afrikanisches Bewusstsein wird von außerhalb Afrikas unterstellt, ist aber eine Illusion. Betrachtet man die Handlungsmöglichkeiten der African Union (AU), so wird man nicht von einer effektiven Interessenvertretung oder gar afrikanischen Solidarität sprechen können, die den ganzen Kontinent einbezieht. Das jüngst ausgehandelte afrikanische Freihandelsabkommen, das auf einen gemeinsamen Markt innerhalb Afrikas abzielt, bestätigt eher die Schwierigkeit länderübergreifende Regularien zu implementieren (vgl. AU 2019).

Es wundert daher nicht, dass sich eine abgestimmte Bündelung von Initiativen zur gezielten Förderung bestimmter Destinationen oder Tourismusarten nur schwer durchsetzen lässt. Diese sind verschiedentlich zwischen Nachbarstaaten, Regionalorganisationen oder tourismusbezogenen Interessenvertretungen ausgehandelt und oft von außen initiiert worden. Dabei geht es z. B. um ein abgestimmtes Marketing (u. a. bei Reisemessen), um Erfahrungsaustausch beim Management von Schutzgebieten (wie er etwa auf den für 2019 von der International Union for Conservation of Nature (IUCN) geplanten, aber verschobenen *African Protected Areas Congress* vorgesehen war) oder Organisationen von Wildhütern (Austausch von Erfahrungen in verschiedenen Gebieten Afrikas, wie es z. B. die *Game Ranger Association of Africa* betreibt), Aus- und Fortbildungsmaßnahmen und gemeinsam erarbeitete Standards, Regelungen oder Verhaltens-Codices (z. B. gegenüber Wilderei und illegalem Handel von geschützten Arten). Häufig ist es die Tourismuswirtschaft, die Druck auf Ministerien, nachgeordnete Behörden und Institutionen ausübt, um zu grenzüberschreitenden Abstimmungen und gemeinsamen Vertretungen zur Erleichterung des grenzüberschreitenden Reiseverkehrs zu kommen. Ein klassischer Fall sind die Transfrontier Conservation Areas in der Southern African Development Community (SADC), in denen die Länder des südlichen Afrikas zusammen vertreten sind.[4] Mit „Boundless Southern Africa" wurde dort z. B. eine gemeinsame Marketingplattform für Tourismus und Investitionen geschaffen. Hier tut sich ein originäres Aufgabenfeld der Entwicklungspolitik auf: grenzüberschreitende Naturlandschaften von internationaler Bedeutung gemäß den Verpflichtungen der Unterzeichnerstaaten bezüglich der Biodiversitätskonvention[5] zu schützen. Die Förderung des nachhaltigen Tourismus nimmt dabei eine Schlüsselstellung ein.

---

**3** Vgl. Kapitel 2 zum Afrika-Image.
**4** Vgl. Kapitel 11 zum grenzüberschreitendenTourismus.
**5** Die Biodiversitätskonvention oder das Übereinkommen über die biologische Vielfalt (CBD) wurde auf der Konferenz der Vereinten Nationen für Umwelt und Entwicklung (UNCED) 1992 in Rio de Janeiro beschlossen. Die CBD ist ein völkerrechtlicher Vertrag zwischen souveränen Staaten. Inzwischen

Es gibt einige örtliche oder nationale Initiativen mit teilweise großem Einfluss auf Politik und Gesellschaft. Als Beispiel von weltweiter Aufmerksamkeit mag das Engagement für den Schutz der Serengeti in Tansania gelten, wo örtliche Umweltschutzorganisationen und die Tourism Confederation of Tansania bei der Regierung eine Revision von Straßenbaumaßnahmen erreichten, die die ökologischen Funktionen der Serengeti stark gefährdet hätten. Die deutsche Entwicklungspolitik war schon früh gefordert, auf die Straßenplanungen zu reagieren, und setzte sich für die Durchführung von Umweltverträglichkeitsuntersuchungen ein. Schließlich verband sie dies mit der Förderung ökotouristischer Ansätze.

## 12.2 Tourismus und deutsche Entwicklungspolitik

Deutsche Entwicklungszusammenarbeit (EZ) im Tourismus, das war bis Mitte der 1990er Jahre vor allem Entwicklungshilfe in der Gastronomie und beim Aufbau einer Hotellerie, um wenige ausgewählte Partnerländer an den internationalen Standard heranzuführen. Dem Wunsch dieser Länder entsprechend und im Einklang mit den Investitionsinteressen touristischer Unternehmen, wurden das Personal und das Management touristischer Betriebe und Ausbildungsstätten aufgebaut. Ausbildungsförderung und Beratung bei der Curricula-Entwicklung tourismuswirtschaftlicher Studiengänge waren die wesentlichen längerfristig ausgerichteten Programme der EZ. Der gesamte Umfang dieser Unterstützung des Tourismus war im Verhältnis zum Gesamtbudget der EZ sehr gering und punktuell. Das hatte vor allem einen Grund: Tourismus und EZ wurden grundsätzlich missverstanden als die Förderung von Grundlagen für Urlaubsreisen aus Übersee in Entwicklungsländer. Und das lag jenseits der Zielsetzung von EZ, die auf Wohltätigkeit, Nothilfe, technische Unterstützung oder Friedenspolitik während des Ost-West-Konflikts ausgerichtet war. Tourismus galt sowohl staatlicherseits als auch bei nichtstaatlichen entwicklungspolitischen Organisationen lange Zeit als nicht opportun, wurde als „Luxus" und mithin nicht als Aufgabe der Entwicklungshilfe angesehen. Die negativen Begleiterscheinungen des Tourismus in Entwicklungsländern nährten die entwicklungspolitische Skepsis gegenüber tourismusbezogenen Förderungen. Dementsprechend war das Verständnis von Tourismus als Wirtschaftszweig oder gar als Instrument einer aktiven Entwicklungspolitik bis in die 1990er Jahre ziemlich eng. Dies galt grundsätzlich für alle Geberstaaten.

Tourismus als Gegenstand der internationalen Beziehungen wurde fast ausschließlich im Zusammenhang mit internationalen Vereinbarungen über Grenzverkehrsregelungen, Visa-Bestimmungen und Handelsbeziehungen verhandelt.

---

ist das Übereinkommen von 196 Vertragsparteien unterzeichnet und auch ratifiziert worden (vgl. BfN 2019).

Die Beschränkung der Zusammenarbeit im internationalen Tourismus war keine Besonderheit der Entwicklungspolitik des Bundesministeriums für wirtschaftliche Zusammenarbeit und Entwicklung (BMZ), sondern war auch für die internationale umweltpolitische Zusammenarbeit, die in den Zuständigkeitsbereich des Bundesministeriums für Umwelt, Naturschutz und nukleare Sicherheit (BMU) fiel, gegeben. Bezeichnenderweise enthielten die Rio-Konferenz 1992 und das damit direkt verbundene internationale Übereinkommen über die biologische Vielfalt kaum Bezug zum Tourismus. Tourismus fand dort – im Unterschied zu anderen Wirtschaftszweigen – anfangs keine besondere Beachtung, weder im Hinblick auf seine Bedeutung für die Erhaltung der Biodiversität noch auf seine Auswirkungen auf dieselbe. Doch allmählich gab gerade die Biodiversitätskonvention, verbunden mit der Forderung ihrer konkreten Umsetzung, Anstoß für zahlreiche, zunächst meist kleinere, tourismusbezogene Projekte und Programme. So bauten sich langsam fachliche Kompetenzen und ein Verständnis für Interventionsmöglichkeiten auf, die es erlaubten, entwicklungspolitischen Einfluss auf den Tourismus zu nehmen und sein Potenzial für die nachhaltige Entwicklung zu erschließen.

Inzwischen stehen die Bedeutung des Tourismus für Entwicklungs- und Schwellenländer und die Notwendigkeit der internationalen Zusammenarbeit, sich im Rahmen verschiedener international wirksamer Politikfelder, wie z. B. der Umwelt- und Klimapolitik, damit zu beschäftigen, außer Frage. Demgemäß ist der Tourismus als Gegenstand der Entwicklungspolitik anerkannt, wenn auch nach wie vor als ein nachgeordnetes Handlungsfeld. Die Bedeutung des Tourismus – und an dieser Stelle sei daran erinnert, dass der Urlaubstourismus nur ein Segment der Reisetätigkeiten darstellt – wird jedoch nach wie vor unterschätzt. Er wird eher sporadisch und punktuell wahrgenommen. Ein langfristig ausgelegtes übergreifendes Konzept in dem Überschneidungsbereich Tourismuspolitik/Entwicklungspolitik zur Förderung des nachhaltigen Tourismus in der internationalen Zusammenarbeit gibt es nicht. Ebenso wenig wie es Vorstellungen darüber gibt, die fachliche EZ-bezogene Kompetenz im Tourismus zu entwickeln und berufliche Perspektiven für deren Einsatz zu geben. Das führt dazu, dass das vorhandene Potenzial und die Expertise für den internationalen Tourismus unerschlossen bleiben. So bleiben auch die entwicklungspolitisch relevanten Fragen, die gleichermaßen Entwicklungspolitik, Tourismuswirtschaft und Tourismuswissenschaften betreffen, weitgehend unbeantwortet: Welche Rolle kann der Tourismus bei der Umsetzung entwicklungspolitischer Ziele spielen? Welches sind die Vorteile des Tourismus gegenüber anderen Wirtschaftsbereichen und seine spezifischen Hebelkräfte für eine nachhaltige Entwicklung? Wie lässt sich die Innovationskraft des Tourismus für Entwicklungen auf den Gebieten Betriebswirtschaft, Umweltplanung und -technik, Energie, Transport, Nutzung natürlicher Ressourcen, Kreislaufwirtschaft u. a. nutzen? Und welches sind die Eigenarten des Tourismus, die es zu steuern gilt, um positive Wirkungen zu stärken und negative zu verhindern?

Die relative Bedeutung des Tourismus für die deutsche Entwicklungszusammenarbeit ließe sich daran ablesen, wie viele Mittel für das BMZ bereitgestellt werden und welchen Anteil daran die Programme und Projekte haben, die sich dem Tourismus zuordnen lassen. Doch häufig sind diese in sektorübergreifende Vorhaben eingebunden und lassen sich nicht eindeutig beziffern. Im Wesentlichen handelt es sich dabei um Maßnahmen, die darauf abzielen, den Tourismus im Sinne der Armutsminderung, der Einkommenssicherung und der Beschäftigtenförderung für die einheimische Bevölkerung zu entwickeln. Dabei sollen implizit negative soziale und ökologische Auswirkungen des Tourismus verhindert werden.

Insgesamt ist der Tourismus als Instrument für verschiedene Politikfelder relevant. Dazu zählt auch die Erfüllung von Verpflichtungen im Zuge internationaler Abkommen oder Konventionen des Europarats in den Bereichen Umwelt (z. B. die Biodiversitätskonvention) und Menschenrechte (z. B. das Übereinkommen über die Rechte des Kindes). Diese Aufgaben gehen weit über den Rahmen der Entwicklungspolitik im engeren Sinne hinaus, haben aber im Umkehrschluss einen entwicklungspolitischen Anspruch. So können auch tourismusbezogene Maßnahmen anderer Politikbereiche, insbesondere der Außenpolitik, der internationalen Wirtschaftspolitik und der Umweltpolitik, entwicklungspolitische Wirkung entfalten.

Auf der aktuellen Liste des BMZ (2019a) sind 46 laufende Vorhaben mit Komponenten oder Maßnahmen im Aufgabenbereich Tourismus aufgeführt, welche die staatliche Deutsche Gesellschaft für Internationale Zusammenarbeit (GIZ) im Auftrag des BMZ durchführt. Klammert man zwei überregionale, sogenannte Sektorvorhaben und das Vorhaben für den Verbindungsreferenten zwischen EZ und Wirtschaft (EZ-Scouts) aus, in denen es keine bilateralen Einzelprojekte mit Standorten in Partnerländern gibt, so verbleiben 43 Projekte, von denen neun in Afrika südlich der Sahara angesiedelt sind und drei in Nordafrika:

–   Ägypten: Einsatz eines Energieeffizienzexperten im Egyptian Ministry of Tourism.
–   Äthiopien: Erhalt der Biodiversität und nachhaltiges Management der natürlichen Lebensgrundlagen (Einbezug von Kleinunternehmen der Privatwirtschaft, die im ländlichen Tourismus, in der Wertschöpfung regionaltypischer Produkte und in der Vermarktung von Holzprodukten tätig sind).
–   Benin, Burkina Faso, Niger: Grenzüberschreitendes Biosphärenreservat WAP-Region (nachhaltiger und transparenter Jagd- und Ökotourismus).
–   Madagaskar: Programm zum Schutz und nachhaltigen Nutzung natürlicher Ressourcen (Deutsch-Madagassisches Umweltprogramm). Förderung von 13 gemeindebasierten Ökotourismusprojekten.
–   Malawi: Beschäftigungs- und Einkommensförderung im ländlichen Raum.
–   Marokko: Nachhaltiger Tourismus zur Beschäftigungs- und Einkommensförderung im ländlichen Raum Marokkos.
–   Ruanda: Wirtschafts- und Beschäftigungsförderung (Entwicklung einer Destination-Management-Organisation; Digitalisierung der Tourismusakteure; Entwicklung und Verbesserung von Wanderwegen; Entwicklung und Stärkung von Community Based Tourism; Einführung des dualen Ausbildungskonzepts im Tourismusbereich; Kapazitätsstärkung im Tourismus etc.).

- SADC-Region (zwei Projekte)[6]: Grenzüberschreitender Schutz und Nutzung natürlicher Ressourcen in der SADC-Region (Beratung bei der Entwicklung und Implementierung von Tourismusprojekten; Förderung von nachhaltigem Tourismus
in grenzüberschreitenden Schutzgebieten) sowie Stärkung der regionalen wirtschaftlichen Integration in der SADC-Region.
- Tansania: Programm zum nachhaltigen Management natürlicher Ressourcen
(Schaffung von alternativen Einkommensmöglichkeiten durch fachliche Qualifi-
kation u. a. im Tourismus; Stärkung der Zusammenarbeit mit dem Tourismus).
- Togo: Gute Regierungsführung und Dezentralisierung (Erarbeitung eines regionalen Tourismuskonzeptes; Erhöhung der kommunalen Einnahmen durch Förderung der Tourismuswirtschaft; Förderung der nachhaltigen Tourismusentwicklung; Qualifizierung der Akteure im Tourismussektor).
- Tunesien: Förderung eines nachhaltigen Tourismus und des Kulturtourismus
(Aufbau von Destination-Management-Organisationen; Diversifizierung des Tourismusangebotes; Aufbau neuer Kultur- und Ökotourismusangebote).

Diese Liste lässt erkennen, dass nachhaltiger Tourismus eine gewisse Bedeutung für
die deutsche EZ auf dem afrikanischen Kontinent hat. Was die jährlichen Aufwendun-
gen für die Projekte mit einer Tourismuskomponente angeht, so werden diese nicht
angegeben, lassen sich aber überschlägig für die länderbezogenen Projekte mit über
10 Mio. € und für die afrikanischen Tourismusprojekte mit einem einstelligen Mil-
lionenbetrag schätzen. Neben den genannten bilateralen Projekten sind eine Anzahl
weiterer EZ-Maßnahmen mit Tourismusbezug zu nennen, die jedoch bislang nicht systematisch erfasst und dargestellt sind.

Die Entwicklungspolitik ist immer wieder im öffentlichen Diskurs. Es stellt sich
deshalb die Frage, inwieweit nicht auch entwicklungspolitisches Engagement vor Ort
als touristisches Produkt genutzt werden kann. In fast jedem afrikanischen Land südlich der Sahara ist das BMZ mit Entwicklungsmaßnahmen vertreten, in einigen mit
größeren, längerfristigen Programmen. Bei den länderkundlichen Darstellungen, in
Reiseführern oder Reisebeschreibungen für Touristen spielt dieses Engagement, von
Einzelfällen abgesehen, keine Rolle. Die Sichtbarkeit der deutschen EZ ist in afrikanischen Destinationen praktisch nicht gegeben, selbst dort, wo die Projektaufgaben den
Charakter von Destinationen und touristisch potenziell interessanten Gegebenheiten
betreffen. Auch wenn es gute Gründe gibt, solche Projekte nicht ungeregelt für Touristen zu öffnen, so ist es nicht zu verstehen, warum nicht eine verbesserte Öffentlichkeitsarbeit und ein Angebot für Reiseveranstalter im Sinne entwicklungspolitischer
Zielsetzungen sein sollten. Zielgruppen sind dabei nicht nur deutsche Reisende sondern auch andere Fernreisende und einheimische Touristen.

---

6 Die Entwicklungsgemeinschaft des südlichen Afrika (engl.: Southern African Development Community, SADC) ist eine regionale Organisation zur wirtschaftlichen und politischen Integration im
südlichen Afrika mit Sitz in Gaborone, Botsuana.

## 12.3 Exkurs: Der Stellenwert von Gütesiegeln im Afrikatourismus

Seit Beginn der 2000er Jahre sind zahlreiche Zertifizierungsorganisationen entstanden, die sich dem nachhaltigen Tourismus verschrieben haben. Häufig wurden sie anfänglich als NGO mit öffentlichen Mitteln gefördert und haben sich inzwischen zu markttauglichen Beratungsgesellschaften entwickelt, die auch in Afrika agieren.

Seitdem das Paradigma der nachhaltigen Entwicklung sich als umfassendes Leitbild manifestiert hat wird auch die Frage diskutiert, wie sich Nachhaltigkeit im Tourismus konkretisiert. Inzwischen ist auch eine Vielzahl von entsprechenden Bewertungsverfahren und Gütesiegeln verfügbar. Sie reichen von lokalen und regionalen Marken bis zu überregionalen und weltweit eingesetzten Zertifizierungssystemen, die von Verbänden, NGOs oder privaten Zertifizierungsgesellschaften vergeben werden. Ein gutes Beispiel, was sowohl die unternehmerische Seite als auch die methodische Weiterentwicklung betrifft, ist die TourCert gGmbH. Sie war ursprünglich eine kleine NGO und agiert heute als anerkanntes, gemeinnütziges Unternehmen. Bei ihr wird nach umfänglichen Kriterienkatalogen u. a. für Reiseveranstalter und Unterkünfte geprüft (vgl. TourCert 2019).

Auch in Afrika gibt es eine Reihe von Organisationen und Unternehmen, die sich um die Einführung von Nachhaltigkeitsstandards im Tourismus bemühen und dafür auch entsprechende Gütezeichen anbieten. Eine der weltweit ersten zertifizierenden Organisationen entstand 2004 in Südafrika mit der *Fair Trade Tourism South Africa* (FTTSA), aus der sich *Fair Trade Tourism* entwickelt hat.[7] Dies wie auch die *Recognized Standards* des seit 2007 operierenden Global Sustainable Tourism Council (GSTC)[8] gaben den Anstoß für eine zunehmende Anzahl von regionalen Gütezeichen, wie z. B. das Kenya Eco-Rating Certification Scheme der Organisation Ecotourism Kenya.[9] Auf seinem Tourism2030-Portal führt Ecotrans (2019) elf Zertifikatsprofile an, die in Afrika verortet sind (vgl. Tab. 12.1).

Entscheidend für die Beurteilung von Bewertungssystemen sind die zugrundeliegenden Kriterien sowie die Erhebungs- und Bewertungsverfahren. Bislang gibt es allerdings keinen systematischen, wissenschaftlichen Vergleich der Kriterienkataloge verschiedener Zertifikate, der die inhaltlichen und methodischen Unterschiede herausarbeiten und beantworten könnte, wie vertrauenswürdig, wirksam und praktikabel diese sind. Als einziger Standard bleibt der Verweis auf die Anerkennung durch die GSTC. Damit bleibt die Frage nach dem tatsächlichen Beitrag der Gütesiegel für eine nachhaltige Tourismusentwicklung in Afrika weitgehend unbeantwortet. Da die Zertifizierungskriterien weit über den Kernbereich des Tourismus hinausgehen und

---

**7** http://www.fairtrade.travel/home/ (Abgerufen am 08.06.2019); vgl. auch das Fallbeispiel in Kapitel 11.
**8** https://www.gstcouncil.org/gstc-criteria/gstc-recognized-standards-for-hotels-and-tour-operators/ (Abgerufen am 08.06.2019)
**9** https://ecotourismkenya.org/ (Abgerufen am 08.06.2019).

**Tab. 12.1:** Gütezeichen für nachhaltigen Tourismus in Afrika (Quelle: Ecotrans 2019).

| Zertifizierungssystem | Land | Zertifizierte Betriebe | Organisation, Ziele |
|---|---|---|---|
| Kenya Eco-Rating Certification Scheme | Kenia | 109 | Ecotourism Kenya vergibt das Eco-Rating-Zertifikat in den Kategorien Bronze, Silber und Gold für Hotels, Lodges und Camps (GSTC anerkannte Standards für Hotels und Reiseveranstalter). |
| Responsible Tourism Tanzania (RTTZ) | Tansania | 31 | Responsible Tourism Tanzania (RTTZ) ist eine gemeinnützige Organisation, die eine nachhaltigere Tourismusbranche in Tansania fördert. Sie verfügt über vier Zertifizierungsstufen: Saatgut, Bäumchen, Baum und Obst. Mit diesem Schritt war Tansania der zweite ostafrikanische Staat nach Kenia der ein freiwilliges Zertifizierungsprogramm einführte. |
| Green Star Hotel | Ägypten | 46 | Die Green Star Hotel Initiative ist ein nationales Öko-Zertifizierungs- und Kapazitätsaufbauprogramm, das speziell auf den ägyptischen Beherbergungssektor zugeschnitten ist, um ägyptische Hotels und Resorts zu mehr Nachhaltigkeit zu ermutigen (GSTC anerkannter Standard seit August 2012). |
| South Luangwa Eco Awards | Sambia | k. a. | Initiative der South Luangwa Conservation Society um Lodges und Camps zu ermutigen, umweltfreundlicher zu arbeiten. |
| The Seychelles Sustainability Label | Seychellen | k. a. | Das Seychelles Sustainability Label gilt seit Juni 2012 für Hotels (GSTC anerkannte Standards für Hotels und Reiseveranstalter). |
| Eco Awards Namibia | Namibia | >60 | Eco Awards Namibia ist eine Auszeichnung für Beherbergungsbetriebe, die nach umweltfreundlichen Grundsätzen geplant und geführt werden. |
| Green and Ecotourism Certification Program Botswana | Botsuana | 53 | Das Botswana Ecotourism Certification System soll das verantwortungsvolle, umweltbezogene, soziale und kulturelle Verhalten der Tourismusunternehmen fördern und sicherstellen, dass sie den Verbrauchern ein umweltfreundliches Qualitätsprodukt bieten. |

**Tab. 12.1:** (Fortsetzung)

| Zertifizierungssystem | Land | Zertifizierte Betriebe | Organisation, Ziele |
|---|---|---|---|
| Fair Trade Tourism (FTT) | Südafrika, Madagaskar, Mosambik | 72 | FTT betreibt ein Zertifizierungssystem, das Unterkünfte, Attraktionen und andere Tourismusunternehmen, einschließlich Gemeinschaftsunternehmen, unterstützt, um die ökologischen, sozialen und wirtschaftlichen Auswirkungen des Tourismus zu optimieren und den Zugang zu Märkten zu erleichtern. Die Organisation bietet auch internationalen Reiseveranstaltern ein Genehmigungsverfahren für Fair-Trade-Tourismus an (der Standard ist seit Januar 2012 GSTC anerkannt). |
| Greenline Certification [a] | Südafrika, Nigeria, Ghana, Sambia, Namibia | 150 | Das GreenLine Eco-Rating System für Beherbergungsbetriebe und Tourismusprodukte wurde vom Heritage-Umweltbewertungsprogramm entwickelt, um Betreiber kleiner Beherbergungsbetriebe und Anbieter von Aktivitäten anzuerkennen und zu belohnen, die sich in ihren Betrieben zu weniger umweltschädlichen Betriebsstandards und größerem Respekt vor der Umwelt verpflichtet haben. |
| Green Tourism Active (GTA) [b] | Südafrika Seychellen | 42 1 | Dynamischer Online- und geprüfter Standard. Ein praktischer und pragmatischer Ansatz mit eingehender Bewertung der ökologischen und sozioökonomischen Praktiken und Einhaltung der neuesten internationalen Trends (GSTC anerkannte Standards für Hotels und Reiseveranstalter). |
| The Green Leaf Eco Standard | Südliches und östliches Afrika | 58 | Das Label zielt darauf ab, messbare Veränderungen in der Management- und Umweltpolitik zu erreichen, die auf ökologischen und sozialen Nachhaltigkeitsindikatoren basieren. Die Kriterien werden von Experten vor Ort überprüft. Herausgeber des Labels ist der Green Leaf Environmental Trust. |

[a] Abgerufen am 11.07.2019 von https://www.heritagesa.co.za/members---accommodation.
[b] Abgerufen am 11.07.2019 von https://gt-active.org/member/?region=southern-africa.

auf andere Interventionsbereiche wie Naturschutz, Verkehr und landwirtschaftliche Produktion ausstrahlen, könnte der Tourismus – versehen mit wissenschaftlich anerkannten Zertifikaten – implizit eine größere Rolle im Rahmen der Umsetzung des „Marshallplans für Afrika"[10] spielen.

## 12.4 Parallelwelten des nachhaltigen Tourismus

Am Beispiel des Afrika-Tourismus lässt sich gut das Grunddilemma des nachhaltigen Tourismus erkennen. Es verbirgt sich in Parallelwelten: Da ist das intellektuelle, von Experten geprägte Beraterwesen, das sich mit methodisch und inhaltlich durchdachten Parametern des nachhaltigen Tourismus, mit „Handbüchern", „Leitfäden" sowie dem intellektuellen Austausch beschäftigt. Hinzu kommt die Seite des politischen Deklamierens, mit Konferenzen, diplomatischen Abstimmungen und politisch korrekten Veröffentlichungen. Die Destination „Afrika" ist reich an politisch komplizierten Fällen, die eine kompetente Interventionsdiplomatie erfordern. Diese muss Hand in Hand gehen mit fachlich fundierter Expertise und der Erschließung von Projektpraxiswissen. Es gibt eine Vielzahl schwieriger Probleme zu lösen, wie etwa exzessive Ressourcennutzung, Vertreibungen, ökologisch orientierten Jagdtourismus, illegalen Handel mit geschützten Arten, touristische Übernutzung, Sextourismus, Menschenrechtsvergehen und Unterdrückung. Der Tourismus kann dabei sowohl Ursache als auch Lösung des Problems sein. Und parallel dazu verläuft das Marktgeschehen, in dem sich Tourismuswirtschaft und Konsumenten tummeln. Entwicklungspolitik, die auf eine nachhaltige Entwicklung des Tourismus abzielt, muss in diesen Parallelwelten zuhause sein.

## Literatur

AU (African Union) (2019). CFTA – Continental Free Trade Area. Abgerufen am 15.06.2019 von https://au.int/en/ti/cfta/about.
BMZ (Bundesministerium für wirtschaftliche Zusammenarbeit und Entwicklung) (2019). Tourismusprojekte der Entwicklungszusammenarbeit. Abgerufen am 15.06.2019 von http://www.bmz.de/webapps/tourismus/content/de/downloads/2019_GIZ_Projektliste_de.pdf.
BMZ (2019). Ein Marshallplan mit Afrika. Abgerufen am 08.06.2019 von http://www.bmz.de/de/laender_regionen/marshallplan_mit_afrika/index.jsp.
Ecotrans (2019). Tourism2030 DestiNet Service. Abgerufen am 08.06.2019 von https://destinet.eu/.
TourCert (2019). Travel for Tomorrow (Homepage). Abgerufen am 08.06.2019 von https://www.tourcert.org.

---

10 Der „Marshallplan mit Afrika" ist eine politische Initiative des BMZ seit 2017. Der Plan basiert auf drei Säulen: 1. Wirtschaft, Handel und Beschäftigung; 2. Frieden, Sicherheit und Stabilität und 3. Demokratie, Rechtsstaatlichkeit und Menschenrechte. Der Fokus liegt auf der Ausweitung der wirtschaftlichen Kooperation (vgl. BMZ 2019b).

Rainer Hartmann

# 13 Blick nach vorn – Herausforderungen für eine nachhaltige Entwicklung des Tourismus in Afrika

**Zusammenfassung:** In diesem abschließenden Kapitel werden die grundlegenden Aspekte und besonderen Herausforderungen für die nachhaltige Tourismusentwicklung in Afrika unter Berücksichtigung der verschiedenen Beiträge und Fallstudien des Buches zusammengefasst. Die unterschiedlichen Startpositionen der für den Tourismus wichtigsten Länder Afrikas südlich der Sahara werden anhand von relevanten Indizes skizziert und daran anschließend zentrale strategische Ziele und Maßnahmen für die nachhaltige Tourismusentwicklung in Afrika gebündelt dargestellt.

Mit entsprechenden Hinweisen werden die Dimensionen der Nachhaltigkeit hervorgehoben (→ institutionelle, ökonomische, soziokulturelle und ökologische Dimension).

**Schlagwörter:** Zukunft des Afrika-Tourismus, Disparitäten, Herausforderungen

Der Kontinent Afrika als Ganzes betrachtet ist eine der am schnellsten wachsenden Regionen für den Tourismus weltweit – und das wird nach den Prognosen der UNWTO auch in nächster Zukunft so bleiben. Der Tourismus ist damit aus der Sicht der African Union (AU) einer der vielversprechendsten Wirtschaftssektoren in Afrika. Relativ betrachtet macht der Tourismus nach Afrika jedoch nur etwa 5 % der internationalen Ankünfte weltweit aus. Es handelt sich demnach um ein hohes Wachstum auf niedrigem Niveau. Doch die AU prognostiziert weiterhin, dass die Tourismusbranche in den nächsten zehn Jahren mit 5 % etwas schneller wachsen wird als das gesamte Wirtschaftswachstum des Kontinents. Beides muss allerdings immer relativ zur geringen absoluten Wirtschaftsleistung in den meisten Staaten Afrikas gesehen werden. Darüber hinaus ist die wirtschaftliche Entwicklung auf dem Kontinent – und speziell innerhalb Afrikas südlich der Sahara – sehr ungleich verteilt. Die meisten afrikanischen Staaten bleiben ökonomisch auf einem sehr niedrigen Niveau und werden zunehmend von der übrigen Welt abgehängt. In den Staaten, die von der Globalisierung profitieren, basiert der Erfolg zumeist auf dem Export von Agrarprodukten, Mineralien oder Erdöl. Die Betrachtung von sozialen Parametern verstärkt den Eindruck der sehr gegensätzlichen Entwicklung in Afrika: Dort leben global gesehen die meisten armen Menschen und im Gegensatz zu allen anderen Teilen der Welt nimmt die Gesamtzahl der Armen dort zu (vgl. Kapitel 1).

Doch der nachhaltige Tourismus birgt die Chance, eine ganze Reihe von positiven Effekten auf ökonomischer, sozialer und ökologischer Ebene mit sich zu bringen. Dazu zählen Einkommens- und Beschäftigungseffekte, Multiplikatoreffekte auf

https://doi.org/10.1515/9783110626032-013

vor- und nachgelagerte Wirtschaftssektoren, die Sensibilisierung für Umweltfragen und Erhaltung der Biodiversität, der Erhalt und Schutz von kulturellem Erbe sowie die Erhöhung der Lebensqualität der lokalen Bevölkerung (vgl. Tabelle 1.7). Die Fallbeispiele in den Kapiteln 3 (Seychellen), 5 (Windhoek/Namibia), 6 (Durban/Südafrika), 7 (Grootbos/Südafrika), 9 (Sansibar/Tansania), 10 (Kasane/Botsuana, Namibia, Tansania) und 11 (südliches Afrika) stellen diese Chance eindrücklich dar. Der Tourismus kann z. B. durch Community Based Tourism oder Townshiptourismus integratives Wachstum und lokalen wirtschaftlichen Fortschritt sowie Wertschöpfungsketten mit anderen Wirtschaftssektoren stimulieren. Dies kann das Unternehmertum als Solches, die Zunahme von Kleinunternehmen und damit Einkommen für die Bevölkerung in abgelegenen und ländlichen Gebieten fördern sowie die Landflucht verringern (vgl. Novelli 2015, S. 199). Natürlich birgt jede Entwicklung (des Tourismus) auch immer Risiken, die in den Fallbeispielen ebenfalls aufgezeigt und problematisiert werden.

Um in den einzelnen Ländern Afrikas diese möglichen positiven Effekte des Tourismus zur Wirkung zu bringen, müssen sich die beteiligten Akteure noch einer Reihe von Herausforderungen stellen. Eine nachhaltige Entwicklung kann nur durch gezielte und strukturelle Veränderungen geschehen. Dazu sind langfristige politische Anstrengungen auf allen Ebenen notwendig: panafrikanisch, regional, national und kommunal (→ institutionelle Dimension). Es muss sichergestellt werden, dass alle Mitglieder der Gesellschaft uneingeschränkt am Tourismus teilhaben und von ihm profitieren können (vgl. Novelli 2015, S. 201).

Auf der **panafrikanischen Ebene** sind bereits entsprechende Ziele definiert worden: Die AU betont die entscheidende Rolle des Tourismus bei der Erreichung der Hauptziele der *Agenda 2063* für kontinentale Integration, Wohlstand und Frieden. Die Strategie einer nachhaltigen Entwicklung des Tourismus in Afrika soll im Rahmen eines Tourismusaktionsplans umgesetzt werden. Daneben gibt es auf der **Ebene von Regionalorganisationen** Ziele und Strategien der Tourismusentwicklung, die sich auf sehr unterschiedliche Aspekte beziehen: Von der Einrichtung gemeinsamer Großschutzgebiete (Transfrontier Conservation Areas) im südlichen Afrika (SADC) bis zu einer gemeinsamen Visapolitik in Westafrika (ECOWAS) (vgl. Kapitel 1, 10 und 11).

Auf der **nationalen Ebene** ist die Ausgangslage der afrikanischen Staaten sehr verschieden. Innerhalb des Kontinents sind unterschiedliche Level der menschlichen Entwicklung (Human Development Index), der wirtschaftlichen und infrastrukturellen Entwicklung sowie auch des Entwicklungsstandes des Tourismus festzustellen. Das bedeutet für die einzelnen Länder sehr differenzierte Ausgangslagen für die (weitere) Entwicklung eines nachhaltigen Tourismus. Häufig ist auch die Situation in den Ländern selbst durch heterogene sozioökonomische Strukturen gekennzeichnet: Die ungleiche Einkommensverteilung, die durch den Gini-Index gekennzeichnet ist, zählt in Südafrika, Namibia, Botsuana, Sambia und Mosambik zu den extremsten weltweit (CIA 2019). Insgesamt ist der Stand der wirtschaftlichen und infrastrukturellen Entwicklung in Nordafrika, v. a. in Marokko, Ägypten und Tunesien – aber auch Libyen und Algerien –, viel weiter vorangeschritten als in Afrika südlich der Sahara. Al-

**Tab. 13.1:** Übersicht der führenden Staaten Afrikas bei verschiedenen Indizes (vgl. Kapitel 1).

| Ibrahim Index of African Governance (MIF 2018) | Doing Business Score (World Bank 2019) | Africa Infrastructure Development Index (AFDB 2019) | Human Development Index (UNDP 2019) | Wettbewerbs- fähigkeit im Tourismus (WEF 2017) | Entwicklungs- stand des Tou- rismus *(ohne Nordafrika)* (Christie et al. 2014) |
|---|---|---|---|---|---|
| Mauritius | Mauritius | Seychellen | Seychellen | Südafrika | Botsuana |
| Seychellen | Ruanda | *Ägypten* | Mauritius | Seychellen | Mauritius |
| Kap Verde | *Marokko* | *Libyen* | *Algerien* | Mauritius | Namibia |
| Namibia | Kenia | Südafrika | *Tunesien* | *Marokko* | Südafrika |
| Botsuana | *Tunesien* | Mauritius | Botsuana | *Ägypten* | Kap Verde |
| Ghana | Südafrika | *Tunesien* | *Libyen* | Kenia | Ghana |
| Südafrika | Botsuana | *Marokko* | Gabun | Namibia | Kenia |
| Ruanda | Sambia | *Algerien* | Südafrika | Kap Verde | Tansania |
| *Tunesien* | Seychellen | Kap Verde | *Ägypten* | Botsuana | Seychellen |
| Senegal | Lesotho | Botsuana | *Marokko* | *Tunesien* | – |

lerdings fallen die nordafrikanischen Staaten, abgesehen von Tunesien, beim Thema „Governance" zurück (vgl. Tab. 13.1).

Da in dieser Publikation der Fokus auf Afrika südlich der Sahara gerichtet ist, konzentriert sich die folgende zusammenfassende Analyse verschiedener Indizes der allgemeinen, wirtschaftlichen und touristischen Entwicklung auf diese Region. Es handelt sich dabei um jene Staaten, die bereits einen relativ hohen Stand der touristischen Entwicklung erreicht haben (vgl. Christie et al. 2014, S. 6 und Kapitel 1) und zusammengenommen unterschiedliche Ausgangspositionen für die Zukunft aufweisen:

- **Position 1: Mauritius, Botsuana, Südafrika und die Seychellen.** Sie zählen zu den Ländern mit dem weitesten Entwicklungsstand im Tourismus (Stufe 3) und alle betrachteten Indizes sprechen für eine hoffnungsvolle Weiterentwicklung des nachhaltigen Tourismus dort.
- **Position 2: Kap Verde, Kenia, Namibia und Ghana.** Diese Länder haben den Tourismus ebenfalls am weitesten entwickelt (Stufe 3), weisen aber spezifische Einschränkungen bei einzelnen Indizes auf: Bezüglich des Governance-Index sind alle gut aufgestellt, Ghana mangelt es jedoch an Wettbewerbsfähigkeit und Kenias „Doing Business-Score" ist relativ schwach. Alle haben einen schwächeren HDI als die Länder auf Position 1.
- **Position 3: Tansania, Ruanda, Senegal und Sambia.** Abgesehen von Tansania, mit einem sehr weit entwickelten Tourismus (Stufe 3), sind diese Länder auf Stufe 2 bezüglich des Tourismus-Entwicklungsstandes zu finden. Einzelne Faktoren lassen eine gute Prognose zu, andere stellen Herausforderungen für die nachhaltige Tourismusentwicklung dar: Alle Länder haben Probleme mit der Infrastruktur, verfügen über einen niedrigen HDI und liegen in der Wettbewerbsfähigkeit hinter

den Ländern der Position 1 und 2. Tansania und Sambia sind beim Governance-Index etwas schlechter gelistet und der „Doing Business-Score" von Senegal und Tansania ist vergleichsweise schwach ausgeprägt.

– **Position 4: Uganda, Malawi, Gambia, Burkina Faso und die Elfenbeinküste.** Alle Länder, außer der Elfenbeinküste (Stufe 1), sind der Stufe 2 bezüglich des Tourismus-Entwicklungsstandes zuzuordnen. Sie stehen bezüglich fast aller Indizes insgesamt einen deutlichen Schritt hinter den Ländern auf Position 3. Innerhalb der Gruppe weisen Uganda und Malawi eine relativ schlechte Wettbewerbsfähigkeit sowie Gambia und Uganda einen relativ niedrigen „Doing Business-Score" auf.

– **Position 5: Mosambik, Simbabwe und Nigeria.** Die beiden erstgenannten verfügen über einen weiteren Tourismus-Entwicklungsstand (Stufe 2), Nigeria steht am Anfang der Entwicklung (Stufe 1), findet sich aber unter den Top Ten der touristischen Ankünfte in Afrika. Alle drei Länder haben einen sehr niedrigen Governance-Index und besonders Simbabwe einen schwachen „Doing Business-Score". Für den touristischen Wettbewerb ist Simbabwe etwas besser aufgestellt als Mosambik und Nigeria. Bezüglich der Infrastruktur sind Simbabwe und Nigeria recht gut entwickelt und Mosambik fällt deutlich ab. Diese Länder müssen sich insgesamt erheblichen Herausforderungen stellen, um einen ausgewogenen und nachhaltigen Tourismus zu entwickeln.

Nachdem die Entwicklung der Wirtschaft und auch des Tourismus in Afrika aufgrund des Arabischen Frühlings, des Ebola-Ausbruchs in Teilen Westafrikas und von Terroranschlägen eine Zeit lang strauchelte, ist seit etwa 2015 wieder ein Wachstum sichtbar. Doch die sozialen Entwicklungsparameter halten damit nicht Stand und auch der Klimawandel sowie die Probleme der Abholzung und Wilderei belasten die Ökosysteme Afrikas. Diese komplexen Herausforderungen können nur ganzheitlich, unter Berücksichtigung aller Komponenten einer nachhaltigen Entwicklung des Tourismus gemeistert werden. **Politische Teilhabe** sowie **kooperative Planung und Umsetzung** sind die zentralen Herausforderungen für die Entwicklung des Tourismus in Afrika. Tourismus ist nicht nur als Wirtschaftsfaktor zu verstehen, sondern als ein Prozess des nachhaltigen wirtschaftlichen und sozialen Wandels zu fördern (vgl. Novelli 2015, S. 199).

Es gilt in den Kernbereichen der Entwicklung diverse Akteure auf unterschiedlichen Ebenen in den Prozess zu integrieren. Dieke (2000 zitiert in Novelli 2015, S. 198 ff.) hat eine Reihe von **strategischen Maßnahmen für die Tourismusentwicklung in Afrika** zusammengefasst, die bis heute bestätigt werden können:

– durchdachte und gut formulierte, aber realistische tourismuspolitische Ziele aufstellen (alle Ebenen);
– Förderung der regionalen Kooperation und Integration (alle Ebenen);
– notwendige Ressourcen zur Verfügung stellen – finanzielle, personelle und Sachmittel (alle Ebenen);

– Imagebildung der jeweiligen Destinationen durch professionelles Marketing (alle Ebenen);
– geeignete rechtliche Rahmenbedingungen für den Tourismus schaffen (nationale Ebene);
– Unternehmerinitiativen und Investitionen im Tourismus fördern (nationale und lokale Ebene);
– privat-öffentliche Partnerschaften für die Tourismusentwicklung eingehen (nationale und lokale Ebene);
– gerechte Verteilung der Einnahmen aus dem Tourismus (v. a. lokale Ebene);
– die Beteiligung von Frauen und jungen Menschen am Tourismus fördern (v. a. lokale Ebene);
– die Sensibilisierung für den Tourismus im kommunalen Bereich fördern (lokale Ebene);
– die lokale Beteiligung und Kontrolle der Tourismusentwicklung sicherstellen (lokale Ebene).

Thematisch geclustert lassen sich daraus strategische Handlungsbereiche ableiten, die im Folgenden eine finale Abrundung dieses Ausblicks für die zukünftige Entwicklung eines nachhaltigen Tourismus in Afrika darstellen.

**Politische Voraussetzungen schaffen** (→ institutionelle Dimension)
Die wesentlichen Hinderungsfaktoren für eine nachhaltige touristische Entwicklung in Afrika sind in vielen Ländern die politische Instabilität, die mangelnde Sicherheit und hohe Kriminalität, geringe Gesundheitsstandards, ein geringes Maß an Kooperation sowie institutionelle Schwächen und Bürokratie. Hinzu kommt eine hinderliche Visa-Politik (vgl. Kapitel 1). Hier bedarf es der grundlegenden Schaffung von politischen und administrativen Rahmenbedingungen auf allen Ebenen. Novelli (2015, S. 199 ff.) resümiert eine Reihe von Fallstudien damit, dass die nationale politische Ökonomie die Art und Weise bestimmt, wie sich der Tourismus an verschiedenen Orten unterschiedlich entwickelt. Politische Stabilität, verantwortungsvolle Staatsführung, die Schaffung geeigneter Geschäftsumfelder und eine angemessene Finanzierung des Tourismus seien wesentliche Voraussetzungen für die Förderung des Tourismus. Investitionen in die Infrastruktur und die Tourismusausbildung, die Verbesserung der Servicestandards, der Zugang zu Ressourcen (v. a. Land und Kapital) und Märkten, die Erhaltung des natürlichen und kulturellen Erbes sowie die Erreichbarkeit von Reisezielen gehören zu den wichtigsten Aufgabenstellungen, um die aktuellen Defizite des Tourismussektors in etablierten und aufstrebenden Destinationen zu beheben. Das gilt auch für Länder, die sich noch vor der eigentlichen Entwicklung des Tourismus befinden (vgl. Kapitel 4 zu Eritrea).

Dazu bedarf es einer starken **politischen Unterstützung für den Tourismus auf hoher Regierungsebene**. Dort muss die Führung bei der Schaffung wirksamer Institutionen und Koordinierungsmechanismen verankert werden, um den Dialog mit allen Beteiligten aufzunehmen bzw. aufrechtzuerhalten. Die Reinvestition der Einnahmen aus dem Tourismus sollte u. a. zur staatlichen Finanzierung desselben beitragen (vgl. Christie et al. 2014, S. 9). Der Tourismus ist in erster Linie ein privatwirtschaftlicher Bereich. Ohne eine wirksame, kohärente und koordinierte Regierungspolitik kann der Tourismus sein Potenzial für integratives Wachstum und eine nachhaltige Entwicklung jedoch nicht voll ausschöpfen (vgl. Novelli 2015, S. 200).

Angesichts der entscheidenden **Rolle des Privatsektors** bedarf es in vielen Ländern einer Verbesserung des Investitionsklimas. Die Regierungen müssen ein attraktives Umfeld für Investitionen schaffen und eine unterstützende Infrastruktur für diese Investitionen bereitstellen. Der Tourismus schafft viel Raum für kleine und mittlere Unternehmen, die angesichts des prognostizierten Wachstums einer afrikanischen Mittelschicht wichtige Treiber des Wirtschaftswachstums auf dem Kontinent sein können. Besonders für diese Unternehmen bedarf es eines verbesserten Zugangs zu Finanzmitteln und ggf. auch Steuererleichterungen (vgl. Signé 2018, S. 27 f.). Die Fallbeispiele in den Kapiteln 3 (Hotels auf den Seychellen), 7 (Grootbos Foundation, Südafrika), 10 (Chobe Lodge, Botsuana) und 11 (African Safari Lodge Foundation im südlichen Afrika) verdeutlichen die Herausforderungen, vor denen private Unternehmungen in Afrika südlich der Sahara stehen.

## Allgemeine und touristische Infrastruktur ausbauen (→ institutionelle Dimension; → ökonomische Dimension)

Die mangelnde Wettbewerbsfähigkeit und Leistungsfähigkeit der meisten afrikanischen Staaten basiert – neben den bereits genannten politischen Herausforderungen – auf dem Fehlen einer ausreichenden grundständigen Infrastruktur und in Bezug auf den Tourismus, v. a. auf gravierenden Mängeln im Bereich der Verkehrsinfrastruktur und der Unterkünfte. Der Ausgleich dieser Nachteile gilt als eine der zentralen Herausforderungen für den Tourismus in Afrika. Im Zuge des Wachstums des Tourismus in einigen Ländern drängen zunehmend internationale Hotelkonzerne und Airlines auf den Markt und könnten damit die grundständige Entwicklung afrikanischer Tourismusunternehmen beeinträchtigen. Hier bedarf es entsprechender Investitions- und Förderprogramme sowie der Schaffung entsprechender Rahmenbedingungen von staatlicher Seite, um das lokale bzw. regionale **Unternehmertum zu stärken** (s. o.).

Zur Verbesserung der Verkehrsinfrastruktur müssen auf nationaler und auch internationaler Ebene entsprechende Investitionen getätigt werden, um den Straßen-, Schienen- und Luftverkehr zu verbessern. Angesichts der sehr schwachen Ausgangslage der meisten afrikanischen Länder bedarf es hier maximaler Anstrengungen. Im Rahmen der *Agenda 2063* liegt der Fokus auf dem Luftverkehr und in Hinblick auf den internationalen Tourismus wird die Bedeutung der Konnektivität mit Europa und Asien besonders betont (vgl. Kapitel 1). Angesichts der extrem negativen Klimaauswirkungen des Flugverkehrs und der Zielsetzung, den Binnentourismus und den innerafrikanischen Tourismus auf der Basis einer wachsenden Mittelschicht zu stärken, sollte das Augenmerk beim Ausbau der (touristischen) Infrastruktur auch auf diese Märkte und deren Bedarfe gelegt werden. Dazu gehört die Verbesserung der Verbindungen im regionalen und (damit auch) grenzüberschreitenden Bereich. Trotzdem sollten die Regierungen an einer schnellen Umsetzung der Vereinbarung zur Liberalisierung der Luftverkehrspolitik arbeiten, denn hier lassen sich schnellere Ergebnisse erzielen als beim Bau von Straßen und Bahnstrecken. Mittel- und langfristig sollte allerdings der Fokus auf möglichst klimaneutrale Verkehrsmittel gelegt werden (→ ökologische Dimension).

### Kooperationen und Partnerschaften eingehen (→ alle Dimensionen)

Hinweise auf die Notwendigkeit und gleichzeitige Herausforderung auf allen Ebenen zu kooperieren ziehen sich wie ein roter Faden durch dieses Buch. Alle Autoren sind sich darin einig, dass die nachhaltige Entwicklung des Tourismus in Afrika von der Aufrechterhaltung und dem Ausbau wirksamer Kooperationen und Partnerschaften zwischen dem Privatsektor, öffentlichen Institutionen und den lokalen Gemeinschaften abhängt. Diese Initiativen müssen unbedingt von einer politischen Unterstützung für den Tourismus auf hoher Regierungsebene flankiert werden (s. o.). Die Kooperation auf der panafrikanischen und der Ebene der Regionalorganisationen wurde bereits thematisiert. Um ein integratives, nachhaltiges Wachstum und optimale lokalwirtschaftliche Effekte zu erzielen, bedarf es der Kooperation auf der nationalen und kommunalen Ebene. Ein wichtiger Aspekt besteht besonders auf diesen Ebenen darin, in Aus- und Weiterbildungsmaßnahmen zu investieren. Damit werden nicht nur Arbeitskräfte qualifiziert, sondern gleichzeitig die Wettbewerbsfähigkeit der jeweiligen Destination gestärkt, indem die Servicequalität verbessert wird.

Die Fallstudien von den Seychellen (Kapitel 3), aus dem südlichen Afrika (Kapitel 5, 6, 7, 10 und 11) und aus Sansibar (Kapitel 9) verdeutlichen, welche Wirksamkeit und Bedeutung kooperative und integrative Ansätze für die nachhaltige Entwicklung des Tourismus in afrikanischen Destinationen haben können – vom Community Based Tourism und Townshiptourismus über verantwortungsvolles Unternehmertum bis zu grenzüberschreitenden Partnerschaften zum Schutz der Naturlandschaften, unter Berücksichtigung von Einkommensmöglichkeiten für die lokale Bevölkerung. Immer geht es darum, ökonomische, soziale und ökologische Ziele und Herausforderungen möglichst gut in Einklang miteinander zu bringen.

### Natürliche Lebensgrundlagen schützen (→ ökologische Dimension)

In Kapitel 1 ist bereits das Gerechtigkeits-Dilemma thematisiert worden, soziale und ökologische Ziele für alle Seiten zufriedenstellend in Einklang zu bringen. Was wiegt mehr, Wohlstand und Einkommensmöglichkeiten für die lokale Bevölkerung auf Kosten der Natur zu schaffen oder die natürlichen Lebensgrundlagen auf Kosten der lokalen Bevölkerung zu schützen? Die natürlichen Ressourcen stellen – zumindest für den internationalen Tourismus aus Übersee – das größte Potenzial afrikanischer Destinationen für die Tourismusentwicklung dar. Das entsprechende Stereotyp von unberührten Landschaften mit wilden Tieren in der Vorstellung potenzieller Reisender überspannt den gesamten Kontinent (vgl. Kapitel 2).

Afrika ist mit dem Problem des Verlustes von Lebensraum durch landwirtschaftliche Übernutzung und Entwaldung sowie mit dem möglichen Aussterben wichtiger Wildtierarten durch die Wilderei konfrontiert. Doch auf kommunaler Ebene sind die Ziele der Sicherung der Grundbedürfnisse und der Verbesserung der Lebensqualität vermeintlich dringlicher als auf die ökologische Nachhaltigkeit zu achten. Um intakte Ökosysteme zu erhalten und gleichzeitig die naturräumliche Attraktivität afrikanischer Destinationen in Zukunft zu sichern, sind daher Strategien und Maßnahmen zur Verbesserung der ökonomischen und ökologischen Nachhaltigkeit von entscheidender Bedeutung (vgl. Kapitel 7, 9, 10 und 11). Die Herausforderung besteht an dieser Stelle in einer wirksamen Koordinierung und Steuerung solcher Maßnahmen durch eigene Institutionen oder – übergangsweise als Initialphase – im Rahmen der Entwicklungszusammenarbeit (vgl. Signé 2018, S. 22).

**Wirkungsvolles Marketing betreiben und differenzierte Images aufbauen**
(→ institutionelle Dimension)
Afrika hat wie kein anderer Kontinent mit dem Problem der Stereotypisierung und der Verallgemeinerung seines überwiegend negativen Images zu kämpfen. Im Tourismus führt das zu der absurden Situation, dass Afrika als ein Land (= eine Destination) wahrgenommen wird. Damit verbunden betrachten viele Besucher eine zweite Reise auf den Kontinent als bloße Wiederholung. Die Komplexität und Vielgestaltigkeit Afrikas wird von den meisten Menschen nicht wahrgenommen und gleichzeitig von Seiten der Vermarktung afrikanischer Destinationen auch nicht angemessen hervorgehoben. Man versucht dem suggerierten Wunschbild des Fernreisenden zu entsprechen und klammert damit das vermeintliche Risiko aus, mit einer authentischen, regionalspezifischen Darstellung des Reiseziels nicht den Erwartungen der potenziellen Reisenden zu entsprechen.

Die Diversifizierung des Marketings bezogen auf **neue Quellmärkte**, v. a. in Asien, dem Nahen Osten und Osteuropa, erfordert eine neue Herangehensweise. Die Herausforderung besteht darin, auf diesen neuen Märkten eine differenziertere Strategie für das Marketing der einzelnen Destinationen zu erarbeiten, losgelöst vom o. g. Stereotyp.

Eine große Chance für die nachhaltige Entwicklung des Tourismus in Afrika besteht darin, sich Schritt für Schritt vom einseitigen Bedienen der überseeischen Nachfrage zu lösen und auf die **wachsenden innerafrikanischen Märkte** zu setzen (Binnentourismus und regionaler, grenzüberschreitender Tourismus). Die wachsende Mittelschicht in Afrika stellt ein enormes Potenzial für den Tourismus dar. Hinzu kommen die afrikanischen Communities, die über die ganze Welt verstreut sind und es ebenfalls häufig zu Wohlstand gebracht haben (Diaspora-Tourismus).

Insgesamt erfordert der Aufbau eines erfolgreichen und nachhaltigen Tourismus in Afrika kreative Lösungen für das Marketing sowie den Aufbau wirkungsvoller und authentischer Images. Auch diesbezüglich bedarf es entsprechender politischer Entscheidungen und des Aufbaus von professionellen Destinationsmanagement-Organisationen (DMO), am besten in öffentlich-privater Partnerschaft.

Bei der Umwandlung negativer Imagekomponenten zu positiven Attributen sollten sich die DMO auf das sichtbare wirtschaftliche Wachstum und die Verbesserung der Lebensbedingungen in Afrika beziehen. Gleichzeitig müssen sie Vorurteilen in Form einer Stereotypisierung des Kontinentes entgegenwirken. Diese Anstrengungen können sowohl auf nationaler als auch auf der Ebene von Regionalorganisationen unternommen werden. Je differenzierter und individueller das Image eines Landes oder einer Region ist, desto genauer können spezifische Zielgruppen angesprochen werden und desto größer ist die Widerstandsfähigkeit in Krisensituationen, die heute noch anstatt auf einzelne Länder auf den ganzen Kontinent projiziert werden (z. B. Ebola-Ausbruch in Westafrika 2014/15).

Um sich den Herausforderungen des nachhaltigen Marketings und der authentischen Image-Kommunikation zu stellen, bedarf es des Aufbaus und der Pflege eines entsprechenden Netzwerkes mit relevanten Medienvertretern. Vor dem Hintergrund der rasanten Ausbreitung des Internets, der mobilen Telefonie und damit auch der Social Media (nicht nur) in Afrika, sollte dabei verstärkt auf das E-Marketing gesetzt werden (vgl. Kapitel 2).

### Nachhaltige Integration des Tourismus in lokale Gegebenheiten gewährleisten
(→ soziokulturelle Dimension)
Aufgrund der sehr differenzierten Ausgangslagen der afrikanischen Länder für die Tourismusentwicklung kann es keine allgemeingültige Strategie für Afrika als Solches geben. Daher bedarf es für jede Destination einer detaillierten Analyse, auf welchem Stand der Entwicklung sie sich befindet und welche Ressourcen für den Tourismus unter der Prämisse einer nachhaltigen Entwicklung zur Verfügung stehen. Erst dann kann entschieden werden, wo genau und in welchem Tempo und Umfang ein Fortschreiten des Tourismus in Frage kommt. Selbstverständlich müssen die Zielsetzungen für die lokale Entwicklung von den Akteuren vor Ort definiert, umgesetzt und kontrolliert werden (s. o.).

Analog zum Konzept des *Tourist Area Cycle of Evolution* von Butler (1980) haben Christie et al. (2014, S. 8 f.) entsprechend jeder Stufe der Entwicklung des Tourismus gewisse Schritte empfohlen, die dann aufeinander aufbauen können: Länder, die noch vor einer touristischen Entwicklung stehen (Stufe 0), müssten zunächst eine stabile politische Basis etablieren und die Sicherheit der lokalen Bevölkerung gewährleisten (vgl. Kapitel 4 zu Eritrea). In den Ländern der Stufe 1 sollte sich die Bereitstellung von Ressourcen für die Tourismusentwicklung und die Verbesserung der Verkehrsinfrastruktur auf Orte/Regionen mit dem höchsten Potenzial konzentrieren, um Projekte mit Vorbildcharakter zu generieren und die vorhandenen Kräfte zu bündeln (vgl. Kapitel 11 zu Projekten im südlichen Afrika). In der nächsten Phase (Stufe 2) sei die Vermarktung des Reiseziels von entscheidender Bedeutung. Entsprechende Kampagnen sollten sich auf Zielgruppen von Reisenden sowie potenzielle Investoren beziehen und ein positives Image von der Destination vermitteln (vgl. Kapitel 2 zum Image Afrikas und Kapitel 3 zu den Seychellen). Um den Tourismus nachhaltig zu vertiefen (Stufe 3) und Crowding-Effekte zu vermeiden, seien Strategien erforderlich, die Reisende räumlich verteilen und die Saisonalität verhindern bzw. abmildern (vgl. Kapitel 5 zum Townshiptourismus in Namibia, Kapitel 6 zum CBT in Südafrika, Kapitel 7 zum Luxustourismus in Südafrika, Kapitel 8 zum Kolonialerbe in Tansania und Namibia, Kapitel 9 zu Naturschutz und Tourismus in Tansania und Kapitel 10 zum Unternehmertum in Botsuana).

**Entwicklungszusammenarbeit (EZ) kontrolliert einsetzen** (→ institutionelle
Dimension; → soziokulturelle Dimension)
Besonders in den ersten Phasen oder Stufen der touristischen Entwicklung kann die Zusammenarbeit mit internationalen Gebern (NGOs oder staatliche Institutionen der EZ) und die Nutzung ihrer Kapazitäten zur Unterstützung des Tourismussektors in vielen wichtigen Bereichen wie Infrastruktur, Ausbildung und Armutsbekämpfung sehr hilfreich sein (vgl. Christie et al., S. 9). Doch der „internationale Interventionismus" birgt die Gefahr, die lokalen Begünstigten in Unselbständigkeit und Abhängigkeit verharren zu lassen. Er führt häufig zu kurzlebigen Projekten, die nicht unbedingt die lokalen Prioritäten berücksichtigen bzw. zu einer Verschiebung der Prioritäten – hin zu einer Nehmermentalität – führen kann. Hinzu kommt eine mangelnde Koordination auf der Ebene von Geberorganisationen, die durch unzureichende Verhandlungsfähigkeiten auf lokaler Ebene verstärkt werden kann. Dieses Problem ist nur dadurch zu lösen, dass lokale Akteure vor Ort in die Lage versetzt werden, eigene Planungs- und Umsetzungskapazitäten aufzubauen und damit Verantwortung für ihre eigenen Entscheidungen und Handlungen zu übernehmen (vgl. Novelli 2015, S. 201). Bollmann (Kapitel 11) unterstützt diese Einschätzung anhand der Analyse des *ST-EP*-Programms der UNWTO: Es seien dort keine signifikanten Einkommen schaffende Wirkungen erzielt worden. Zudem wären die Projektvorschläge häufig nicht das Ergebnis integrativer Beteiligungsprozesse vor Ort gewesen, sondern von Tourismusexperten oder Ministerien ersonnen worden. Die zentrale Herausforderung der internationalen Entwicklungszusammenarbeit besteht darin, diese Bedingungen grundständig zu verändern (vgl. Kapitel 6 zum CBT in Südafrika, Kapitel 11 zu Entwicklungszusammenarbeit und Partizipation im südlichen Afrika und Kapitel 12 zum Tourismus in der deutschen Entwicklungspolitik).

## Literatur

AFDB (African Development Bank Group) (2019). African Infrastructure Development Index (AIDI), 2019. Abgerufen am 17.09.2019 von http://infrastructureafrica.opendataforafrica.org/pbuerhd/africa-infrastructuredevelopment-index-aidi-2019.

Butler, R. (1980). The Concept of a Tourist Area Cycle of Evolution. Implications for Management of Resources. *Canadian Geographer*, 24(1):5–12. Abgerufen am 24.06.2019 von https://www.researchgate.net/publication/228003384_The_Concept_of_A_Tourist_Area_Cycle_of_Evolution_Implications_for_Management_of_Resources.

Christie, I., Fernandes, E., Messerli, H. und Twining-Ward, L. (2014). *Tourism in Africa: Harnessing Tourism for Growth and Improved Livelihood*. The World Bank, Washington D.C.

CIA (Central Intelligence Agency) (2019). World Factbook. Abgerufen am 19.08.2019 von: https://www.cia.gov/library/publications/resources/the-world-factbook/fields/208rank.html.

MIF (Mo Ibrahim Foundation) (2018). Ibrahim Index of African Governance. Abgerufen am 14.05.2019 von http://s.mo.ibrahim.foundation/u/2018/11/27173840/2018-Index-Report.pdf.

Novelli, M. (2015). *Tourism and Development in Sub-Saharan Africa: Current Issues and Local Realities*. Routledge, London.

Signé, L. (2018). *Africa's tourism potential. Trends, drivers, opportunities, and strategies*. Brookings.

UNDP (United Nations Development Programme) (2019). Human Development Report. Abgerufen am 23.08.2019 von: http://hdr.undp.org/en.

WEF (World Economic Forum) (2017). The Travel & Tourism Competitiveness Report 2017. Abgerufen am 29.07.2019 von: https://www.weforum.org/reports/the-travel-tourism-competitiveness-report-2017.

World Bank (2019). Rankings & Ease of Doing Business Score. Abgerufen am 24.08.2019 von: https://www.doingbusiness.org/en/rankings.

# Autorinnen und Autoren

**Janine Bäker,** M. A., Durban Green Corridors, Marketingreferentin.
E-Mail: j_baeker@yahoo.de

**Manuel Bollmann,** M. Sc. Umweltökonomie, M. A Ethnologie, Berater für nachhaltigen Tourismus.
E-Mail: manueljunck@yahoo.de

**Florian Carius,** M. A., Nationalparkverwaltung Niedersächsisches Wattenmeer, Dezernent für Kommunikation und Forschung.
E-Mail: Florian.Carius@NLPV-Wattenmeer.Niedersachsen.de

**Julie Cheetham,** B. Com., Grootbos Foundation, Managing Director.
E-Mail: info@grootbosfoundation.org

**Ruth Crichton,** M. Econ., Grootbos Foundation, Marketing and Communications.
E-Mail: info@grootbosfoundation.org

**Dr. Kirsten Focken,** Tourism and Hospitality Management. Deutsche Gesellschaft für internationale Zusammenarbeit (GIZ).
E-Mail: kirsten.focken@giz.de

**Prof. Dr. Rainer Hartmann,** Hochschule Bremen, Fakultät für Gesellschaftswissenschaften.
E-Mail: rainer.hartmann@hs-bremen.de

**Prof. Dr. Kerstin Heuwinkel,** Hochschule für Technik und Wirtschaft des Saarlandes, Fakultät für Wirtschaftswissenschaften.
E-Mail: kerstin.heuwinkel@htwsaar.de

**Diana Körner,** M. Sc., Sustainable Tourism Consultant.
Email: diana.koerner2301@gmail.com

**Sean Privett,** M. Bot., Grootbos Foundation, Conservation Director.
E-Mail: info@grootbosfoundation.org

**Burghard Rauschelbach,** Berater für nachhaltigen Tourismus.
E-Mail: rauschelbach.burghard@web.de

**Julia Rosdorff,** M. A., Ostfalia Hochschule für angewandte Wissenschaften, Fakultät Verkehr-Sport-Tourismus-Medien.
E-Mail: julia.rosdorff@googlemail.com

**Prof. Dr. Malte Steinbrink,** Universität Passau, Fachbereich Geographie, Lehrstuhl für Anthropogeographie.
E-Mail: Malte.Steinbrink@Uni-Passau.de

**Ina Voshage,** M. A., Universität Passau, Fachbereich Geographie, Professur für Regionale Geographie.
E-Mail: Ina.Voshage@Uni-Passau.de

**Reinhard Woytek,** M. Sc. Agriculture, Berater für nachhaltige Entwicklung.
E-Mail: reiner@woytek.eu

https://doi.org/10.1515/9783110626032-014

# Stichwortverzeichnis

Abenteuer 135, 251

Abenteuertourismus 39

Abfallmanagement 91, 95

Abfallwirtschaft 86, 90, 171

Abhängigkeit 13, 16, 22, 25, 30, 38, 53, 56, 98, 103, 118, 163, 238, 281

Africa Infrastructure Development Index 19

African Union 14, 272

Afrika südlich der Sahara V, 2, 6, 8, 11, 13, 15, 16, 18, 22, 28, 30, 31, 36–39, 41–44, 46, 110, 193, 201, 215, 231, 232, 266, 273

Afrika-Berichterstattung 56, 70

Afrika-Image 50, 65, 69, 74, 75, 78, 79, 140

Afropessimismus 55

Agenda 2063 V, 32, 38, 44, 273

Airbnb 40

Akkreditierung 179

All-Inclusive-Tourismus 246

Anrainergemeinden 234, 237, 249

Apartheid 4, 67, 124, 129, 130, 154, 168

Apartheidregime 252

Apartheidsystem 190, 192

Arabischer Frühling 70, 275

Arbeitskräfte 25, 156, 233

Arbeitslosigkeit 129, 143, 154–156, 231

Arbeitsplätze 16, 25, 32–34, 51, 87, 114, 154, 157, 161, 172, 178, 193, 201, 231, 236, 237, 239, 243, 248, 254

Arbeitsplatzschaffung 161

Armut 13, 33, 52, 55, 66, 68, 72–75, 78, 80, 82, 102, 103, 122, 123, 125, 126, 129, 137–140, 142, 144–146, 148–150, 154, 222, 231, 241, 255

Armutsbekämpfung 13, 33, 35

Armutstourismus 122

Artenvielfalt 233

Assoziationen 53, 64–74, 137, 138, 142, 145, 148, 149

Attraktionen 6, 35, 36, 53, 81, 110, 111, 127, 183, 196, 203, 205, 207, 241, 270

Ausbildung 16, 38, 94, 119, 131, 161, 170–172, 180, 206, 231

Ausbildungsförderung 264

Ausbildungsmöglichkeiten 114

Ausbildungsstätten 264

Authentisch 79, 136, 143

Authentische Erfahrungen 163

Authentizität 122, 135

Berichterstattung 45, 51, 55, 60, 70, 73–75, 80, 125

Beschäftigung 46, 94, 117, 164, 181, 193, 201, 213, 222, 231, 246, 254, 271

Beschäftigungsförderung 250, 266

Besucher-Einnahmen 213–215, 217–221, 223–225

Besucherzahlen 86, 133, 218, 229, 239

Besucherzentrum 218, 241

Bevölkerungswachstum 12, 102, 130, 231, 233

Big Five 4, 62, 169, 200

Bildung 7, 21, 55, 59, 68, 75, 82, 101, 131, 154, 176, 199, 222, 231, 241

Bildungsmaßnahmen 170

Bildungsprogramme 182

Binnentourismus 37, 279

Biodiversität 7, 25, 86, 88, 95, 169, 214, 215, 234, 239, 265, 266

Biosphärenreservat 213, 215, 220–222, 224, 225, 266

Branding 186, 195

Bürgerkrieg 9, 16, 45, 101

Bürokratie 37, 110, 236

Business Travel 37

Cluster 181, 182

Code of Conduct 159

COMESA (Common Market for Eastern and Southern Africa) 15

Communities 173

Community Based Tourism 36, 79, 130, 154, 156, 194, 266, 273

Community-based 238

Corporate-Social-Responsibility 92

Dark Tourism 125, 138, 148, 149, 187

Dekolonisation 10, 191

Demokratie 10, 11, 16, 32, 129, 214, 271

Demokratischer Rechtstaat 12

Destinationsentwicklung 131, 134

Destinationsimage 53, 70

Destinationsmanagement 77, 235

Destinationsmarken 70, 76

Deutsch-Ostafrika 189

https://doi.org/10.1515/9783110626032-015

Deutsch-Südwestafrika 189
Developmental State 11
Devisenbringer 201, 239
Diaspora-Tourismus 37, 280
Diktatur 12
Dilemma 23, 26, 90, 187, 207
Dimensionen der Nachhaltigkeit 272
Disparitäten 128, 130, 194
Dissonanz 186, 187, 198, 206, 207
Diversifizierung 18, 34, 35, 103, 116, 225, 243,
    267
Doing-Business-Indikatoren 17

EAC (East African Community) 15, 228, 230, 232,
    233, 243
ECCAS (The Economic Community of Central
    African States) 15
ECOWAS (Economic Community of West African
    States) 15
Einheimische 26, 43, 57, 59, 62, 88, 163, 195,
    205, 207, 208, 213–215, 217, 225, 246
Einkommen 13, 33, 42, 154, 158, 162, 164, 172,
    176, 229, 235, 239, 246, 249, 254
Einkommensmöglichkeiten 154, 155, 238, 255,
    267
Einnahmen 16, 27, 51, 95, 111, 169, 172, 176,
    180, 181, 183, 213, 214, 217–221, 224, 225,
    239, 241, 242, 245, 249, 253, 267
Einreiseformalitäten 235
Eisenbahnstrecken 18
Energieverbrauch 25, 171, 176
Entwicklungsfonds 219–223
Entwicklungshilfe 10, 12, 43, 57, 264
Entwicklungsländer 18, 23, 154, 222, 229, 264
Entwicklungspolitik 16, 103, 118, 245, 262–267,
    271
Entwicklungsstand im Tourismus 274
Entwicklungszusammenarbeit 103, 117, 130,
    154–156, 163, 225, 236, 245, 249, 264, 265,
    281
Erdölexportierende Länder 11
Ernährung 171, 182, 222
Erreichbarkeit 43, 44
Exportwirtschaft 18

Fachkräfte 16, 119, 171
Failing States 11
Fair Trade Tourism 245, 250, 257, 268, 270

Fallstudie 91, 126, 166–168, 213, 215, 248, 250,
    251
Female Empowerment 171
Finanzielle Ressourcen 162, 181, 225
Finanzierung des Tourismus 276
Flugverbindungen 38
Flugverkehr 18
Fragile Staaten 11, 101, 102, 117, 118, 120
Fragile State Index 102
Frauen und jungen Menschen 276
Frauenförderung 182
Freiwillige 93, 156, 170, 177, 178
Frieden 32, 35, 51, 103, 107, 230, 251–254, 271

Gästeführungen 220
Geberorganisationen 177, 245, 251
Gelenkte Marktwirtschaft 12
Gerechte Verteilung 276
Gesamtbeitrag des Tourismus 29, 87, 193, 201
Geschäftsreisende 232
Geschäftsumfelder 43, 276
Gewaltökonomien 11
Gini-Index 170, 190, 273
Glaubwürdigkeit 76, 144, 214
Globalisierung 272
Governance 14, 20, 95, 107, 213–215, 217, 221,
    223–225
Grenzziehung 8
Großschutzgebiete 193, 252
GSTC 24, 93, 94, 268
Gütesiegel 27, 268

Handel Afrikas 18
Hilfsorganisationen 55, 57, 73
Homepage 194
Horn von Afrika 2, 5, 101, 106, 108, 111
Hotelketten 39, 92
Hotelkonzerne 277
Human Development Index 22

Ibrahim Index of African Governance 13
Identitätsbildung 186
Illegaler Handel 173, 263, 271
Image 45, 51, 134
Imageanalyse 64
Imagebildung 276
Imagekomponenten 280
Image-Management 77
Indischer Ozean 86

Industrialisierung 16, 222
Informationsquellen 73
informeller Sektor 161
Infrastruktur 1, 18, 19, 25, 38–41, 43, 44, 55, 59,
    101, 104, 110–112, 115, 118, 119, 129, 130,
    154, 162, 190, 196, 205, 208, 222, 229–231,
    234, 239, 242, 277
innerafrikanischen Tourismus 262
Inselstaaten 95
Integration 280
Internet 18, 56, 164, 199
Investitionen 19, 26, 35–38, 40, 43, 112, 115,
    131, 180, 215, 217, 220–222, 224, 233, 235,
    236, 239, 243, 246, 250, 251, 253, 256,
    263, 277
Investoren 17, 19, 34, 37, 39, 104, 115, 119, 169,
    224, 234, 239, 240, 242, 247
Inwertsetzung 122, 125, 131, 145, 186, 187, 189,
    195, 202, 207–209

Jagdtourismus 233, 271

Kapazitätsaufbau 96, 154, 158, 161, 254
Kleinunternehmen 161–164, 266
Klimaauswirkungen 278
Klimawandel 22, 25, 86, 88, 93, 96, 98, 223,
    245, 253
Kolonialherrschaft 8, 104, 189–191, 195, 197,
    200, 204
Kolonialisierung 8, 55
Kolonialzeit 8, 18, 51, 112, 127, 128, 186, 187,
    190–192, 194, 196, 198, 201, 202, 205–209
Kommerzialisierung 26, 132
Kommunale Ebene 276, 278
Kommunen 155, 238, 239
Konflikte 13, 111, 115, 179, 225, 243
Kongo-Konferenz 10, 189
Kooperation 81, 82, 86, 92, 162, 249, 275, 278
Koordinierungsmechanismen 277
Korruption 16, 55, 67, 75, 102, 224
Krieg 55, 66, 67, 69, 75, 104, 106–108, 110, 117,
    119, 191, 251
Kriminalität 26, 37, 55, 66–68, 72, 73, 75,
    78–80, 82, 98, 140, 143, 178, 229
K-Themen 55
Kulturelle Identität 21, 111, 161
Kulturtourismus 36, 37, 136, 267
Kulturtouristen 193, 208
Kunsthandwerk 34, 61, 63, 157–160, 163, 164

Landlocked Countries 11
Landnutzung 233, 242
Landrechte 243, 249
Landwirtschaft 18, 25, 34, 174, 182, 203, 220,
    222, 233, 253
Lebenserwartung 13
Lebensmittelsicherheit 174
Lebensqualität 26, 188, 228
Lebensraum 44, 62, 169, 233, 242
Lokale Beteiligung 276
Lokale Bevölkerung 26, 36, 40, 45, 94, 135, 157,
    191, 247
Lokale Entwicklung 280
Lokale Gemeinden 228, 229, 235, 241, 254
Lokale Gemeinschaften 35, 37, 45, 101, 114, 156,
    171, 239, 250
Luftverkehr 37
Luxussegment 172

Marketing 26, 35, 40, 45, 92, 128, 163, 177, 188,
    218, 244, 263, 279, 283
Marketingmaßnahmen 58, 74, 75, 82, 158, 254
Marktsegmente 36
Medien 52, 56–58, 73–75, 77, 80, 81, 107, 125,
    134, 135, 199
Menschenrechte 32, 102, 107, 118, 119, 168,
    214, 253, 266, 271
Mittelschicht 277, 280
Mobiltelefon 231
Mülltrennung 178
Multiplikatoreffekte 25, 33

Nachhaltige Entwicklung 20, 22, 24, 35, 46,
    223, 236, 245, 268
Nachhaltige Tourismusentwicklung 24, 27, 33,
    52, 83, 88, 94, 103, 159, 164, 234, 247,
    254, 255, 268
Nachhaltiger Konsum 98
Nachhaltiger Tourismus 12, 24, 26, 27, 32, 33,
    92, 94, 95, 98, 150, 154, 155, 157, 158, 161,
    162, 166, 183, 234, 244, 245, 247, 255, 263,
    265–269, 271
Nachhaltiges Marketing 188, 280
Nachhaltigkeit 22, 44, 114
Nahrungsmittel 253
Nationalparks 6, 7, 68, 110, 200, 203, 213,
    215–225, 229, 231–233, 235, 236,
    239–241, 243, 251
Nation-Building 10

Natürliche Lebensgrundlagen 278
Naturschutz 25, 93, 115, 157, 169–171, 181,
    213–215, 218, 220–225, 228, 230–233,
    235, 238, 240, 243, 245, 249, 254, 265, 271
Naturtourismus 41, 213, 214, 216, 221, 225, 228,
    229, 232, 236, 239, 241–243
Netzwerk 90, 159, 161, 162, 238
New Destination 108
Newly Industrializing Countries 11
Nichtregierungsorganisation (NGO) 36, 43, 57,
    90, 92–95, 97, 124, 130, 131, 156, 170, 173,
    182, 235, 268
Nischen 27, 238
Nischenangebote 124, 202
Nischendestination 108, 120
Nischenerscheinung 192
Nischenmarkt 36, 231
Nordafrika V, 2, 8, 19, 28–31, 36, 41, 44, 58, 60,
    266
Nutzungsrecht 240

Öffentlichkeitsarbeit 55, 58, 93, 161, 162, 267
Ökotourismus 36, 92, 93, 95, 157, 159, 170, 216,
    236, 238, 245, 247, 266
Ostafrika 2, 8, 9, 13, 19, 29, 31, 41, 58, 61, 108,
    191, 200, 201, 203, 232

Partizipation 21, 107, 156, 161, 194, 213, 214,
    224
Partnerschaften 43, 45, 92, 94, 167, 214, 239,
    278
Patronagestaat 12
Peace Parks Foundation 33
Politische Instabilität 32, 45, 110
Politische Stabilität 20, 103, 110
Politische Teilhabe 275
Politische Voraussetzungen 276
Postkoloniale Zeit 10, 186, 209
Potenzial des Tourismus 181, 223, 228
Privat-öffentliche Partnerschaften 276
Privatsektor 35, 43, 45, 86, 91, 92, 94, 99, 102,
    161, 228, 235, 241, 243, 249, 277, 278

Qualifizierung 26, 164, 267
Qualifizierungsprojekte 170
Quellmärkte 30, 31, 133, 279

Rahmenbedingungen 276, 277
Recycling 90, 91

Regierungen 11, 13, 16, 20, 35, 37, 44, 83, 103,
    106, 173, 192, 228, 229, 231, 241, 243, 245,
    247, 249, 251–253
Regierungspolitik 277
Regionalorganisationen 14, 15, 230, 243, 263
Reiseentscheidung 53
Reiseführer 73–75, 108, 198, 199, 202
Reiseinteresse 70, 72
Reiseveranstalter 26, 34, 40, 77, 79, 95, 110,
    132, 158–162, 164, 202, 208, 209, 238,
    267–270
Renten-Ökonomien 11
Resilienz 245, 247
Ressourcen 11, 22, 23, 25, 32, 34, 41, 44, 45,
    103, 114, 120, 158, 164, 174, 176–178, 181,
    214, 220, 228, 229, 233, 234, 242, 249,
    251, 253, 265–267, 275, 276
Rohstoffe 11, 16, 192
Rohstoff-Ökonomien 11

SADC (Southern African Development
    Community) 15, 33, 228, 230–233, 243,
    244, 251, 252, 263, 267
Safari 36, 67
Safari-Tourismus 201, 238
Schienenverkehr 39
Schulungen 92, 161, 249, 256
Schulungsmaßnahmen 220
Schutzgebiete 94, 213, 214, 233, 239, 245, 247,
    249, 251, 255, 257, 263, 267
Selbstbestimmung 114, 115, 117, 118, 222
Semantisches Differenzial 139, 147
Servicequalität 43, 112
Sicherheit 37, 38, 40, 42, 51, 102, 104, 107, 110,
    120, 145, 222, 230, 265, 271
Sklaven 8, 202, 208
Sklaverei 7, 9, 205, 208
Slumtourismus 124
Social-Media-Aktivitäten 164
Social-Media-Kampagne 95, 160
Souvenirs 159, 241
Soziale Medien/Social Media 55, 56, 73, 81, 199
– Soziale Netzwerke 56
Sozialprojekte 166, 170, 181
Staatsführung 276
Staatszerfall 12
Stabilität 276
Städtetourismus 123, 127, 128, 133, 134, 142
Stakeholder 35, 36, 40, 78, 82, 90, 158, 164,
    167, 200, 207, 208, 234, 235

State-Building 10
Stereotypen 52, 53, 56, 57, 76, 79, 122, 140, 143, 150, 192, 263, 279
Straßen 19, 44, 89, 179, 193, 196, 202, 222, 223, 234, 239
Straßenverkehr 38
Strom- und Wasserversorgung 19
Strukturwandel 34
Südliches Afrika 3, 19, 31, 61
Sustainable Development Goals 23, 103, 159, 213, 245–248, 258

Teilhabe 45, 125, 157, 162, 213, 254
Telekommunikation 18
Terrorismus 28, 32, 67, 75, 255
Tierwelt 1, 62, 73, 75, 81, 180, 229, 251
Tourismusaktionsplan (TAP) 27
Tourismusanbieter 97, 158, 234, 235
Tourismuseinkünfte 162, 163, 246
Tourismusentwicklung 275
Tourismusinfrastruktur 36
Tourismusmarketing 50, 53, 54, 76, 115, 131, 209
Tourismusnetzwerk 158, 161, 163
Tourismusorganisationen 50, 52, 59, 62, 63, 74, 76–81
Tourismuspotenzial 154, 155
Tourismusstrategie 90, 194
Tourismusunternehmen 36, 43–45, 93, 124, 132, 159, 180, 195, 233, 240, 245, 249, 257, 269, 270
Tourismusvermarktung 62, 76
Tourist Area Cycle of Evolution 247, 248, 256, 280
Touristische Attraktivität 127, 137, 150
Touristische Destinationen 186, 213
Touristische Infrastruktur 37
Townshiptourismus 122, 194, 273
Training 94, 97, 170, 175
Transfrontier Conservation Area, TFCA 33, 231, 251
Transport-Infrastruktur 18
Travel & Tourism Competitiveness Index 40
Trophäenjagd 238

Übertragungseffekte 34
Umweltmanagement 95, 101
Umweltschutz 44, 92, 93, 95, 154–156, 162, 166, 170, 172, 174, 176, 250, 254
Unabhängigkeit 10, 16, 104, 190, 193, 238

UNESCO Welterbe 6, 9, 86, 110, 111, 171, 187, 201, 209, 228
UN-Nachhaltigkeitsziele 221
Unsicherheit 17, 28, 45, 101, 110
Unterkünfte 2, 35, 37, 39, 60–62, 88, 93, 98, 159, 169, 176, 221, 268, 270
Unternehmerinitiativen 276
Unternehmertum 17, 166, 180, 236
Urbanisierung 12
Urlaubstourismus 109, 111, 265

Verantwortung 77, 79, 99, 156, 166, 178, 180, 182, 228, 240, 241, 281
Verantwortungsbewusstsein 88, 161, 168
Verbesserung der Lebensqualität 279
Verbesserung der Lebensverhältnisse 114, 115, 117, 118
Verkehrsinfrastruktur 277
Visa 264
Visabedingungen 83
Visabestimmungen 31
Visapolitik 36, 41, 44
Visavorschriften 44
Vision 15, 26, 32, 88, 94, 96, 169, 170, 178
Volkswirtschaften 17
Volunteers 168, 181
Volunteer-Tourismus 37
Volunteer-Touristen 132, 133
Vorstellungsbilder 64, 66, 73, 74, 78

Wasserversorgung 19, 222
Weiterbildung 46, 161, 164, 180
Welthandel 16
Wertnetzwerke 172
Wertschöpfung 31, 154, 172, 193, 234, 247, 255, 266
Wertschöpfungskette 26, 87, 88, 237
Westafrika 2, 8, 9, 19, 31, 36, 41, 44, 45, 58, 61, 70
Wettbewerbsfähigkeit 32, 35, 40–42, 229
Widerstandsfähigkeit 101, 257, 258
Wilderei 44, 67, 233, 253, 254, 257, 263, 279
Wildtiere 59, 224, 235, 236, 240, 243, 253
Wirtschaftsfaktor 112, 228
Wirtschaftswachstum 11, 13, 15, 17, 28, 32, 41, 51, 114, 154, 222, 234, 237, 238, 243, 248, 250, 272
Wissensaustausch 95, 96, 156, 161

Zentralafrika 3, 7, 19, 29, 31, 58, 62
Zertifizierung 93–95, 158, 163, 251, 268